인공지능
기술과 미래

저자 : 조성갑 Ph.D
감수 : 맹정섭 교수
　　　김계철 교수

21세기사

이 책을 엮으며

「만물에 인공지능이 깃들고 있다.」

2020은 코로나로 시작해서 아직도 끝나지 않고 계속되고 있으며 교실에는 학생이 없다. 수많은 과학자와 연구소가 그 해답을 내놓으려고 동분서주하고 있으며 그 복잡 다양한 현상을 알고리즘으로 풀어 내야한다. 뉴톤의 만유인력은 사과가 떨어지는 것을 보고 연구하여 발견했다. 사과는 수억 년 전부터 떨어져 왔다. 모두 그냥 지나쳤지만 뉴톤은 탐구하고 연구하여 중력이라는 이론을 만들어 물리학의 아버지가 되었다.

인공지능의 핵심 엔진은 소프트웨어와 센서이다.
「승리자의 카드는 인공지능이 쥐고 있다」
만물에 인공지능이 깃들고 있다. 이제 AI자동차는 운전자가 아닌 인공지능으로 달린다. 인공지능은 사회 산업 경제 교육 등 전 산업의 구도를 바꾸고 있다. 그 이유와 근본원인은 현사회가 빠르고 정확해야 만 살아남을 수 있기 때문이다. 변화에 대응하지 못하면 미래를 담보하기 어렵고 더욱 중요한 것은 변화의 속도가 갈수록 빨라지고 있기에 조직 (Enterprise : 개체·기업·정부)이나 개인의 입장에서 보면 변화에 대응하기가 점점 힘들어지고 있다는 반증이며 이를 극복할 새로운 수단의 등장을 필요로 하고 있다.

저자는 그간 IBM을 비롯한 산·학·연·관에서 다년간 경험하고 "대학에서 가르쳤던 내용을 이론적으로 분석하고 정립하여 미래의 산업 경제사회가 어떻게 작동할까 ? 이를 고민하고 깊게 생각하며 이 책을 쓰게 되었다.

그리고 첨단 IT 기술기반이나 각종 경영혁신 이론과 방안은 모든 것이 조직과 개인의 목표를 달성하기 위해서 존재하는 것이고, 여기에 소프트웨어 기술과 센서 그리고 고속의 유무선 통신 시스템의 진화는 AI(인공지능)에서 보듯이 제4차 산업혁명을 이끌고 있으며 미래사회는 인공지능이 그 완결성을 높여가며 이끌고 갈 것이다.

이제는 어제와 다르게 인공지능 기술과 적용 없이는 이루어질 수가 없다. 한 예로 현재 우리 앞에 있는 인공지능기술과 정보기술을 치워 보는 것을 상상해보자. 과연 어떻게 될 것인가? 아마 우리가 현재 하고 있는 모든 일이 대부분 마비가 되거나 또는 매우 불편해 질 것이다.

그간 기업이나 공공기관에서 4차 산업혁명의 주체와 객체 연구 분야 등 수많은 논의를 해 온 가장 큰 이유는 무엇일까 ? 그 것은 차세대 먹거리와 국가 발전 동력이 녹아있기 때문이며 여기에서 새로운 국민적 희망을 찾아서 국민적 에너지로 발산하고자 하는 것이다. IoT(Internet of Things) 빅데이타(Big Data) 로봇(Robot) 3D프린팅, 스마트 팜(Smart

Farm) 스마트 시티(Smart City), 스마트 캠퍼스(Smart Campus) 스마트 플랜트(Smart Plant)

원격진료, 원격강의, 가상현실(Virtual Reality) 증강현실(Augmented Reality)등을 지원하는 모든 기술과 적용을 인공지능으로 하고 있음을 우리는 잘 알고 있다. 이외에도 바이오 나노기술도 못지않게 중요하지만 이들의 궁극적인 목표와 목적을 이루게 하는 것은 결국 소프트웨어, 센서, 인공지능, 빅데이타 사물인터넷과 같은 ICT기반 기술들이 확고하게 자라잡고 원천 기술을 보유할 때 우리 실정에 맞는 인공지능의 탑재로 3차 산업혁명에서 이루지 못했던 기계가 스스로 정보를 수집하고 저장하고 분석하고 행동하여 그 결과를 표현하는 완벽한 형태의 뛰어난 인공지능으로 탄생하는 것이다.

목표 달성을 위하여, 경영혁신을 위하며, IT 기술을 접목한 전사적 시스템을 도입하고 수시로 변하는 기업 내외부의 환경변화에 효과적인 대응이 아쉬웠던 부분은 이제 인공지능이 가미 된 장비와 솔루션으로 해결되며 소기의 목표를 달성해야 할 것이다. 생활하고 일하는 모든 곳에서 기계가 인간의 역할을 대행하면서 인간의 생활이 한없이 편리해지고 업무효율도 향상되지만 인간은 생물학적 윤리적 철학적 고민에 빠지게 되는 역기능도 우리가 답을 찾아 내고 보완해야 할 부분은 보완하고 감내해야 할 부분은 감내해야 한다.

인공지능의 대변혁이 이미 시작되었다 !

우선 몇 가지 사례를 보면 공장이 바뀌고 있다. 제조업이 강한 독일을 중심으로 인공지능을 접목한 스마트 플랜트(Smart Plant)가 급속하게 증가되면서 사람과 기계가 일하는 방식에서 컴퓨터와 기계가 일하는 방식으로 변모하고 있으며 농업 분야에서도 작물 속의 잡초만을 골라내고 각각의 작물 양육 상태에 따라 질소 인산 카리와 수분 공급을 맞춤형으로 제공하고 있는 식물공장을 쉽게 볼 수 있다.

튜울립의 나라 네덜란드 에서는 실내 유리 온실에서 수경제배를 통한 빛, 온도, 수분, 영양을 자동 인공지능으로 공급하여 길이 20미터 줄기에 균일한 토마토 150여 개를 수확하는 현장을 다녀 온 일이 있다. 변화는 "하고 싶다"는 의지만으로 이루어지는 것이 아니며 그 변화는 정확한 목표와 To Be Model 프로세스의 과정과 결과를 모니터링 할 수 있도록 해주는 솔루션이 없다면 인공지능을 활용한 변화를 향한 조직의 도전은 실패할 가능성이 높다고 할 수 있다. 3차 산업혁명이 컴퓨터에 의해서 이루어지고 인공지능 시대를 지칭한 4차 산업혁명 시대는 독일의 클라우스 슈밥이 세계경제포럼(World Economic Forum)에서 주창하였음은 이미 잘 알려진 사실이다. 그러나 IT솔루션 분야에서는 이미 이런 목표를 달성하기 위하여 실시간 기업 (RTE : Real Time Enterprise) 이라는 개념을 사용하고 있었다.

이와 어울러 IBM은 "On-demand", HP는 "Adaptive Enterprise", SAP 는 "In-Time Business"등의 개념으로 RTE의 개념을 자신들의 입장에서 비즈니스개념으로 해석하여 발표하기 시작하였다. 본서는 미래에 대한 인공지능 기술과 접목이 4차 산업을 주도해 나갈 것임을 중점적으로 설명하였다.

끝으로 공공기관 및 민간 기업분야에서 경영혁신을 위한 수많은 컨설팅 경험을 바탕을 본서가 만들어지는 과정에 많은 도움을 주신 김계철 교수님과 우재현 교수님 그리고 김명균 교수님, 유재하 교수님, 황인경 교수님의 도움에 진심으로 감사를 표하는 바입니다.

2020. 10. 5.

저자 조성갑 올림

목 차

제1장 인공지능 _13

제2장　인공지능의 국가별 전략 _53

제3장 인공지능 7대 트랜드와 11대 전략 _105

제6장 인공지능의 특수성 _285

인공지능

제1절   인공지능의 개요

1. 인공지능의 개념

최근의 조사에 따르면 기계지능(machine intelligence) 분야 전문가들은 2050년이면 컴퓨터가 인간 수준의 능력을 갖추고 그 30년 뒤에는 인간을 뛰어 넘을 것으로 예측하기도 한다. 하지만 인간은 인간의 윤리적인 부분을 고려하면서 기계의 진화 속도를 조절할 수 있을 것이기 때문에 인간 수준을 뛰어 넘는 인공지능 개발은 인간 자신의 발전 없이는 이룰 수 없는 목표라 예상되기 때문에 인공지능은 문제를 찾고 다각도로 해결책을 찾는 과정이라 볼 수 있다.

인공지능이란 용어는 수학, 심리학, 컴퓨터공학 분야 학자들이 모인 1956년 다트머스 회의(Dartmouth Conference)에서 '생각하는 기계'에 대해 의견을 나누면서 처음으로 등장했다. 인공지능은 4가지 기계기술, 머신프로세싱(machine processing), 머신러닝(machine learning), 머신 퍼셉션(machine perception), 머신컨트롤(machine control) 기술의 융합이다. 다시 말해 인공지능은 인간의 학습능력과 추론능력 지각능력, 자연언어의 이해능력 등을 컴퓨터프로그램으로 실현한 기술을 말한다.

즉 인간의 지능으로 할 수 있는 사고, 학습, 자기계발 등을 컴퓨터가 할 수 있도록 하는 방법을 연구하는 컴퓨터공학 및 정보기술의 한 분야로서, 컴퓨터가 인간의 지능적인 행동을 모방할 수 있도록 하는 것을 인공지능이라 할 수 있다.

그러나 학문별 또는 학자 개인별로 AI를 추구하는 방향이 달라 인공지능에 대해 일치된 의견을 내놓지 못하였다. 인공지능이 다방면에 걸쳐 있는 만큼 다양한 인공지능 기술이 개발되어 사용되고 있다. 머신 프로세싱은 무어의 법칙에 힘입어 빠르게 발전해왔다. 무어의 법칙은 "마이크로 칩에 저장할 수 있는 데이터의 양이 18개월 또는 24개월 마다 2배가 된다"라는 경험칙이며 머신러닝은 컴퓨터 스스로 패턴인식을 통해 배우는 기술이다.

인간의 두뇌를 흉내 낸 뉴럴 네트워크 알고리즘을 통해 데이터를 분석하고 처리한다. 예를 들면, 컴퓨터 스스로 사람 얼굴을 알아 볼 수 있도록 가르친다. 놀라운 점은 컴퓨터 스스로 알고리즘을 통해 계층 간 데이터의 처리 방법을 정한다는 것이다. 머신러닝 기술이 적용되어 급속하게 발전하고 있는 또 다른 분야로 음성인식을 들 수 있다. 애플, 구글, 마이크로소프트도 투자에 열을 올리고 있다.

머신 퍼셉션은 사람, 사물, 행동 등을 정확히 식별하기 위해 디지털 데이터를 분석하는 기술이다. 이는 카메라, 센서를 통해 얻은 데이터를 머신러닝을 통해 식별한다. 인터넷에 연결된 센서의 수가 현재는 5억 개이고, 2020년까지 20~30억 개로 늘어날 전망이다. 머신 퍼셉션 기술은 우리를 자율기계, 기계간 대화가 가능한 세계로 인도해 줄 것이다.

머신 컨트롤은 기계응답의 속도, 민감성, 기능을 강화하기 위해 더 좋은 재료와 제어장치를 통해 로봇 또는 다른 자동화 기계를 디자인하는 기술이다. 많은 사람들은 이를 영화 "아이로봇(I Robot)"처럼 사람 같은 인공지능 로봇을 다루는 기술로 여기지만, 이보다는 머신 컨트롤 기술을 적용한 인공지능은 우리 일상을 더 편리하고 풍요롭게 해 줄 수 있는 주변의 다양한 사물을 제어할 수 있는 기술이 될 것이다. 네 가지 기술의 발전과 융합을 통해 인공지능도 빠르게 발전할 것으로 예상된다. 발전된 기술은 다양한 서비스로 우리네 일상에 자리 잡을 것이고, 나아가 인간이 판별하기 어려운 전문지식을 흡수해 도움을 주는 의료용과 법률용 인공지능의 개발로 확대될 것이다.

2. 인공지능의 단계별 구분

인공지능의 광범위한 영역 때문에 인공지능은 다양한 형태로 정의한다. 인공지능의 "질적 완성도"에 따라 분류해보면 크게 세 가지로 인공지능을 구분할 수 있다.

첫째, Artificial Narrow Intelligence(ANI)는 약한 인공지능(Weak AI)의 개념으로서, 한 분야에 특화된 인공지능을 말한다. 세계 체스 챔피언을 꺾은 인공지능은 오직 체스만 할 수 있다. 만약 다른 분야의 질문을 하면 멍하니 한 곳만 바라보고 있을 것이다.

둘째, Artificial General Intelligence(AGI)는 강한 인공지능(Strong AI) 또는 인간수준의 인공지능을 가리킨다. 사람만큼 똑똑한, 인간의 지적 업무가 가능한 기계이다. AGI는 ANI에 비해 훨씬 수준이 높을 것이다. 미국 델라웨어 대학 심리학 교수인 린다 고트프레드슨(Linda Gottfredson)은 지능(intelligence)을 "판단, 계획, 문제해결, 추론, 이해, 학습을 할 수 있는 일반적인 정신 능력"이라고 묘사했다. 지능 활동을 인간처럼 쉽게 할 수 있는 인공지능이 AGI이다.

셋째, 영국 옥스퍼드 대학의 철학자 이자 인공지능의 사상가인 닉 보스트롬(Nick Bostrom)은 슈퍼지능(Superintelligence)을 "모든 분야에서 가장 우수한 인간 보다 더 똑똑하고 과학적 창의력과 지혜, 사회성 기술을 겸비한 지적 능력"이라고 정의했다. Artificial Super Intelligence(ASI)는 사람보다 더 똑똑한, 사람의 지적 수준을 능가하는 컴퓨터를 가리킨다.

인공지능은 1950년대부터 관련 연구가 시작되어 발전해 왔으나, 기술적 한계에 부딪치면서 관련 연구 및 투자가 장기간 침체하고 있었다. 하지만 인터넷의 보급과 다양한 형태의 비정형 데이터(이미지, 동영상, 사회관계망 등)를 과거보다 쉽게 수집하고 분석할 수 있는 빅 데이터 처리 환경이 조성되고 있으며, 2006년 캐나다 토론토 대학 Geoffrey Hinton 교수가 제안한 기계학습 알고리즘의 하나인 딥러닝(deep learning)의 등장으로 컴퓨터가 스스로 자질을 학습하고 인공지능을 설계함으로써 인공지능의 수준이 비약적으로 향상되었다.

정리해 보면 지금까지 우리는 첫 번째 단계인 ANI를 개발해왔고, 주변 곳곳에서 ANI 기술이 적용된 다양한 서비스를 사용하고 있다. 향후 인공지능은 현재의 ANI에서 AGI를 거쳐 ASI까지 이어질 것이고, ASI가 실현되는 날이면 세상의 모든 룰이 바뀔 것으로 예상된다.

3. 인공지능의 전망

최근 인공지능이 중요하게 부각되는 이유는 인공지능이 학술적 연구 단계를 넘어 비즈니스에 적용 가능한 수준으로 빠르게 발전하고 있기 때문이다. 과거 인공지능 기술은 기술적 한계로 인간의 인지/사고 능력에 미치지 못해 학술연구 영역에서 벗어나지 못했는데, 최근 딥러닝 기술로 일부 분야에서 인간에 근접한 수준으로까지 발전하면서 상업적 활용 가능성이 증대되고 있다.

* 자료 : IITP, 2016

[그림 1-1] 인공지능의 재부상 배경

　　인공지능은 다양한 분야에 적용될 수 있는 범용성 높은 대표적 융합 기술로서, 경제 · 사회 · 문화 등에 미칠 파급력이 매우 높기 때문인데, 산업 혁명이 「대량 생산(生産)의 시대」를, IT 혁명이 「대량 정보(情報)의 시대」를 열었다면, 인공지능 혁명은 「대량 지식(知識)의 시대」를 열 것으로 기대되고 있다.

　　인공지능은 양질의 지식을 무한대로 복제해 사용하는 것이 가능해짐에 따라 자동차(자율주행차), 금융(로보어드바이저), 의료(의료자문), 유통(수요예측), 개인용 로봇 등 광범위한 분야에서 과거에는 구현할 수 없었던 제품/서비스들이 실용화될 전망이다.

　　또한 인공지능은 개인 · 가정 · 기업 · 사회에 광범위한 파급 효과를 유발할 것이며, 인간 삶의 방식을 근본적으로 변화시킬 것으로 기대하고 있다. 컨설팅 업체 McKinsey는 2025년까지 인간의 삶, 기업, 경제를 변화시킬 12개 파괴적 혁신 기술들을 소개하면서, 인공지능(지식 노동의 자동화)을 2번째로 영향력이 큰 기술로 선정하였고, 인공지능의 범주에 포함되는 로봇과 자율주행차도 각각 5위, 6위로 선정하였다.

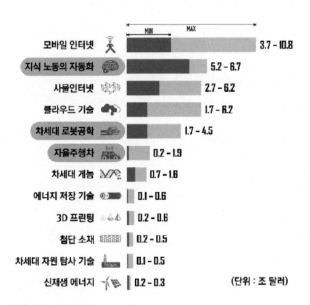

* 자료 : MGI, 2013

[그림 1-2] McKinsey 선정 12개 파괴적 혁신 기술의 2025년 잠재적 경제 효과

McKinsey는 인공지능을 통한 '지식 노동의 자동화'로 2025년 연간 5조 2000억에서 6조 7000억 달러의 잠재적 경제 효과가 있을 것으로 예측하였다. 투자은행 Bank of America는 로봇과 인공지능을 사용함으로써, 많은 산업에서 30% 가량 생산성이 향상되고, 제조 노무비가 18~33% 절감될 것이라고 전망하고 있다.

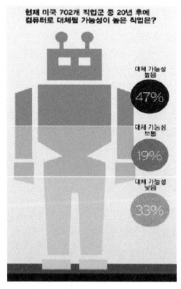

(가) 미국 일자리의 자동화 대체 가능성

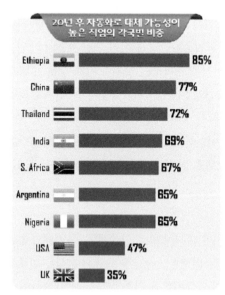

(나) 세계 각국 일자리의 자동화 대체 가능성

* 자료 : Citi GPS & Oxford Martin School (2013, 2016)

[그림 1-3] 20년 후에 자동화(인공지능)으로 대체될 위험에 관한 연구 결과

- 2013년 Oxford 대학 Martin School 연구진은 자동화와 기술의 발전으로 20년 이내 현재 미국 직업 중 47%가 사라질 가능성이 높다고 지적
- 2016년 세계경제포럼은 세계고용의 65%를 차지하는 주요 15개국에서 2020년까지 200만개의 일자리가 생겨나지만 710만 개의 일자리가 사라지면서, 결국 510만 개의 일자리가 줄어들 것으로 예상
- Oxford 대학 Martin School은 2016년 추가 연구결과를 내놓으며, 인공지능으로 인한 일자리 감소가 선진국보다 개발도상국에서 더 심각하게 발생할 것으로 전망하였다.

그러나 지식 노동의 자동화는 필연적으로 인간의 일자리 박탈 문제를 야기하기에, 다음과 같이 2016년 세계경제포럼 (WEF) 에서도 중요한 글로벌 경제 현안 사항으로 대두될 것으로 예상하고 있다.

4. 인공지능의 역사

가. 컴퓨터의 시작

1) 기원전 400년경

■ 2000년 이상 사람은 어떻게 인지하고, 배우고, 기억하는지 고민을 했어야 하였음

■ 철학에서는 기원전 400년경에 이미 인공지능의 개념인 mind를 상상하였는데, 즉, mind란 사람 안에 어떤 언어로 encoding 된 지식을 조작하는 일종의 기계 같은 개념으로 생각하였음

■ 수학은 인공지능의 기반이 되는 학문이며, 인지심리학은 인간과 동물이 어떻게 정보를 인지하고, 저장하고, 분석 처리하느냐에 대한 동작 메커니즘을 밝히는데 매우 중요한 역할을 하였음

■ 컴퓨터과학은 이러한 산출물들이 실제로 동작할 수 있도록 컴퓨터 하드웨어와 프로그래밍기법을 개발해서 인공지능의 마지막 모습을 완성하는데 핵심적인 역할을 하였음

2) 근대식 컴퓨터 개발과정

■ 1939년 : 세계 2차 대전 발발로 암호해독, 무기개발에 사용될 컴퓨터 개발 필요성 부각

■ 1941년 최초 컴퓨터개발 성공 : 튜링의 완전성을 만족하는 Z3 컴퓨터(독일)

■ 1944년 : 독일의 암호해독을 위한 콜로서스컴퓨터(영국)

■ 1945년 : 애니악컴퓨터 개발(미국)

3) 세대별 컴퓨터 구분

■ 1세대 컴퓨터는 1946년~1956년 사이 개발된 컴퓨터로 CPU를 위한 메모리 및 회로 기능을 위해 진공관을 사용하였으며, 모든 작업은 배치로 처리 입출력 인터페이스로 펀치카드, 종이테이프를 사용하였다. 대표 기종으로는 ENIAC, EDVAC, UNIVAC, IBM 650, IBM 701 등이 있다.

■ 2세대 컴퓨터는 1959년~1965년 사이 개발된 컴퓨터로 트랜지스터를 사용하고, 사람이 직관적으로 이해할 수 있는 FORTRAN, COBOL 프로그래밍언어가 개발되었다. 대표 기종으로는 IBM1620, IBM7094, CDC1604, CDC 3600, UNIVAC1108 등이 있다.

■ 3세대 컴퓨터는 1965년~1971년 사이에 개발된 컴퓨터로 IC 사용, 원격지에서 명령어를 실행하고, CPU를 시간차를 두고 공유하였으며, 이는 병렬컴퓨팅의 초기 형태의 멀티프로그래밍 기술을 도입하고 파스칼, 베이직언어가 개발되었다. 대표 기종으로는 IBM360 시리즈, Honeywell6000 시리즈가 있다.

■ 4세대 컴퓨터는 1971년~1980년 사이 개발된 컴퓨터로 VLSI 사용하였으며, 이를 이용한 마이크로프로세서가 개발되면서 컴퓨터의 대중화 시대가 개막되었다. C/C++ 언어가 개발되었고 대표 기종으로는 Cray X-MP, Y-MP, DEC10, STAR1000, PDP11 등이 있다.

■ 5세대 컴퓨터는 1980년~현재까지 개발된 컴퓨터로 실리콘 칩의 초 직접회로 병렬컴퓨팅의 발전(마이크로프로세서

의 성능한계 체감, 다중 코어 내에 여러 개의 CPU를 프로그램 하나가 동시에 사용)이 이루어졌으며, 물리적으로 분리되어 있는 분산형컴퓨터를 네트워크로 연결해 동시에 사용하는 초 병렬 컴퓨팅 기술이 등장하였으며 여기에는 광케이블을 사용하였다.

그리고 이 시기는 클라우드컴퓨팅 및 딥러닝 기술 실용화 단계였으며, 1982년 일본 정부는 통상산업성을 중심으로 "제5세대 컴퓨터" 프로젝트를 출범시키면서 본격적으로 서구 기술과의 경쟁을 시작하였으나 5세대 병렬 컴퓨팅 성능이 SUN이나 인텔의 x86기반 보다 못해 실패하였다. 하지만 1982년부터 1992년까지 4억 달러 연구비 투자는 2002년부터 2004년까지 세계에서 제일 빠른 슈퍼컴퓨터인 "지구 시뮬레이터[1]" 탄생의 밑거름이 되었다.

한편 5세대에 들어서면서 그동안 컴퓨터 성능의 한계를 극복하고 초고집적 프로세서와 네트워크장비, 대용량 메모리와 입출력장치를 갖춘 컴퓨터 환경이 완성되면서 딥러닝과 같은 기술이 실용화 단계에 이르렀다.

나. 인공지능 시스템

1) 1943년 인공신경망 이론 개막

1943년 신경외과 의사인 워렌맥컬록와 논리학자인 월터피츠의 "역사연구"에서 시작되었다. 그들은 "온", "오프" 기능이 있는 전기 스위치처럼 인공신경을 그물망 형태로 연결하면 그것이 사람의 뇌에서 동작하는 아주 간단한 기능을 흉내낼 수 있다는 것을 이론적으로 증명하였다.

2) 1940년 후반

1940년 후반에 심리학자 도널드 헤비안(Donald Hebb)는 헤비안학습(Hebbian learning)이라 불리는 신경가소성의 원리에 근거한 학습의 기본 가정을 만들었다. 헤비안 학습은 전형적인 자율학습으로 이것의 변형들은 장기강화(long term potentiation)의 초기 모델이 된다. 이러한 아이디어는 1948년 튜링의 B-type 기계에 계산학 모델을 적용하는 것에서 출발하였다.

3) 1943년

인공신경망 이론은 사람의 두뇌를 모델로 하여 여러 정보를 처리하는데 두뇌와 비슷한 방식으로 처리하기 위한 알고리즘을 말하는 것이다. 즉, 생물학의 신경망에서 영감을 얻은 통계학적 학습 알고리즘이며, 시냅스의 결합으로 네트워크를 형성한 인공뉴런이 학습을 통해 시냅스의 결합 세기를 변화시켜 문제해결 능력을 가진 모델전반을 말하는 것으로 사람의 두뇌는 뉴런(neuron)이라고 부르는 구조 단위로 구성되어 있고, 경험을 통해 패턴인식이나 인지 등 여러 특정한

---

1)   지구 시뮬레이터(ES : Earth Simulator) : 일본 정부가 날씨 변화를 예측하려고 만든 슈퍼컴퓨터. 자연 재해가 생길 때 어떤 시점에, 어느 곳에, 어느 정도 피해를 입을 것인지를 빠르게 파악해서 피해를 가장 적게 줄이는 데 결정적인 일을 하고 있다. 2011년 3월 일본 동북 지역에서 발생한 진도 9.0 지진과 초대형 지진 해일(쓰나미) 진행 과정도 큰 오차 없이 예측했고, 각종 경보를 매우 빠른 시간 안에 내릴 수 있게 하여 피해를 줄일 수 있었음.

기능들을 알 수 있다.

예를 들면, 사람은 눈을 통해 여러 사물을 인식하게 되는데, 이런 영상 정보 처리 작업은 주위 환경이나 여러 사물 간의 상관 작용들을 종합적으로 해석하여 사물들을 인식하며 이러한 복잡한 신경처리 과정이 두뇌에서 일어난다. 이러한 두뇌의 정보처리 과정을 모방한 인공신경망 알고리즘을 이용한 컴퓨터 분자설계는 신약의 선도 화합물 검색, 생화학적 목표 물질 동정, 단백질 디자인 등에 많이 이용되었으며, 이는 1958년 코넬대학교의 심리학자 로센블렌트의 연구에 영향을 주어 펍셉트론이 탄생되었다.

4) 1946년

1946년 펜실베니아대학에서 최초의 컴퓨터 ENIAC을 개발하였으며, 이는 큰 기대와 여러 가지 시도가 이루어졌으나 매우 제한된 성공이라 할 수 있다.

5) 1950년

1950년 튜링은 "Computing Machinery and Intelligence"라는 논문을 통해 컴퓨터가 지능을 갖고 있다는 사실을 어떻게 판단할 것인가에 대한 구체적이고 실제 적용이 가능한 방법으로 튜링테스트 제안을 하였다. 물론 당시에는 이러한 실험을 할 컴퓨터가 존재하지 않았기 때문에 아이디어 차원으로 제안하였지만 그는 향후 50년 이내에 그러한 인공지능 시스템이 등장할 것이라고 예측을 하였다.

6) 1954년

1954년에는 계산학모델(후에 계산기라 불리움)이 발표되었는데 이는 팔리(Farley)와 웨슬리 클라크(Wesley A. Clark)가 MIT에서 헤비안 네트워크를 모의 실험하기 위해 처음으로 사용하였으며, 다른 신경망 계산학 기계들은 로체스터(Rochester), 홀랜드(Holland), 하빗(Habit), 두다(Duda)에 의해 만들어 졌다.

7) 1956년

1956년 여름에 다트머스대학에서 열린 컨퍼런스에서 인공지능이라는 용어가 처음 사용하였으나 별다른 연구 결과는 발표되지 않고 인공지능이라는 용어의 탄생으로 그 의미만을 부여하게 되었다. 인공지능 용어 개발자는 다트머스대학 교수인 존 메카시이다.

8) 1958년

1958년에는 McCarthy에 의해 LISP(list processing) 언어가 개발되었으며, 이는 Advice Taker-공리(axiom) 기반 지식 표현 및 추론엔진이며, 같은 해 Rosenblatt에 의해 신경망 모델인 Perceptron이 탄생과 함께 Newell & Simon에 의해 수단-목표 분석(means-ends analysis) 기법이 개발되었다. 이는 범용문제 해결을 목표로 한 GPS(generalProblem Solver) 개발이다.

Frank Rosenblatt
(1928-1971)

Allen Newell
(1927-1992)
전산학, 심리학

Herbert Simon
(1927-1992)
경제학 노벨상, 1978

이는 LISP와 PROLOG 등의 인공지능용 언어에서 리스트가 함수를 표현하는 데이터구조인 리스트 처리(파라미터리스트만을 전개하여 호출 등의 실행 명령은 전개하지 않은 매크로 명령의 형식)는 이 데이터 구조를 가지고 연산하는 방식을 나타낸다.

이 방식은 리스트의 결합(binding)시간을 지연시켜 연산의 효율성을 증가시키고, 리스트 자체를 데이터로 사용함으로써 이 리스트에 대한 패턴 매칭을 수행하여 연산에 필요한 데이터를 구별하고 프로그램의 수행 제어를 결정한다. 이와 같은 방식이 각각의 정보로부터 대규모 지식 베이스를 구축할 수 있게 하며 이로부터 새로운 사실을 추론할 수 있는 기능을 갖게 한다.

9) 1970년대에서 1980년대 초반

이 시기는 일반적인 방법보다는 특정문제 영역에 효과적인 방법을 찾는 연구로 전환되는 시기로 특정 영역의 문제에 대해서는 전문가 수준의 해답을 제공하는 MYCIN, PROSPECTOR, DENDRAL등 전문가시스템(expert system)이 나타났으며, JESS 등 전문가시스템 개발도구(expert system shell)가 개발되었고 지식의 표현과 추론을 지원하는 논리(logic)기반 언어인 Prolog 언어가 개발되었다. 이를 좀 더 자세히 설명하면 다음과 같다.

- MYCIN : 스탠포드대학에서 개발한 전염성 혈액 질환 진단 프로그램
- PROSPERCTOR : 광물탐사 데이터분석 전문시스템
- DENDRAL : 화학식과 질량 스펙트럼 데이터로부터 유기화합물의 분자구조를 결정하는 것으로 스탠포드대학의 Edward Feigenbaum팀이 개발하였다.

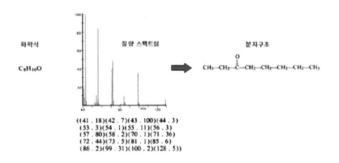

10) 1980년대에서 1990년대 초반

이 시기에는 신경망 모델이 발전하는 시기로 특히 다층 퍼셉트론(multi-lay Perceptron, MLP) 등이 개발되는 등 신경망의 르네상스로 불리 운다. 오차 역전파(error back propagation) 알고리즘이 개발되고 퍼지이론(fuzzy theory)과 진화 프로그래밍인 유전자 알고리즘과 진화연산 그리고 확률적 그래프 모델인 베이지안 네트워크(Bayesian network)와 마르코프 랜덤필드(Markov random field)가 개발되었으며, 서포트 벡터머신(Support vector Machine, SVM)이 개발되었다.

11) 2000년대

이 시기에는 에이전트(agent), 시멘틱 웹(semantic web), 기계학습(machine learning), 데이터 마이닝(data mining), 심층학습(deep learning, 딥러닝)이 등이 출현하였으며, 애플 Siri, 구글 Now, MS Cortana, IBM의 Watson, Boston Dynamics 군사용 로봇 Big Dog, 재난 구조 로봇, Atlas 자율주행 자동차, 클라우드 앱 서비스 등 상업적 성공사례가 다수 출현하였다.

또한 이 시기에는 13세인 우크라이나 소년이 캐릭터의 챗봇(chatbot)을 개발한 프로그램으로 튜링테스트 최초 통과 프로그램인 Eugene Goostman을 개발하였는데, 이는 2014년 6월 30명의 검사 자가 5분씩 대화를 해서 33%가 사람으로 판정한 프로그램이다.

Scott: Which is bigger, a shoebox or Mount Everest?
Eugene: I can't make a choice right now. I should think it out later. And I forgot to ask you where you are from···
Scott: How many legs does a camel have?
Eugene: Something between 2 and 4. Maybe, three? :-))) By the way, I still don't know your specialty - or, possibly, I've missed it?

이 프로그램은 튜링 사망 60주년을 기념하여 진행한 이벤트에서 비록 제한적 상황에 대한 통과(당시에는 30% 이상만 통과하면 사람으로 인정하기로 했음)였지만 튜링테스트를 통과한 것이다. 그리고 자율주행 자동차와 클라우드 앱 서비스가 개발되었다.

그리고 이 시기에 구글 Deep Mind사가 개발한 인공지능 바둑 프로그램인 알파고(Alpha Go)가 개발되었다. 기계학습과 병렬처리로 구현된 알파고는 2016년 3월 9일부터 3월 15일까지 세계 최고의 바둑의 고수인 이세돌 9단과의 총 5회의 대국에서 알파고가 4승 1패로 승리하였다.

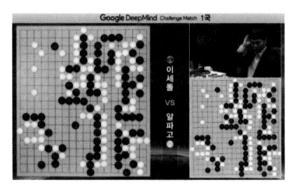

* 출처 : 바둑 TV

[그림 1-4] 이세돌 vs 알파고 대국

다. 인공지능 시스템의 발전

1) 인공지능 비서 서비스

애플의 Siri와 구글의 Now와 같은 인공지능 비서 서비스는 음성으로 대화하면서 필요한 정보를 제공받을 수 있으며, 음성인식(voice recognition), 자연어처리(natural language processing) 정보검색(information retrie- val), 추천(recommendation), 긴급전화 "hey Siri"등의 서비스를 제공한다.

■ 음성인식 핸드프리(hands-free) 스피커인 아마존 Echo

Alexa 음성서비스 시스템에 연결하여 음악재생, 정보, 뉴스, 스포츠 정보를 제공한다.

■ 마이크로소프트 Cortana

MS에서 만능지능형 비서 서비스로 음성인식, 질의응답이 가능하다.

■ Viv

Siri를 개발한 Dag Kittiaus와 Adam Cheyer가 2016. 5월에 데모 버전을 공개하였다. 이는 음성인식, 자연어 처리, 다양한 서비스를 연결한 서비스로 호텔예약을 예로 들 수 있다.

■ IBM 왓슨(Watson)

자연어로 주어진 질문에 답변을 하는 인공지능 시스템으로 자연어 처리, 정보검색, 지식표현 및 추론, 기계학습 이용 질의에 대한 답변을 할 수 있고 비구조화된 데이터(unstructured data) 분석과 복잡한 질문을 이해하고 답변을 제공할 수 있다.

Jeopardy! 쇼에 출연하여 퀴즈 경합에서 우승

IBM 왓슨은 의료, 금융, 유통 등 다양한 분야에 활용되고 있으며, 한국어를 이해(2016년)하고 학습함으로써 한국 시장에 진출하였다.

2) 자율주행 자동차(Driverless Car)

미국 여러 주에서 무인 자동차 시험 운행을 허가하였다. 구글에서 출시한 자율 자동차는 2009년 이후 2016년 3월 2.4백만 Km 이상을 주행하였으나, 2016년 2월 14일에 최초로 자율주행 자동차 과실사고를 발생시켰다. Tesla Motors, Volvo, GM, Daimler, Ford, Audi, BMW, Hyundai 등 현재 대부분의 자동차 회사에서 연구개발을 진행하고 있다.

3) 로보틱스(robotics)

로보틱스의 사례로 대화, 비서, 교육, 엔터테이너, 홈 자동화를 할 수 있는 소셜 로봇인 Jibo가 있으며, 일본 Soft Bank 사에서 개발한 감정인식 대화형 로봇인 캠패니언 로봇 Pepper가 있다. 그 외에도 2족 보행 로봇 휴머노이드가 있다.

Jibo　　　　　　Pepper　　　　　　휴머노이드

4) 운전 보조 시스템

운전 보조 시스템은 주행보조 시스템으로 충돌 경고, 차선이탈, 상향등을 조절하고, 과속 경보를 해주는 Mobileye 센서가 있으며, 그 외에 자율주차, 긴급제동, 차선유지 조향자동화, 졸음 방지, 전방주시 지원시스템 등이 있다.

5) 클라우드서비스 앱

클라우드서비스 앱은 스마트 폰을 데이터 입출력 단말기로 사용하며, 핵심 처리는 클라우드 서버에서 담당한다.

6) 구글의 앱 Goggles는 기기에서 찍힌 사진을 기반으로 한 검색

7) 기계번역은 아래 그림과 같이 Google Translate(translate.google.com) 사이트에서 활용 가능하다.

8) 마이크로소프트 채팅 봇 테이(Tay)

Tay는 미국 18~24세 쇼셜미디어 사용자 대상으로 한 10대 소녀 채팅 봇이다. 이는 인공지능 기술을 통해 개인화된 대화(personalized conversation) 시스템으로 테이와 많은 이야기를 할수록, 대화 상대에 맞춤된 대화를 하게 되는데 Twitter에서 오도된 학습사례가 발생되어 2016. 3. 23일 16시간 운영 후 중단되었다.

라. 인공지능 윤리

마음이 없는 인공지능의 윤리가 중요시되는 이유는 아래 그림과 같은 살상용 자율 무기(LAWS : Lethal Autonomous Weapon Systems)가 인간의 개입 없이 스스로 표적을 찾아내고 제거하기 위해 프로그래밍이 되어 있어 이 자율 살상 무기가 잘못된 판단으로 인명을 살상할 수 있기 때문이다.

National Robotics Engineering Center of Carnegie Mellon University

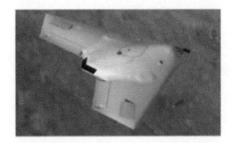

http://www.briefreport.co.uk/news/taranis-uk-armed-drone-prototype-revealed-2215569.html

그래서 자율주행 자동차의 돌발 상황에 대한 프로그래밍을 개발할 때는 모든 가능한 상황에 대한 고려가 필요하므로 돌발 상황에서 희생자를 선택하는 프로그래밍이 필요하다.

아래 그림은 a, b, c 상황에서 a 상황은 자율 자동차가 주행을 하고 있는데 갑자기 여러 사람들이 무단으로 횡단을 하고 있고 한 사람은 정상적으로 인도를 걷고 있을 때인데 그대로 가면 많은 사람을 칠 수 밖에 없는 상황이고 핸들을 왼쪽으로 돌리면 정상적으로 인도를 걷고 있는 사람을 치게 된다.

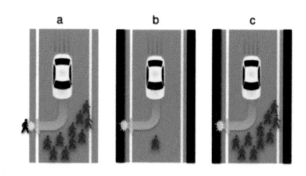

Autonomous Vehicles Need Experimental Ethics: Are We Ready for Utilitarian Cars?
[Bonnefon, Shariff, Rahwan, 2015.10]

b 상황은 자율 자동차가 주행을 하고 있는데 갑자기 한 사람이 무단으로 횡단을, 인도에는 사람이 없다고 할 때 왼쪽으로 핸들을 돌리면 운전을 하고 있는 자기가 죽거나 다칠 수가 있다.

c 상황은 자율 자동차가 주행을 하고 있는데 갑자기 여러 사람들이 무단으로 횡단을 하고 있고 인도에는 사람이 없을 때 왼쪽으로 핸들을 돌리면 운전을 하고 있는 자기가 죽거나 다칠 수가 있다고 할 때 자율 자동차는 어느 쪽으로 핸들을 돌려야 되는지의 인공지능 윤리에 대한 문제이다.

1) 로봇 3원칙 : 아이작 아시모프(1942)

물리학자
아이로봇
원 작가

Isaac Asimov
(1920-1992)

가) 로봇은 인간에 해를 가하거나, 혹은 행동을 하지 않음으로써 인간에게 해가 가도록 해서는 안 된다.

나) 로봇은 인간이 내리는 명령들에 복종을 해야 하며, 단 이러한 명령들이 첫 번째 법칙에 위배될 때에는 예외로 한다.

다) 로봇은 자신의 존재를 보호해야만 하며, 단 그러한 보호가 첫 번째와 두 번째 법칙에 위배 될 때에는 예외로 한다.

2) 로봇의 윤리학 (Lin, Abney, Bekey 2012)

- 로봇 공학자의 전문가적 윤리
- 로봇 안에 프로그램 된 "윤리코드"(moral code)
- 로봇에 의해 윤리적 추론이 이루어질 수 있는 자기 인식적 로봇 윤리

3) Open AI

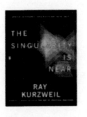

Open AI사는 2015. 12 설립된 비영리 인공지능 회사로 엘론 머스크(테슬라 모터스, 스페이스 X, 페이팔)가 10억 달러 출연하여 설립한 회사이다. 동사는 인공지능 발전을 인류의 가장 큰 실존적인 위협으로 간주하고, 인류에 혜택이 되는 인공지능을 연구하고 있다.

마. 인공지능의 특이점

1) 특이점(singularity)

특이점이란 기술의 수준이 어느 한 순간 기하급수적으로 증가하는 시점을 말하며, 1993년 VernorS. Vinge 교수의 에세이 "The Coming Technological Singularity"에서 처음으로 사용되었다. 초인간(superhuman) 인공지능 개발은 인류 종말의 시점일 것으로 예측된다.

2) 인공지능의 특이점

인공지능의 특이점이란 인공지능이 인간의 지능보다 더 진보하게 되는 시점을 말한다. R. Kurzweil의 "The singularity is near"에서는 2045년 기술의 특이점이 도달한다고 예측하고 있다.

제 2 절   인공지능의 요소 기술 및 주요 응용 분야

1. 인공지능의 요소 기술

가. 탐색(search)

문제의 답이 될 수 있는 것들의 집합을 공간(space)으로 간주하고, 문제에 대한 최적의 해를 찾기 위해 공간을 체계적으로 찾아보는 것으로 다음과 같은 방법이 있다.

1) 무정보탐색 ; 너비우선 탐색(breadth-first search), 깊이 우선 탐색(depth-first search)
2) 휴리스틱 : 경험적인 지식을 활용하는 탐색
3) A* 알고리즘
4) 게임 트리 검색 : mini-max 알고리즘, α-β가지치기(pruning), 몬테카를로트리 탐색

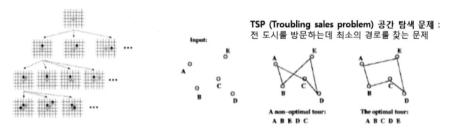

[그림 1-5] 게임트리 검색 예

나. 지식표현(knowledge representation)

문제해결에 이용하거나 심층적 추론을 할 수 있도록 지식을 효과적으로 표현하는 방법으로 다음과 같은 방법 등이 있음
1) IF-THEN 규칙(rule)
2) 프레임(frame)
3) 의미망(semantic net)
4) 논리(logic) : 명제논리(propositional logic), 술어논리(predicate logic)
5) 스크립트
6) 온톨로지 기술언어 : RDF, OWE
7) 불확실한 지식 표현 : 확신도, 확률기반 표현, 퍼지이론
8) 확률 그래프 모델
9) 함수기반 지식표현

다. 추론(inference)

가정이나 전제로부터 결론을 이끌어 내는 것으로 관심 대상의 확률 또는 확률 분포를 결정하는 것(확률모델)을 말한다. 여기에는 규칙기반 시스템의 추론인 전향추론(forward inference)과 후향추론(backward inference)이 있으며, 확률 모델의 추론인 아래 식과 같은 베이즈 정리(Bayesian theorem)와 확률분포에서 특정 확률에 대해 관심이 있을시 사용

$$\underset{\text{사후확률}}{P(A|B)} = \frac{\overset{\text{가능도}}{P(B|A)}\overset{\text{사전확률}}{P(A)}}{\underset{\text{증거}}{P(B)}}$$

하는 주변화(marginalization)가 있는데, 베이즈 정리공식은   이며 주변화 공식은 $P(A) = \sum_b P(A, B = b)$이다.

라. 기계학습(machine learning)

기계학습은 경험을 통해서 나중에 유사하거나 같은 일(task)을 더 효율적으로 처리할 수 있도록 시스템의 구조나 파라미터를 바꾸는 것을 말하며, 또한 알고 있는 것으로 부터 모르는 것을 추론하기 위한 알고리즘을 만드는 것을 말한다. 여기에는 지도학습, 비지도학습, 강화학습이 있다.

1) 지도학습(supervised learning)

문제(입력)와 답(출력)의 쌍으로 구성된 데이터(경험)들이 주어질 때, 새로운 문제를 풀 수 있는 함수 또는 패턴을 찾는 것을 말한다.

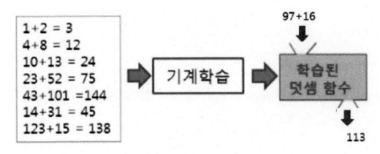

[그림 1-6] 지도학습 예

2) 비지도학습(unsupervised learning)

답이 없는 문제들만 있는 데이터들로부터 패턴(군집화)을 추출하는 것을 말한다. 즉, 아래 그림과 같이 원, 네모, 삼각형 모양끼리 패턴을 추출한다.

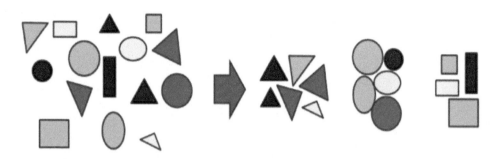

[그림 1-7] 비 지도학습 예

3) 강화학습(reinforcement learning)

문제에 대한 답을 주기는 하되 직접적인 답을 주지 않고 경험을 통해 기대 보상(expected reward)이 최대가 되는 정책(policy)을 찾는 학습을 말한다. 예를 들면 "자전거 타는 법 배우기"에서 "넘어지지 않고 가는 시간과 거리"를 보상으로 명명하고 "상태에 따른 행동"을 정책으로 명명한다.

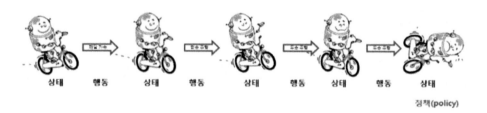

[그림 1-8] 자전거 타는 법 배우기 예

마. 객체 인식(object detection)

주로 이미지 영역에서 사용하는 개념으로, 초기에는 이미지에서 보이는 객체가 강아지인지 고양이인지 분류하는 정도의 수준이었으나, 현재는 이미지 내에서 강아지와 고양이가 어디에서 위치하는지 까지 파악이 되고 있으며 이는 자율주행차 에서의 주요한 기술이 되고 있다.

[그림 1–9] Detectron2 에서의 객체인식 (출처 : https://github.com/facebookresearch/detectron2)

바. 자연어처리(national nanguage process; NLP)

컴퓨터가 인간의 언어를 이해하도록 하는 분야로, 챗봇이 말을 이해한다거나 게시 글을 이해하며, 때로는 그에 맞는 답을 하는 분야이다. 이미지 처리에서는 개와 고양이의 이미지가 대체로 표준화된 외형을 가지고 있어서 인식하기가 상대적으로 쉽다면, 인간의 언어는 축약과 반어법 등이 표준화된 문법을 따르지 않기 때문에 이미지에 비해 이해하기가 너무 어렵다. 먼저 문장을 품사 단위로 쪼개어 품사를 인식하는 형태소 분석(Morphological Analysis)에서 개체명을 인식하는 NER(Named Entity Recognition), 의미를 긍정문이나 부정분 등으로 구분하는 감성분석(Sentiment Analysis), 질문에 대해 답을 찾는 SQuAD(Stanford Question Answering Dataset), 그리고 음성과 text간의 전환을 담당하는 STT(Speech to Text)나 TTS(Text to Speech)등 많은 기술이 결합되어야 가능한 영역이다. 하지만 이 역시도 최근에 BERT, XLNet, GPT-3 등을 통해 엄청난 양의 문장이 학습됨으로써 이 한계를 극복 중에 있다.

사. 빅데이터 처리 기술

일단 어마어마한 데이터로부터 시작해야 한다. 몇MB 단위의 데이터는 초보자들의 학습용으로 사용될 수 있을 정도이고 보통은 수십GB 이상의 용량이 콘테스트 등에서 일반적이며, 기업용은 하루에 쌓이는 용량이 GB급 이상, 때로는 매일 TB 이상이 누적되기도 한다. 빅데이터를 다루기 위해 파일 저장부터 분산처리를 염두에 두어 master와 slave 구조를 가지는 GFS(Google File System)와 이를 발전시킨 HDFS(Hadoop Distributed File System) 구조 등에 저장해야 오류 없이 저장이 가능하고, 이렇게 저장된 데이터는 Map Reduce와 같은 잘게 쪼개어 단순화 작업을 반복함으로써 대규모 병렬처리가 가능해진다. 그야말로 PC에서 우리가 파일 몇 개 편집하고 저장하는 정도의 처리 과정이 아니고 저장 방식 부터 바꾸어야 처리가 가능한 규모이다.

　또한, 데이터를 쌓아두는 것이 전부가 아니다. GIGO(garbage-in garbate-out)이라고 해서, 쓰레기 같은 데이터가 입력 되면 인공지능 모델도 쓰레기처럼 되어 나오므로 좋은 모델을 만들기 위해선 데이터도 잘 정제되어서 입력되어야 하는 데, 이 정제과정은 인공지능이 할 수 있는 영역이 아니고 아직은 인간의 섬세함이 개입되어야 한다. 빅데이터를 한 두 사 람이 작업할 수 있는 규모가 아니기 때문에 수십, 수백 명 또는 전 세계에서 크라우드소싱 방식으로 작업이 되어야 한다.

아. 데이터 공유

　개인 또는 개별 기업들이 데이터를 각각 수집해서 가공하고 알고리즘을 적용시켜 사업을 하는 것이 너무나 비효율적 이기 때문에 국내에서도 정부와 각 지자체가 주도적으로 홈페이지를 통해 데이터를 가공해서 공유하고 있는데, 대표적 인 사이트를 소개하면 다음과 같다.

1) 한국정보화진흥원: AI 허브(http://www.aihub.or.kr/)
2) 행정안전부: 공공데이터포털(https://www.data.go.kr/)
3) 서울시: 서울 열린 데이터 광장(https://data.seoul.go.kr/)
4) 경기도: 경기데이터드림(https://data.gg.go.kr/)
5) 한국데이터산업진흥원(https://www.kdata.or.kr/)

2. 인공지능의 주요 응용 분야

가. 계획수립(planning)

　현재 상태에서 목표하는 상태에 도달하기 위해 수행해야 할 일련의 행동 순서를 결정하는 것을 말하며 예를 들면 아 래 그림과 같이 "작업의 수행 절차", "로봇의 움직임 계획"을 예로 들 수 있다.

[그림 1-10] 자전거 타는 법 배우기 예

나. 에이전트(agent)

사용자로부터 위임받은 일을 자율적으로 수행하는 시스템을 말하는 것으로 다음과 같은 것들이 있다.

1) BID(Belief-Desire-Intention)

모델로 여기에는 Belief(환경에 대한 정보), Desire(목적), Intention(의도) 목적달성을 위한 세부 전술적 목표가 있다.

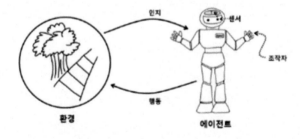

[그림 1-11] BID(Belief-Desire-Intention) 모델

2) 소프트웨어 에이전트(software agent)

채팅 봇(chatting bot)인 Siri, Tay 등이 있고, 물리적 에이전트(physical agent)로 로봇(robot)이 있다.

3) 전문가 시스템(expert system)

특정 문제 영역에 대해 전문가 수준의 해법을 제공하는 것으로서 간단한 제어시스템에서부터 복잡한 계산과 추론을 요구하는 의료진단, 고장진단, 추천시스템 등이 있다.

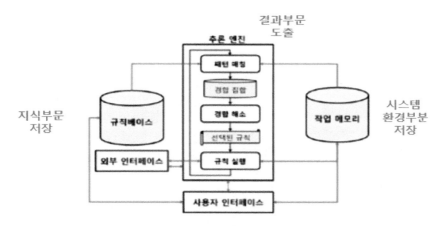

[그림 1-12] 규칙기반 전문가 시스템 구조

4) 자연어 처리(natural language processing)

아래 그림과 같이 사람이 사용하는 일반 언어로 작성된 문서를 처리하고 이해하는 분야를 말한다.

[그림 1-13] 자연어 처리 과정

자연어 처리 기능에는 아래 그림과 같이 형태소분석, 구문분석, 품사 태깅, 의미 분석, 언어모델, 주제어 추출, 객체명 인식, 문서요약, 기계번역, 질의응답 등이 있다.

5) 데이터 마이닝(data mining)

실제 대규모 데이터에서 암묵적인, 이전에 알려지지 않은, 잠재적으로 유용할 것 같은 정보를 추출하는 체계적인 과정을 말하는 것으로 여기에는 연관규칙, 분류패턴, 군집화패턴, 텍스트마이닝, 그래프마이닝, 추천 시각화(visuallization) 등이 있다.

6) 음성인식

아래 그림과 같이 사람의 음성 언어를 컴퓨터가 해석해 그 내용을 문자 데이터로 전환하는 처리를 말한다.

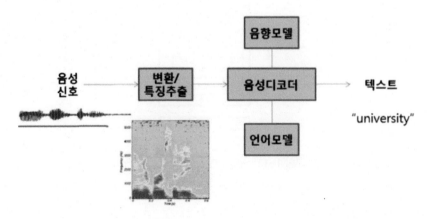

[그림 1-14] 음성인식 과정

7) 컴퓨터 비전(computer vision)

아래 그림과 같이 컴퓨터를 이용하여 시각 기능을 갖는 기계장치를 만들려는 분야를 말한다.

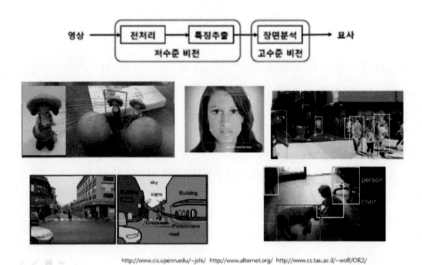

[그림 1-15] 컴퓨터 비전 예

8) 지능 로봇(intelligent robots)

로봇에 관련된 기술분야로서 기계공학, 센서공학, 마이크로일렉트로닉스, 인공지능기술 등을 종합적으로 활용하는 로보틱스(robotics)를 말한다. 아래 그림이 "인공지능을 활용한 로봇"의 예이다.

Image : http://www.dailymail.co.uk/

[그림 1-16] 지능 로봇 예

3. 인공지능 프로그래밍

시중에 나와 있는 많은 교재들 중 고급 개발자가 볼 수 있는 tensorflow나 pytorch를 활용한 프로그래밍 기법은 한정된 독자만을 상대로 해야 하기 때문에 python 기본 코드만 이해한 독자의 경우 고급 프로그래밍은 이해하기 힘들 수 있기 때문에 아주 기본적인 소스코드를 싣고 있는 [빅데이터, 인공지능을 만나다 표지(심준식, 우재현 공저, 2020)] 교재 예제를 활용하고자 한다.

가. Perceptron

동물의 뇌를 본 딴 구조로, neuron과 synapse를 결합한 형태로 다음과 같이 구성한다.

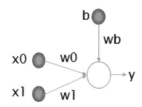

[그림 1-17] Perceptron

이것은 논리회로(AND, OR, NAND gate)을 인공신경망으로 구현한 것인데, x0와 x1에 각각 0과 1이 입력되고, y는 입력에 맞는 출력이 나온다. b는 의도적으로 편향(bias)을 주는 값이다. w0, w1, wb는 모두 weight들로서 각각 x0, x1, b 값에 곱해지고, 이 곱해진 결과들은 모두 더해진다. 식으로 표현하면 다음과 같다.

$$y = x_0 w_0 + x_1 w_1 + b w_b$$

단순한 사칙연산만으로 구성되므로, AND gate를 구현하려면 x0와 x1에 동시에 1이 들어갈 때만 y값이 양수가 되고, 둘 중 하나라도 0이면 y값이 음수가 되는 구조를 생각하면 된다. 이 때, b는 따로 입력이 정해져 있지는 않으나 b를 1로 고정하고 wb 값만 조절하는 것으로 하면 문제를 단순화시킬 수 있다.

AND gate를 위해 (x0, x1) 입력을 각각 (0, 0), (0, 1), (1, 0), (1, 1)을 넣기로 하고, y를 조절하기 위해 이 입력들을 각각 고려하면 식이 다음과 같이 적용된다.

$$y = w_b < 0 \ \ (0, 0)$$
$$y = w_1 + w_b < 0 \ \ (0, 1)$$
$$y = w_0 + w_b < 0 \ \ (1, 0)$$
$$y = w_0 + w_1 + w_b > 0 \ \ (1, 1)$$

이 값을 만족시키는 w0, w1, wb는 무수히 많이 있으나, (w0, w1, wb) = (0.5, 0.5, -0.7)을 적용하면 우리가 원하는 부호의 y 값을 얻을 수 있다. 원리는 간단하다. w0이나 w1은 절대 값이 모두 wb 보다 작으나 둘의 합의 절대 값은 wb 보다도 크면 된다. 그러면 w0, w1 둘 다 1이 입력되어야만 전체 값이 양수가 되고 하나라도 0이 들어가면 전체 값은 음수가 된다.

이와 반대로, (w0, w1, wb) = (0.5, 0.5, -0.2)를 적용하면 w0, w1 둘 중 하나만 1이 입력되어도 전체 값이 양수가 되므로 이것은 OR gate를 구현한 것이 된다.

어떻게 gate를 설계하든, y값이 양수이면 출력을 1로 처리하고 음수이면 0으로 처리하면 된다.

```
import numpy as np

x = np.array([[0, 0,      1],
    [0, 1,      1],
    [1, 0,      1],
    [1, 1,      1]])
```

```
    w = np.array([[0.5, 0.5, -0.7]]).T

    for i in range(4):
        x_i = x[i, :]
        temp_predict = np.dot(x_i, w)
        if temp_predict <= 0:
            predicted = 0
        else:
            predicted = 1
        print(predicted)
```

[그림 1-18] 인공신경망 구조를 사용한 AND gate (출처 : 빅데이터, 인공지능을 만나다)

x는 AND gate의 모든 입력을 담고 있고, 각 값은 [x0, x1, b] 값이다. w는 앞서 설명한 weight 값들로 채워져 있다. 이 코드에서 -0.7 값을 -0.2로 바꾸면 전체 코드는 OR gate를 구현한 것이 된다.

인공지능은 이렇게 weight를 일일이 지정하는 게 아니고, 스스로 학습을 통해 값을 찾아가도록 설계되어 있다. 다음 코드를 보자.

```
import random
import numpy as np

step_func = lambda x: 0 if x <= 0 else 1

x = np.array([[0, 0,    1],
 [0, 1,    1],
 [1, 0,    1],
[1, 1,    1]])
y = np.array([[0, 0, 0, 1]]).T        # AND gate

w = np.random.random(3)
print('Init weight:', w)

learning_rate = 0.1

for i in range(50):
    c = random.choice(range(4))
```

```
        x_i = x[c, :]
        predicted = step_func(np.dot(x_i, w))
        expected = y[c]
        error = predicted - expected
        w = w - learning_rate * x_i * error
        print(i+1, ': x =', x_i, 'w =', w, 'error =', error)

    print('y = (%f)x1 + (%f)x2 + (%f)' %(w[0], w[1], w[2]))
```

[그림 1-19] 학습하는 AND gate (출처 : 빅데이터, 인공지능을 만나다)

앞서 코드보다 복잡해졌다. w를 random 한 값으로 시작하게 하고, for 문에서 50번의 반복을 하는 동안 error라는 값을 계산해서 그 error 값을 이용해서 w 값을 update 하도록 되어 있다. 이 코드에서 주의 깊게 볼 부분은 error를 어떻게 정의했는지, 그리고 w를 어떻게 업데이트 하고 있는지를 확인해야 한다. 임의의 x 값이 들어갔을 때 나오는 출력이 예측값(predicted)과, x 값이 들어갔을 때 원래 AND gate에서 나와야 할 정답(expected)와의 차이를 error로 정의했고, error가 양수라면 원래 출력이 0이 나와야 하는데 1로 높게 나온 경우이고, 음수라면 원래 1이 나와야 하는데 0으로 낮게 나온 경우이다. 따라서 error값이 양수이면 w값을 더 줄여야 predicted 값을 낮출 수 있고 반대라면 w값을 더 키워야 한다. 이 단순한 한 문장을 실행하는 코드가 위의 코드이다. **w = w - learning_rate * x_i * error** 식에서 **x_i** 가 곱해진 이유는 x의 입력이 1이었던 위치의 w만 업데이트 하면 되기 때문이다. 왜냐하면 x값이 0이면 그와 곱해지는 w를 높여야 할지 낮춰야 할지 판단을 할 수 없기 때문이다. 그리고 learning_rate는 업데이트의 속도를 조절하는 역할을 한다.

이 코드를 조금 더 단순화 시켜서 x를 (0, 0), (0, 1), (1, 0), (1, 1)의 각각을 학습시키지 않고 네 가지 경우를 한꺼번에 학습시키는 코드는 다음과 같다.

```
import numpy as np
step_func = lambda x: 0 if x <= 0 else 1

x = np.array([[0, 0,    1],
 [0, 1,    1],
 [1, 0,    1],
 [1, 1,    1]])
y = np.array([[0, 0, 0, 1]]).T

w = np.random.random((3, 1))
print('Init weight:', w.T)
```

```
learning_rate = 0.1

for i in range(50):
    predicted = np.array(list(map(step_func, np.dot(x, w)))).reshape(-1, 1)
    error = predicted - y
    w = w - learning_rate * np.dot(x.T, error)
    print(i+1, 'w =', w.T, 'error =', error.T)

print('y = (%f)x1 + (%f)x2 + (%f)' %(w[0], w[1], w[2]))
```

[그림 1-20] x를 한꺼번에 학습하는 AND gate (출처 : 빅데이터, 인공지능을 만나다)

마찬가지로 이 코드에서도 주의 깊게 볼 부분은 error를 계산하는 부분과 w를 업데이트 하는 식인데, 앞의 코드에 비해 행렬의 차원이 달려졌으므로 그 부분을 고려해서 프로그램이 조금 바뀌긴 했지만 전체 맥락은 똑같다.

나. 활성화함수(Activation function)

이제부터는 좀 까다로운 수식이 사용되므로 비전공자의 경우는 아주 어렵게 비출 수도 있다. 아래 그림을 보면 지금까지의 소스코드는 step function을 이용한 코드였다. 전체 합이 음수이면 출력을 0으로, 전체 합이 양수이면 출력을 1로 처리하는 코드인데, 이것을 활성화 함수라고 한다. 지금 인공지능은 이 step function이 효율적이지 않기 때문에 이것을 사용하지는 않는다. 많이 사용되는 것은 그림 아래 부분의 sigmoid 함수인데, 지금은 이보다 더 효율적인 활성화 함수가 사용되고 있지만 본 저서에서 그렇게까지 상세히 다룰 필요는 없을 것 같아 생략하기로 하고 sigmoid를 위주로 설명하기로 한다.

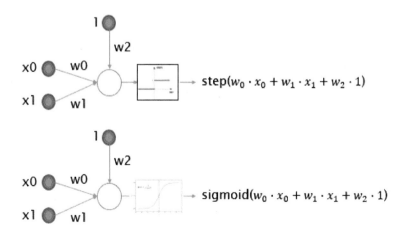

[그림 1-21] 활성화함수 변경

sigmoid 함수의 공식은 $\dfrac{1}{1+e^{-x}}$ 인데, x축을 따라 음수 쪽으로 한없이 가면 값이 0에 수렴하고, 양수 쪽으로 한없이 가면 1에 수렴한다. x=0일 경우는 값이 1/2가 된다. 이 함수는 step function에 비해 모든 실수 x값에서 미분이 가능하다. sigmoid를 적용한 코드는 다음과 같다.

```python
import numpy as np

def sigmoid(x):
    return 1 / (1 +np.exp(-x))

x = np.array([[0, 0,     1],
[0, 1,     1],
[1, 0,     1],
[1, 1,     1]])
y = np.array([[0, 0, 0, 1]]).T

w = np.random.random((3, 1))
print('Init weight:', w.T)

learning_rate = 0.1

for i in range(50):
    predicted = sigmoid(np.dot(x, w))
    error = predicted - y
    w = w - learning_rate * np.dot(x.T, error)
    print(i+1, 'w =', w.T, 'error =', error.T)

print('y = (%f)x1 + (%f)x2 + (%f)' %(w[0], w[1], w[2]))
```

[그림 1-22] sigmoid를 적용한 AND gate (출처 : 빅데이터, 인공지능을 만나다)

step funcion이 sigmoid로 바뀌었을 뿐이고 프로그램 내용은 동일하다. 이렇게 되면 error 값이 절대 0이 될 수 없다. 그런데 이것이 인공지능의 특성이기도 하다. error가 0이 되지는 않지만 최대한 error를 낮추도록 한다. 그리고 적당히 낮아졌다 판단되면 더 이상 진행하지 않고 중단시킨다.

다. 경사하강법(Gradient descent method)

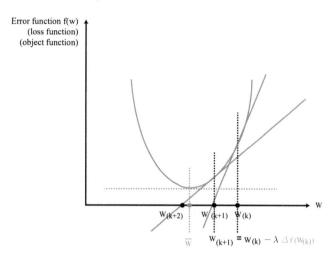

[그림 1-23] 경사하강법 (출처 : 빅데이터, 인공지능을 만나다)

경사하강법이 지금까지의 코드들과 다른 가장 큰 특징부터 말하자면, error 값을 계산하지 않는다. 중간 중간 확인을 위해 error들을 계산해 볼 수는 있으나, error값이 w의 업데이트에는 전혀 반영되지 않는다. 위에서 보이는 곡선 함수의 기울기만 보고 w를 업데이트 시킨다. 현재의 w에서 계산한 그래프의 기울기가 양수(+)인 경우는 그래프가 우상 향으로 올라가고 있는 중이므로 최소 값의 위치는 w를 감소(-) 시키는 방향에 있다는 뜻이고, 반대로 기울기가 음수(-)인 경우는 최소 값의 위치는 w를 증가(+)시키는 방향에 있다는 뜻이므로, w의 이동 방향은 기울기의 부호와 반대방향으로 이동하면 된다. 업데이트 식은 다음과 같은데, 중간에 있는 빼기(-) 기호가 이 때문이다.

$$w_{(k+1)} = w_{(k)} - \lambda \triangle f(w_{(k)})$$

국소적인 최솟값을 찾기도 하겠지만, 최솟값이 하나만 있을 것이란 가정 하에 가장 합리적이라고 판단되는 값을 찾는 것이다. 이 방법을 적용한 코드는 다음과 같다.

```
import numpy as np

def sigmoid(x):
    return 1 / (1 + np.exp(-x))
```

```
def prime_sigmoid(z):
    return z * (1 - z)

x = np.array([[0, 0,     1],
 [0, 1,    1],
 [1, 0,    1],
 [1, 1,     1]])
y = np.array([[0, 0, 0, 1]]).T

w = np.random.random((3, 1))
print('Init weight:', w.T)

learning_rate = 0.5

for i in range(50):
    predicted = sigmoid(np.dot(x, w))
    error = predicted - y
    w = w - learning_rate * np.dot(x.T, prime_sigmoid(predicted) * error)
    print(i + 1, 'w =', w.T, 'gradient =', prime_sigmoid(predicted).T, \
'error =', error.T)

print('y = (%f)x1 + (%f)x2 + (%f)' %(w[0], w[1], w[2]))
```

[그림 1-24] gradient descent 방식을 적용한 AND gate (출처 : 빅데이터, 인공지능을 만나다)

이 코드 중간에는 error 값을 계산하는 부분이 있고, 이 값이 w의 업데이트에 사용되는 것처럼 보이긴 한데, 이 error 값이 필요한 이유는 prime_sigmoid()는 항상 양수 값이므로 방향을 알 수 없어서 error의 부호를 활용해서 업데이트의 방향을 고려하기 위함이다.

라. 역전파법(Back-propagation method

w를 얼마만큼 업데이트 하는 것이 효과적일까를 고민하는 문제에서, 각 w들을 조금씩 바꾸면 error값도 바뀌겠지만 w0를 1만큼 바꾸었을 때 error의 변화량과 w1을 1만큼 바꾸었을 때 error의 변화량이 같을 수는 없다. w를 바꾸면서 error가 바뀌는 정도를 보는 것은 순방향이겠으나, error를 일정량 수정하기 위해 w값을 얼마나 바꾸어야 하는지를 측정하는 것은 역방향 계산이 된다. 이 수식은 합성함수 미분에서의 chain rule을 편미분에 적용한 것으로 복잡한 수식이 사용된다. 이제부터는 상당히 고도의 수식을 내포한 코드들이 사용되는데, 짧은 지면에 이를 모두 설명할 수 없어 많은 부분 수식 설명을 생략하고 코드만 설명하기로 한다.

```
import numpy as np

def sigmoid(x):
    return 1 / (1 + np.exp(-x))

def prime_sigmoid(z):
    return z*(1-z)

def CrossEntropy(predicted, y):
    return -np.log((2*y-1)*predicted + (1-y))/y.shape[0]      # batch size 평균

def prime_CrossEntropy(predicted, y):
    return 1/((1-y)-predicted)/y.shape[0]

x = np.array([[0, 0,       1],
 [0, 1,       1],
 [1, 0,       1],
 [1, 1,       1]])
y = np.array([[0, 0, 0, 1]]).T

w = np.random.random((3, 1))
print('Init weight:', w.T)

learning_rate = 0.4

for i in range(50):
    predicted = sigmoid(np.dot(x, w))
    delta = np.dot(x.T, \
                prime_sigmoid(predicted) * prime_CrossEntropy(predicted, y) )
    w = w - learning_rate * delta
    print(i + 1, 'w =', w.T, 'error =', CrossEntropy(predicted, y).T)

print('y = (%f)x1 + (%f)x2 + (%f)' %(w[0], w[1], w[2]))
```

[그림 1-25] gradient descent 방식을 적용한 AND gate (출처 : 빅데이터, 인공지능을 만나다)

역전파 알고리즘이 사용되면 대략 이 코드에서 delta를 계산하는 것과 유사한 계산이 이루어지는데, 미분 값들이 계속 곱해진 형태로 계산이 된다. 지금까지 설명된 내용을 종합해서 다층 퍼셉트론(Multi-layer perceptron; MLP)으로 XOR gate를 만든 코드가 아래와 같은 코드이다.

```python
import numpy as np

def sigmoid(x):
    return 1 / (1 + np.exp(-x))

def prime_sigmoid(z):
    return z*(1-z)

def CrossEntropy(predicted, y):
    return -np.log((2*y-1)*predicted + (1-y))/y.shape[0]

def prime_CrossEntropy(predicted, y):
    return 1/((1-y)-predicted)/y.shape[0]

x = np.array([[0, 0,     1],
 [0, 1,     1],
 [1, 0,     1],
 [1, 1,     1]])
y = np.array([[0, 1, 1, 0]]).T       # XOR gate

w1 = np.random.random((3, 4))
w2 = np.random.random((4, 1))

learning_rate = 0.4

for i in range(10000):
    l1 = sigmoid(np.dot(x, w1))
    predicted = sigmoid(np.dot(l1, w2))
    delta2 = prime_sigmoid(predicted) * prime_CrossEntropy(predicted, y)
    delta1 = np.dot(delta2, w2.T) * prime_sigmoid(l1)
    w2 = w2 - learning_rate * np.dot(l1.T, delta2)
    w1 = w1 - learning_rate * np.dot(x.T, delta1)
    print(i + 1, 'error =', CrossEntropy(predicted, y).T)

L1 = sigmoid(np.dot(x, w1))
Predicted = sigmoid(np.dot(L1, w2))
print('Result:\n', Predicted)
```

[그림 1-26] 종합된 알고리즘으로 만든 XOR gate (출처 : 빅데이터, 인공지능을 만나다)

1. 인공지능의 요소기술에 대하여 설명하시오.

인공지능 요소기술	
T1.추론/지식표현	T17.복합 지능
T2.기계학습(지도학습)	T18.지능형 무인기 기술
T3.딥러닝	T19.자율자동차 지능화 기술
T4.강화학습	T20.정밀의료 지능화 기술
T5.비지도학습	T21.미세먼지 저감 지능화 기술
T6.설명가능한 AI (XAI)	T22.스마트 그리드 지능화 기술
T7.뇌인지 컴퓨팅 기술	T23.스마트팜 지능화 기술
T8.범용 AI 기술	T24.스마트시티 지능화 기술
T9.AI 데이터 구축 기술	T25.AI 로봇 기술
T10.AI 특화 하드웨어	T26.스마트 제조 지능화 기술
T11.지능형 에이전트	T27.인공지능 네트워크
T12.시각지능	T28.AI기반 교육서비스
T13.언어지능	T29.AI기반 행정서비스
T14.청각(음성) 지능	T30.AI 금융 서비스
T15.상황/감정 이해	T31.게임 인공지능
T16.행동/소셜 지능	T32.AI기반 뉴스 서비스
	T33.국방 AI

2. 인공지능의 주요 응용분야에 대하여 설명하시오.

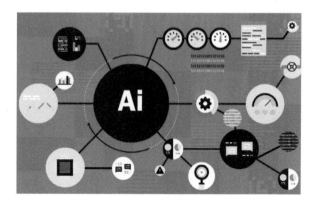

[그림 1-10] 인공지능 응용 분야

● **더 많은 고객 중심으로**

AI를 사용하여 시간 경과에 따른 설문 조사 및 활동에 대한 고객의 반응을 더 잘 분석합니다. 이를 통해 그들이 제공한 피드백뿐만 아니라 응답 속도 및 관련 가능성에 상관되는 특정 특성 및 특성의 존재 여부를 이해할 수 있습니다. 이 정보를 통해 고객은 자신의 고객 설문 조사 전략을 변경할 수 있습니다.

- **시장 예측**

  개인화, 직관적인 워크 플로우, 향상된 검색 및 제품 권장과 같은 많은 전통적인 장소에서 인공 지능을 사용하고 있습니다. 보다 최근에, AI를 시장 진입 사업에 내놓기 시작하여 미래를 예견함으로써 시장에 첫 선을 보였습니다.

- **가속 읽기**

  AI는 서면 텍스트에 대한 이해를 가속화하고 있습니다. 간단히 말해서, 인간은 충분히 빨리 읽을 수 없고, 사용할 수 있는 방대한 양의 데이터를 정신적으로 채굴하고 구조화 할 수 없습니다. 생명 과학 기사를 읽고 이해하는 고급 인공 지능을 개발하여 연구자가 질병 치료 및 새로운 치료법 및 약물 개발을 촉진하도록 도울 수 있습니다.

- **교차 계층 복원성 검증**

  고객들로부터 여러 IT 계층 사이의 잘못된 구성을 예측할 때 기존의 테스트 방법론이 부족하다는 의견을 지속적으로 듣습니다. 지식 기반 분석과 ML을 모두 활용하여 교차 레이어 종속성 매핑 및 교차 레이어 유효성 검사 기술의 연구 및 개발에 크게 투자합니다. 검증 기술은 현재 손상된 것을 탐지하는 것보다 예측 탄력성 위험 탐지로 나아갑니다.

- **금융 및 핀테크**

  인공 지능은 많은 산업에 영향을 주고 있습니다. 금융 및 핀테크는 예외가 아닙니다. 수년간 전문 회계사와 긴밀한 협력 끝에 자동화 된 데이터 입력 및 보고와 같은 실습을 통해 전문적인 업무절차를 간소화하기 위해 AI를 활용하고 있습니다. 또한 회계사만이 아니며 전체 금융 서비스 업계가 자동화를 채택하고 있습니다.

- **고급 결제 규칙**

  Google 조직에서는 반복되는 결제에 대한 신용카드 처리 성공률을 최대화하기 위해 기계 학습기반 청구규칙을 추가했습니다. 거부된 신용카드 및 지불거절로 이어지는 사기 패턴의 동향을 파악함으로써 인간의 상호 작용 없이 수익을 올릴 수 있습니다.

- **의도와 행동 이해하기**

  악의적인 소문을 퍼트리는 동료는 꽤 수다스러운 경향이 있습니다. 고급 인공지능은 이러한 패턴을 식별 할 뿐만 아니라 행동 분석을 활용하여 커뮤니케이션의 의도를 이해할 수 있는 차별화 된 기능을 갖추고 있습니다. AI를 사용하여 나쁜 행동을 찾아내는 것은 다양한 산업 분야에서 고객에게 힘을 실어 주는데 사용됩니다.

- **제안서 검토**

  믿을 수 없는 시간을 절약하고 고객의 품질을 향상시키는 응용 프로그램에 대한 AI의 흥미로운 사용을 발견했습니다. 시설 관리자가 계약자로부터 제안서를 받으면 기계 학습은 범위, 가격 책정 및 계약자의 과거 실적을 분석하여 제안서가 적절한 비용인지 적절한 수준의 품질로 평가되는지 결정합니다.

3. 인공지능 프로그램에서 활성화 함수에 대하여 설명하시오.

　소스 코드는 step function을 이용한 코드였다. 전체 합이 음수이면 출력을 0으로, 전체 합이 양수이면 출력을 1로 처리하는 코드인데, 이것을 활성화 함수라고 한다. 지금 인공지능은 이 step function이 효율적이지 않기 때문에 이것을 사용하지는 않는다. 많이 사용되는 것은 그림 아래 부분의 sigmoid 함수인데, 지금은 이보다 더 효율적인 활성화 함수가 사용되고 있지만 본 저서에서 그렇게까지 상세히 다룰 필요는 없을 것 같아 생략하기로 하고 sigmoid를 위주로 설명하기로 한다.

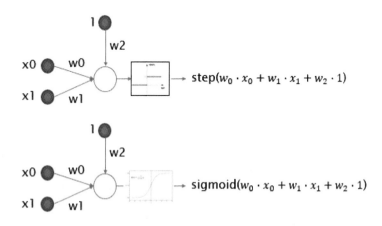

[그림 1-21] 활성화함수 변경

4. 인공지능 주요기술 8가지 중 추론과 객체인식에서 강아지와 고양이의 객체인식 차이점을 설명하시오.

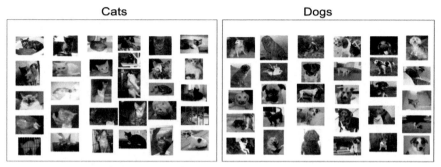

Sample of cats & dogs images from Kaggle Dataset

〈Kyubot's All Things Considered - Tistory Caffe와 Python을 사용하여 딥러닝으로 개와 고양이 구분하기〉

5. MS, Facebook, Amazon, Apple에서 대표적으로 추진하고 있는 인공지능(AI) 활용 사례를 설명하시오.

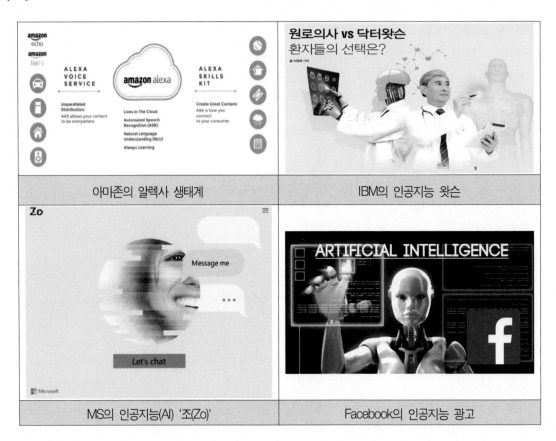

아마존의 알렉사 생태계	IBM의 인공지능 왓슨
MS의 인공지능(AI) '조(Zo)'	Facebook의 인공지능 광고

6. 미국 NASA에서 코로나 이후 중국 생태계를 분석한 결과 스마트 SOC로 전환되었다고 보도 되었는데 그 이유를 설명하시오.

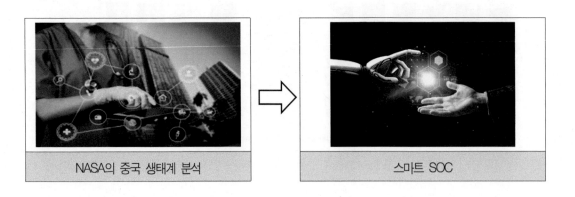

NASA의 중국 생태계 분석	스마트 SOC

7. 특수 문제 영역에 대해 전문가 수준의 해법을 제공하는 전문가 시스템에 대하여 설명하시오.

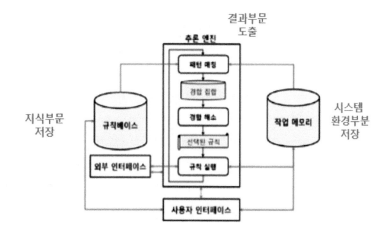

창가에서

조 성 갑
2019.3.17

창가에 핀 보석가루
이리보고 저리보고
달빛에 섞인 바람타고
내사랑 누줄꼬 하다가
삼경이 지나 별빛과 같이
영롱달래한 내 눈빛이
다이아몬드 루비 사파이어
휘황한 찬란함과 같이
영원 무궁토록 살고싶다

2

인공지능의
국가별 전략

제1절   국내외 인공지능 산업

1. 인공지능 시장 구분 및 활용 분야

가. 인공지능 산업 구분

인공지능 관련 시장은 크게 하드웨어와 소프트웨어로 양분할 수 있다. 하드웨어 시장은 Business to Business(B2B) 영역으로 인공지능 작업을 수행하는 CPU 영역이다. 일반적으로 컴퓨팅 칩의 제조에는 고도의 숙련과 규모의 경제가 요구된다는 점에서 신규진입자 보다는 기존 사업자에게 유리한 시장으로 볼 수 있다.

〈표 2-1〉 인공지능 시장 구분

하드웨어	소프트웨어		
B2B	B2B2C	B2B	B2C
인공지능 작업을 수행하는 CPUs 설계 및 제조	인공지능 작업을 수행하는 APla/Platform 제공	기업에게 인공지능 SW를 SaaS 방식으로 판매	서비스 정확성 향상을 위한 기능을 최종 소비자에게 제공
TeraDeep, Intel, IBM, Qualcomm, ARM, Samsung, Nvidia	MetaMind, IBM Wasson, Microsoft Azure, Amazone Web Service, Google Cloud Platform, Clarifai, Facebook(Wit,ai)	Haiku Deck(생산성), Thoughtly(리서치), Zephyr(헬스), Celect(소매), Kasisto(Finance)	Facebook Google Microsoft Apple(siri) Baidu Amazone Twitter(Madbits)

기술적으로는 GPU 효율성 개선 및 뉴로모픽칩 디자인이 주목을 받고 있다. 한편, 인공지능을 채용하고 있는 응용제품까지 확대할 경우 하드웨어 영역은 더욱 폭넓게 재정의 되어야 할 것이다. 한편, 인공지능 소프트웨어 시장은 3가지로 세분화될 수 있다.

첫 번째는 Business to Business to Customer(B2B2C) 영역으로 인공지능 기능을 APIs나 플랫폼 형태로 제공하는 Platform as a Service(PaaS) 비즈니스 성격을 갖는다. Google, Microsoft, IBM, Amazon, Facebook 등은 이 분야에 대한 자체 개발전략과 함께 역량 있는 스타트업 인수 전략도 활발히 추진하고 있다.

두 번째는 기업의 니즈에 따라 다양한 인공지능 툴을 제공하는 인공지능 SW 관련 B2B시장이다. 인공지능 SW는 통상적으로 월정액을 부과하는 Software as a Service(SaaS) 방식으로 제공되며, SW의 형태는 기능중심(판매, 마케팅)이나 서비스중심(컴퓨터 비전, 자연어처리, 예측분석)에 따라 범주화될 수 있다.

세 번째는 최종소비자를 대상으로 하는 인공지능 Business to Customer(B2C) SW영역은 주로 검색, 통역, 콘텐츠 필터링, 음성인식, 영상광고와 같은 서비스 정확도를 개선하는 데 사용된다. 주로 기업들의 경쟁은 광고서비스에서 크게 발생하고 있다.

나. 산업 활용분야

인공지능 기술은 독립된 제품보다는 다른 응용기술이나 사업에 접목되어 제품 경쟁력을 제고시키고 다양한 신산업을 창출하고 있다. 산업적 관점에서 보았을 때 인공지능은 인지, 학습, 추론 등 인간의 사고능력을 모방하는 인공지능 관련 기술을 접목해 제품 및 서비스 경쟁력을 제고시키는 산업을 포괄한다.

거의 모든 분야에서 직면하는 다양한 문제를 해결하기 위해 인공지능 기술이 이용되고 있어서 현시점에서 인공지능의 산업적 영역을 명확히 규정하는 것은 불가능하다고 볼 수 있다.

Tractica(2015)는 인지컴퓨팅, 기계학습, 딥러닝, 자연어처리, 영상 및 대화인식 등의 인공지능 기술이 활용되는 산업분야를 광고, 소매, 미디어, 투자, 농업, 교육, 헬스케어, 소비자 금융, 자동차, 제조, 데이터 스토리지, 메디컬 진단, 법률자문 등으로 제시하였다.

[그림 2-1] 인공지능 주요산업 분야

이를 토대로 [그림 2-1]과 같이 인공지능 활용 산업분야를 IT, 헬스케어, 농업/에너지, 무인기기(자동차, 항공, 로봇 등을 포괄), 지식서비스로 구분하고, 분야별 특성을 정리하면 다음과 같다.

첫째, IT 분야에서는 SW나 솔루션 형태에서 시스템적 접근을 위한 물리계층에 적용되는 기술을 통한 상용화가 추진되고 있다. 여기에는 GE의 Predix, IBM 왓슨, 삼성전자의 S보이스, Microsoft의 Cortana, Intel의 뉴로모픽칩, Facebook의 딥러닝 기반 이미지 분석, Google의 인공지능 맨하튼 프로젝트 등이 해당된다.

둘째, 헬스케어 분야의 경우 의료데이터 수집, 제공, 분석 및 신약개발에 인공지능 기술이 활용되고 있다. 특히, 스타트업 중심으로 인식성능 향상이나 이미지 분석 서비스 제공 등 기술자체에 대한 플랫폼을 제공하고 있다. 여기에는 AiCure, Next IT, Diotek, Lunit 등이 해당된다.

셋째, 농업/에너지 분야에서는 기상 및 지리정보나 사례기반 추론을 통해 위험과 비용을 최소화하고 문제해결을 위한 의사결정 수행에 활용되고 있다. 이 분야도 스타트업 중심으로 빅데이터 분석과 머신러닝 알고리즘을 이용한 인공지능 솔루션이 개발되고 있다. 주요 기업으로는 Monsato, Verdande Tech, The Climate Corporation 등이 있다.

넷째, 무인기기 분야는 가장 광범위하고 고도의 인공지능 기술이 집약된 분야로 신산업, 신성장의 패러다임을 가져올 전망이나 인공지능 기술이 확산되기 위해서는 사회제도 및 문화 조성이 선결과제로 지적되고 있다. 여기에 해당되는 기업에는 Google, 현대자동차, Apple, 3D Robotics 등이 있다.

다섯째, 지식서비스에서는 인공지능 기술이 교육, 금융, 법률, 광고, 유통 등 다양한 영역에 걸쳐 빠르게 적용되고 있다. 특히, '지식 노동의 자동화'로 사회적, 경제적 파급효과가 가장 큰 분야로 지적되고 있다. 이 분야의 대표적 기업에는 SmartZip, Cursera, Saithru, Lex Machina, Narrative Science, Bloomberg 등이 있다.

마지막으로 공공분야에서 인공지능 기술은 공공서비스의 질적 향상을 통한 안전한 사회 및 편리한 사회 건설을 위해 필요성이 증대되고 있다. 여기에 미국 뉴욕시의 최첨단 범죄정보시스템인 Domain Awareness System(DAS), Bosch Security System의 동작감시, 침입감지시스템에 특화된 Intelligent Video Analysis(IVA) 시스템, 지능형 영상인식 기능이 탑재된 Objectvideo의 온보드(Onboard) 등이 대표적 사례에 해당된다.

2. 국내외 인공지능 산업

가. 국내

우리나라의 인공지능은 정부 R&D 과제 및 일부 대기업의 투자를 바탕으로 최근 들어 적극적으로 실시하고 있다.

1) 네이버, 카카오(다음 카카오), SK텔레콤 등이 대형 자금을 바탕으로 본격적인 연구를 시작하였으나 기간이 길지 않고 일부 서비스를 시작하는 수준에 불과
   - 2012년에 설립된 네이버랩스가 1,000억 투자를 발표했고, SK텔레콤이 인공지능 플랫폼과 SW개발 및 출시를 예정하고 있으며, 앤씨소프트는 AI 랩을 신설하였으나 게임 분야에 한정
2) 정부과제 및 투자를 바탕으로 일부 스타트업 기업들이 작지만 활발하게 연구가 이루어지고 있고, 대학 및 연구소는 ETRI와 KAIST를 중심으로 진행

- KAIST 출신의 루닛(구 클디), 엑소브레인 참여기관인 솔트룩스, 의료관련 기업인 디오텍 등이 정부 R&D 과제 및 투자 유치를 통한 본격적 연구 및 제품 개발에 집중

3) 투닛은 소프트뱅크벤처스를 통해 20억 투자를 유치하였으며, 디오텍, 뷰노코리아, 마인즈랩 등은 의료 분야에 특화된 기술 및 서비스 개발 중
   - 연구소와 대학은 ETRI와 KAIST를 중심으로 인공지능 연구가 진행되고 있으며, 자동번역 프로그램 "지니톡"을 개발하는 등 조금씩 성과가 나오고 있음

4) 국내 인공지능현황을 분야별로 살펴보면 언어인지, 시각인지 분야가 압도적으로 많으며 이를 위한 기계학습/딥러닝이 같이 개발되고 있음
   - 대부분 정부과제에 의존하다 보니 결과물을 단기간에 가시화 할 수 있는 분야 위주로 연구를 수행

5) 반면, 인지컴퓨팅, 슈퍼컴퓨터 등 대규모 투자 및 장기간 연구수행이 필요한 분야는 연구진행이 더딘 것으로 조사되어 R&D 과제의 쏠림 현상이 보임

6) 주요 연구기관으로는 정부과제를 바탕으로 ETRI와 KAIS를 꼽을 수 있으며, 그 외에도 대학별로 자체 연구센터 등을 설립하여 인공지능 분야를 연구 중
   - ETRI는 자동통역 인공지능연구센터(음성인지 담당)와 SW 콘텐츠연구소(시각인지 담당)가 있고, 그 외에 전자부품연구원, 학국과학기술연구원(노공학) 등이 있음
   - 대학은 KAIST를 비롯하여 서울대, 포항공대, 숭실대 등 다양한 대학에서 인공지능 및 로봇 등을 집중적으로 연구하고 있으며, 최근 광주과기원, UNIST 등 신임교수들을 중심으로 인공지능, 빅데이터, 슈퍼컴퓨터 연구에 집중하고 있음

7) 국내 인공지능관련 지원사업은 과학기술정보통신부가 원천기술을 담당하고 있고, 산업부(로봇드론), 국토부(자율주행차)도 관련 융합기술 개발 등에 활용하고 있다.

나. 국외

1) 미국

미국은 세계 최고의 기술력을 바탕으로 인공지능을 다양한 산업으로 사업화하는 한편, 인공지능을 차세대 컴퓨팅 플랫폼으로 육성하려는 전략을 추진하고 있다.

IBM · Alphabet · Microsoft · Facebook · Apple · Amazon 등 미국의 대표 IT 기업들은 현재 인공지능을 기존제품/서비스의 부가가치를 높이는 용도로 상용화를 추진 중에 있으며, 이들 미국 기업들은 인공지능을 단지 기존제품/서비스의 성능향상 용도로만 사용하는데 그치지 않고 앞으로 차세대 IT 플랫폼의 핵심기술로 육성한다는 계획을 가지고 있다.

(1) IBM : 세계 최고의 자연어처리 인지컴퓨팅 플랫폼 "왓슨(Watson)"
- IBM은 자연어 형식의 질문들에 답할 수 있는 인공지능 컴퓨터시스템 왓슨을 2013년부터 본격 상용화하며 업계를 선도함

- IBM은 2005년부터 인지 컴퓨팅 시스템개발을 시작해 IBM 창사 100주년을 맞은 2011년 2월 미국의 TV 퀴즈쇼 '제퍼디(Jeopardy)'에 출연, 74회 연속 우승자 Ken Jennings를 꺾고 우승을 차지하므로 그 존재를 세상에 공표
- 왓슨에는 자연어처리, 가설 생성과 검증, 기계학습 등의 기술이 포함되어 있는데, IBM은 자연어 기반의 정형/비정형 데이터처리에 있어 세계 최고 수준의 기술을 보유
- 왓슨은 1초에 80조 번에 이르는 연산 및 1초에 책 100만 권 분량의 데이터를 이해하고 분석할 수 있는 능력을 갖췄으며, 현재 영어로 된 자료를 자동 검색해 현지인처럼 이해할 수 있고, 사람의 말을 이해하는 것을 넘어서 질문하는 사람의 생각·상황·감정까지 추론
  * 2015년까지 일본어 학습이 완료되었고, 스페인어·포르투갈어·이탈리아어 등도 학습 예정
- 왓슨은 클라우드 기반으로 의료·금융·유통·교육 등 다방면에 활용
  - IBM은 2013년 5월부터 왓슨 API를 외부 개발자에게 개방해 현재 전 세계 36개 국가에서 400개 이상의 기업·단체와 77,000여명의 개발자가 온라인으로 왓슨에 접속해 인공지능 기술을 이용 중
  - 왓슨이 최초로 도입된 분야는 의료업계로, 미국 메모리얼슬론 케터링 암센터(MSKCC)를 비롯한 14곳의 세계적인 의료기관들과 협력해 많은 시간이 소요되는 암 진단, DNA 분석, 의학정보 수집 등에 활용
    * MSKCC가 암 진단에 왓슨을 활용한 결과, 상당수 암 진단에서 90% 이상의 정확도를 시현
  - 금융 분야에서도 적용 사례가 늘고 있는데, 호주 뉴질랜드은행(ANZ)과 싱가포르 DBS는 개인 투자자문 서비스에, 남아공 Ned Bank는 소셜미디어 데이터 모니터링에, 일본 Mizuho 은행은 콜 센터 고객 서비스 개선에 왓슨을 도입
  - 일본 이동통신 사업자 Soft Bank는 자사 로봇 Pepper가 인간처럼 사고할 수 있도록 왓슨을 Pepper와 연동하였으며, 현재 판매량은 1만 대를 초과
- 인간의 뇌 구조를 모사한 뉴로모픽칩 「트루노스(TrueNorth)」도 개발
  - 2014년 8월 IBM은 인간의 뇌 구조를 모방한 뉴로모픽칩 '트루노스'를 발표하였는데, 공장 생산이 가능한 형태로 뉴로모픽 반도체를 만든 것은 IBM이 처음
  - 뉴로모픽 칩이란 인간 뇌의 구조를 모사한 반도체로, 데이터 저장과 처리 요소를 동일한 모듈 안에 통합해 에너지 소비를 줄이고 연산 능력은 증가시킬 수 있는데, 트루노스 CPU는 54억 개의 트랜지스터를 내장한 4,096개의 뉴로시냅틱(Neurosynaptic) 코어를 통해 26억 5,600만 개의 전자 시냅스를 가지고 있으며, 사용되는 전력은 70mW에 불과함

(2) 구글 : 검색회사를 넘어 인공지능 회사를 지향

- 구글의 Alphabet은 2012년부터 다수의 인공지능 스타트 업들을 인수하거나 우수 인재를 영입하여 인공지능 기술 역량을 강화
  * 미래학자 Ray Kurzweil, 딥 러닝 창시자 Geoffrey Hinton 교수, DeepMind Demis Hassabis 등
  - 인공지능 인수합병 사례들을 통해 Alphabet이 확보하고자 하는 인공지능 역량을 유추할 수 있는데, Alphabet이 인수한 업체들은 이미지 인식, 자연어 처리, 기계 학습, 로보틱스 분야에 집중

● Alphabet은 인공지능을 자사의 핵심역량 강화 수단을 넘어, 차세대 컴퓨팅 플랫폼 기술로 육성하려는 전략을 추진
  - Alphabet은 현재 구글 번역, 구글 포토, 구글 나우(음성 검색), 구글 지도, 지메일, 구글카, 구글 플러스, 구글 클라우드 등 다양한 자사 서비스에 인공지능 기술을 탑재
  - 그러나 결국 Alphabet이 지향하는 것은 특정 서비스에 최적화된 인공지능이 아니라, 범용 플랫폼으로 진화하여 안드로이드처럼 인공지능 생태계를 구축하는 것
  - Alphabet은 자사의 2세대 기계학습 오픈소스 라이브러리 '텐서플로(Tensor Flow)'를 공개했는데, 이는 앞으로 펼쳐질 인공지능 플랫폼 시장을 선점하고 방대한 데이터를 모으기 위한 전략의 일환
  * 플랫폼에 참여하는 개발자/기업이 늘어날수록 향후 시장 주도권을 쥘 수 있기 때문

(3) 마이크로소프트 : 인공지능 기술로 대화형 차세대 플랫폼 개발에 역점

● 마이크로소프트는 인간 언어를 이해하는 대화형 차세대 컴퓨팅 플랫폼 개발 계획 발표
  - Microsoft CEO Satya Nadella는 최근 개최된 Build 2016 행사에서 "앞으로 인간언어를 이해하는 컴퓨팅 시대가 도래 하면서, 키보드와 마우스가 사라지고 '대화'가 사람과 기계의 상호작용을 위한 핵심 사용자 인터페이스가 될 것이다."라고 전망
  - Microsoft는 인공지능이 단순히 어휘나 문장의 의미를 인식할 뿐 아니라 맥락과 상황까지 감안해 반응할 수 있도록 개발한다는 계획이며, 자사 3대 플랫폼인 윈도·오피스·애저는 물론, 스카이프·인터넷익스플로러·엑스박스·홀로렌즈·윈도폰 등 다양한 플랫폼에서 사용 가능하도록 한다는 계획
● 개인비서 또는 채팅봇 서비스는 궁극적으로 차세대 운영체제로 진화할 전망
  - 차세대 컴퓨팅 플랫폼이 대화형 플랫폼으로 진화하게 되면, 현재 개인비서 서비스나 지능형 채팅봇 서비스가 영화 'er'와 유사하게 플랫폼의 핵심 역할을 하게 될 전망
  - Microsoft는 2014년 개인비서 서비스 '코타나(Cortana)'를 출시하고, 2014년 말 중국에서 웨이보 기반 자연어 채팅봇 서비스 '샤오빙(小氷, Xiaoice)'을 개시했으며, 2016년 3월 트위터 기반 인공지능 채팅봇 서비스 '테이(Tay)'를 공개
  * 테이는 막말과 욕설 등의 파문이 일자 서비스 개시 후 16시간 만에 서비스 중지
● 이미지 인식, 실시간 번역에서도 경쟁사 대비 우수한 기술력을 확보
  - Microsoft는 2014년 'roject Adam'이라는 기계학습 이미지 인식 프로젝트를 소개했는데, 2012년 Google이 고양이 이미지 인식에 선보인 딥러닝 시스템에 비해 1/30에 불과한 컴퓨팅 자원을 사용하고도 50배 빠르며 이미지 인식률도 2배 정도 뛰어나다고 강조
  - Microsoft는 2015년 ImageNet 경진 대회에서 자사의 이미지 인식용 인공지능 시스템 'eep Residual Learning'을 사용하여 이미지 분류 에러율 3.5%, 위치식별 에러율 9%로 전년도 1위 Google을 제치고 1위를 차지
  * Microsoft 「Deep Residual Learning」 시스템은 150개 이상의 레이어로 구성된 신경망을 훈련
  - Microsoft는 Build 2015에서 사진 속 인물의 성별과 나이를 측정하는 'owOldRobot'을, Build 2016에서 사진의 상황에 대해 설명하는 'aptionBot'을 공개하여 기술력을 과시

- Microsoft는 스카이프 트랜스레이터를 통해 외국인과 실시간 영상/음성/문자 통역 기능을 지원하고 있으며, 음성 통화의 경우 7개, 문자의 경우 50개 언어를 각각 지원
- 인공지능 기술 플랫폼 선점을 위해 관련 기술을 오픈소스로 공개
  - Microsoft는 개인비서 서비스 코타나와 스카이프 음성인식/번역 기술을 오픈소스로 공개한데 이어, 최근에는 딥러닝 툴 킷인 CNTK(Computation Network Toolkit)와 분산 기계학습 툴 킷인 DMTK(Distributed Machine learning Tool Kit)도 공개

(4) Facebook : 인공지능으로 메신저 중심의 플랫폼 구축

- 9억 명의 사용자를 가진 Facebook 메신저에 인공지능 기술을 결합
  - 운영체제를 가지고 있는 Microsoft(윈도), Apple(iOS, OS X), Google(안드로이드)와 달리, Facebook은 운영체제를 기반으로 한 플랫폼을 가지고 있지 않으나, 대신 10억 명의 왓츠앱 가입자, 9억 명의 페이스북 메신저 가입자를 확보
  - Facebook은 최근 열린 F8 개발자 회의에서 메신저 플랫폼에 인공지능 기술을 결합한 '메신저 플랫폼'을 공개했는데, Facebook은 Facebook 메신저를 기업과 소비자를 연결하는 플랫폼으로 활용해 광고 외 수익모델도 구축하겠다는 강한 의지를 표명
    * 익스피디아, 버거킹, 뱅크오브아메리카, KLM, CNN 등 30개 업체와 제휴를 체결
  - 기업들이 메신저 봇을 손쉽게 구축할 수 있도록 클라우드를 통해 서비스가 제공되며, 기업들은 전자상거래, 자동 서비스 안내, 실시간상담 서비스 등에 활용 가능할 전망
  - Facebook 역시 Alphabet, Microsoft와 마찬가지로 플랫폼 경쟁을 위해 인공지능 학습 서버 '빅서(Big Sur)'와 딥러닝 모듈 'orch'를 개발자들에게 오픈소스로 공개
- Facebook은 메신저 플랫폼에 필요한 이미지 인식, 음성/문자 인식 관련 인공지능 기술들을 주로 인수
  - Facebook은 2014년 Yann LeCunn 뉴욕대 교수와 함께 딥러닝 기술을 적용해 사람 얼굴을 97.25%의 정확도로 인식하는 'eep Face'라는 얼굴인식 알고리즘을 개발하였는데, 이는 사람의 얼굴 인식률(97.53%)에 버금가는 수준
  - 2015년에 인수한 자연어처리 기술업체 Wit.ai는 메신저 플랫폼의 핵심 기술이 되었고, 앞으로 얼굴/동작 인식 등의 영상인식 기술도 서비스에 추가될 것으로 기대

(5) Apple : 고객 사생활 보호와 인공지능 개발 사이에서 고심

- Apple은 자사의 고객 사생활 보호 정책에 준해 인공지능 기술개발을 추진
  - 팀 쿡 Apple CEO는 2014년 9월 자사 홈페이지에 "pple은 명백히 사용자 정보를 이용한 마케팅에 반대한다."는 사생활 보호 정책을 제시
  - 따라서 Apple은 iCloud보다 iPhone에 담긴 데이터를 중심으로 데이터 분석을 할 수 밖에 없기 때문에, 고객의 사생활을 보호하면서 인공지능으로 사용자의 편리성을 높이는 방법이 무엇이냐를 고민해야 하는 것이 Apple의 기술적 난제

- Apple은 개인비서 서비스에 얼굴/음성인식 기술을 추가해 고도화 추진
  - Apple 인공지능 기술의 핵심은 개인비서 서비스인 Siri로, Apple은 음성대화를 보다 자연스럽게 만드는 자연어 처리 기술업체 VocalIQ, 스마트폰 사진 분류 기술업체 Perceptio, 안면근육 움직임을 분석해 감정을 추정하는 기술 업체 Emotient를 최근 인수
  - Apple은 스마트 폰에 이러한 인공지능 기능을 내장하여 외부데이터 의존도를 낮추는 것을 목표로 연구를 진행 중

(6) Amazon : 스마트홈 사물인터넷 생태계의 허브로 인공지능을 활용

- Amazon은 핵심 사업에 인공지능(빅 데이터 분석) 기술을 적극 활용
  - Amazon은 고객들의 구매패턴을 분석해 관심 제품을 추천하는 서비스를 제공하고 있는데, Amazon 매출에서 이러한 추천 서비스의 비중이 1/3이 넘는 수준
  - 여기서 한발 더 나아가, Amazon은 이전 구매 이력, 검색 키워드, 위시리스트, 쇼핑카트 목록정보를 이용해 언제 어느 지역 사람들이 어떤 제품을 많이 살지를 예측하고 미리 재고를 확보해서 해당 고객 거주지 인근 물류창고나 배송트럭으로 이동시키는 이른바 '선행 배송시스템(anticipatory shipping)'을 도입할 예정
  - 또한 물류센터에서 인건비를 절감하고 작업 효율을 높이기 위해 'iva'라는 물류 로봇을 15,000대 이상 도입하여 9,900억 원에 달하는 인건비를 절감
- 음성인식 개인비서 서비스 '알렉사'로 스마트홈 사물인터넷 생태계 선점 노려
  - Amazon은 2015년 음성인식 개인비서 서비스인 '알렉사(Alexa)'를 탑재한 스마트 스피커 'cho'를 180달러에 출시한데 이어, 최근에는 휴대용(Amazon Tap) 및 콤팩트(Amazon Dot) 버전도 개발해 각각 140달러, 90달러에 출시
  - 7개의 마이크를 내장해 사용자는 소음이 있는 환경에서도 6~7m 거리에서 음성 명령을 내릴 수 있고, 스트리밍 음악서비스를 이용하거나, 뉴스·날씨·잔고확인·피자주문 등 알렉사 API를 통해 서비스를 제공하는 업체와 연계해 간단한 질문과 상품주문이 가능

2) 일본

전통적 로봇 강국인 일본은 인공지능 분야 가운데 특히 로봇에 집중하고 있으며, '아톰', '도라에몽' 등 일본 애니메이션에서 볼 수 있듯이, 혼다자동차의 '아시모(ASIMO)', 소니의 '아이보(AIBO)', 소프트뱅크의 '페퍼(PEPPER)' 등과 같이 일본인들은 인공지능의 형태로 로봇을 선호하고 로봇을 인간의 친구처럼 여기는 경향이 다른 나라보다 강한 편이다.

<표 2-2> 주요국의 인공지능 기술 산업화 동향

국가	지능 시스템의 기초		언어 이해 분야		미디어 이해 분야		종합적 인공지능 분야		총 점	
	현재	추세	현재	추세	현재	추세	현재	추세	현재	추세
미국	●	↗	●	→	●	↗	●	↗	●	↗
EU	◐	↗	◕	→	●	↗	◕	↗	◕	↗
일본	◕	↗	◕	→	●	↗	◕	→	◕	→
중국	◔	↗	●	↗	◐	↗	◕	↗	◕	↗
한국	◐	↗	◕	→	◕	↗	◐	→	◐	→

* 산업화 수준의 크기는 ● 〉 ◕ 〉 ◐ 〉 ◔ 순임.
* '지능 시스템의 기초'란 기호처리/탐색/논리/지식표현/추론/기계학습/데이터마이닝 등에 관련된 기술을 뜻하며, '종합적 인공지능 분야'란 인공지능 기초 분야나 언어이해 분야, 미디어이해 분야의 기술을 통합하고 실현할 수 있는 통합적 기술을 의미
* 자료 : 일본 특허청

또한 일본 정부는 2015년 1월 저 출산 고령화로 인한 생산 인력 부족 및 생산성 향상에 대응하기 위해 제조업뿐만 아니라 의료·간호·건설·농업 등 사회 각 분야에 로봇을 적극 활용하는 '로봇 新전략'을 발표하였다.

한편 일본 특허청에 따르면, 우리나라는 '언어이해 분야'와 '미디어이해 분야'를 제외하고 비교대상 국가들 대비 인공지능 산업화 수준이 뒤처지는 것으로 평가하고 있다.

3) 중국

2016년 3월 중국은 전국인민대표대회와 전국인민정치협상회의를 통하여 국가 중대업무를 토론하고 법을 제정하며 예산을 결정하는 중국 최대 정치행사인 양회(兩會)에서 '13차 5개년 계획(2016년~2020년)'을 통해 인간과 로봇의 상호작용을 위한 인터넷 플랫폼을 확보하겠다고 발표하였으며, 2018년까지 40억 위안(약 7184억 원)을 투입해 랴오닝성 선양 일대에 로봇 산업단지를 조성할 예정이다.

중국어는 문자체계 특성으로 인해 타자를 치는 것보다 음성인식이 더 효율적이기 때문에, 음성인식의 활용도가 다른 국가들보다 높은 편이고 Baidu 검색의 10%가 음성검색이다. 이중 바이두(百度), 소우고우(搜狗), QQ, iFLY(讯飞), 츄바오(触宝)의 음성 인식률은 95% 수준이다.

중국 IT 기업 중에 Baidu·Alibaba·Tencent 등이 특히 인공지능 기술에 적극적으로 투자하고 있는데, 그 중에서도 Baidu는 음성인식, 영상인식, 개인비서 서비스, 자율 주행차 등 Alphabet과 유사하게 다양한 분야에서 인공지능 기술을 개발 중 이다.

- Baidu : Google에 도전하는 중국 인공지능 연구의 자존심
- Baidu는 Google에 필적하는 세계 최고 수준의 음성인식, 영상인식 기술개발
  - Baidu는 2014년 3억 달러를 투자해 미국 캘리포니아에 심층학습연구소(IDL)를 설립하고 스탠포드대학 Andrew Ng 교수를 비롯해 연구원 200명을 영입해 딥러닝, 이미지 및 음성인식 기술개발에 박차
  - Baidu는 2014년 자사가 개발한 인공지능 슈퍼컴퓨터 Minwa에 딥러닝 알고리즘을 구현해 컴퓨터 비전시스템 'eep Image'를 구축하였는데, 이미지 인식률 94.02%를 달성해 Google의 93.34%를 능가
  * 中 베이징 Baidu 본사에 있는 딥러닝 슈퍼컴퓨터 Minwa는 1초에 4조 번의 연산을 수행
  - 2015년 11월 Baidu 실리콘밸리 연구소는 2014년 개발한 음성인식 엔진 'eep Speech'의 정확도를 개선한 'eep Speech 2'를 발표 하였는데, MIT Technology Review는 2016년 10대 혁신 기술 중에 하나로 Baidu의 Deep Speech 2 선정
  * 시끄러운 주변 소음이나 다양한 사투리에 관계없이 음성을 인간보다 정확하게 인식
  - 수천 개에 달하는 중국어 문자체계 특성으로 인해, 중국인들은 소리 나는 대로 라틴 문자를 입력하면 한자로 바꿔주는 병음(拼音) 입력 체계를 사용해야 하는데, IT에 친숙하지 않은 50세 이상 고령자나 어린이, 타이핑을 불편해하는 사람들은 보다 간편한 음성인식을 선호
  * 모바일 검색 방법에 있어, 음성검색(39%, 복수응답)이 키보드입력(32%, 복수응답)을 추월
- 음성/영상인식 이외에도 개인비서 서비스, 자율주행차 등 인공지능 활용 범위를 넓히며 Google과 경쟁
  - Baidu는 2015년 9월 8일 중국 베이징에서 열린 2015 '바이두 세계대회'에서 개인비서 서비스 앱 '두미(度秘, Duer)'를 공개
  - 두미는 음성인식으로 식당예약, 음식배달 주문, 영화 티켓예매 등 간단한 서비스를 수행할 수 있는 가상 로봇으로, 앞으로 서비스 영역을 교육·헬스케어·가사로 확대하고 로봇버전으로도 개발될 예정
  - Baidu는 BMW와 협력해 2015년 중국 베이징 시내 도로와 고속도로를 포함해 총 30km 거리를 자율주행차로 주행하였고, 2016년에는 미국에서도 시범 주행을 실시할 예정이며, 2018년 상용화를 목표로 기술 고도화를 추진 중

3. 인공지능 기술동향

가. 인공지능 발전 과정

인공지능 기술은 인간의 지각, 추론, 학습 능력 등을 컴퓨터 기술을 이용하여 구현함으로써 문제해결을 할 수 있는 기술로, 지능형 금융서비스, 의료진단, 법률 서비스 지원, 게임, 기사작성, 지능형로봇, 지능형비서, 지능형 감시시스템, 추천 시스템, 스팸 분류 등 다양한 산업분야에서 이미 널리 응용되고 있다.

[그림 2-2]에서 보는 바와 같이 작년 Gartner 발표에 따르면 최근 떠오르고 있는 첨단 기술 중 뇌-컴퓨터 인터페이스, 자연어처리, 지능형로봇, 머신러닝 등을 비롯한 상당수가 인공지능 관련 본문 기술임을 알 수 있다.

1950년대 존 매카시, 마빈 민스키 등을 중심으로 진행된 다트머스 회의를 통해 처음 연구되기 시작한 인공지능 분야는 〈표 2-3〉에서 보는 바와 같이 그간 몇 번의 부침을 겪어 왔다. 하지만 최근 클라우드컴퓨팅 및 빅데이터의 등장, 컴퓨팅 파워의 개선 및 네트워크의 활성화, 딥러닝 등 알고리즘 발전으로 기술력이 급성장하며 다시금 각광을 받기 시작하였다.

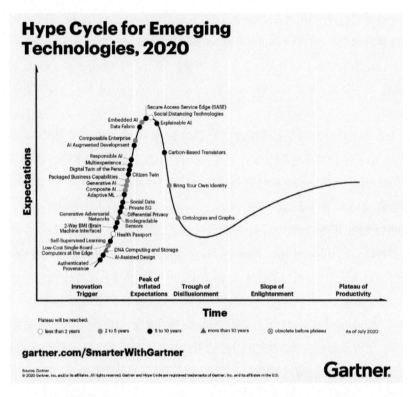

[그림 2–2] Hype Cycle for Emerging Technologies, 2020

특히 "두뇌" 대결을 펼치는 체스게임과 제퍼디 퀴즈 쇼에서 각각 IBM의 딥블루(Deep Blue)와 왓슨(Watson) 컴퓨터가 인간 챔피언들을 상대로 우승한 사건은 인간의 고유 영역으로 여겨지던 "지능" 분야에서 인공지능 컴퓨터가 우세할 수 있다는 가능성을 일반인들에게 보여주는 계기가 되었다.

인공지능 기술의 눈부신 발달로 기술의 응용 영역은 급속하게 확대되고 사회적·산업적 필요성 역시 점차 구체화되고 있다. 우선 인공지능 기술은 소득수준 향상, 고령화 사회 도래 등의 영향으로 인간의 편의와 안전을 중시하는 인간중시 가치산업으로 부상하고 있다. 특히, 저 출산, 고령화 등에 따른 생산인구 감소에 대한 사회적 비용을 감소시킬 수 있는 대안으로 제시되고 있으며, 지능형 로봇, 무인항공기 등의 발전을 통해 인간의 접근이 어려운 위험 지역에서 활용 가능성이 확대되고 있다.

또한 인공지능 기술은 미래 지식정보사회를 이끌어 갈 부가가치 창출의 새로운 원천으로 주목받고 있다. 데이터 관리 및 분석, 비즈니스 의사결정 등에 활용되어 효율성이 증대되고 있으며 제조업 분야에서는 인간과 분리된 공간에서 주어진 프로그램에 따라 특정 위험/정밀 작업만을 수행하던 로봇이 인공지능 발전으로 인간과 함께 같은 공간에서 협업하는 형태로 발전되고 있다.

한편 금융, 교육, 유통업 등의 서비스 영역에서 인공지능은 일종의 질의응답·컨설팅 에이전트가 되어 상황에 따라 맞춤형 정보 및 서비스를 제공하며 서비스 지능화를 촉진시키고 있다. 더욱이 인공지능의 발달로 인해 문제해결의 범위와 다양성이 확대되면서 인간지능의 확장 효과로 컴퓨터 과학 등의 발전에도 큰 영향을 끼칠 것으로 예상되며, 인공지능 프로그램을 클라우드와 연결시킴으로 빅데이터와 인터넷의 효용성을 획기적으로 증대시킬 수도 있다.

〈표 2-3〉 인공지능 발전과정

시 기	내 용
1940년대	뉴런의 기능 및 작용과 명제 논리에 대한 연구로부터 인공지능의 개념이 등장
1540년대	다트머스 회의를 통해 인공지능이 정의되고 학문으로 연구되기 시작
1960년 ~ 1970년대	연구 개발이 기대와 달리 한계에 봉착함으로써, 각국에서 프로젝트가 취소되고 지원이 중단
1980년대	과거에 이론화 되었던 개념들의 해법(역전파 알고리즘, 자가 조직맵 등)이 등장하면서 인공지능이 다시 각광 받기 시작
1990년대	하드웨어가 기술의 발전을 따라가지 못하면서 기술의 성장이 둔화되었으나, 퍼지 논리와 같은 방법들이 제안되었으며, 산업현장에서 인공지능 기술들이 응용되기 시작
20000년대 이후	기계학습과 패턴인식 기술이 발달하면서 인공지능이 실제 생활에 본격적으로 적용되기 시작

이러한 인공지능 기술은 현재 범정부 차원의 인공지능 R&D 정책에 수십억 달러의 규모에 해당하는 투자 지원을 하는 미국, EU 등의 선진국을 중심으로 활발히 연구되고 있다. 한편 국내의 경우, 과학기술정보통신부에서 엑소브레인, 딥뷰 등의 인공지능 기술개발 사업을 [그림 2-3][그림 2-4]과 같이 KAIST, ETRI, 솔트룩스 등을 중심으로 추진 중에 있다.

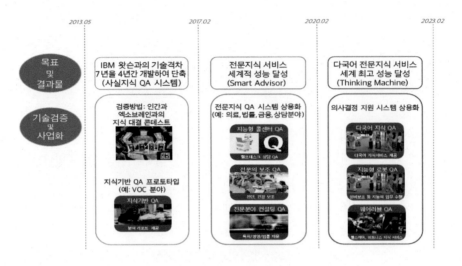

[그림 2-3] 엑소브레인 추진단계

* 출처 : http://www.comworld.co.kr/
* 엑소브레인 : 언어지능 기반의 질의응답, 대규모 추론, 학습기술 개발 및 상용화를 목표로
  2013년부터 연 100억 규모 투자(정부8:민간2)

[그림 2-4] 딥뷰 추진단계

* 출처 : http://www.comworld.co.kr/
* 딥뷰 : 대규모 시각지능 원천기술 개발을 통해 영상인식, 예측, 재난 대응 등을 목표로 2014년부터
  연 100억 규모 투자(정부8:민간2)

산업계에서도 인공지능 기술의 새로운 가능성을 인식한 구글, 페이스북, 마이크로소프트, IBM 등이 기술의 선도적 위치를 차지하기 위해 적극적인 인재 영입과 더불어 기술개발 등에 적극 투자하며 경쟁을 벌이고 있다.

예로, 구글은 딥러닝의 대가인 제프리힌튼 교수를 영입하고, 딥러닝 전문 회사인 딥마인드 및 사진 인식 번역기술을 보유한 워드렌즈를 인수하였으며, IBM은 B2B 기업컨설팅 지능서비스 제공을 위하여 자사의 왓슨(Watson) 시스템을 강화하는데 주력하고 있다. 페이스북 역시 딥러닝을 통한 얼굴인식 프로그램 딥 페이스 등 많은 연구를 진행하고 있으며, 마이크로소프트는 음성인식을 활용한 지능형 비서 코타나, 스카이프에서 활용 가능한 동시통역 기술 등을 선보였다.

한편, 이들 회사들 중 상당수는 최근 들어 그 가치가 급상승했는데 특히 작년 기준, 기업 브랜드 가치의 세계적 순위 1~4위에 속하는 기업들이 인공지능 기술을 보유한 이들 기업임을 알 수 있다.

인공지능이 미래의 유망기술로 떠오르며 집중적인 투자와 연구개발이 이루어지게 되면서 IDC, 트랙티카, 맥킨지, 지멘스 등은 세계 인공지능 시장이 급속도로 증가할 것으로 전망하고 있다. 트랙티카는 기업용 인공지능 시스템 시장이 2015년 2억 달러 수준에서 2024년 111억 달러 규모로 연 평균 56.1% 급성장할 것으로 예측하였으며, 지멘스는 BCC 리서치 자료를 바탕으로 인공지능 관련 스마트 기계 글로벌 시장이 2024년 412억 달러 규모가 될 것으로 예측한 바 있다.

〈표 2-4〉 기업 브랜드 가치순위

Rank	2006	Brand Value 2006 $M	2015	Brand Value 2005 $M
1	Microsoft	62,039	Apple	246,992
2	GE	55,834	Google	173,652
3	Coca-Cola	41,406	Microsoft	115,500
4	China Mobile	39,168	IBM	93,987
5	Marlboro	38,510	Visa	91,962
6	Walmart	37,567	AT&T	89,492
7	Google	37,445	Verizon	86,009
8	IBM	36,084	Coca-Cola	83,841
9	Citi	31,028	McDonald's	81,162
10	Toyota	30,201	Marlboro	80,352

*출처: http://www.millwardbrown.com/BrandZ/2015/Global/2015_BrandZ_Top100_Report.pdf

이처럼 빠른 속도로 증가하고 있는 인공지능 기술이 지닐 파급 효과에 대해 미리 살펴보고 이에 대한 사회적 제도적 대응 방안을 마련하는 것은 기술발전을 위해서도 큰 의미가 있을 것이다.

나. 인공지능 플랫폼 산업 동향

1) 인공지능 플랫폼 개요

그동안 R&D 영역에 머물러있던 인공지능 기술이 점차 실생활에 적용되어 현실적인 문제를 해결함에 따라 인공지능을 쉽게 사용할 수 있는 플랫폼이 부상하고 있다. 인공지능 기술의 성공 요인은 빅데이터와 저렴한 HW의 보급, 인공지능 공개소프트웨어가 있으나 인공지능 기술을 활용하여 제품이나 서비스를 만들기 위해서는 여전히 높은 비용이 필요하다.

구글 딥마인드의 AlphaGo 분산시스템의 경우 최대 CPU 1,920개, GPU 280개가 사용됐고, 시스템의 가격을 최소로 추정하여도 3~40억 원 수준이며, CPU 4소켓(32~64core 구성), GPU 8개 서버는 약 5천만 원 선이다. 딥러닝과 같은 인공신경망의 학습효율을 높이기 위해서는 대용량 데이터가 필요하고, 신경망 구성에 대한 knowhow가 필수적이기 때문에 연구개발의 진입장벽이 존재하고 있다. 또한 양질의 데이터 확보, 관리, 분석 등에 대한 비용이 소요되고 딥러닝 활용 시 입력 층의 구성(특징 맵의 추출), 은닉 층의 구조, 활성함수의 선택 등 경험적으로 정해야 할 요소가 상당히 많다.

AI 플랫폼은 이러한 진입장벽을 낮춰 지능형 서비스나 제품에 쉽게 활용되는 기반을 마련하고 있다. 이미 검증된 자연어처리 기술을 플랫폼 형태로 활용하여 연구개발의 비용을 절감하고 신속한 제품 출시를 지원하고 있다. AI 플랫폼은 아이디어 실현을 위해서 가장 적합한 도구로써, 창업으로 바로 이어질 수 있는 기반을 가지고 있다. 글로벌 IT 기업은 AI 플랫폼을 활용하여 자신들만의 산업 생태계를 구축하기 위해 치열한 경쟁 중이다. Google의 경우 머신러닝 플랫폼을 클라우드 형태로 제공함으로써 AI 플랫폼 비즈니스모델을 운영하고 있으며, IBM Bluemix는 Watson에 탑재된 기술과 프로그래밍 환경을 제공하여 웹 서비스와 모바일 어플리케이션 개발을 지원하고 있다.

2) 해외 인공지능 플랫폼 현황

가) Google 머신러닝 플랫폼

구글은 AI 검색알고리즘 RankBrain, 바둑 인공지능 프로그램 AlphaGo, 기계학습 오픈소스 소프트웨어 TensorFlow 개발 등 인공지능 분야의 선두주자이다. 최근 발표한 TPU(Tensor Processing Units)는 기계학습에 최적화된 연산처리 장치로 구글은 세계 최대 규모의 데이터 센터를 운영하고 있다. 구글의 머신러닝 플랫폼은 클라우드 서비스 형태로 이미 상용화 된 서비스이다. 주요 구성은 pre-trained model, 인공신경망 기반의 기계학습 플랫폼, 이미지검색, 음성검색, 번역 등을 제공하고 있다.

〈표 2-5〉 구글의 인공지능 플랫폼 서비스

구 분	내 용

Cloud Machine Learning Platform	• 대용량 정보를 효과적으로 학습할 수 있는 머신러닝 플랫폼·
	  - TensorFlow로 개발한 코드를 바로 적용
	  - 인공신경망 학습 최적화 지원
	• 구글의 Cloud Data 플랫폼과 연동하여 학습 가능
	  - Cloud 형태의 서비스 제공으로 클러스터 제어에 대한 오버헤드가 적기 때문에 기계학습 모델링에 집중할 수 있음

Cloud Vision API	• 이미지 분석기술 제공
	  - 이미지에 있는 객체의 분류(수천가지의 카테고리)
	  - 얼굴 인식으로부터 감정 분석
	• 이미지를 텍스트로 설명, 이미지에서 텍스트 인식

Cloud Speech API	• 인공신경망 기술을 활용한 음성-문자 변환 • 음성인식을 통한 어플리케이션의 명령-제어 인터페이스 • 소음이 있는 환경에서 정확한 음성인식률 보장 • 음성 기록 기술
Google Translate API	• 웹사이트나 어플리케이션에서 직접 사용가능한 번역 API • 90여 개 이상의 언어지원 • 외국어 인식 : 문자를 보고 어떤 언어인지 인식

* 출처 : Google Cloud Platform에서 정리, https://cloud.google.com/products/machine-learning/

나) IBM 블루믹스

블루믹스는 PaaS(Platform as a service)의 한 형태로 클라우드 상에서 웹 서비스나 어플리케이션 개발 환경을 제공하고 있으며, 프로그래밍 환경부터 Watson에 탑재된 기술까지 API형태로 사용이 가능하고 총 11종류의 API 서비스가 존재한다. API 서비스는 Watson, 모바일, DevOps, 웹 및 어플리케이션, 네트워크, 통합, 데이터 및 분석, 보안, 스토리지, 비즈니스 분석, IoT이다.

〈표 2-6〉 IBM Bluemix 플랫폼 서비스 예시

구 분	내 용

Watson	• 인지(Cognitive) 기능과 관련된 API
	• Watson에 탑재된 다양한 기능을 모듈로써 활용가능
	  - 자연어 처리 : 대화, 번역, 분류, 문장 분석, 어조 분석
	  - 음성-문자와 문자-음성 변환
	  - 기계학습 기반의 검색
	  - 시각 콘텐츠에서 객체 분류

MobileI	• 어플리케이션 개발에 필요한 API 제공
	  - 푸쉬 알림, 백엔드 시스템 통신
	  - 음성과 메시징, VoIP를 통합한 의사소통 API
	• 유저 경험 분석 모듈
	  - 디바이스 이동에 대한 실시간 분석, 히스토리 분석

Data Analysis	• 빅데이터 분석 도구 지원(Spark, Hadoop, NoSQL) • 데이터베이스 관련 API - 풀텍스트 검색엔진, 그래프 데이터베이스 • 데이터 분석도구 : 예측 분석, 실시간 데이터 분석
Internet of Things	• 움직이는 물체에 대한 trajectory 분석 • 운전자 성향 분석(실시간) • IoT 장비 유지보수관리 플랫폼

* 출처 : IBM Bluemix에서 정리, http://www.ibm.com/cloud-computing/bluemix/kr-ko/

다) Facebook Messenger Platform

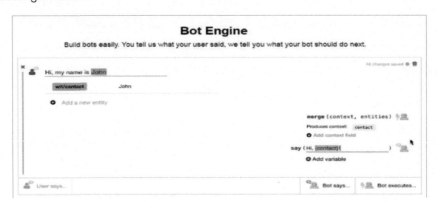

* 출처 : Wit.ai homepage, https://wit.ai/

[그림 2-5] Wit.ai 엔지 예시

Facebook은 인간의 의사소통이 대부분 메신저를 통해 수행된다는 점을 인식하고 새로운 비즈니스 전략으로 메신저 플랫폼을 개발하였다.

* 출처 : Facebook Messenger Platform, https://messengerplatform.fb.com/

[그림 2-6] Messenger Platform 플랫폼 서비스 예시

이는 간단한 인증으로 target 소비자를 매칭(Facebook 유저 활용)할 수 있고, 자동 대화프로그램(챗봇, chatbot), 문서요약, 이미지 검색, 상품추천 등의 기능을 제공하며, Wit.ai bot 엔진을 활용하여 자연어처리 API, 형태소분석 활용이 가능하다. AI 플랫폼은 더 강력한 AI 기술과 광범위한 글로벌화를 통해 급속하게 진화하여 미래 산업 전반에 영향을 미칠 가능성이 매우 크다. AI 플랫폼을 국산화하려면 인공지능 원천기술이 핵심이기 때문에 이를 확보하는 것이 선결해야하는 과제 이지만 후발주자인 우리나라가 추격하려면 선택적으로 원천기술에 집중해야할 필요성이 있다. 원천기술의 격차를 줄이는 것도 중요하지만 글로벌 IT 기업이 개발한 AI 플랫폼을 활용하여 신산업 영역을 개척하는 시도가 더욱 장려돼야 할 것이다.

제 2 절　인공지능과 미래사회 변화

1. 생산성의 함수

인공지능 기술이 발전되면 제조업·서비스업에 자동화·지능화가 촉진되어 생산성과 품질이 향상될 것으로 예상된다. 예로, 독일에서 추진하고 있는 제조 혁신 전략인 Industry 4.0은 사이버 물리시스템(Cyber-Physical System; CPS)을 통해 제조업에서 인공지능의 활용 범위를 확대하여, 실질적으로 존재하는 자동화된 물리적 공간에서 클라우드나 네트워크를 통해 제조·생산을 할 수 있도록 하여 생산성과 효율성을 높이고자 하였다. 또한 인공지능이 인간의 단순 반복적인 업무를 대체하게 됨으로써 노동 생산성 역시 크게 증가할 것으로 보인다. 예로, 아마존에서는 키바(Kiva)라는 창고 정리 자동화시스템을 도입하여 물류시스템의 효율을 크게 높이고 전체 비용을 감소시킨 사례가 존재한다.

인간과 인공지능 간의 상호 보완적인 협력을 통해 인간이 보다 판단과 창의, 감성 및 협업이 필요한 일에 집중할 수 있게 되면 제공하는 서비스의 질도 크게 향상할 것으로 보인다. 예를 들어, 간호사들의 기존 루틴한 잡무나 변호사들의 사전 조사업무 등을 인공지능에 맡김으로써 짧은 시간에 비교적 많은 업무를 신속하게 처리할 수 있게 되면 환자 및 의뢰인들에게 보다 많은 시간을 할애하여 적극적으로 소통할 수 있게 될 것이다.

인공지능으로 자동화된 생산시스템은 기존에 높은 인건비 등으로 인해 오프쇼어링(off-shoring) 정책을 펴왔던 선진국들의 인건비 문제를 해결해 줄 수 있게 되어, 일부 선진국들에서는 제조업 회귀 현상이 발생할 수 있다. 따라서 인공지능의 생산성 향상과 인간의 창의성이 교차하는 지점에서 함수 관계가 설정될 것이다.

2_ 로스 인텔리전스(ROSS Intelligence)는 법률 전문가의 사전 조사 업무를 크게 개선하기 위해 IBM 왓슨(Watson)과 연결하여 법률 관련 지원을 하는 기계학습 인공지능을 개발하였으며, 블랙스톤 디스커버리(Blackstone Discovery)는 150만건 이상의 법률 문서로부터 기존 법률 자료를 조사하는 시스템을 개발

3_ 오프쇼어링(off-shoring) : 기업이 (생산비 절감 등을 위해)생산기지를 해외로 옮기는 현상

4_ 리쇼어링(re-shoring) : 해외에 나간 기업이 다시 자국으로 돌아오는 현상

5_ 'Artificial Intelligence and IT: The Good, The Bad and The Scary' : '15년 7월24일~31일 사이 조직 IT 의사결정자를 대상으로 한 온라인 설문 조사 실시(534명 응답, 북미 및 유럽이 72%를 차지)

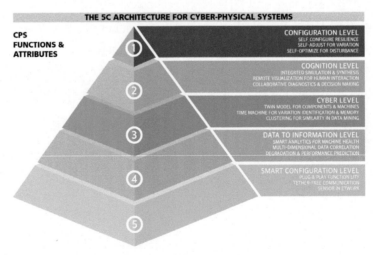

※ 출처: http://www.designworldonline.com/big-future-for-cyber-physical-manufacturing-systems/

[그림 2-7] Industry 4.0과 사이버 물리체계

이처럼 증가하는 생산성과 선진국의 리쇼어링 정책으로 심화될 글로벌 산업 경쟁에서 우리나라가 뒤처지지 않기 위해서는 인공지능 산업 생태계를 육성하고 연구개발을 지원하는 것이 시급하다. 특히 스타트업과 중소기업 육성을 위한 공동 플랫폼과 기술체계 마련 등 정부차원의 전략 수립 및 투자가 필요할 것이다.

이미 미국, 영국, 독일 등 선도국은 대규모 정부 R&D 투자와 spin-off 등을 통해 생태계를 구축하고 있다. 또한 인공지능 기술은 발전 속도가 매우 빠르며, 한번 생태계를 장악당하면 추격하기 어려운 기술 분야이므로 일시적인 집중 투자 보다는 꾸준하고 장기적인 투자와 지원이 필요할 것이다. 한편 늘어난 노동 생산성 향상이 실질적인 삶의 질 향상으로 이어지기 위해서는 증가하고 있는 노동 생산성 및 timesharing을 통한 다중 직업군 확장 추세에 맞는 근무 관련법이나 복지 제도 등의 개선 방안 마련도 필요할 것이다.

2. 일자리 변화

인공지능으로 인한 자동화로 업무 대체가 일어나게 되면 일자리에도 많은 변화가 일어나게 될 것으로 예상된다. 테크프로 리서치(Tech Pro Research)의 '인공지능 및 IT'에 관한 인식 조사 보고서에 따르면 응답자의 63%는 인공지능이 비즈니스에 도움이 될 것으로 기대하고 있지만, 한편으로는 관련 기술로 인해 일자리를 잃게 될 것이라는 우려도 34%의 높은 수준이라고 발표하였다.

〈표 2-7〉 10~20년 후 미래 쇠퇴 직종 및 유망직종위

발표기관	쇠퇴직종	유망직종
Oxford	텔레마케터, 세무 대리인, 재봉사, 자료 입력원, 도서관리 정보원, 은행계좌 상담 및 개설 직원, 신용분석가, 보험 감정사, 심판 및 기타 스포츠 관계자, 법률 비서, 출납원 등	치료사, 정비공/수리공/설치공, 사회복지사, 외과 의사, 전문의, 영양사, 안무가, 심리학자, 초등학교 교사, 관리자, 상담교사, 컴퓨터시스템 분석가, 큐레이터, 운동 트레이너 등
워싱톤포스트	농업 분야 노동자, 우편 서비스 노동자, 재봉틀 사업자, 배전반 사업자, 데이터 입력 사무원 및 워드프로세서 타이피스트	정보보안 전문가, 빅 데이터 분석, 인공지능 및 로봇공학 전문가, 모바일 장치용 프로그램 개발자, 웹 개발자, DB 관리자, 비즈니스/시스템 분석가, 윤리학자, 엔지니어, 회계사, 변호사, 금융컨설턴트, 프로젝트 매니저, 전문의, 간호사, 약사, 물리치료사, 수의사, 심리학자, 교사, 영업 담당자와 건설노동자 (특히 벽돌공과 목수) 등
테크M	콜센터 상담원, 교수, 택시기사, 세무·회계사, 단순조립, 의사·약사, 변호사	데이터분석가, SW개발자, 헬스케어 종사자, 로봇공학자, 예술가, 보안전문가, 바이오엔지니어

인공지능과 일자리 대체에 대한 우려의 목소리가 높아지고 있는 가운데 해외 각 유명 기관들은 인공지능 발달에 따른 일자리 변화에 대한 상이한 연구 결과들을 발표하였다. 2013년 옥스퍼드에서 702개의 세부 직업 동향을 연구한 결과에

따르면, 미국 일자리의 47%가 컴퓨터화로 인해 없어질 위험에 있다고 발표하였다.

또한 BCG 리포트에 따르면 제조업 국가 중 인도네시아, 태국, 대만 및 대한민국이 가장 적극적으로 로봇 자동화를 받아들이고 있는 나라인 것으로 조사됐다. 예로, 대한민국의 경우 2020년에는 전체 업무의 20% 정도를, 2025년에는 45% 정도를 자동화된 로봇으로 대체하게 될 것으로 예측했다.

한편 McKinsey에서 미국 내 직업 및 기술력을 분석한 조사 결과에 의하면 조사 대상인 800개 직업에서 이루어지는 2,000가지 주요 작업을 분석하자 45%나 자동화가 가능한 것으로 나타났으나, 이들 중 자동화(automation)로 인해 완벽하게 사람을 대체할 수 있는 직업은 5%에 불과했다. 즉, 로봇의 노동력 대체는 '직업' 단위가 아닌 '할 수 있는 일' 단위로 평가되어야 하고, 자동화로 인해 작업 일부가 대체되더라도 여전히 사람의 역할이 필요하며, 기계와 사람이 함께 일하면서 효율성을 높여 나갈 것이라는 의미이다.

반복적이거나 물리적인 일을 기계가 담당하고, 인간은 보다 창의적인 일이나 감성 및 협업이 필요한 일에 집중하게 되면 산업 생산성이나 제품 및 서비스의 질을 향상시킬 수 있을 것으로 전망했다. 기관이나 사람마다 상이한 예측 결과를 내어 놓기 때문에 뚜렷한 결론이 나지는 않았지만 대부분의 연구기관이나 전문가들이 공통적으로 예측하는 부분이 있다. 인공지능의 발달로 인해 인간의 지적/육체적 업무 대체가 일어날 것이고, 단순 반복적 업무나 매뉴얼에 기반 한 업무의 상당 부분이 대체될 것이라는 것이다.

특히 매뉴얼에 기반 한 텔레마케터, 콜센터 상담원 등의 직종이나 운송업자나 노동 생산직 등이 고위험 군으로 인식됐다. 또한 의료, 법률상담, 기자 등 일부 전문 서비스 직종 역시 관련 일자리나 직무가 인공지능에 의해 상당 부분 대체될 것으로 예상됐다. 이는 증가하고 있는 근로자 임금에 비하여 로봇의 가격이 상대적으로 연평균 10% 이상 지속적으로 하락하고 있어 인간의 노동력을 인공지능으로 대체하려는 시도가 증가하기 때문인 것으로 밝혀졌다. 인공지능으로 인한 전문 서비스 직종의 대체는 기존의 산업화·자동화와 달리 고도의 정신노동을 대체한다는 점에서 단순·육체노동의 대체와 달리 파급 범위가 광범위할 것으로 예상된다.

반면 사람을 직접 돕고 보살피거나, 다른 사람을 설득하고 협상하는 등의 면대면 위주의 직종이나, 예술적, 감성적 특성이 강한 분야의 직종, 혹은 기존의 방식과는 다른 참신한 방법으로 여러 아이디어를 조합하거나 종합적, 창조적 사고 방식을 필요로 하는 일들은 인공지능으로 대체하기 어려울 것으로 나타났다.

또한 인공지능과 직·간접적으로 관련된 새로운 직업군도 탄생할 것으로 나타났다. 데이터 사이언티스트, 로봇 연구개발 및 소프트웨어 개발, 운용, 수리 및 유지 보수 관련 직업 등 개발 인력이나 숙련된 운영자 등의 지식집약적인 새로운 일자리가 창출될 것으로 보이며 관련 비즈니스나 신규 서비스 등이 활성화 되면서 이에 따른 고용이 증가할 것으로 전망되었다. 예로, 시장조사업체 메트라 마테크(Metra Martech)가 2011년 브라질, 독일, 미국, 한국, 일본, 중국을 대상으로 한 예측 조사 발표에 따르면 로봇연구 개발 및 제조, 부품 및 소프트웨어 개발, 운용, 수리 및 유지 보수 등에 대한 고용이 매년 30% 이상 증가할 것으로 예상했다.

더욱이 인공지능 기술의 초기 산업화는 수학, 통계학 및 소프트웨어 공학에 대한 시장 수요도 증가시키고 있다. 미국을 필두로 이러한 학과의 인기도가 이미 거의 최고 수준이 되었으며, 졸업 후 평균 급여 또한 최상위권을 차지하고 있다. 인공지능 기술이 다양한 분야로 파급됨에 따라 소프트웨어 엔지니어의 위상은 더욱 커질 것이며, 데이터 사이언티스트와 화이트 해커 등 새로운 개념의 인공지능 전문가 수요 역시 더욱 확대될 전망이다.

인공지능 기술 발달로 인한 일자리 변화에 대응하기 위해서는 우선 국내 실정에 맞는 직업 연구가 필요하다. 그간 발표된 인공지능 관련 직업 연구 결과들은 대부분 미국이나 유럽 등에서 진행된 사례들이며, 국내 산업 환경과 직종 구성에 많은 차이를 보여 이를 우리나라에 적용하기는 무리가 있다. 우리 환경에 맞는 연구가 뒷받침 되어야만 보다 실효성 있는 인력의 재배치, 신규 인력 양성 등의 정책 방향이 마련될 것이다.

기술 발전으로 인해 변화될 사회 환경과 발생 가능한 이슈들, 국민의 특성 변화 및 기술 발전에 따른 우리나라 산업 생태계와 고용 구조 변화에 대한 연구 등이 필요할 것이다. 또한 마찰적인 실업 감소를 위한 일자리 정책 및 제도 개선이 필요하다. 인공지능의 일자리 대체로 인한 실업 발생을 막기 위해 적정 수준의 일자리 보호를 위한 노동법 개선이나, 다중 직업군을 인정해주는 제도적 개선 방안 등을 마련하여 변화에 대한 유연한 대처 방안을 마련할 필요가 있다.

교육 제도도 반드시 개선되어야 한다. 우선 기술 발전과 더불어 수요가 급증할 것으로 예상되는 인공지능 관련 전문 IT 인력 양성 방안이 마련되어야 한다. 관련 직종에 근무하는 사람들이 전문성을 가지고 적합한 역할을 할 수 있도록 교육 시스템을 개선하고, 직업 대체 속도에 따른 직종 간 이동이나 업무 변화에 적응할 수 있도록 평생 재교육/훈련 시스템을 만드는 등의 제도 개선 방안이 마련되어야 한다. 기존 교과 과정에 프로그래밍 관련 교육을 확대시킬 필요도 있다.

한편 인공지능이 대체하기 어려운 영역의 인재 양성도 필요하다. 인공지능이 수행하기 어렵거나 인간의 수준에 도달하기까지 장기간이 소요될 것으로 보이는 면대면 위주의 직업교육 혹은 창의적, 종합적 사고를 증진시키고, 사회성 및 공감 능력 등의 감성 강화를 위한 교육이나 프로그램도 보다 활성화 될 필요가 있을 것이다. 이와 더불어 단순한 지식 전달보다는 판단 능력, 윤리적 소양 등을 향상시킬 수 있는 방향의 교육을 수행할 수 있는 교육자 양성도 필요할 것이다.

워싱턴포스트지 발표에 따르면 인공지능으로 인해 많은 변화가 일어날 미래에 직업을 갖기 위해 필요한 능력으로는 문제를 새로운 시각으로 바라보고 유용한 해결책을 제시하는 능력, 지속적인 호기심을 갖고 아이디어를 모델링하거나 프로토타입을 생성하는 도구를 유용하게 사용할 수 있는 능력, 일을 수행하는 과정에서 깨끗한 양심과 열린 마음, 아이디어를 갖고 일을 도전적으로 성취해 나가 여러 사람들에게 긍정적인 결과를 도출해 낼 수 있는 능력 등을 들었다.

물론 이러한 인재를 양성하기 위해서는 새로운 아이디어나 도전을 장려하고 사람들 간의 소통을 중시하는 사회적 인식의 변화가 우선되어야 할 것이다.

3. 코로나 사태와 AI 대응

가. 코로나 19 정국의 현재 상황

2020년 초반만 해도 코로나19 바이러스는 인류가 정복할 또 하나의 바이러스쯤으로 생각했다. 의학적 매개변수쯤으로 치부했던 코로나19 바이러스가 제 모습을 인류 앞에 드러내자, 인류의 모든 경험과 기반시설을 무의하게 만들었다. 코로나19 바이러스는 생존의 독립변수로서 인류를 종속변수로 점령할 태세이며, 코로나19는 역사적으로 유례 없는 전 세계의 경제·사회 전반의 위기를 가져왔다. 1929년부터 1930년대 중반까지 세계를 휩쓸었던 대공황 정도가 자본주의 250년 역사에 있어서 2020년 코로나19의 위기상황과 비교 정도 할 수 있을 뿐이다. 장하준 교수는 "현재 전 세계경제가 1929년 대공황 때 만큼 수축하지는 않았고, 대공황 때 없었던 복지국가, 고용유지 보조금, 재난지원금 등의 덕분에 민중의 생계가 받은 타격은 그 때보다 훨씬 덜하지만 영국, 미국, 프랑스, 스페인, 스위스, 페루, 브라질 등 최소한 15개국 이상의 나라에서 인구 100만 명당 200명 이상이 죽어나가는 건강 재난이 위기의 근저에 깔려있기 때문에(대한민국은 100만명 당 5명 수준), 어떤 면에서는 대공황 때보다 더 큰 재앙이라고 볼 수도 있다"고 했다.

인류의 역사는 전염병과 투쟁의 역사다. 메소포타미아와 이집트가 바이러스가 창궐하지 못하는 사막에 문명의 기초를 세운 때부터 중세 유럽을 초토화시킨 흑사병, 1918년 미국에서 시작된 소위 스페인 독감, 1959년 아시아 독감, 1968년 홍콩독감이 그 대표적 예이다. 인류는 바이러스를 극복하기 위해 백신을 만들었으나, 수천억 개의 바이러스 하나마다 백신을 만든다는 것은 불가능에 가깝다. 다만 인류를 위협하는 바이러스가 창궐할 때마다 대응할 뿐이다. 2020년 코로나19 바이러스는 코로나 7개의 코로나 바이러스 변형의 한 종류다.

2003년 사스, 2015년 메르스도 코로나 바이러스다. 코로나 바이러스가 2003년부터 인류에게 일종의 강한 경고를 주었던 것이다. 안타깝게도 코로나19의 대처를 위해 인류가 가진 지식과 경험은 거의 무용지물이 되었고 코로나19가 가져올 미증유의 미래를 가늠하기조차 어렵게 되었다. 그리고 아직 그 끝을 예단하는 것 조차도 어려운 실정이다. 코로나19는 언택트 시대라는 인류의 새 공동생존 방식이 될 것이다. 국가 전체 구성원들이 공동운명체라는 사실을 확인했다. 코로나19 앞에서 모든 구성원들의 기본 생활과 기초 건강을 보호하지 않으면, 누구도 건강할 수 없다는 것을 확인했다.

미국같이 사회복지 시스템이 부유한 사람들에게 편향되어 있고, 노동권이 약해 유급 병가를 낼 수가 없는 하층 노동자들과 생계를 위해 매일 일해야 하는 일용직 등 Hard-platform 노동자들을 생존을 위해 일을 쉬지 못하면서 코로나19를 확산하는 매개변수가 되었다. 이번 위기는 모든 사람 개개인이 안전하지 않으면 그 누구도 안전할 수 없다는 사실을 보여준 것이다. 이번 위기를 계기로 대한민국 정부가 전 국민 고용보험의 도입을 추진하는 것도 이런 위기 대처를 위한 첫 시도라고 볼 수 있다.

코로나19 바이러스는 인간의 야만적 경쟁주의에 대한 자연의 엄중한 경고다. 옥스퍼드사전은 '탈 진실(post-truth)'을 2016년의 단어로 선정했다. 객관적 진실보다 감정이나 선동이 지배하고, 가짜가 진짜를 압도하는 세상이 되었음을 증명하는 것이다. 같은 해 뉴욕타임스 역시 2016년 대선에서 미국 역사상 감성적인 단어가 월등하게 사용되었다고 했다. 절망, 분노를 일으키는 부정적 감성을 선동했던 트럼프가 긍정적 감성에 호소한 클린턴에게 승리했던 결과가 가리키는 지점도 예사롭지 않다. "악화가 양화를 구축 한다"라는 그레샴의 법칙은 팬데믹 이후의 삶에 대한 불안을 가중한다.

칼 폴라니는 "대전환(1944)"에서 자본시장이 인간과 환경을 야만적 이기주의 지대로 만들자 고통 받던 인간과 자연은 스스로 보호하기 위해 반시장 운동(자본주의에 반하는 사회주의)에 나설 것으로 전망했다. 무자비한 성장 자본주의의 확대는 이래저래 그 수명을 다해가는 듯하다.

냉전시대에 자본주의와 공산주의의 이념 투쟁에서 승리한 이후 코로나19의 출현은 이미 예정된 것과 다름 없다. 승자독식, 탐욕적 자본주의가 정글 깊숙이 지구에 산소를 공급하던 원시림을 황폐화 하고, 남극과 북극의 영구동토 층을 녹여 버릴만한 야만적 이기주의가 잠자던 바이러스를 박쥐를 통해 수인성 전염이라는 매개로써 인간에게 접근할 길을 열어 준 것이다. 자본주의의 승리는 자연을 정복하려는 또 다른 선전포고의 포문이었다.

코로나19 정국은 단지 바이러스 퇴치 정도로 인류가 의료적 단합을 꾀할 단순한 문제가 아니다. 인간의 이기적 욕망을 자본주의라는 설익은 야만적 도구의 전 방위적 개선이 필요하다. 아이러니하게 20세기 말과 21세기 초를 풍미했던 세계화는 이른바 '자유주의 국제질서'의 전성기였다. 결과적으로 코로나19 정국 이전까지는 미국 패권주의가 승리한 것으로 보였다. 그러나 코로나19는 하루에도 수만 명의 감염자를 미국에게 선사했고, 부익부 빈익빈의 이기적 욕망의 원칙은 미국의 의료제도가 허망하게 무너지는 결과를 가져오는 근원이 되었다. 자본주의 선진국으로 세계 강대국으로 지칭했던 미국과 유럽이 코로나19 바이러스 앞에서 무너졌다.

백신 강국이 세계 리더십이 될 것이다. 역설적으로 제국주의에 지배받던 베트남, 이티오피아, 인도 남부의 케랄라(Kerala) 주 등 지배를 받아오던 국가들이 코로나19 대응에 빛을 발하고 있다. 지난 수백 년에 걸친 침략, 노예 경제, 식민지 지배, 그리고 탈 식민지화 이후에도 계속되어온 경제적 군림을 통해 형성되어 온, 개발도상국에서 가지고 있던 제국주의 국가들에 대한 두려움과 유럽 문화에 대한 경외감이 소멸되고 있다. 한국, 대만은 코로나19의 여파를 훌륭히 선방하고 있는 모범국이 아닌가!

특히 K-방역으로 세계의 의료 모범 국으로 올라선 대한민국은 진단키트와 방역노하우를 수출하며 세계를 선도하는 국가가 되었다. 불과 5개월 만에 세계 리더십의 환경에 변화가 생겼다. 강대국의 개념이 의료기술에 따라 선별되고 있는 것이다.

나. 디지털 뉴딜

인류는 감염 병에 '백신'과 '집단 면역'이라는 두 가지 방법으로 대응해왔다. 기본적으로는 시간과의 싸움이다. 그러나 코로나19 정국에서 시간은 인간편이 아니다. 백신사용은 신약개발 후에 1상 2상 3상을 거쳐 안전성이 담보 되는 기간이 최소 8년 정도가 소비된다. 백신개발 전에 인간이 할 수 있는 제3의 백신이 사회적 거리를 두는 비대면(언택트) 백신이다. 수동적 소비적 비대면을 넘어 능동적이고 생산적 비대면이 중요한 백신역할을 할 것이다. 비대면 백신을 가능케 하는 핵심 요인 자가 디지털 기술이다. 2020년 6월 29일 21대 국회개원연설에서 정세균 국무총리는 한국의 미래발전과 성장 동력을 디지털 뉴딜과 그린 뉴딜로 빗대어 말했다. 언택트 사회를 이끌어 줄 디지털 기술은 선택의 여부가 아니라 국가와 개인의 필수생존의 요인 자가 되었다.

세계는 초연결망으로 이루어져(Hyper-connected world)인류의 현재를 이끌어 왔다. 코로나19 정국이 초연결망 사회의 도래를 급가속화 한 변수가 된 것이다. 1990년부터 등장한 지구촌화, 세계화 지향이 2007년 스마트 폰의 등장으로 그 결실을 맺었고, 2020년 현재 전 세계는 디지털로 하나가 되었다.

〈표 2-8〉 한국판 디지털 뉴딜 기본방향

약어	의미	예상사업
D	데이터(Data)	공공데이터, 빅데이터화 등
N	네트워크(Networks)	5G 기반 기술, 경제 확대
A	인공지능(AI)	AI중심 국가 추진
U	언택트(Untact)	비대면 ICT 일자리 활성화
S	디지털인프라 Digital SOC	스마트시티, 자율차 등

코로나19 포스트 시대에 대비해 정부가 추진하는 한국판 뉴딜정책의 윤곽이다. 한국판 뉴딜정책의 핵심은 'DNA+US'로 요약 된다. DNA(데이터 · 네트워크 · 인공지능(AI))는 과학기술정보통신부가 올해 대통령 신년 업무보고 주제로 꺼내들었던 AI 일등 국가 전략을 기반으로 한다.

D(데이터)는 관련 산업을 올해 10조원 규모로 키우는 것을 목표로 했는데, 이번에 그 규모를 더욱 확대한다는 계획이다. N(네트워크)은 5세대 이동통신(5G)을 의미한다. A는 코로나 19와 같은 감염병 위기에 대응하기 위한 무기로 AI의 저변을 확대하는 내용도 담길 계획이다. 광주형 'AI 중심 산업융합 집적단지 조성사업'을 비롯해 AI 인재 양성 방안 등이 핵심 사업이 될 것으로 보인다. DNA가 기존 정보통신기술(ICT) 정책 방향을 강화하는 내용이다.

US(언택트 · 디지털 사회간접자본(SOC))는 코로나19를 맞아 새롭게 도전하는 분야다. 언택트 산업에는 콜센터 집단 감염 사례에서 필요성이 제기된 챗봇산업 육성 등이 사업 아이템으로 담긴다. 교육부가 중심이 돼 만드는 언택트 에듀테크 방안이 담길 예정이다. 전자상거래, 게임 산업 등 코로나19로 성장이 가속화된 온라인 산업 진흥책도 여기에 포함된다.

1) Off-On line으로 플랫폼 전환 시대

한국은 1997년 IMF 이후 경제적 격변, 평생직장의 개념 파괴, 가구의 형태별 다변화 등 급격한 변화를 경험했다. 애플의 잡스가 2008년 터치 스마트폰 시대를 개척하며 '손 안에 컴퓨터'의 시대를 열었다. 포노사피엔스 시대가 시작된 것이다. 포노사피엔스의 언택트 사회를 선도적으로 주장하는 최재붕 교수는 "인간의 DNA는 생존율이 높은 것을 선택한다. 코로나19가 다시 와도 개인이 생존하려면 언택트 플랫폼인 스마트폰을 이용해야 한다. 지금 세계는 Hyper-networks(초연결 사회)가 되었다"라고 주장 했다.

언택트 사회로 문명의 변화를 수용하는데 코로나19가 기폭제가 되었다. 한국국민들은 불편했지만 놀라운 속도로 off-on라인 플랫폼에 빠르게 적응했다. 사람은 경험한 것에 익숙해지면 과거로 돌아가지 않는다. 모든 분야에서 비대면 시스템이 자리 잡을 것이다.

2) 대학교육변화

코로나 상황이 우리의 일상에 미치는 충격은 넓고도 깊다. 분야에 따라 충격의 양상은 다르지만 코로나는 파괴자이기도 하고 장애물이기도 하지만, 반성과 성찰의 촉진제이기도 하다.

코로나19 정국이 대학에 미친 강력한 파장은 비대면 온라인 수업이었다. 첫 경험이었으나 유의미한 결과를 가져온 실시간 화상수업은 더욱 확대 될 것이다. 대학은 강의실, 연구실 등 물리적 공간을 매개로 교수와 학생이 교류하는 오프라인 시스템인데 대학의 수업이 강의실 중심의 대면수업에서 가상공간의 온라인 수업으로 전환되었다. 이것은 코로나19 정국에서 대학의 역할과 필요성에 새로운 질문에 답을 해야 하는 상황에 이르렀다.

네이버, 카카오톡이 대학 강의 플랫폼이 될 수도 있을 것이다. 보편적 강의재료가 된 줌(ZOOM)의 확산을 보면 온라인 교육시장에 큰 변화가 생길 것이라는 주장은 현실로 받아 들여야 하는 상황이 되는 유역한 증거가 되었다. 코로나 사태를 계기로 모든 대학이 비대면 온라인 교육시스템을 강화 할 것이다. 4차 산업의 주요한 매개 중에 하나였던 가상공간 교육이 가속도를 얻어 동참함으로써 온라인 영역은 더욱 확장될 것이 선명하다.

온라인 교육의 전향적인 확대가 대학의 새로운 경쟁을 촉진함으로써 대학시스템 재편을 촉진할 것이다. 그러나 온라인 수업의 확대를 대학은 Off-On 라인 양방향 수업플랫폼으로 전환될 것이다. 여전히 온라인 수업으로는 충족될 수 없는 실험과 실습 등 대면 영역이 존재한다.

학령인구 감소에 따른 경쟁의 심화, 4차 산업혁명에 따른 대학의 역할 변화, 코로나 상황으로 인한 온라인 교육의 확대 등 대학을 둘러싼 환경 변화로 대학이 미증유한 변화에 직면했다는 것은 분명한 사실이다. 코로나 상황이 아니더라도 대학은 이미 변화의 임계점에 도달했다. 특히, 사학이 전체 대학의 86.5%를 차지하는 상황에서 대학을 사적 소유권으로 간주하여 봉건적인 운영체제를 고집하면서 대학의 활동을 사회와 분리시켜 상아탑 안에 가두는 낡은 대학은 더 이상 생존하기 어렵다.

미래의 대학구조는 국가와 지방자치단체의 재정지원을 받는 국공립대학의 비중이 높아지고, 사립대학의 변화 과정에서 교육과 연구에서 높은 수준을 확보하고 상당한 재정 조달이 가능한 사립대학이 증가할 것이다. 대학을 설립한 주체의 관점에서 사립대학의 설립이념이 존중받고 운영의 관점에서 공공성이 확보된 공영형 사립대학이 증가할 것이다. 대학의 존재는 국공립대학, 사립대학, 공영형 사립대학의 세 유형이 병존하는 방향으로 재편될 것이다.

3) 생산방식의 변화

위기가 언제까지 이어질지, 이후에 경제와 사회 질서가 어떻게 재조직될지 여전히 예측하기 힘들지만, 이후 많은 것이 변동의 큰 폭으로 변할 것은 분명하다. 대면 서비스, 노동집약적 제조업은 생산방식이 근본적으로 바뀔 것이다. 극도의 선택과 집중에 기반한 국제적 생산망의 취약성이 드러나면서, 생산기지와 수입원을 다변화하여 예기치 못한 충격에 대한 대응력을 높이려 하는 노력이 여러 나라, 여러 산업에서 일어나고 있다. 그리고 이번 위기를 통해서 투명하고 결단력 있는 정부의 개입이 얼마나 중요한가 하는 것이 드러나면서 대부분의 나라에서 정부의 역할이 확대될 것이다.

정부의 코로나19 정국 이후 신 성장 동력을 "DNAUS"의 한 축인 디지털 뉴딜의 핵심은 "언택트 구조를 통한 성장"에 방점이 있다. 직장의 업무 형태가 원격근무 형식으로 변화될 것이다. 생산현장에서는 안전을 위해 로봇이 그 자리를 대체할 것이고, 기존에 사람이 차지하던 촘촘한 공간은 사회적 거리확보를 위해 산업현장에서 사람의 채용을 감소할 것이다. 사실 아무도 가보지 않은 길을 걷는 것이 아니다. 조금씩 내 딛었던 길을 코로나19가 급가속의 변수가 되었을 뿐이다.

새 포도는 새로운 부대에 담는 것이 맞다. 이도 저도 아니면 새 포도도 버리고 발효된 포도주로 인해 기존 부대도 터져 못쓰게 될 것이다. 물에 빠졌으면 잘 하지 못하는 수영이라도, 또는 수영을 전혀 배워보지 않았을 지라도 살기를 작정하고 허우적거려야 한다. 익숙지 않더라도 격한 몸부림이 필요한 시대다.

4. 그린뉴딜

인류의 생존을 위해 친환경 정책으로 명명되는 그린뉴딜 정책이 정착되어야 한다. 그린 뉴딜로 얻을 수 있는 효과는 무엇일까?

첫째, 생태경제의 필요성이다. 팬데믹(pandemic, 세계적 대유행)에 따른 경제활동 위축으로 공기와 물이 깨끗해지는 현상을 경험함으로써 경제와 환경 간 선순환 구조의 가능성과 중요성이 부각되고 있다.

둘째, 경기부양 효과다. 그린 뉴딜을 위해 재정을 투입해야 하는 분야는 대부분 산업파급효과와 고용유발효과가 큰 사업들로서, 한국판 뉴딜의 다른 한 축인 디지털 기술과 융합이 가능한 스마트 SOC 사업들이다. 코로나19로 인해 각국이 국경을 폐쇄하였고 글로벌 공급 망이 와해되고 있다. 이것은 새로운 무역질서 재편을 예고하는 전조증상이다. 자국기업의 국내 회귀와 해외 첨단기업의 한국 투자를 위해서는 RE100(Renewable Energy 100%, 기업이 사용전력의 100%를 재생에너지로 충당하는 것) 시장 변화에 발맞춰 재생에너지 발전 설비 확대와 계통망 구축이 필수적이다.

탄소를 줄이고 재생에너지 시장을 확대하겠다는 식의 분명한 목표 아래, 핵심 사업에 화력을 집중할 필요가 있다. 일회성·단기성 일자리를 늘리기보다는, 시장 확대와 기업 투자 유인을 위한 분명한 신호를 제공하는 정책이 우선돼야 한다.

1) 생존을 위한 생태문명으로 전환

지구 자연 생태계에는 약 160만 여종의 바이러스가 존재하는 것으로 알려져 있다. 세계적으로 바이러스 감염병 대유행(팬데믹)을 일으키고 있는 코로나19 바이러스도 그 중의 하나이다. 20세기에서 21세기를 넘어갈 때 쯤, 2002년 사스, 2009년 신종플루, 2015년 메르스, 2019년 코로나19 유행으로 급변이 왔다. 감염 병은 특정 지역에 제한되지 않고 세계적으로 번지고 있다.

코로나19의 세계적인 유행은 급속하고 광범위한 산업화(경제개발)와 이상기후 현상 등에 따른 자연생태계 파괴가 일차적 원인이다. 자연 생태계와 산림, 토양계가 황폐해지면 자연스레 바이러스의 대이동이 일어나고 변종 바이러스들이 출현한다. 이는 2010년 출간된 앤드류 니키포룩의 "대혼란:유전자 스와핑과 바이러스 섹스"(이희수 역, 알마, 2010)에서 이미 지적된 바 있다. 또 2000년부터 본격화된 전 지구적인 이동으로 인해 각종 이동수단을 통해 바이러스 감염병이 세계화가 되었다. 감염병을 촉진시키는 매개동물로서 박쥐, 낙타, 사향고양이, 돼지 등의 중간 매개 기능에도 주목해야 한다.

지금까지 취해 온 산업화 및 경제개발 일변도의 이른바 탐욕과 이윤 극대화를 위한 자본지상주의 문명을 자연생태계 보전을 중시하는 생태문명으로 전환하는데 머리를 맞대야 한다. 그 해답의 일부는 이미 오래된 미래로서 합의된 청정 자연생태계 중시의 철학을 공유하고 실천하는 것이어야 한다.

2) 생태경제로 전환(재생에너지, 스마트 SOC)

우리는 생태문명을 만들어야 한다. 이는 생존의 문제인 것이다. 최재천 교수는 "코로나19는 사람들의 야만적인 지구환경파괴가 원인이며, 정글 파괴로 인해 열대 박쥐가 온대 지방으로 이동하면서 자연스럽게 바이러스가 이동했을 것"이라고 했다. 지금 코로나바이러스19는 이미 예견된 것을 지금 우리가 만나고 있을 뿐이라고 했다. 대자연 생태계를 크게 훼손하지 않고, 기후변화에 친자연적으로 대응하며, 산림과 토양 생태계 파괴를 줄여나가는, 친자연 친환경 유기농 생태문화의 범정부화와 범국민화를 도모하는 것이다. 자본의 탐욕과 맹목적인 이윤극대화의 논리에 따라 자연생태계를 무자비하게 파괴하는 개발 일변도의 성향을 지양하는 정책 목표를 확실히 다짐해야 할 때이다. 구체적으로는, 산업화 과정에서 투기자본 세력들에 무참하게 농단된 농지제도의 문란을 바로잡아야 한다.

2009년 '글로벌 그린뉴딜'이라는 제목의 UN 보고서가 발간되었다. 미국에서 시작된 금융위기가 전 세계로 퍼지는 시점이었다. 보고서는 경제 회복과 일자리 창출, 기후 변화와 생태계 파괴, 불평등과 빈곤 문제를 동시에 해결하기 위해서는 지구적 차원의 녹색 투자와 정책이 필요하다고 주장했다. 2009년 글로벌 금융위기는 대침체(The Great Recession)로 불리지만, 코로나19 팬데믹 정국에서 경제위기의 파급력은 대공황(The Great Depression)에 비견되고 있다. 지구촌을 뒤흔드는 전염병 앞에서 그린뉴딜(Green New Deal)의 필요성과 시급성은 더욱 커졌다. 이제 녹색은 더 이상 사치가 아닌 생존이다.

2020년 4월 유럽연합(EU) 집행위원회 우르줄라 폰 데어 라이엔 의장은 세계적인 경제위기를 극복하기 위해 "회복력, 녹색, 디지털로 무장한 유럽을 건설해야 한다"고 주장했다. 대내외 경제·기후 충격에 유연 신속하게 대응하며, Green 정책과 Digital 정책 중심의 정책을 통해 경제 시스템을 변화 할 수 있다면 대한민국의 지속가능한 발전은 요원한 일이 아닐 것이다. 2020년, 마이너스성장과 역대 최고 폭염이 우려되는 상황에서 그린 뉴딜을 최적의 대안으로 고민해야 한다.

3) 저탄소 산업

2019년 4월 개봉한 '어벤져스 엔드게임'에서는 타노스에 의해 세계 인구의 절반이 줄어들자 허드슨 강에 고래가 돌아오는 장면이 나온다. 인간이 자연 환경을 해치지 않으면서 자연이 되살아나고 있음을 묘사한 장면이다. 영화 어벤져스 엔드게임 같은 일이 세계의 환경과 자연에서 일어나고 있다.

인간이 사라진 곳에 자연이 회복되고 있다. 코로나19로 인해 사람들이 도시를 비우자 야생의 동물들이 인간의 자리를 대신하고 있다. 영국 북 웨일즈 휴양지 란두드노에 야생 염소들은 마을 거리를 활보하며 주택가 정원의 풀을 뜯고 성당 내 묘지에서 잠을 자기도 했다. 칠레 산티에고에서는 퓨마가 거리를 돌아다니다 칠레 당국에 포획돼 동물원으로 옮겨졌으며 미국 캘리포니아주 오클랜드에서는 야생 칠면조 떼가 거리를 활보하고 있는 것으로 알려졌다.

스페인 북부 아스투리아스에는 밤이 되자 곰들이 거리를 돌아다니는 모습이 소셜미디어(SNS)에 올라왔다. 콜롬비아 현지 언론 엘티엠포는 코로나19로 인해 선박의 입출항이 줄어들면서 카르타헤나 만에 돌고래의 출현이 증가했다고 보도했다. 또한 전국에서 보기 힘든 개미핥기, 주머니쥐 등의 동물도 거리에서 목격되고 있다고 덧붙였다. 자연의 회복력이 여전히 살아 있다는 증거다.

지구촌 탄소 배출량 하락과 숨쉴 수 있는 대기로 회복되어야 한다. 탄소배출이 현격히 줄어들어 대기환경은 개선되고 있다. 인도에서는 30여년 만에 히말라야 만년설이 시야로 목격기도 했다. 미국, 유럽에서는 대기 질이 상승한 것으로 나타났다. 3월 23일 뉴욕타임즈는 데이터분석 업체의 분석 결과 뉴욕·시애틀·LA 등 미국의 대도시권에서 이산화질소 배출량이 50%이상 감소했다. 코로나19의 타격이 심각한 이탈리아 북부의 경우 이산화질소 농도가 40%이상 감소한 것으로 나타났다. 우리나라는 지난 4월 1일 환경부의 발표에 따르면 지난해 12월부터 올해 3월까지 측정된 전국 초미세먼지 평균농도가 지난해 같은 기간 $33\mu g/m^3$에서 $24\mu g/m^3$으로 약 27% 감소했다. 2019년 기준 세계 대기오염물질 배출량 1위를 기록했던 중국의 경우 코로나19 사태 이후, 미국항공우주국(NASA)이 위성 데이터를 분석한 결과 올해 2월 한 달 간 코로나19의 발원지로 지목받는 중국에서 발생한 이산화질소(NO_2)의 양이 급격히 감소했다고 발표했다.

5. 공동체의 진화

1) 인식의 전환

공동체 구성요소와 코로나19 정국 이후 공동체는 어떤 형태로 변화할 것인가? 공동체의 본질을 어떻게 이어 갈 것인가? 디다케(교육·양육), 케리그마(선교·전도), 디아코니아(봉사·사회적 책임), 레이투르기아(예배), 코이노니아(교제·친교·교인간의 연합)를 어떻게 유지할 것인가?

코로나19 이후 시대 본질적(Text)이고 시대적(Context)인 공동체의미의 해석은 무엇인가? 컨택트(contact, 대면접촉) 시대가 향후 주기적으로 찾아올 각종 바이러스에 대비하고 적응하며 형성될 언택트(untact, 비대면) 시대가 '새로운 표준'(New Normal)이 되고 있다. 교회는 초대 공동체처럼, 코로나19 정국 이후 공동체가 개인(가정, 소그룹) 활동으로 전환이 임시 또는 지속적으로 유지 되도록 어떻게 도울 것인가? 코로나19 정국에서 공동체란 무엇인가? 1세기부터 시작된 공동체 교제의 형태(집단, 대면 모임), 카타콤의 집단 거주했다.

2020년 가정 공동체 교제의 형태로 전환했다. 코로나19의 1차 극복인 백신개발을 위해 임상실험(임상1상, 2상, 3상(4~5년), 가장 빠른 백신 개발은 에볼라 백신이 5년 5개월)을 거쳐야 하는데, 지금은 12~18개월 안에 백신개발을 시도하고 있다. 코로나19 정국의 지속을 의료진들의 대체적인 의견은 2024년까지 예측한다. 그러면 2021년 또는 2024년까지 공동체의 모습은 어떻게 변화될까? 코로나19로 인해 교회(공동체)도 비대면 모임의 첫 시도, 비자발적 모임이라는 새로운 실험을 하고 있다. 기존공동체 대면 모임과의 일시적 결별(행 2:42절)여행이다.

2) 가치관의 재정립

장티푸스의 위기가 하수도를 창조하는 동인이 되었고, 하수도는 예술가와 자본이 모여 예술의 도시를 만들어 준 동력이 되었다. 프랑스는 하수도 시설이 전무 했던 19세기 이전과 하수도 시설이 창조가 된 19세기 이후로 문화적 혁명기를 맞이했다. 살모넬라 타이피균(Salmonella typhi)에 감염되어 발생하는 감염성 질환으로 발열과 복통 등의 증상을 나타내는 급성 전신 감염질환인 장티푸스는 프랑스를 한때 죽음으로 내 몰았으나, 프랑스 시민들은 하수도를 만들어 장티푸스와 싸워 극복했다. 전염병에 맞서 성찰을 통해 기존의 가치관을 버리고 새로운 가치관으로 승화한 역사의 증거다.

코로나19 정국에서 예배당 없는 예배가 현실화되었다. "예배 출석이 곧 교회 출석"라는 필연적 관계'에 변화를 가져왔고, 미디어 예배 서비스가 병행 될 것이다. 가시적인 집단 컨택트 공동체에서 비가시적인 개인 언택트 공동체 현상이 가속화 될 것이다. 사회적 거리두기(social distancing) 상황에서 많은 교회들은 예배의 유지를 위해 온라인 미디어를 통해 언택트 연결성에 나름 성공했고, 공동체 소속됨을 온라인 미디어를 통해 확인하게 되었다.

예배당의 기능적 공간으로서 '교회'에 대한 인식의 수정이 되고 있다. 코로나19 정국에서 경험했던 미디어 연결 모임들이 더욱 효과적인 방식으로 활성화 될 것이며, 성도 수에 대비한 건물의 확장면적의 비례원칙도 수정될 것이다. 대면 예배와 온라인 예배의 병행으로 출석 성도의 감소와 맞물릴 때 예배당 공간 기능 인식의 변화 속도는 가속화 할 것이다.

자본주의의 성장의 대표적 국가 미국이 코로나19 치료조차도 부자들은 휴양림에서 풍요한 격리를 하고, 빈자들은 거리에서 코로나19 감염을 두려워하며 식량배급을 받아야 하는 모습에 무엇을 성찰할 것인가? 김누리 교수는 이를 두고 생존경쟁에서 1등만 존재하는 "동물적 자본주의"라고 정의했다. 안타깝게도 교회가 동물적 자본주의 성장지상주의에 함몰되었다. 코로나19로 편향되고 허술한 미국의 의료체계의 민 낯을 보게 되었다.

　코로나19가 교회에서 주는 영적 성찰은 무엇인가? 구한말 전염병 창궐에서 한국교회와 선교사들의 헌신을 다시 배워야 한다. 구한말 전염병 창궐에서 선교사들의 자발적 헌신으로 교회가 민중의 마음에 정착할 수 있었다. 1902년 8-9월에 한국에 콜레라가 유행했는데, 서울에서만 9월에 매일 50-250명이 사망했다.

　1899-1902년에는 3년간 천연두가 유행하여 수 많은 사람들이 죽었다. 당시 언더우드 선교사가 쓴 "한국의 부름(The Call of Korea)"을 보면 구한말 한양 도성에 전염병이 창궐하자 초기 선교사들과 기독교인들이 병원을 설치하여 수많은 감염환자를 헌신적으로 돌보고 고치다가 순직하였고, 그 지극한 헌신에 정부 각료들조차 부끄러움을 느꼈다고 기록하고 있다. 마침내 전염병이 지나가자, 그때까지만 해도 예수를 서양 귀신이라 조롱하며 교회 근처에도 오지 않던 "나라 안의 빈부귀천 모든 사람들로부터" 교회가 주목을 받게 된다.

제 3 절　인공지능의 중요성

1. 인공지능과 국가전략

가. 10 대 이슈

　1950년대 우주개발이 국가경쟁력이 되었듯이 이제는 인공지능 원천 기술과 적용이 그 자리를 대체하고 있다.

　3년 전 인간과 인공지능의 대결로 우리를 놀라게 했던 구글(Google)의 딥마인드(DeepMind Technologies Limited)가 개발한 인공지능 바둑프로그램 알파고(AlphaGo)를 우리는 잘 기억하고 있다. 인공지능(Artificial Intelligence, AI)이란,[1] 인간의 지능으로 할 수 있는 문장이해, 영상인식, 음성인식, 학습 등을 컴퓨터가 실행하는 영역으로 "컴퓨터 두뇌"라고도 한다. 세계적인 IT 리서치 기관인 가트너(Gartner)는 전략기술 트렌드를 매년 발표하고 있는데, 2019년에는 지능(Intelligent), 디지털(Digital), 메시(Mesh)로 구분하여 주요 트렌드를 발표하였다.

---

1)　인공지능에 대한 정의는 학자별로 차이가 있으나 여기서는 네이버 지식백과 내용을 인용.

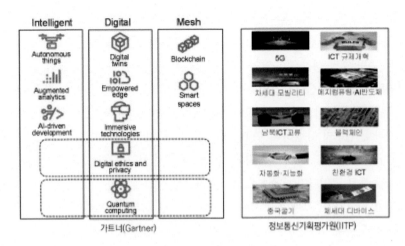

* 자료: Gartner Top 10 Strategic Technology Trends for 2019, 2018. 10.
2019 ICT 10대 이슈, 2018. 11.

[그림 2-8] 국내외 주요기관 2019년 ICT 10대 이슈

데이비드 설리(David Cearley) 가트너 부사장은 이 중 인공지능은 "증강현실, 사물인터넷, 에지 컴퓨팅, 디지털트윈 등과 함께 이용되어 고도로 통합된 스마트 공간을 제공할 것"이라고 말하면서, "궁극적으로, 애플리케이션의 기능적 측면과 비기능적 측면을 모두 자동화하는 매우 고도화된 인공지능 주도 개발 환경이 비전문가들도 인공지능 관련 도구를 이용하여 자동적으로 새로운 솔루션을 만들어낼 수 있는 '시민 애플리케이션 개발자'의 새 시대를 열 것"이라며, "비전문 가들이 코딩 없이 애플리케이션을 만들 수 있게 해주는 툴은 새로운 것이 아니지만, 우리는 인공지능 주도 시스템이 새 로운 수준의 유연성을 제공할 것으로 기대한다."라고 말했다.[2]

또한, 정보통신기획평가원(IITP)은 [그림 2-8]과 같이 국·내외 ICT 종사자들이 중·장기 목표를 수립하는데 참고할 수 있도록 각계 전문가, 세계 ICT 기술 동향, 문헌조사 등을 통해 매년 차년도 10대 이슈를 선정하여 발표하는데 2019년 에는 인공지능 반도체, 자동화·지능화 등이 선정되었다.

나. 4차 산업혁명의 핵심

이처럼 인공지능은 최근 4차 산업혁명 시대를 주도할 핵심 신기술로 떠오르고 있으나, 대부분 외국에서 주도 하고 있 어 한국이 주도 하는 분야가 보이지 않는 것 또한 사실이다. ICT 분야에서 인공지능 기술은 연구 수준에서 벗어나 성숙 단계로 진입했다고 볼 수 있으며 현재의 컴퓨팅 시스템 한계를 극복하고, 컴퓨터 환경을 획기적으로 변화시킬 것으로 예상되고 있다. 이와 같이 변화하고 있는 인공지능 패러다임에 동참하기 위해 정부와 글로벌 대기업들의 주도 하에 대 대적인 지원과 다양한 연구 개발이 한창 진행 중이다.

---

2) 2018년 미국 플로리다주 올랜도에서 열렸던 '가트너 심포지엄/IT엑스포'에서 2019년 주목해야 할 '10대 기술 트렌드' 발표자료 인용.

　최근 5G, IoT 등과 함께 관심이 커지고 있고, 세계 각국이 주도권을 잡기 위해 노력하고 있는 인공지능의 핵심기술 개발 동향과 국내외의 인공지능 관련된 다양한 노력과 정책을 살펴보고 산업부분별 적용 사례와 향후 전망을 제시하고자 한다. 이를 위해 인공지능과 관련된 정의와 머신러닝·딥러닝 등 관련기술 및 국내외 국가별 인공지능 활성화를 위해 추진하고 있는 주요 정책과 노력을 소개할 것이며, 또한 이러한 인공지능이 산업부분별 즉, 국방, 의료, 교육, 게임, 보안 등에 실제 적용되고 있는 사례를 소개함으로써 인공지능의 미래를 전망해 볼 수 있도록 했다.

2. 국가별 인공지능 주요정책

　『유엔 미래 보고서 2045』[3]에 따르면 향후 인공지능의 도입이 인사담당자, 의사, 택배, 변호사, 기자, 통·번역가, 세무사, 회계사, 텔레마케터 등을 대신할 것이라고 한다. 미래를 준비해야 할 이유가 여기에 있으며, 이를 위해 세계 각국과 글로벌 업체는 인공지능 기술을 산업 전 분야에 적용하기 위한 노력을 경주하고 있다. 이하에서는 인공지능 주도권을 잡기위해 추진하고 있는 주요국의 정책 및 동향에 대해 살펴본다.

가. 중국

　1969년 미국이 우주선 '아폴로 11호'를 달에 처음 보낸 이후 중국은 우주산업의 중요성을 인식하고 우주탐사선 '창어4호'를 50년 후인 2019년에 달에 보냈다. 최근 중국은 4차 산업혁명시대 인공지능 기술 주도를 위해 "인공지능 굴기(倔起)"를 선언하고 발 빠르게 움직이고 있다. 국제 과학기술 및 의료정보 분석 기업 '엘스비어(Elsevier)'가 최근 발표한 "인공지능: 지식의 창조, 전이 및 응용" 보고서에 따르면, 중국은 인공지능 연구 영역에서 세계 선두로 올라섰으며, 이러한 중국의 입지는 향후 더욱 강화될 전망이다.

　2017년 중국 정부는 인공지능을 국가전략산업으로 채택하고 인공지능 발전 3단계 목표를 제시하였다. 오는 2020년까지 인공지능 기술응용 선진국(연관 산업 매출액 1,500억 위안)으로 육성한 뒤, 2025년 인공지능 기초이론 및 기술 선도국가(연관 산업 매출액 4,000억 위안), 2030년 글로벌 인공지능 혁신 강국(연관 산업 매출액 1조 위안, 생산유발효과 10조 위안)에 도달한다는 목표이다. 이 정책 추진에 힘입어 공공기관을 시작으로 컴퓨터 비전 등 인공지능 기술 응용이 가속화되고 있다.

　또한, 최근 투자분석 업체 피치북(Pitchbook)에 따르면, 2018년 1월부터 9월까지 바이두, 텐센트, 알리바바, 앤트파이낸셜의 AI 투자는 128억 달러를 기록했는데, 이는 미국 경쟁업체인 구글, 아마존, 애플, 페이스 북의 투자 합계인 17억 달러보다 7배 이상 많은 금액이다. AI 스타트업에 대한 투자는 이미 미국을 추월했다. 이와 같이 중국의 인공지능 발전에는 정부의 전폭적인 지원과 신성장 기업들의 적극적인 기술 투자가 큰 역할을 발휘했다는 분석이다.

---

3) http://www.korea2050.net, 사단법인 유엔미래포럼

<표 2-9> 중국주요 인공지능 추진 현황

구분	주요 추진 내용
샤오미	- 향후 5년간 AIoT 분야에 최소 100억 위안 투자 예정 - AIoT 생태계 구축의 일환으로 "샤오미 AIoT 개발자 펀드" 설립을 위해 1억 위안 투자 예정
화웨이	- "AIoT 전략"은 도입, 연결, 생태계 3가지 측면에서 화웨이의 제품 생태계 구축 예정 - 생태계 구축을 위해 "하이AI(HiAI, 스마트기기용 인공지능 엔진)"와 "하이링크(HiLink, 스마트홈 플랫폼)"을 활용할 계획
알리바바	- '만물소성' 계획을 통해 모든 사물에 AI 기능을 탑재 하겠다는 전략 추진
터쓰롄 (TERMINUS)	- AIoT와 관련하여 12억 위안(약 1990억 원)을 조달하는데 성공. AIoT 생태계 플랫폼을 구축해 스마트 도시 구축에 힘쓸 예정
오포(OPPO)	- 5세대 이동통신(5G) 시대를 맞아 AIoT 기술 개발에 중점을 둔 이동통신단말기 사업부 신설
쾅스커지	- 로봇과 물류, 제조업 업무가 통합된 것으로 전 프로세스에 대해 계획 수립부터 시뮬레이션, 실제운영에 이르기까지 한 번에 처리 가능한 '허투(河圖)' 시스템 개발
중국과학원	- 중국과학원이 개발한 '제로 트러스트(Zero-Trust)' 시스템으로 중국 중앙정부나 지방정부가 보유한 150가지 데이터베이스 시스템과 연동되어 공무원의 비리를 감시 - 인공지능을 이용한 감시 시스템으로 지난 7년간 9,000명 가까운 비리 공무원을 적발

주) 지능형 사물인터넷: AI(artificial intelligence) and IoT(Internet of things)

자료: http://www.newspim.com, http://www.naeil.com, https://news.sbs.co.kr

나. 미국

인공지능 초창기부터 선제적인 장기 투자를 통해 신경과학, 뇌과학 등 기초 원천기술을 확보하고, 인공지능 관련 핵심 기술 개발과 인재양성에 주력하여 현재 데이터, 인공지능 분야에서 세계 최고의 경쟁력을 보유하고 있다. 특히, 정부는 원천기술 개발 후 기술을 민간에 이양하는 R&D 전략을 적용함으로써, 산업전반에 혁신적 제품이 상용화될 수 있는 체계를 갖추고 시장을 주도적으로 선도하고 있다.

2016년에는 국가과학기술협의회(National Science and Technology Council: NSTC)가 ICT 관련 분야 육성과 정책에 대한 정부의 역할과 정책 방향 로드맵을 수립, "국가 R&D 전략"을 발표하고 스마트시티 및 보건의료, 국방 관련 인공지능 기술 개발에 3억 달러를 투자할 계획을 수립하여 추진 중이다. 또한, 이 계획서에는 인공지능을 인간의 생활 즉, 삶, 교육, 안전, 보안, 건강, 일 등을 획기적으로 변화시켜 엄청난 사회·경제적 혜택을 가져다 줄 ICT 기술로 인식하고, 인공지능 관련 R&D 사업을 국가적 정책사업으로 채택하여 우선 투자하여 수행할 것을 제시하고 있다.

미국이 추진하고 있는 인공지능 국가전략은 크게 BRAIN(Brain Research Advancing Innovative Neurotechnologies) Initiative, National Strategic Computing Initiative, Big Data Initiative로 나눌 수 있으며, 특히, 정부는 과학기술정책국(Office of S&T Policy: OSTP) 주도 하에 FDA (식품의학국), DARPA(국방고등연구계획국), NSF(국립과학재단), NIH(국립보건원) 등이 정부기관으로 참여한 BRAIN에 2013년부터 10년간 30억 달러를 투자하여 인간 두뇌(Brain) 관련 원천기

술 확보를 추진하고 있다.

대학 중심의 산·학·연 연계 프로젝트를 통해 스탠포드대학 중심으로 AI100(인공지능 100년 연구, One Hundred Year Study on Artificial Intelligence) 프로젝트가 2014년 출범하여 장기적인 관점에서 인공지능 발전이 인류사회에 미칠 영향에 대해 연구를 수행하고 있다. 미국 매사추세츠 공대(MIT) 최대 연구 조직인 CSAIL은[4] 인공지능을 "미래 언어"로 규정하였으며, MIT 인공지능센터 스타타(Stata)에 10억 달러를 투자했고, 이 중 3억 5,000만 달러는 미국의 대표적인 금융회사인 블랙스톤의 슈워츠먼 회장이 기부한 것이다. 또한, 미 국방성 산하 국방고등연구계획국(DARPA)에서는 2017년부터 XAI[5] 관련 프로젝트를 추진하고 있다.

다. 우리나라

우리나라의 경우, 4차 산업혁명의 핵심기술인 인공지능 기술 축적이 미흡한 것으로 드러나 우려를 낳고 있다. 한국무역협회 국제무역연구원 "스타트업 사례를 통해 본 2018년 중국 인공지능 시장 트렌드" 보고서에 따르면, 우리나라와 중국, 미국 등의 인공지능 기술격차가 심화되고 있으며 인공지능 스타트업, 전문가 및 인재가 극히 미미한 수준에 머물고 있다.

최근 미국 시장조사업체 CB인사이츠가[6] 발표한 "2019 AI 100 스타트업" 보고서에 따르면, 인공지능 분야의 기업가치 평가 기준 100대 스타트업 중에 미국 기업이 77개로 가장 많았으며, 중국과 영국, 이스라엘이 각각 6개로 뒤를 이었고, 100위 명단에 한국 스타트업은 1개도 없었던 것으로 조사되었다.

---

4) 컴퓨터과학 인공지능연구소, Computer Science and Artificial Intelligence Laboratory
5) Explainable Artificial Intelligence, 사용자가 인공지능 시스템의 동작과 최종 결과를 이해하고 올바르게 해석하여 결과물이 생성되는 과정을 설명 가능하도록 해주는 기술
6) https://www.cbinsights.com/, "AI 100: The Artificial Intelligence Startups Redefining Industries"

[표 2– 10] 한국 주요 인공지능 추진 현황

분야	구축 내용	활용 서비스
번역 말뭉치	한국어 인공지능 번역 기술개발 및 성능강화를 위한 한국어-영어 병렬 말뭉치 데이터 80만 문장 구축	한국어-영어 AI 번역시스템 등
사물 이미지	국내 장소, 객체, 상황인지 기술개발 및 성능강화를 위한 한국형 사물, 거리, 간판, 심볼 이미지 데이터 360만 장 구축	국내 사물인식 및 안내 AI 서비스 등
글자체 이미지	한글 광학글자인식(Optical Character Recognition : OCR) 성능개선을 위한 한글 글자체(손 글씨 및 인쇄체) 이미지 500만 장 구축	자동 한글인식 AI 서비스 등
인도보행 영상	시각장애인, 전동휠체어 등의 보행지원 기술개발을 위한 국내 인도·횡단보도 보행 영상 및 인도위 객체 라벨링 데이터 500시간 구축	장애인 길안내, 자율전동 휠체어 등
안면 이미지	다양한 각도, 조도 등의 환경 하에서 안면인식·식별, 성능강화를 위한 한국인 얼굴 이미지 데이터 1,800만 장 구축	한국인 얼굴 인식 AI시스템, 범죄자탐지
융합영상	감성인식 개발을 위해 동영상에서 인물의 표정, 음성, 대화 내용, 상황 등의 감정이 포함된 멀티모달 영상데이터 50시간 구축	인간의 감정, 상황 이해 로봇
위험물 이미지	위험물·도구 자동판별 기술개발 및 성능개선을 위한 위험물, 범죄도구, 반입 금지물품 등의 X-ray 이미지 42만 장 구축	공항, 항만, 철도, 주요 시설 AI보안 시스템
동작영상	사람의 동작·자세·행동 인식기술 개발을 위해 다양한 조건에서 사람 동작 영상 데이터 50만 클립 구축	서비스 AI로봇 등 (공장, 가공공장소 등)
질병진단 이미지	국내에서 발병률, 중증도 등이 높은 주요 질환관련 진단 이미지(X-ray, CT, 초음파, MRI 영상 등) 및 진단결과 데이터 1만장 구축	AI 보조 질병 자동검진
이상행동영상	주야간 적용 가능한 이상행동 지능형 탐지기술개발 및 성능 강화를 위한(가시광선, 적외선) 영상 데이터 300시간 구축	지능형 AI CCTV, AI안전감시 시스템 등

주) 2018년 1월부터 운영된 AI 허브는 국내 기업 및 대학, 연구기관, 개인 등이 AI 기술 및 서비스 개발에 필요한 HW/SW를 자유롭게 활용할 수 있는 포털로 310억 원을 투자하여 벤처·중소기업의 경쟁력을 높일 수 있도록 하고 있음

*자료: http://www.aihub.kr, "AI 오픈 이노베이션 허브"

한편, 정부에서는 2019년 1월 경제부총리 주관으로 관계부처와 합동으로 수립한 "데이터·AI 경제 활성화 계획"을 제1차 혁신성장전략회의에서 발표하였다. 이 계획은 2019년부터 2023년까지 혁신성장 전략투자 분야인 데이터와 인공지능의 육성전략 및 융합을 촉진하는 정책에 관한 5개년 실행계획으로, 앞으로 5년 동안 데이터의 수집·유통·활용 전 단계를 활성화하고, 세계적 수준의 인공지능 생태계 조성, 산업 전 분야와 인공지능 간 융. 복합을 촉진하는 9개 정책과제를 포함하고 있다.

이를 위해 해양수산부의 "스마트자동화 항만상용화 기술개발" 등 55개 사업에 2,102억 원을 투자 할 예정이며, 절대적으로 부족한 전문 인력을 집중 양성하고 인공지능 기술을 선도하고 경쟁력을 높이기 위해 계획한 "인공지능 R&D 전략"에서는 인공지능대학원 신설을 주요정책과제로 제시하였고, 예산 확보를 통해 2019년 우선 과제를 선정하여 사업을 시작할 예정이다. 또한, 고난이도 차세대 인공지능 기술을 효과적으로 조기 획득하기 위해 "2019년 인공지능 R&D 그랜드챌린

지"[7] 대회를 추진할 예정이며, 지역별 인공지능 거점 역할을 할 인공지능융합연구센터를 지정·운영할 예정이다.

3. 인공지능 산업 분야별 적용

가. 국방

국방부는 미래 전장 환경 변화에 능동적으로 대처하고, 최근 병력자원 절벽 화에 대비하고, 무기체계를 지능화하고, 첨단기술을 활용할 훈련체계를 고도화하기 위해 인공지능을 활용한 시범사업을 진행하고 있으며, 혁신적 국방가치를 지속적으로 창출하기 위해 창의성과 과학기술을 융·복합하여 정보화 기반을 구축하는데 역량을 집중하고 있다.

〈표 2- 11〉 국방 활용 분야

분야	주요 내용
C4I	지능형 지휘 결심지원체계, AI기반의 실시간 M&S 및 워게임 체계, 지능정보센터, 초연결·초지능 네트워크 등
정보	지능형 군사정보관리체계(Smart MIMS), 지능형 사이버·전자전 공격/방호시스템 등
화력	AI기술을 적용한 지능탄, 지능형 표적탐지레이더, 지능형 사격지휘 통제체계 등
기동	지능형워리어 플랫폼, 인텔리전트 전투복, AI기반 자율 및 군집형 기동체계 등
방호	지능형 사이버 방호시스템, 지능형 사이버전 수행 기술개발, 지능형 과학화 경계시스템, 지휘시설 및 무기체 계의 지능형 방호체계 등
작전지 속지원	지능형 합성전장훈련체계(LVCG), KCTC와 연계한 AI기반의 지휘결심지원체계, 인공지능 교관 AI기반의 훈련 시뮬레이터/전장훈련체계, 정비 수요예측 시스템/탄약 저장관리체계, 지능형 물자보충/재고 관리체계, 지능형 안전관리 정보체계/원격 치료 시스템, AI기반의 인력획득 및 인사관리체계 등

*자료 : 육군 "인공지능연구 발전처" 제공, 2019. 1.

특히, 주변 강대국의 지능정보전 역량 강화로 인한 위협에 대응하기 위해 인공지능 역량을 확보하고, 이를 전력 소요 창출과 핵심기술 개발을 촉진시키는 미래 군사혁신의 동력으로 활용하기 위해 노력중이다. 국방 분야에서는 〈표 2-11〉에서 보는 것과 같이 무기체계, 전력지원체계, 운영유지 등 전 분야에서 적용 및 활용이 가능한 것으로 판단하고 있다.

최근 KAIST와 한화시스템은 국방인공지능 융합연구센터를 개소하고, 인공지능 기반 지휘결심지원체계, 대형급 무인 잠수정 복합항법 알고리즘, 인공지능 기반 지능형 항공기 훈련시스템, 인공지능 기반 지능형 물체 추적 및 인식기술 개발 등의 4개 과제를 우선적으로 선정하고, 기술자문, 인공지능 과제 발굴·연구, 상호교류 및 교육 등을 추진 중에 있다.

---

7) 특정 분야의 기술을 개발하기 위해 목표만을 제시하고, 특정한 개발 방법에 제한을 두지 않고 경쟁에서 우수한 결과물을 제시한 연구자에게 인센티브를 제공하는 새로운 연구개발(R&D) 방식

육군에서는 2019년 초 인공지능 기술을 활용하여 초연결 · 초지능으로 상징되는 4차 산업혁명 시대의 군사혁신을 선도하기 위한 목적으로 "인공지능연구발전처"를 창설하여, 인공지능 관련 컨트롤타워 역할 수행, R&D 역량 확보, 빅데이터 구축, 군사혁신을 위한 동력 마련을 목표로, 2019년에는 우선 군사용 인공지능 능력발전 비전 · 운영 개념을 조기 완성하고, 시범사업 계획 및 전력화 등 마스터플랜을 마련할 예정이다.

<표 2–12> 국방 분야 국가별 추진현황

구분	주요 내용	비고
미국	2019년 초 무인잠수함 '씨 헌터'(Sea Hunter) 시제품을 인도한 데 이어 AI 무인잠수함을 2020년까지 개발한다는 목표아래 록히드마틴, 보잉 등에 제작을 의뢰	
중국	무인 인공지능 잠수함을 2021까지 실전 배치하여 정찰과 매복, 기뢰 매설, 자살 공격 등 다양한 작전을 스스로 수행할 수 있도록 추진예정	
스위스	실종자 수색용 쿼드콥터 드론을 개발하여 이미지 분석을 토대로 딥(Deep) 신경망이 산책로 주변 환경에서 실종자의 흔적을 발견하여 차별화된 흔적 찾기를 토대로 손쉽게 실종자 존재 파악가능	

*자료 : 정보통신기획평가원(IITP), ICT Brief(2018-29), 2018. 8.

나. 의료, 헬스케어

최근 인공지능 기술을 이용하여 성조숙증, 폐암, 폐질환, 유방암, 치매, 물리치료 등 질환을 정확하고 빠르게 진단하거나 효과적으로 치료가 가능한 보조 소프트웨어들이 속속 등장하고 있는데, 이는 인공지능이 최신논문, 과거 진료정보, 학술지 등의 정보를 스스로 학습하여 의사가 최적의 처방을 내리도록 보조하는 역할을 수행할 수 있기 때문이다. 이러한 인공지능 소프트웨어를 사용하면 정확도는 높이면서 진단하는데 들어가는 시간과 비용은 현저히 줄일 수 있으며, 개인에 최적화된 맞춤형 케어를 받을 수 있어 인공지능을 활용한 의료 및 헬스케어 적용 가치는 점점 증대되고 있다.

MAM(Marketsandmarkets, 2016) 보고서에 따르면, 2015년 7억 1,300만 달러였던 인공지능 헬스케어 세계 시장규모는 2020년에는 75억 4,700만 달러이고 매년 크게 성장할 것으로 예상된다.

〈표 2-13〉 의료 및 헬스케어 분야 추진 현황

구분	주요 내용	비고
IBM	손이 물체를 만졌을 때 강도, 손의 떨림, 손톱 변형을 감지할 수 있는 손톱센서를 개발, 파킨스병 징후 감시 가능	
	인공지능 종양학 의사 "왓슨 포 온콜로지"(Watson for Oncology)를 개발, 전 세계 대형병원 13곳에서 의사로 활약	
루닛	루닛 인사이트(Lunit INSIGHT for Mammography)는 유방암 진단 보조 소프트웨어로 영상 이미지를 입력하면 정확도 97%로 종양 악성 정도는 점수로, 종양 위치는 히트맵으로 표기 가능	
텐센트	의료 영상분석 인공지능 '미잉(Mying)'을 개발, 수 백 여개 병원에 보급, 미잉은 당뇨병, 유방암, 식도암, 대장암 등을 진단할 수 있는 6개의 인공지능 시스템으로 구성	
구글	알파벳의 생명과학 자회사인 베릴리(Verily)는 4년간 1만 명에 달하는 개인의 건강상태를 면밀하게 추적하여 데이터를 축척하는 "프로젝트 베이스라인 (Project Baseline)" 개시	

*자료 : http://www.zdnet.co.kr, http://www.yoonsupchoi.com

그리고 국내 인공지능 헬스케어 시장은 17억 원(2015년)에서 256억 원(2020년)으로 증가하는 등 글로벌 시장의 연평균 성장률인 40%보다 높은 70.4%를 상회할 것으로 전망되고 있다. 이처럼 인공지능 기술의 발달과 더불어 의료 및 헬스케어 산업에 혁신적이고 새로운 서비스가 보다 많이 창출될 것으로 예상되고 있다.

1) 질병진단 인공지능 개발 동향

일반적인 인공지능(Artificial Intelligent, AI)은 좁은 의미의 AI 로서, 이는 특정 업무에 특화된 AI를 가리킨다. 예를 들면, 자동번역, 영상 및 음성인식, 신경망 구조의 개발과 분석 등에 적용되는 AI 기술과 같이 특정 업무에 국한되어 적용되는 대부분의 인공지능 기반의 기술들은 좁은 의미의 AI 라고 할 수 있다. 오늘날 4차 산업혁명 등의 관련 기술발달과 함께 AI가 다양한 분야에 적용되고 있으며, 특히 의학 분야에서의 AI를 이용한 방법들은 빠른 증가세를 보이고 있다.

의료 인공지능으로 대변되는 AI 기반의 의료서비스는 의료데이터의 보조적인 해석에서부터 질병의 예측 및 진단, 의료영상 해석과 같은 전문 의료영역에 이르기까지 다양한 의료서비스에 적용되고 있으며, 현재 일부 영역에서는 전문 의료인력 보다 높은 수행 능력을 보이는 것으로 알려져 있다. 이러한 결과는 21 세기 딥러닝의 대부로 알려진 제프리 힌튼 교수(캐나다 토론토대학교 & 구글)의 2016년도 발언과도 일맥상통하는 면이 있다고 하겠다. 일반적으로 AI 기반의 의료기기는 의료데이터를 분석하여 수행 능력을 향상시키는 소프트웨어와 이를 포함하는 의료기기들을 가리킨다. AI 기반의 의료시스템은 의료 전문 인력들과 경쟁 관계로 보는 시각으로 인해 부정적인 견해들이 존재하는 것이 현실이다. 하지만, 의료분야에서의 AI 활용은 의료 인력들과 경쟁 관계가 아니라 상호 보완관계로 보는 것이 타당하며, 의료종사자들은 현재의 역할이 향후에 소멸되는 것이 아니라 변화할 것이라는 상황을 받아들임으로써 부정적인 시각은 사라질 것으로 보인다. 현재 AI 기반의 의료시스템은 영역(진료과목)에 상관없이 급속히 확대되고 있지만, 진료 행위에 적용될 수준을 보이는 영역은 대략 5가지 분야(AI 기반 로봇수술 시스템, 가상 간호 보조 시스템, 의료진단 시스템, 의료서비스 관리, 영상 해석)로 요약된다.

특히, AI 기반의 영상 해석은 의료진단의 측면에서 가장 핵심적인 기능을 수행하고 있으며, 병리학 관련 다양한 데이터와 함께 AI 기반의 의료진단 기술의 핵심적인 영역이다. 본 보고서에서는 AI 기반의 진단 기술 및 결과와 향후 관련 기술발전 방향 및 남겨진 과제들에 대한 논의를 진행하고, 이들에 대한 해결방법을 모색하고자 한다. 나아가, AI 기반 의료진단 영역에 있어서 가장 핵심적 요소인 빅데이터에 대한 논의도 진행하고자 한다.

2) 국내외 AI 기반 의료 진단

앞서 설명된 것처럼, 인공지능의 적용에서 가장 중요한 요소는 데이터이다. 물론, 최근 인공지능의 급속한 성장과 성능 향상은 단일 요소에 의한 것이라고 볼 수는 없다.

2010년 초반부터 시작된 인공지능 알고리즘, 컴퓨팅, 빅데이터의 융.복합에서 부터 이론적인 연구 성과의 도출 그리고 이러한 아이디어들이 가능할 수 있도록 발달한 컴퓨팅 인프라(클라우드 및 그래픽 처리장치(GPU)) 등이 실현됨으로써 오늘날 인공지능(딥러닝)의 새로운 전성기가 왔다고 할 수 있다. 하지만, 이 모든 환경이 갖추어지더라도 다량의 양질의 데이터가 수반되지 않는다면 높은 수준의 결과를 기대할 수 없다. 따라서 AI 기반 시스템의 성능향상은 지속적인 양질의 데이터 생성과 밀접한 관련이 있다.

대형병원은 이러한 AI 기반의 인공지능을 적용하기에 좋은 환경을 가지고 있다. 특히, 환자 개개인에게서 검출되는 다량의 데이터는 AI 알고리즘의 훈련(training)과 이를 통한 성능향상에 주요한 정보를 제공하게 된다. 우리나라의 AI 기반 의료 진단은 길병원(인천)에서 IBM의 왓슨(Watson for Oncology)을 실제 임상에 적용하면서 시작되었다. 이후에 지방의 대형병원들을 중심으로 현재는 8개의 국내 대형종합병원들이 IBM의 왓슨을 도입해서 사용하고 있는 것으로 알려져 있다. 2018년 11월에는 국내 의료기기법의 개정으로 왓슨이 의료기기로서 허가도 가능해지게 되었다. 하지만, 세계적으로 다양한 국가(미국, 중국, 인도, 태국 등)에서 사용되는 왓슨은 국내 빅 5 대형병원에서는 왓슨을 위한 유료 베타테스터로 전락한다는 우려 때문에 적극적인 도입이 이루어지지 않고 있다.

해외에서 개발된 AI 기반 의료진단 시스템에 대응하기 위해 국내에서는 한국형 AI 정밀 의료서비스 개발을 위한 사업 출범식이 2018년 4월 서울아산병원에서 개최되었다. 이를 통해 정밀한 의료데이터(진단정보, 영상, 유전체 정보 등)를 이용한 분석을 통해 진단 및 치료 지원과 함께 맞춤형 질환 예측까지도 서비스가 가능할 것으로 기대된다. 이를 위해, 3년간(2018-2020년) 총 357억 원의 자본이 투입될 예정이며, 이를 통해 8개의 질환(치매, 뇌전증, 심뇌혈관질환, 전립선암, 대장암, 유방암, 전립선암, 소아 희귀 난치성 유전질환)과 21개의 체감형 AI 의료 소프트웨어를 개발할 예정에 있다. 이러한 연구개발은 성능향상을 위한 주요 요소인 고품질의 의료데이터와 밀접한 관련이 있다. 일반 대형병원은 고품질의 의료 데이터가 생성 및 저장되는 장소로서, AI를 위한 빅데이터의 4가지 속성인 데이터의 크기(volume), 다양성(variety), 수집 속도(velocity), 신뢰도(veracity)의 모든 속성을 가지고 있다. 사용자 중심의 AI 기반의 의료 진단을 위한 연구와 함께, 상품 개발자 중심의 연구개발도 차츰 확대되고 있다.

국내에서는 총 3개의 업체(뷰노, 제이엘케이인스펙션, 루닛)가 AI 기반 의료기기의 품목 허가가 완료된 상태이며, 모두 영상분석(X-ray 영상, 뇌 MRI)에 관한 제품들로 이루어져 있다.

이러한 영상 분석에 집중하는 AI 기반의 의료진단 관련 제품은 해외 업체의 제품군에서도 나타난다. 2015년 통계를 보면, 24개의 관련 업체 중에 19개의 업체에서 영상분석과 관련된 제품개발에 집중하고 있다고 보고되었으며, AI 기반의 이미지 분석과 진단분야의 회사자본을 기준으로 본다면 이러한 쏠림 현상은 최근 더욱 심해지고 있다. 하지만, AI 기반 제품의 진단 부위 및 기능적인 측면에서 볼 때는 외국상황에 비해 높은 다양성을 보인다. 뇌와 척추의 영상판독 우선순위 조절과 주요 이미지 표시에서부터 각종 암 진단(MRI, CT 영상 기반), 관상동맥 석회화 진단, 심 초음파와 심방성 부정 박동 진단, 뇌졸중 및 뇌출혈 진단, 당뇨 망막 진단, 손목 골절 진단(x-ray 영상기반) 등 국내업체들의 제품군에 비해서 그 적용 범위나 기술은 상대적으로 매우 넓다.

또한, 주요 기업군들(Arterys, Zebra Medical Vision, iCAD, aidoc 등)의 제품들을 보면 딥러닝을 이용한 자동화된 병변 및 결절 분할을 진행하거나 병변 진행 상황의 수치화를 통해 진단을 보다 원활히 하는 제품들이 다수를 이룬다.

3) 인공지능 기반 의료 진단 기술현황

AI 기반의 의료 진단용 기술은 크게 3가지 영역(EMR 및 의료 데이터 AI, 의료 및 병리 영상 AI, 신호 모니터링 AI)으로 구분되어 개발되고 있으며, 딥러닝은 적용되는 인공지능의 가장 핵심적인 기술이다. 특히, 의료영상 판독은 의료진들의 시간과 노동을 집약적으로 요구하는 작업으로 효율적인 진단 작업을 위해서는 AI 기반의 영상 해석이 매우 유용한 것으로 알려져 있다.

일반적으로 AI 기반의 의료 및 병리 영상에서 도출되는 결과는 분류(classification), 검출(detection), 분할(segmentation)이며, 이중 분류에 의한 결과들은 정밀 진단의 핵심 요소로 사용되므로 가장 많은 기술적인 관심 대상으로 알려져 있다. 딥러닝의 기술 중에서는 컨볼루션신경망(convolutional neural network, CNN)을 적용한 영상 분류와 검출이 의료진단에서 많이 이용되어 왔다. 수학적 정의에 따르면, 컨볼루션은 두 개의 함수를 이용한 합성 곱을 나타낸다. 딥러닝에서는 이러한 합성 곱의 특성을 이용하여 입력데이터(영상)에서 특징 추출 및 가중치의 부여를 다수의 숨겨진 레이어(hidden layer)들을 통해 구현한다.

일반적인 CNN의 구조(LeNet CNN 구조)에서 나타나듯이, 컨볼루션과 특징(feature) 샘플링을 반복적으로 적용하여 최종 결과 값을 도출하는 방법이다 [그림 2-9]. 위와 같은 전형적인 CNN의 구조는 각 채널 수의 차이에 의한 컨볼루션 레이어의 개수, Kernel의 크기 등의 변화를 통해 AlexNet 혹은 ZFNet와 같은 다양한 형태로 개발되어왔다. 특히, ZFNet의 개발은 기본적인 CNN의 구조에서 각 단계에서 이루어지는 결과들에 대한 수정이 가능한 구조를 만듦으로써 최종 결과에서 나타나는 왜곡된 값들의 개선이 지속해서 이루어지도록 구성이 되어있다.

이러한 구조적 성능 향상은 복잡한 의료영상을 객관적이고 정확한 진단을 내리는데 있어서 향상된 결과를 보여주지만, 문제점이 전혀 없는 것은 아니다. 예를 들면, CNN 기반 딥러닝을 이용한 영상해석은 사용되는 모델에 의한 빠른 학습속도와 이를 통한 높은 수준의 성과는 장점으로 작용하지만, 빅데이터 수준의 많은 양의 라벨링 된 데이터가 분류작업을 위해서 필요하다는 점이 단점으로 작용한다. 또한, 영상 분할의 결과에 대한 공간 및 구조적인 일관성 유지가 어렵다.

이러한 기술적인 단점은 분명하지 못한 영상의 윤곽과 알 수 없는 작은 영역 분할 등과 같은 문제점을 야기 시킨다. 하지만, 이러한 단점에도 불구하고 CNN 기반의 딥러닝은 2D 의료영상에서 신경구조의 추출, MRI 영상에서의 전립선 영역 분할, 안저(fundus) 영상을 이용한 시신경 원판(optic disc)과 혈관 분할 등 다양한 분야에서 사용되고 있다.

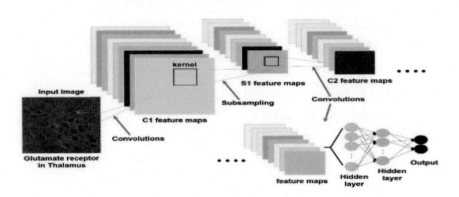

[그림 2-9] Convolutional Neural Network (CNN) 구조

최근 이러한 기술적 문제점이 순환 신경망(Recurrent Neural Network, RNN)을 이용하여 개선하려는 시도가 진행되고 있다. 각 레이어에서 추출되는 특징들이 독립적으로 사용되는 CNN 과는 달리 RNN 에서는 이들 특징들을 연결된 레이어들에 의해 공유됨으로써 현재 출력 결과는 이전의 결과에 영향을 받으며 이때 레이어들은 일종의 메모리 역할을 하게 된다.

이러한 RNN 기반의 딥러닝 기술을 이용한 결과들은 아직 CNN 기반의 딥러닝 기술과 비교했을 때, 월등한 성능적 차이는 보이지 않는다. 하지만, 안배(optic cup)나 근위 폐정맥(proximal pul-monary veins)의 추출에 있어서는 기존의 기술에 의한 결과와 비교했을 때도 차이가 나지 않을 정도의 수준에까지 이르렀다. RNN의 순차적인 학습과 이로 인한 시간에 따른 모델구축 그리고 다양한 변형 모델의 존재 등은 향후 RNN 기반의 딥러닝 기술의 개발을 기대해 볼 수 있다. 가능한 관련 모델이나 관련 기술을 이용한 접근 방법은 다양하게 시도되어 왔으며, 현재는 기술개발과 동시에 전문 의료인들과 성능 비교도 딥러닝 기반의 영상 해석 기술에 대한 주요 연구 내용이 되고 있다.

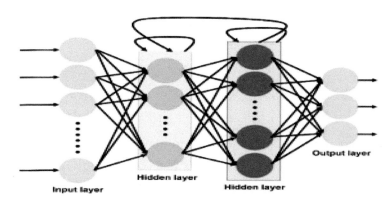

[그림 2-10] Recurrent Neural Network (RNN) 구조

CNN과 RNN 이외에도, 다양한 딥러닝 기반의 알고리즘의 개발이 이루어지고 있으며, 개발된 알고리즘들은 영상 해석뿐만 아니라 생체신호 모니터링에도 적극 활용되고 있다(신호 모니터링 AI). 생체 신호의 측정을 통해 수집된 데이터를 이용하여 임상적으로 유의미한 신호의 변화 혹은 이들 데이터를 통한 질환의 조기 예측을 주로 수행하고 있다. 이러한 신호 기반의 예측 방법은 일반적으로 통계 기법을 이용한 특징 추출이 주를 이루어 왔으나, 2010년대 이후에 이르러서는 딥러닝 기반 알고리즘들의 성능개선으로 접근방법에 있어서 많은 변화를 보이고 있다.

생체신호를 이용한 딥러닝 기반 알고리즘의 적용은 기본적으로 지도식(supervised) 학습을 위주로 이루어지고 있으나, 입력되는 데이터가 전문 의료인들에 의한 라벨 링이 요구되는 단점이 있다. 이에 반해, 비지도식(unsupervised)의 경우에는 지도식과 같은 단점은 없으나, 입력되는 시간 관련 데이터의 특성상 장시간의 다변화하는 데이터를 모니터링하는데 있어서 높은 비효율성을 보인다. 결국, 생체신호를 이용한 딥러닝 알고리즘의 선택 및 개발은 생체 신호의 특성에 있다고 할 수 있다.

일반적으로 CNN 기반의 알고리즘은 데이터가 가지는 시공간적인 요소들을 다루는데 가장 적합한 것으로 알려져 있다. 따라서 데이터가 포함하는 특징들로 인해 현재 대부분의 연구는 CNN 기반의 딥러닝을 통해 구현이 되고 있다.

이외에도, 자연어 기반의 인공지능 의료진단 및 의료 인공지능의 표준화도 지속적으로 연구되는 주제들이다. 특히, 급속한 발전을 이루고 있는 AI 기반(의료진단) 기술에 대한 표준화 작업은 국제표준화기구(ISO)와 국제전기기술위원회(IEC)의 합동 기술위원회(Joint Technical Com-mit- tee, JTC)에서 진행되어왔다. 위원회에서는 인공지능 어휘에서부터 인간과 기계 사이의 상호연결, 생체인식, 이미지 처리 및 센서 네트워크와 같은 표준개발이 진행되고 있다. 2015년도에 개정된 표준에 따르면, 4종의 인공지능 용어 표준과 함께 총 31개의 다른 용어 표준들을 묶어 위원회의 단일 용어 표준으로 통합 및 개정하였다. 이와 함께, 세계보건기구(WHO)와 국제전기통신연합(ITU)은 건강 분야 관련 인공지능기술의 적용을 위해 기술의 해석과 설명, 신뢰성 향상, 의료 데이터의 개인정보 보호 문제, 성능 평가에 대한 방법과 절차 등에 대한 표준화를 진행하고 있다.

4) 인공지능 기반 의료 진단 기술

최근 개최된 '헬스케어 이노베이션 포럼 2019'에서 미국 싱귤래리티 의대 학장인 다니엘 크래프트 교수는 AI 기반의 의료진단 기술은 향후 한 단계 나아가 예방, 조기진단, 치료 등으로 그 기능을 확대할 것이라고 예상했다. 하지만, 제시된 기능들을 구현하기 위해서는 AI 기반 핵심적인 기술로 여겨지는 딥러닝에 대한 보다 검증된 결과가 도출되어야 하지만, 현재 AI 기반의 알고리즘들의 기능 향상을 위해 요구되는 추론(reasoning)을 지원하는 기능은 아직도 입증되고 있지 못하다.

오늘날 딥러닝의 기술은 레이블이 잘 정의된 데이터를 이용한 문제해결에 있어서는 성공적인 결과를 보이고 있으며, 이는 딥러닝 기반의 AI가 인식 및 분류에 특화되어 있다는 한계점을 보여준다. 따라서 향후 딥러닝에서는 기본적인 상식과 더불어 변화하는 상황에 대한 처리, 계획의 수립 및 결정 등과 관련된 추론의 기능이 추가되어야 한다. 수학적인 공식화를 통한 딥러닝 알고리즘에서의 추론 과정의 도입은 이미 연구가 진행되고 있다. 최근 중첩된 이미지들을 이용한 연구에서, 기존 딥러닝을 이용한 방법으로는 해결이 어려운 분류작업이 추론을 통해 해결될 수 있음이 보고되었다.

또한, 이러한 추론 기술을 바탕으로 한 영상에서의 주요 물체 검출은 다양한 기존 딥러닝 기술 사이의 비교를 통해서도 확인된다. 주요 물체 검출을 위한 벤치마크(benchmark) 데이터를 이용한 기존 딥러닝 기반의 알고리즘 사이의 비교연구에서 추론이 제외된 알고리즘에 비해 추론을 내포하는 알고리즘에서 보다 더 향상된 성능을 보이는 것으로 나타났다.

이와 함께, 앞서 그 중요성이 언급되었던 데이터양은 인공지능의 훈련 및 성능개선을 위한 필수적인 요소이지만, 동시에 효율성을 떨어뜨린다는 한계를 내포하고 있다. 따라서 미래의 연구들은 소규모의 데이터 출현에 대비한 방향으로 진행될 것으로 기대되며, 이는 비지도 학습에 대한 연구들로 이어질 것으로 기대된다. Baur와 연구진들에 의해 진행된 뇌의 백질(white matter) 분류실험에서, 연구자들은 지도식 딥러닝 방법과 비지도식 방법, 그리고 이 둘을 혼용하는 방법을 진행하여 그에 따른 결과들을 비교하였다. 연구에서는 단일 방법에 의한 성능에 비해 지도식과 비지도식이 혼합된 방법에서 성능의 개선이 확연히 나타났다. 하지만, 이러한 성능개선 효과는 기본적으로 다량의 데이터가 존재해야 한다는 전제가 수반이 되어야 하며, 순수한 비지도식 방법에 대한 검증은 아직은 시작단계 머물고 있다.

인간의 뇌가 가장 최적화된 비지도 학습을 수행하는 것을 고려해 볼 때, 인간의 뇌 수준에 이르는 AI 성능을 위해서는, 향후 연구 방향은 비지도 학습에 기반한 추론적 접근방식에 대한 연구개발이 요구되며, 향후 딥러닝 기반의 기술은 완전한 비지도식 학습방법에 기반한 기술개발로 진행될 것으로 예상된다.

5) 인공지능 기반 의료 진단의 도전과제

AI 기반의 의료 진단은 아직도 다양한 문제점들을 내포하고 있으며, 이를 해결하기 위한 연구들은 지속해서 진행되고 있다. 현재의 의료진단 영역에서 인공지능의 대표적인 도전과제는 훈련 데이터의 부족, 약한 표준화, 도출된 진단 결과에 대한 설명의 부재, 희귀질환에 대한 낮은 성능이라고 할 수 있다.

먼저, 데이터의 부재는 단순히 양적인 부분을 의미하는 것은 아니다. 데이터가 가지는 초기의 정확도, 질병과 관련된 민감도 및 특수성 등이 내포된 데이터의 부족을 의미한다. 이 문제는 AI 기반 의료 진단을 위한 성능향상에 직접적인 영향을 주는 것으로 이를 해결하기 위한 방법은 다각도로 논의되고 있다.

가능한 해결 방법으로 초기 입력데이터를 처리하는 전달함수(transfer function)에 대한 학습(transfer learning)을 진행함으로써 해결할 수 있다는 연구 결과가 있다. 하지만, 이러한 접근 방법 또한 빅데이터에 의한 학습이 선행되어야 한다는 한계가 있으며, 완전한 소규모의 데이터를 이용한 학습 방법이라고 보기에는 한계가 있다.

두 번째로 AI 기반의 의료 진단을 위한 검사와 측정 장비들에 대한 표준화 작업이 아직 완성되지 못하고 있다. 앞서 언급된 것처럼, 다양한 세계기구 및 조직들이 표준화를 진행하고 있으나, 기술의 발전 속도를 따라가지 못하고, 이로 인한 규제(표준화)와 기술 사이의 격차는 점차 심해지고 있는 실정이다. 국가, 지역, 심지어는 의료기관 사이에서 공통으로 채택되는 표준이 없기 때문에 발생하는 가장 근본적인 문제점은 측정되는 의료 데이터에 대한 일관성의 결여이며, 결국에는 진단의 정확성을 떨어뜨리게 된다.

이러한 문제들은 많은 데이터를 사용하여 학습된 AI 기반의 의료진단 시스템에서 종종 나타난다. 이에 대한 근본적인 해결책은 장비와 기술에 대한 표준화 작업과 적용되는 AI의 알고리즘의 개발에 대한 연구가 그 대안이 될 수 있다. 하지만, 이에 대한 연구는 아직도 충분치 않은 것이 현실이다.

사용자(전문 의료인) 입장에서 볼 때, AI 기반의 의료진단 결과는 납득할 수준의 기술적인 설명이 뒷받침되어야 한다. 하지만, 현재 관련 시스템의 결과에 대한 명쾌한 해석은 이루어지지 않고 있다. 도출된 진단 결과를 기본으로 한 기계와 전문인력 사이의 성능 비교연구는 다각도로 이루어지고 있으나, 정작 각 결과가 어떻게 만들어지고 있는지 알고리즘 내에서의 설명은 매우 제한적이다.

이러한 문제점은 딥러닝 알고리즘 자체가 가지는 한계이지만, 이로 인한 사용자들의 기술 수용에 대한 거부감 상승과 혼란은 피할 수 없다. 따라서 AI 기반의 의료 진단은 반드시 충분한 기술적 해설과 함께 제시되는 연구가 필요하다.

마지막으로 해결해야 할 과제는 좁은 진단범위이다. 이 문제점은 앞서 언급된 절대적인 데이터 부재와 상관성이 높다. 진단된 질병의 희소성으로 인해 관련 의료데이터의 부족 현상이 발생하고 이는 학습에서 사용될 데이터의 부재로 이어지며 진단에 대한 기대치를 낮게 만들게 된다. 결국, 이러한 문제는 데이터의 보완이라는 접근 방법으로는 개선의 여지가 없다. 따라서 진단하고자 하는 질환에 대한 알고리즘의 최적화가 가장 현실적인 방법이다. 이를 위해서는 다양한 학습 방법과 형태의 혼용을 추구함으로써 각각의 알고리즘에서 나타나는 장점을 극대화하는 접근법이 요구된다.

6) 향후 추진방향

이러한 문제점은 딥러닝 알고리즘 자체가 가지는 한계이지만, 이로 인한 사용자들의 기술수용에 대한 거부감 상승과 혼란은 피할 수 없다. 따라서 AI 기반의 의료 진단은 반드시 충분한 기술적 해설과 함께 제시되는 연구가 필요하다.

마지막으로 해결해야 할 과제는 좁은 진단범위이다. 이 문제점은 앞서 언급된 절대적인 데이터 부재와 상관성이 높다. 진단된 질병의 희소성으로 인해 관련 의료데이터의 부족 현상이 발생하고 이는 학습에서 사용될 데이터의 부재로 이어지며 진단에 대한 기대치를 낮게 만들게 된다.

결국, 이러한 문제는 데이터의 보완이라는 접근 방법으로는 개선의 여지가 없다. 따라서 진단하고자 하는 질환에 대한 알고리즘의 최적화가 가장 현실적인 방법이다. 이를 위해서는 다양한 학습 방법과 형태의 혼용을 추구함으로써 각각의 알고리즘에서 나타나는 장점을 극대화하는 접근법이 요구된다.

4차 산업혁명이 개발된 최신 기술을 이용하여 현재 우리 사회의 모습을 바꾸게 되는 환경의 변화를 의미한다면, 이러한 변화를 이끄는 핵심적인 최신 기술은 바로 인공지능이다. 하지만, 모든 기술들이 그렇듯이, 인공지능만의 기술로는 환경 변화의 한계를 가지게 된다. 의료진단 영역에서의 인공지능 적용 또한 이런 한계점에 대해서는 자유롭지 않다. 특히, 기술적 인공지능의 공간은 최근 서비스되고 있는 많은 인공지능 플랫폼으로 대체되고 있으며, 국내외 산업분야에서 가파른 시장규모의 증가가 예상되는 상황에 따라 플랫폼 분야에 대한 투자 또한 빠른 증가세를 보이고 있다.

일반적인 플랫폼 서비스는 활용프로세스와 알고리즘의 지원 및 추천과 더불어 데이터의 저장 공간 까지도 지원한다. 하지만, 인공지능을 이용한 의료진단 개발의 핵심은 의료 빅데이터 이다. 본문에서 지속해서 강조하였듯이, 인공지능을 구현하는 알고리즘 자체에 대한 개발과 함께 양질의 의료데이터가 뒷받침되어야 진정한 인공지능 기반 의료진단이 가능하다. 데이터는 단순한 하나의 사실에 머물러 있는 것이 아니라 진화 과정을 통해 정형화된 지식으로 귀결된다.

일반적으로 데이터는 가공되어 있지 않은 사실들로 현재 의료데이터는 4세대에 해당한다. 4세대의 데이터는 보다 정교해지고 대용량화가 진행되었다는 점에서 기존 의료데이터와는 차별성을 가진다. 하지만, 데이터에 내포된 '가치' 혹은 '신뢰도'라는 개념은 비교적 최근에 강조되는 빅데이터의 특성으로, 데이터에 내재된 편견성을 제거하고 재현성을 높일 수 있는 연구 설계의 중요성을 강조하고 있다. 이를 위해서는 데이터의 표준화가 매우 중요하다. 하지만, 빠른 의학기술의 발전으로 인한 새로운 치료법의 도입 등은 새로운 진료 가이드라인의 등장과 함께 기존의 표준화된 데이터의 중요도가 감소하는 변화가 발생하며, 이 경우에는 기존의 표준화에 대한 개선 또한 필요하다.

결국, 지속적인 표준 데이터의 변화는 데이터를 다루는 주체인 연구자의 데이터에 대한 통계적, 수학적인 해석 능력과 더불어 실험적, 기술적 해결 능력이 요구된다.

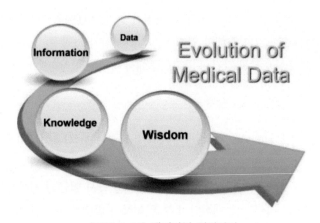

[그림 2-11] 데이터의 진화과정

의료데이터는 그 속성에 따라 임상 데이터, 유전체 데이터, 청구 데이터, 연구 데이터로 구분된다. 특히, 의료진단을 위한 데이터는 일반적으로 임상 데이터의 범주에 포함되며, 전문 의료인들에 의해 생산되는 데이터 이외에도 진단 장비에 의해 생산 및 저장되는 데이터의 양은 증가 추세에 있다.

결국, 대량화, 다변화, 고속화되는 의료 빅데이터를 어떻게 다루느냐가 인공지능 기반의 의료진단에 있어서는 가장 핵심적인 역할을 할 것으로 기대되며, 이를 위해서는 양질의 의료 데이터 확보와 함께 생산된 데이터의 관리(저장 및 해석)를 위한 연구가 선행되어야 할 것이다.

다. 생활, 교육 및 게임

최근 성황리에 종료된 CES 2019에서는 "로봇&인공지능"이라는 이름의 전시관을 따로 마련하여 기존의 인공지능이 보다 우리 생활에 가까워졌음을 실감하게 했다. 국내외 글로벌 업체들은 각각의 전시관을 열어 인공지능 기술 자체가 아니라 자사의 어떤 제품에 인공지능이 탑재되었는지에 대해 많은 홍보를 하였다. 이제 "인공지능이 적용됐다"라는 것은 우리에게 그리 새로운 일이 아니게 되었다. 어느새 인공지능은 너무도 당연하게 우리 생활에 깊숙이 파고들고 있다.

이와 같이 인공지능과 관련한 글로벌 시장이 확대됨에 따라 각 국가 및 기업들은 인공지능 산업에 대해 집중적인 투자를 강화하고 있다. 특히, 구글, IBM 등과 같은 글로벌 IT 업체들은 장기간 확보한 빅데이터와 패턴학습 기술을 접목하여 생활, 교육 및 게임 분야에서의 인공지능 기술의 상용화에 박차를 가하고 있다.

〈표 2-14〉 생활, 교육 및 게임분야 추진 현황

구분	주요 내용	비고
레노버	중국 PC업체 레노버가 인공지능 무인 매장 "레노버 러쿠 언맨드 스토어(LENOVO LECOO UNMANNED STORE)"를 개장, 스마트 폰이 필요 없이 얼굴인식 만으로 구매부터 결제까지 모든 과정이 가능	
삼성전자	AI비서 '빅스비'를 향후 스마트 폰 뿐 아니라 로봇, 냉장고, 스마트TV, 세탁기, 에어컨 등으로 적용 범위를 확대할 예정, 빅스비 비전(Vision) API를 추가로 공개, 서드파티 개발자가 더 자유롭게 많은 기능을 활용하게 될 전망	
아마존	AI비서 '알렉사'가 자사 뉴스소식을 전하는 블로그를 통해 머신러닝(기계학습)으로 수많은 뉴스 오디오 클립으로부터 낭독 기술을 배운 뒤 자체적으로 뉴스를 읽어줌. 뉴스 진행자가 읽어주는 것 같은 뉴스 낭독 품질을 구현하기 위해 문자를 음성으로 바꿔주는 기술인 TTS(Text-to-speech) 기술에 머신러닝을 결합	
구글	구글 딥마인드가 개발 중인 스타크래프트2 AI '알파스타'가 프로게이머에게 10대1로 압승	
IBM	인간과 토론을 나눌 수 있는 클라우드기반 AI플랫폼 "스피치 바이 크라우드 (Speech by Crowd)"를 개발, 파킨슨병 관련 데이터를 활용하여 효과적인 치료법을 추천할 수 있는 인공지능 모델을 개발할 예정	
마이크로소프트	마이크로소프트(MS)는 인공지능 및 클라우드 기술로 미래 자동차 기술개발을 지원, AI 플랫폼과 클라우드로 BMW, 닛산, 볼보, 폭스바겐 등 세계 자동차 제조사들의 디지털 트랜스포메이션을 지원	

* 자료 : http://www.zdnet.co.kr

라. 보안

최근 사이버 공격은 신종 랜섬웨어, APT 공격 등 사이버테러로 불릴 만큼 공격방법이 고도화되고 있으며, 특히 인공지능을 접목한 지능형 공격도 증가하면서 피해 규모도 증가하고 있다. 과거의 해킹공격의 경우 자신의 능력을 과시하기 위한 사이버공격이 많았으나 산업의 발전과 함께 이제는 돈을 노리고 기업과 개인을 대상으로 한 악의적인 사이버공격이 주를 이루고 있다.

4차 산업혁명시대, 5G시대의 개막과 산업 변화의 흐름을 고려할 때, 다각화되고 빠르게 변화하는 보안 위협에 대처하기 위해서는 머신러닝과 같은 인공지능을 이용한 방어가 필수적이라고 볼 수 있다. 이를 위해 정보보안 관련 업체 중심으로 [표2-15]과 같이 구글의 딥마인드, IBM의 왓슨, 오픈소스 인공지능 기술을 활용한 악성코드 분석, 위협탐지 및 예방, 취약점 분석 등이 활발히 진행되고 있으며, 국내외 보안 업체들은 인공지능 보안 솔루션 개발을 위해 많은 노력을 기울이고 있다

〈표 2-15〉 보안 분야 추진 현황

구분	주요 내용	비고
구글	구글이 개발한 머신러닝 오픈소스 프레임워크인 텐서플로(Tensorflow)를 활용하여 하루에 1억 개 이상의 스팸 메일을 추가로 차단 이미지를 기반으로 한 메시지, 악성코드가 내용물에 숨겨져 있는 이메일, 새롭게 생성된 도메인으로부터 발송된 악성 메시지, 스팸이지만 볼륨이 낮아 정상 트래픽과 구분이 가지 않는 경우도 탐지가 가능	
와트릭스(Watrix)	최대 50미터 거리 내에서 체형과 걷는 방법을 통해 사람을 인식할 수 있는 '보행인식'기술을 개발. 이 시스템을 활용하여 2020년까지 모든 시민들의 행동을 기반으로 개인 점수를 부여하여 전국적인 사회신용시스템을 도입할 계획	
IBM	최근 증가하고 있는 랜섬웨어와 같은 개인에게 금전적인 피해를 주고 있는 사이버 범죄를 원천 봉쇄할 수 있는 클라우드 기반의 보안 위협 지능형 플랫폼 'X-Force Exchange'를 개발	
시만텍	인공지능과 기계학습을 적용한 표적형 공격패턴 분석기술 "시만텍 표적 공격 애널리틱스(Symantec Targeted Attack Analytics)"를 개발 기존 사이버 공격 분석시 활용한 위협 탐지기술과 머신러닝을 결합, 사이버 공격기법을 집중적으로 학습시켜 신속하고 월등한 대응력을 제공	
아마존	머신러닝으로 AWS 계정을 완전히 보호하는 "아마존 가드듀티"를 개발, 정상적인 패턴을 벗어나는 모든 이벤트 식별 가능	
파수닷컴	머신러닝 기술을 자사의 대표적 시큐어코딩 솔루션'스패로우'에 적용. 개발단계부터 소스코드 상의 보안 약점을 정확하고 빠르게 제거하여 시간단축과 보안취약점 해결	

* 자료 : http://www.itworld.co.kr, http://www.itdaily.kr/, http://www.naver.com

4. 인공지능의 로드맵

최근 인공지능의 정확도가 높아지면서 산업 전반에 적용하려는 시도가 활발히 이루어지고 있다. 과거 이론에 머물거나 제한된 기능만을 수행했던 인공지능은 4차 산업혁명시대에 들어오면서 알파고 마스터(AlphaGo Master)와 같이 혁신적으로 발전한 알고리즘, 빅데이터, 클라우드, 컴퓨팅 파워 등이 서로 융·복합되면서 실제 구현을 통해 산업전반에 적용되어 다양한 현실 세계의 문제를 해결하고 있다. 인공지능의 구현을 위해서는 인간과 유사하게 행동하는 컴퓨터 프로그램을 구현하는 학습방법인 머신러닝·딥러닝과 이것을 학습할 수 있는 막대한 양의 데이터와 컴퓨팅 파워가 필요하다. 여기에 데이터를 수집하는 IoT 뿐만 아니라 이를 분석하는 빅데이터 및 컴퓨터 용량을 제공하는 클라우드기술, 이외에 자연어 처리기술과 인식기술 등 다양한 기술개발이 필수적이라고 볼 수 있다.

2025년에는 인공지능 산업이 2,000조 원에 이르는 시장을 창출할 것으로 IBM은 내다보고 있으며, 맥킨지는 인공지능으로 인해 7,000조 원에 이르는 파급 효과가 창출될 것으로 전망하고 있다.

유엔 미래보고서에서는 30년 내에 인공지능이 인간의 지능을 능가할 것이라는 전망을 내놓고 있다. 특히, 주목해야 할 사항은 기존에는 인공지능이 어느 한 분야의 전문가의 소유물이었다면, 최근에는 인공지능 관련 연구 결과물이 DeepMind, OpenAI 등과 같은 오픈소스 활성화를 통해서 비전문가도 쉽게 이해하고 즉시 응용이 가능한 형태로 공개되어 보다 많은 사람들의 참여로 인공지능의 성능 향상이 빠르게 진화되고 있다는 점이다. 글로벌 기업들은 이러한 연구 성과물들을 자사 제품 개발과 서비스에 응용하여 상용화하고 있으며, 세계 각 국들도 다양한 인공지능 정책을 수립하여 기술 주도권을 잡기 위해 많은 노력을 하고 있다.

그러나 아직도 우리나라는 세계 글로벌 기업들과 비교해서 상대적으로 소프트웨어 역량과 데이터 축적 면에서 상당한 격차가 있으며, 글로벌 경쟁력을 갖춘 전문가 및 산업현장에서의 인재가 부족한 상황이며, 최신 인공지능 제품개발 및 서비스 창출을 위한 연구자와 기업도 소수에 불과하다. 이를 극복하기 위해서는 국가와 기업, 개인 차원의 적극적인 대비가 필요하다. 중·장기 관점에서 소프트웨어 역량과 양질의 데이터 확보, 관련 법·제도 정비, R&D 투자 확대를 통해 인공지능 스타트업을 다수 배출해야 할 것이며, 더불어 산·관·학 협력, 인공지능 연구기관·학과의 신설·확대를 통해 전문 인력을 대거 양성하는 한편, 정부는 인공지능 기술 확보를 위해 소프트웨어의 원천소스 확보와 국산 센서기술의 세계화를 위하여 기업과 정부의 투자는 물론 소스프로그래머의(Source Programmer)양성에 장단기 로드맵(Rood Map)을 만들고 실행해야 할 것이다.

1. 중국, 미국, 한국의 인공지능 주요 정책에 대해 요약 설명하시오.

주요국가별 인공지능(AI) 인프라 현황

구 분	미 국	중 국	한 국
우수논문 수(인용 기준)	2486	748	96
AI 논문 생산순위	2위	1위	10위
AI 특허 수	9786	6900	2638
마신러닝 리더급 학자수	253	100	0
AI기술수준	100	81.9	78.1
AI 투자규모	1.2조원	6조원	2344억원

100조 미래먹거리 가상두뇌 패권서 멀어지는 한국
skyedaily.com

[표 2] 주요 미국 인공지능 기업들의 2017년 동향

기업명	최근 동향	AI 인수합병
Google	- 연례 개발자 컨퍼런스에서 시각 인공지능 기술 「구글 렌즈」 발표 - 자체제작 하드웨어 6종(픽셀2, 구글 홈 미니, 픽셀북, 픽셀 버드, 데이드림 뷰, 구글 클립)에 자사의 인공지능 기술 탑재	AIMatter Senosis Health Halli Labs Kaggle
amazon.com	- 7인치 터치스크린 폼팩터 스피커 「에코 쇼」, 스타일 코디네이터 「에코 룩」 출시 - 연례 개발자 컨퍼런스에서 시각 인공지능 기술 「딥렌즈(DeepLens)」 발표 - AI 비서 알렉사의 기업용 버전 「Alexa for Business」 발표	Harvest.ai
Microsoft	- 마이크로소프트 코타나와 아마존 알렉사를 상호 연동할 수 있는 시스템 구축 파트너십 체결	Hexadite Maluuba
facebook	- 연례 개발자 컨퍼런스에서 시각 인공지능 기술 「카메라 효과 플랫폼」 발표 - 인공지능으로 게시물과 댓글을 분석, 자살 가능성을 탐지해 도움을 줄 수 있는 기능을 전 세계 사용자에 확대 적용	Ozlo
(Apple)	- 스마트폰 「아이폰 X」에 인공지능 연산기능 지원 프로세서 「A11 바이오닉」 탑재 - AI 스피커 「홈팟」 출시 2018년으로 연기	Shazam Lattice Data RealFace
IBM	- 한국IBM은 SK C&C와 공동으로 개발한 왓슨 한국어 서비스 8개 API를 제공한다고 발표	-
intel	- 자율주행차용 반도체 기업 모빌아이를 인수 - 인공지능 프로세서 「너바나 NNP」를 페이스북과 공동 개발 중	Mobileye

〈자료〉 IITP, 2017.

2. 인공지능 국방 분야 추진 현황에 대해 그림으로 정리하고 설명하시오.

비 전	**4차 산업혁명 기반 국방혁신으로 디지털 강군, 스마트 국방 구현!**			
추진전략	선택과 집중	제도와 문화 개선	추동력 확보	민간기술 활용
3대 분야	국방운영 혁신	기술·기반 혁신		전력체계 혁신

안보위협 다변화와 불확실성
- 북한 위협의 불안정성
- 주변 초강대국 군사력
- 사이버위협 · 테러, 재해 · 재난

국방 정책 추진여건 제한
- 병력자원·재원 제한
- 인권 복지요구 증대
- 미래 전장환경 변화

4차 산업혁명 첨단 과학기술의 국방 전분야 적용

국방부장관-과기정통부장관, '스마트 국방혁신' 위한 지능형 스...
boannews.com

3. 인공지능 의료 및 헬스케어 추진 현황 및 사례에 대해 표로 정리, 설명하시오.

〈인공지능 의료 및 헬스케어 추진 현황〉

4. 인공지능 생활, 교육 및 게임분야 추진 현황 및 사례에 대해 표로 정리, 설명하시오.

〈인공지능 생활, 교육 및 게임분야 추진 현황〉

5. CNN기반의 딥러닝에 대하여 설명하시오.

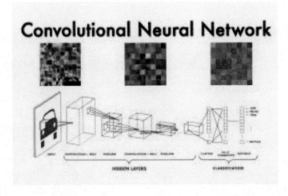

인공지능 7대 트랜드와 11대 전략

제1절   7대 트랜드

1. 개념

지금을 제4차 산업혁명의 시기라 부른다면, 우리의 미래를 결정하는 것은 인간, 그리고 AI일 것이다. AI 충격은 지난 세 차례의 산업혁명보다 더 큰 파고를 만들 가능성이 크다. 지금 우리에게 필요한 것은 인공지능이 가져올 화려한 미래에 취할 것이 아니라, 지난 250여 년의 산업혁명 역사를 통해 AI가 만들 변화의 넓이와 방향을 냉철하게 바라보는 일이다. AI가 주도하는 제4차 산업혁명은 산업의 패러다임을 바꿔 새로운 경제 질서를 만든다는 점에서 과거의 산업혁명과 닮았다. 그러나 제4차 산업혁명 시대에는 기술이 경제뿐만 아니라 국제정치와 강하게 중첩되는 현상이 처음으로 나타난다는 점에서 과거와 다르다.[1] 특히, AI는 ICT를 비롯한 과학기술 전체를 이끄는 슈퍼 범용기술로서 국제정치·경제를 관통하며 거대한 파고를 만들고 있다. 단순히 '인식(Perception)' 지능으로 여겨졌던 AI 기술혁신이 경제와 국제정치 질서에 본격적으로 개입하기 시작했다.

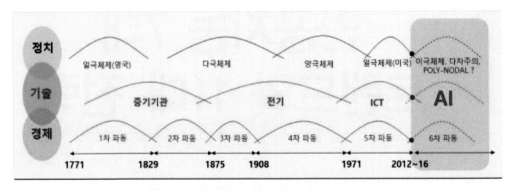

※ 출처: 이승민 ETRI 지능화융합연구소, 정지형 ETRI 지능화융합연구소

[그림 3-1] AI가 만드는 제4차 산업혁명의 파동

이번 보고서에서는 AI 기술 내면에서 일어나고 있는 의미 있는 혁신뿐만 아니라 세계 경제와 나아가서 국제정치 패권 질서를 바꿀 AI 확산의 파급력을 거시적으로 해석하였다.

---

1) 지금까지 산업혁명과 국제패권은 기술과 경제, 또는 경제와 정치 부문의 메가트렌드가 중첩되어 비롯됨

가. 인공지능과 패권의 변화

AI 기술적 충격은 세계 경제를 넘어 국제정치 질서마저 흔들고 있다. 그 한가운데 중국이 있다. 기술 영역에서만 보더라도 AI는 주요 기술群의 중심이자 '데이터 가치사슬[2]'의 최고정점에 위치한다. 최근 기술패권을 둘러싼 미·중 간 갈등 양상도 AI가 이끄는 데이터 가치 사슬의 경쟁이다. 중국 AI를 주목해야 하는 이유는 데이터의 양뿐만 아니라 질적인 측면에서도 자신만의 색채를 내기 시작했기 때문이다. 중국 정부의 강력한 AI 확산정책은 중국만의 섬세하고 풍부한 데이터 가치 사슬을 만들었고, 단기간에 미국과의 경쟁에서 기술력의 열세를 극복하는 힘이 되었다. 그러나 국가 주도 AI 성공모델은 기술경쟁을 넘어 강대국 간 헤게모니 경쟁으로 이어져 AI 내셔널리즘을 촉발하는 결정적 계기로 작용하고 있다. 바야흐로 AI 기술력이 국방력을 포함하여 국제정치질서를 결정하는 핵심 잣대로 부상한 것이다.

미국과 중국의 AI 기술 경쟁은 AI 내셔널리즘으로 부를 만한 국제적 현상으로 이어지고 있다. 중국은 센스타임 등 주요 AI 기업들에 대해 소위 'AI 국가대표팀'이라는 지위를 부여하며 국가적인 지원을 약속하고 있다. 그리고 이런 중국의 노력에 대해 미국은 중국 AI 주요 기업들을 무역 거래제한 대상으로 지정하는 노골적인 경계 긋기를 보여주고 있다. 한편 유럽은 공정한 조세와 프라이버시 보호라는 명분을 통해 미국, 중국 등 AI 선도 국들을 견제하기 시작했다. 디지털 기업들의 수익이 아닌 매출에 세금을 물리는 구글세, 막대한 범칙금 부여가 가능한 GDPR 규제 등은 유럽 연합이 미국, 중국의 세계적 AI 기업과 서비스들에 대해 건설하는 장벽이다.

나. 기계지능의 출현

AI 경제시대에 생산성은 기존과 다르게 작동한다. '기술 변화의 겉모습은 빠르고 현란하지만, 기술이 생산성 향상으로 이어지는 과정은 생각보다 느리게 진행된다.'는 과거의 산업혁명이 주는 교훈은 지금도 여전히 유효하다. AI와 경제성장의 관계를 극단적으로 바라보는 이유도 여기에 있다. 그런데 최근 AI 기술이 생산성 향상에 미치는 구체적인 경로가 조금씩 드러나기 시작했다. AI는 어떤 형태로 생산성을 바꾸는가?

먼저, AI는 비즈니스 영역에서 데이터 분석의 양과 질을 바꿔 노동생산성을 높인다. 이것은 증강분석이 인간이 처리하는 의사결정과 다른 방식으로 우리에게 새로운 통찰력을 제공하기에 가능한 것이다. 특히, 정보 우주의 암흑물질로 불리는 '다크 데이터'는 지금까지 알려지지 않은 새로운 가치를 창출하며, 투자의 방향마저 바꾸고 있다.

무엇보다 기대되는 부분은 'R&D 혁신의 역설'을 파괴할 수 있다는 점이다. 최근 DeepMind의 AlphaFold를 비롯해 다양하게 시도되고 있는 R&D 혁신이 대표적이며, 이는 AI가 '지식의 생산성'을 획기적으로 높일 수 있다는 가능성을 보여준다. AI 기술혁신이 연구의 생산성을 바꿔 총 요소 생산성을 개선할 수 있다.

한편, AI는 지금까지 '인식'과 정반대의 위치에서 인간 고유의 영역으로 간주되었던 '창작' 분야에도 의미 있는 성과를 보여주기 시작했다. 이것은 인간의 창의성을 극대화하며 노동 생산성을 높일 수 있는 또 다른 가능성을 시사한다. 그 가능성은 단순히 모방을 넘어 우리가 꿈꿔왔던 인간을 넘어서는 'AI 설계자'일 수도, 'AI 전략가'일 수도 있다. AI가 만드는

---

2) 데이터의 수집→ 전달 → 축적 → 분석 → 활용에 이르는 관련 기술(5G, 반도체, 슈퍼컴퓨터, 로봇 등을 모두 포함) 및 제반 생태계를 의미

창작영역은 인간과 다른 시각에서 점점 넓고 깊어지고 있다. 그림 그리기, 소설 쓰기, 영화 시나리오 쓰기 등 AI가 진입한 창작의 영역은 다채롭다.

몇 마디 말을 배운 아이가 크레파스를 들고 스케치북에 낙서를 시작한 것이다. 하지만 우리가 AI에 기대하는 창작의 더 큰 가치는 한정된 자원을 이용해 목표를 달성하는 작업이다. 예를 들어 우리는 AI가 자유롭게 '집'을 상상하고 그리는 것이 아니라, 주어진 비용이라는 제한을 지키면서 '5인 가족이 안락하게 살 수 있는 집'을 설계해 주기를 기대한다. 이러한 고차원적 창작은 음성인식, 자연어처리, 로봇동작제어, 자율주행차 등 더 다양한 분야에서 더 깊은 추론·제어 기능의 학습이 이루어지고 이 과정에서 축적된 각 분야 전문지식이 통합될 때 가능할 것이다. 하지만 가장 필요한 것은 이러한 고차원적 지능이 가능할 것이라는 믿음과 기대로 보여 진다.

2. 컴퓨터에서 원자로(Bit To Atom)

인간의 지능이 두뇌뿐만 아니라 우리 신체의 형태, 기능과 연관을 맺듯이 AI 역시 AI가 깃든 기계장치와 유기적 연관을 맺으며 발전해 나가고 있다. AI가 깃든 몸은 자동차, 드론, 로봇팔 등으로 확장되고 있고 이에 따라 AI는 새로운 능력을 새로운 방식으로 익혀가고 있다. 자동차, 드론의 조종법은 이미지 인식에 기반해 작동하는데 로봇 팔을 움직이는 AI인 Dactyl은 물리 엔진을 이용한 시뮬레이션과 이미지인식을 함께 사용한다. Dactyl의 학습법은 인간이 새로운 손동작을 익힐 때 우리 몸과 두뇌 속에서 일어나는 작업과 유사하다. 즉, 눈으로 손의 움직임을 관찰하는 것과 과거 경험에 기반 해서 동작 과정과 결과를 머릿속으로 상상하는 작업이 함께 일어나는 것이다.

가. AI 반도체

AI 반도체라는 새로운 연산 장치가 만들어지고 있으며 GPU, ASIC, FPGA, 뉴로모픽칩 등 다양한 기술들이 경쟁하고 있다. 향후 AI가 구현되고 작동하는 지점은 글로벌 ICT 서비스 기업의 데이터 센터와 스마트 폰으로 양극화될 것으로 보인다. 그리고 이들은 고속화되는 모바일 네트워크로 연결된다. 이런 추세를 인정한다면 AI 반도체의 미래주류는 각각 프로그래밍 용이성, 연산속도라는 뚜렷한 장점을 가진 GPU, ASIC(또는 ASSP) 등이 병존 할 가능성이 높을 것으로 보인다.

세계를 움직이는 거대한 힘들은 느리지만 끊임없이 변하고 있다. 메가트렌드로 알려진 이들 힘은 미래라는 함수를 구성하는 핵심 변수와도 같다. 만약 이 변수의 속성과 이들 간의 관계를 알 수만 있다면 미래는 예측 가능하다. 하지만 현실은 그렇지 않다. 지금처럼 불확실성이 높은 시기에 미래 예측은 더욱 어렵다. 그러나 우리가 어느 정도 이들 변수의 값을 결정할 수 있고, 그 관계를 파악할 수 있다면, 미래는 예측 가능하고 통제할 수 있다.

AI는 지금의 시대를 정의하고 있는 기술과 경제, 정치라는 거대한 힘을 모두 관통하는 핵심 변수와도 같다. 정치, 경제, 기술 각 부분에서 치열하게 진행되고 있는 AI 혁명은 경제와 국제정치 패권과 부딪치며 지각변동을 일으키고 있다. 최근 커지고 있는 미래의 불확실성은 기술 변화의 속도가 만드는 가능성의 범위와 방향에 대한 두려움에 기인한다. 이번 보고서를 통해 기술·경제·정치 영역의 메가 트렌드가 복잡하게 얽혀 있는 변화의 요체를 정확히 볼 수만 있다면, 기술이 만드는 불확실한 미래는 우리에게 또 다른 가능성으로 다가올 수 있다.

핵심 주제는 '인식 너머(Beyond Perception)'다. 이것은 '인식' 기술에서 시작된 AI 혁신이 기술 영역을 넘어 국제정치·경제 변화를 초래할 만큼 파괴력이 커졌다는 의미이다. 그뿐만 아니라, AI 기술 자체의 진화가 디지털 세계의 '인식' 영역에서 물리적 세계로 이동했고, 지능의 범위가 외부 세계의 '인식'에서 비즈니스 영역의 '분석'과 '창작' 그리고 R&D 영역의 '혁신'으로 확대되었다는 점을 강조한다.

아래에서 구체적으로 각 분야에 전용될 기술과 전략을 제시한다.

나. 2020년 AI 7대 트랜드

〈표 3-1〉 주목해야 할 2020년 AI 7대 트렌드

구분		주요 내용
정치	1. 또 다른 선택, 중국 AI	- 데이터 관점에서 자신만의 AI 색채를 만들기 시작한 중국은 강력한 AI 확산정책으로 단숨에 AI 2대 강대국에 진입 - 국가 주도의 AI 성공모델은 강대국 간 군비경쟁을 촉발
	2. 새로운 국민주의, AI 내셔널리즘	- 중국이 자국 'AI 국가대표팀'에 대해 국가적 지원을 약속하자 미국은 이들을 무역 거래제한 대상으로 지정해 견제 - 유럽은 구글세, GDPR 규제 등을 통해 미국, 중국의 세계적 AI 기업과 서비스들을 견제
경제	3. 증강 분석과 다크 데이터	- AI 기반의 증강분석은 스스로 의사결정을 내리고 통찰력을 제공함으로써 노동생산성을 획기적으로 향상시킬 전망 - AI 기술발전은 다크 데이터에 새로운 가치를 부여하기 시작
	4. 연구방식을 바꾸는 R&D 혁신지능	- 연구 투자 대비 생산성이 감소하는 R&D 혁신의 역설이 발생 - AI의 진정한 가치는 연구자로서 인간이 생각하는 방식 자체를 변화시켜 지식의 생산성을 향상시키는 데 있음
	5. 넓어지고 깊어지는 창작지능	- 인간의 지능이 신체의 형태 및 기능과 연관을 맺고 있듯이 AI 역시 기계장치와 유기적 연관을 맺으며 발전 - AI가 깃든 몸이 자동차, 드론, 로봇팔 등으로 확장됨에 따라 새로운 능력을 새로운 방식으로 학습
기술	6. 자율지능의 미래, AI 호문쿨루스	- 인간의 지능이 신체의 형태 및 기능과 연관을 맺고 있듯이 AI 역시 기계장치와 유기적 연관을 맺으며 발전 - AI가 깃든 몸이 자동차, 드론, 로봇팔 등으로 확장됨에 따라 새로운 능력을 새로운 방식으로 학습
기술	7. AI 칩이 정의하는 컴퓨팅 폼팩터	- AI에 특화된 연산장치로서 GPU, ASIC, FPGA, 뉴로모픽칩 등 다양한 기술들이 경쟁 중 - 뉴로모픽칩 상용화 시점 예측은 어려우며, 중단기적으로 프로그래밍 용이성, 연산속도라는 장점을 각각 가진 GPU, ASIC (또는 ASSP) 등이 병존하는 시장이 형성될 것으로 전망

제2절　인공지능 11대 전략

　지금까지 세계의 과학기술은 '미국의', '미국에 의한' 혁명이었다. 그만큼 미국이 대부분의 과학기술 분야를 주도하며 미래의 방향을 결정해왔다. AI 기술 역시 최강국은 미국이다. 그러나 중국 AI를 주목해야 하는 이유는 단순히 중국이 미국과 대등한 수준의 기술과 산업 역량을 보유했기 때문만은 아니다. 중국은 미국과 다른 방식으로 자신만의 AI 길을 만들기 시작했다. 이제 우리는 하나의 방향으로 가시적 목표를 향해 추격하는 단순한 전략에서 벗어나 두 나라가 만든 갈림길에서 선택을 강요받을 수도 있다. 그것은 기술과 경제영역에 국한되지 않는다. 두 나라가 걸어가는 AI 발걸음을 주목하고 우리만의 AI를 고민해야 하는 이유다. 매우 비슷해 보이는 두 나라의 AI 기업과 연구영역, 그 이면을 볼 수 있어야 한다.

> *"인공지능의 또 다른 미래를 그리는 중국, 이제 우리는 하나의 방향을 향해 추격하는*
> *단순한 전략에서 벗어나 두 나라가 만든 갈림길에서 선택을 강요받을 수도 있다."*

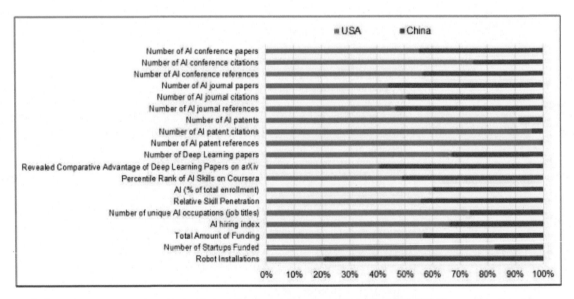

※ 출처: Stanford University(2019), Artificial Intelligence Index Report 2019. 참고하여 재작성

[그림 3-2] 미국과 중국의 주요 항목별 AI 활동량 비교

1. 슈퍼 앱과 모바일 결제: 데이터 쓰레드의 완성

WeChat은 메신저 앱을 넘어 중국인들의 '생활 플랫폼'이 됐다. 금융, 결제, 쇼핑, 예약, 공과금 결제 등 거의 모든 생활 서비스를 하나의 앱으로 해결하는 위챗은 대표적인 '슈퍼 앱'이다. 이것은 중국 내 Alipay, Meituan 등 ICT 기업으로 확산되었고, 이제는 다른 나라로 복제되고 있다. AI 관점에서 슈퍼 앱이 파괴적인 이유는 실생활의 행동흐름을 데이터로 연결하여 수평적 흐름 즉, 데이터 쓰레드(thread)를 만들기 때문이다. AI가 스스로 소비자의 욕구를 읽고 행동을 예측할 수 있게 된 것이다.[3] 슈퍼 앱의 탄생은 중국 기업들이 만든 실세계와의 끈끈한 현지화 전략에 기인한다. 철저한 '시장 중심적' 접근이다.

> "슈퍼 앱이 파괴적인 이유는 실생활의 행동 흐름을 데이터로 연결하여 수평적 흐름
> 즉, 데이터 쓰레드(thread)를 만들기 때문이다."

나아가서 대부분의 슈퍼 앱은 소비자 지갑과 연동되어 있다. 'China Internet Report 2019'에 따르면, 중국 인터넷 이용자는 8.3억 명(전체 인구대비 60%)으로 미국의 2.9억 명 (89%)을 훨씬 앞선다. 특히 모바일 결제 이용자 수는 5.8억 명(42%)로 0.6억 명(19%)인 미국을 압도한다. 이것이 의미하는 바는 실세계에서 벌어지고 있는 소비자 구매 행동의 정밀한 지도를 보유하게 되었다는 것이다. 중국 기업은 데이터 쓰레드를 완성함으로써 데이터의 양적측면 뿐만 아니라 질적인 측면에서도 자신만의 AI 색채를 내기 시작했다.

> "중국은 데이터의 양뿐만 아니라 질적인 측면에서도 데이터 쓰레드를 활용하여
> 중국 특유의 AI 색채를 내기 시작했다."

중국 기업들의 '시장 중심적' 사고가 '데이터 쓰레드'를 완성했다면, 중국 정부의 '기술 실리주의적' 접근은 '기술과 시장의 공진화 정책'을 낳았다. 중국 정부의 기술 실리주의는 완벽한 기술이 완성되기 전이라도 제한된 환경에서 일정 수준 이상의 AI 제품과 서비스가 산업 현장에서 많이 사용되는 쪽을 선호한다.[4]

---

3) 슈퍼 앱은 지극히 시장의 니즈로부터 만들어진다. 이것은 현지화 전략을 필요로 하기에 다른 나라로 확산되는 과정에서 장점이자 단점이 될 수도 있다.
4) 리카이푸(2019), AI 슈퍼파워, 이콘출판.

<표 3-2> 중국 AI 오픈 플랫폼 15대 기업

분야	기업	분야	기업	분야	기업
자율주행	바이두	비주얼컴퓨터	이투커지	스마트 공급망	징둥
스마트시티	알리바바	마케팅	마이닝램프	이미지감시	메그비
의료/헬스	텐센트	기초 SW/HW	화웨이	보안브레인	치후
음성인식	아이플라이텍	금융	평안보험	스마트교육	티에이엘
얼굴인식	센서타임	영상감시	하이크비전	스마트홈	샤오미

※ 출처: 언론기사 참고하여 재작성

자율주행 자동차, 스마트 시티 등이 대표적이다. 산업 환경에 완전히 적응할 수 있는 기술이 완성된 후에 본격적으로 시장에 들어가는 미국식 접근과 달리 중국은 AI 기술과 시장이 공진화하는 정책을 추진한다. 이것이 가능하게 된 배경에는 개인정보 수집과 공개에 관대한 국민정서와 강력한 정부 의지가 맞물려 빚어낸 결과로 해석된다. 이러한 정책은 최근 중국 정부에서 선정한 AI 오픈 플랫폼 15대 기업에서도 그대로 적용된다. AI 기술은 데이터와 함께 성장한다. 인터넷 세상의 인식 영역에서 시작된 딥러닝 기술의 눈부신 발전은 이제 물리적 현실 세상에서 적용되기 시작했다. '기술과 시장의 공진화 정책'은 현실 세계와 상호작용하는 AI 기술개발을 가속화하는 원동력이 되고 있다.

2. 정부의 역할: 최상의 지휘자, 공급자, 소비자

세계적으로 많은 나라에서 AI 국가전략을 추진하고 있다. 이 가운데 중국만큼 단기간에 성과를 낸 나라는 찾기 어렵다. 중국 정부의 강력한 지원뿐만 아니라 일관된 정책, 그리고 명확한 AI 발전 목표와 방향을 제시함으로써 미국과의 격차를 좁히는 데 성공했다는 평가를 받고 있다. 미국을 비롯한 민간 중심의 자율적 성장을 유도하는 다른 나라와 달리 중국만의 독특한 특징은 세 가지로 요약될 수 있다.

첫째, 산업 분야별 국가 AI 대표기업을 통해 오픈 플랫폼을 개발하여 확산의 속도를 내겠다는 전략이다. 정부가 국가 AI 기획을 지휘하며 총체적 역량을 결집하고 있다. 둘째, 중국 정부는 AI 플랫폼 개발에 선정된 기업에 과감하게 개인 데이터를 제공한다. 얼굴인식 플랫폼을 개발하는 센스타임(SenseTime)은 범죄자 검거에 활용할 수 있는 시스템을 개발했다. 이 과정에서 20억 개의 얼굴 정보를 사용하였으며 대부분은 중국 정부로부터 1억 7천 6백만 개의 감시 카메라 데이터를 통해 공유 받았다.[5] 셋째, 중국 정부는 민간 기업이 개발한 AI 제품과 서비스의 최대 소비자로 AI 확산을 주도하고 있다.

---

5) 센스타임 회장(湯曉鷗, Xiaoou TANG)(2019.2.14.), From AI to AI+ : the Future is Now, 국회 강연자료.

"중국의 정부주도 AI 확산정책은 강대국 간 헤게모니 경쟁으로 이어져
AI 내셔널리즘 부상의 결정적 계기가 될 수 있다."

그러나 중국의 강력한 국가 주도의 AI 성공모델은 단순 기술경쟁을 넘어 기술·경제·데이터 패권을 장악함으로써 4차 산업혁명의 주도권을 잡으려는 강대국 간의 군비경쟁을 촉발할 우려를 낳고 있다. 기술이 경제는 물론 국제정치 등과 강하게 동조하는 지금, AI 위상과 미래 가능성을 고려할 때 중국의 정부주도 AI 확산정책은 강대국 간 헤게모니 경쟁으로 이어져 AI 내셔널리즘 부상의 결정적 계기가 될 수 있기 때문이다.

3. 새로운 국민주의, AI 내셔널리즘

정치 이데올로기로서의 내셔널리즘은 '한 국가에 소속되어있다는 국민 정체성을 공유하는' 국민이 외부 간섭 없이 스스로를 통치해야 한다는 주장이다. 한 나라의 주권은 해당 나라의 내부에서 만들어져야 한다는 논리다. 이 오래 묵은 논리가 AI라는 신기술 영역에서 서서히 나타나고 있다. 자국의 AI 기술과 기업은 보호·육성하되 경쟁국의 AI 역량 성장은 견제하는 것이다. 또한, 자국의 데이터를 이용해 다른 나라의 AI·ICT 서비스 기업이 수익을 만들고 영향력을 확대하는 것을 각종 규제를 통해 간섭하기 시작한 것이다.

어쩌면 AI 영역에서 자국의 데이터, 기술, 서비스를 보호하고 타국의 간섭과 영향력을 줄이려는 내셔널리즘 성향이 나타나는 것은 당연한 수순이다. AI 기술 특성이 편 가르기, 견제, 경쟁을 전제하기 때문이다. 연결과 공유에서 가치를 만들었던 인터넷과는 달리 AI는 인식과 판단에서 가치를 만들어낸다. 인터넷이라는 네트워크에 이미 들어와 있던 이는 새로운 접속 자를 반긴다. 네트워크 규모가 커질수록 자신의 효용도 커지기 때문이다. 그래서 네트워크는 확장을 지향한다. 인터넷의 확장 지향 덕분에 우리는 유사한 AI도 연결과 공유를 강화할 것이라 여기기도 한다. 하지만 인식과 판단이 만드는 가치는 경쟁이 전제될 때 빛이 난다. 후각이 마비된 생쥐와 정상적인 생쥐가 미로 속의 치즈를 찾는다고 가정해 보자.

미로 속에 생쥐 한 마리만 있다면 별 문제가 없다. 후각 유무와 상관없이 언젠가 치즈를 찾아 먹을 테니 말이다. 하지만 생쥐 두 마리가 같은 미로에 있다면 어떨까? 후각을 갖춘 생쥐만 치즈를 먹을 확률이 높을 것이다. AI는 편 가르기, 견제, 경쟁 속에서 자라난다.

"AI 영역에서 자국의 데이터, 기술, 서비스를 보호하고 타국의 간섭과 영향력을 줄이려는
내셔널리즘 성향이 나타나는 것은 당연한 수순 이다. AI 기술 특성이 편 가르기, 견제, 경쟁을 전제하기 때문이다."

가. 미국과 중국, 무역으로 드러난 AI 갈등

AI 기술을 선도해가고 있는 미국과 중국은 자국 AI 기술·기업 보호에 여념이 없다. 중국은 앞서 언급한 바와 같이, 이른바 'AI 국가대표팀'이라 불리는 AI 오픈 플랫폼 15대 기업을 지정해 민관 협동으로 기술 혁신과 기술 사업화를 추진하고 있다. 미국은 중국의 AI 국가대표팀에 대해 '거래제한'이라는 답을 보내고 있다. 2019년 10월 미국은 센스타임, 메그비, 아이플라이텍 등 중국의 대표적 AI 기업들을 거래제한 기업 리스트인 'Entity List'에 올렸다. 화웨이, 하이크비전 등이 이미 포함되어 있던 리스트에 새로운 중국 AI 기업들이 추가된 것이다. 표면적 명분은 중국이 AI와 안면인식 기술로 소수민족을 감시하고 탄압한다는 것이었다. 하지만 업계는 중국 AI 기업에 대한 미국의 견제로 해석하고 있다.

AI 부문에서 일어나고 있는 미국과 중국의 충돌은 양국 정부의 정책과 전략에서 이미 드러났다. 트럼프 행정부는 2019년 2월 '인공지능 분야에서 미국의 리더십 유지(Executive Order on Maintaining American Leadership in Artificial Intelligence)'라는 행정명령을 통해 미국 AI 기술 우위를 보호하고 중요한 AI 기술을 경쟁국 및 적대국으로부터 보호 하는 환경을 조성해야 함을 언급했다.

기술혁신 촉진을 위한 통상적 방침과는 달리 자국 AI 기술이 국제 경쟁과 견제로부터 '보호'받아야 함을 보였다는 점이 특징적이다. 중국 역시 정부 정책 차원에서 AI 기술과 기업에 대한 적극적인 지원을 약속하고 있었다. 2017년 7월 발표한 중국의 '차세대 AI 발전 계획'에서는 2020년까지는 AI 전체 기술·응용 수준을 선진국 수준으로 만들고, 2025년까지 일부 AI 기술·응용분야에서 세계를 선도하며, 2030년 에는 미국을 넘어 세계 AI 혁신의 중심 국가가 될 것을 언급한 바 있다.[6]

"AI 기술을 선도해가고 있는 미국과 중국은 자국 AI 기술·기업 보호에 여념이 없다."

나. 유럽, 세금과 프라이버시라는 AI 경계선 치기

AI 부문의 국가 간 경쟁과 견제라는 측면에서 유럽은 일견 미온적이다. 하지만 유럽도 자국을 지키기 위한 노력을 포기하지는 않고 있다. 먼저 '구글세'라고 불리는 세금이다. 프랑스 상원은 2019년 7월 11일 세계적 IT 대기업들이 프랑스에서 벌어들인 연간 총매출의 3%를 디지털세로 부과하는 법안을 의결했다. 구글, 페이스북 등이 프랑스에서 큰 돈을 벌고 있지만 본사가 있는 국가에만 세금을 내는 행태를 타파하겠다는 것이다. 구글세 법안은 지난 수년간 유럽에서 입법 논의가 이루어져 왔는데 프랑스가 먼저 통과시킨 것이다.[7] 프랑스의 과감한 결정에 유럽 각국에서도 구글세 도입 논의가 촉진될 것으로 보인다.

두 번째는 GDPR(General Data Protection Regulation)이라는 프라이버시 보호 및 데이터 보호 규제다. 2018년 5월 25일부터 적용된 이 규제는 ICT, AI 기업들이 다루는 사용자 정보보호에 있어서 사용자 동의, 기업 책임성 등을 강조하

---

6) 한국정보화진흥원 (2017.9.29.), 중국의 인공지능 전략: '차세대 인공지능 발전계획'을 중심으로.

7) 이수진 외(2019.5.), 프랑스 정부, 디지털 기업 세금 부과에 앞장서다, 국토연구원, Planning and Policy

고 있다. 구글, 페이스북 등 글로벌 ICT, AI 기업들에 대한 유럽의 통제력을 강화한 것이라 할 수 있다. 실제로 2019년 1월 구글은 프랑스에서 GDPR 규제에 의거해 5700만 달러 벌금을 부과받기도 했다.[8]

유럽은 AI, ICT 기술과 산업에 있어서 소비자의 입장이다. 거대한 AI · ICT 기업들을 보유한 미국, 중국과는 다른 처지인 것이다. 유럽은 세금과 프라이버시라는 명분을 앞세워 타국의 AI 기술 기업으로부터 유럽 경제권역을 지키는 방법을 모색하고 있다.

> *"유럽은 세금과 프라이버시라는 명분을 앞세워 타국의 AI 기술 기업으로부터*
> *유럽 경제권역을 지키는 방법을 모색하고 있다."*

다. 혁신적 신무기 AI 를 바라보는 군사 강국들의 시선

AI는 팔고 사는 재화에만 머물지 않는다. 혁신적 신기술은 언제나 신무기로 활용될 가능성이 있다. AI를 살상무기로 사용하는 '치명적인 자율 무기시스템(LAWS: Lethal Autonomous Weapons Systems)'을 금지하려는 다국적 노력이 2019년 8월 제네바에서 열린 UN 고위급 회담에서 무산됐다. AI 무기의 완전한 금지를 바라지 않는 전통적 군사 강국들이 있기 때문이다. 이들은 AI 무기는 아직 초기 단계 기술이며 선제적 금지는 불필요 하다는 입장이다.

AI 기술과 전통적 군사력에서 앞서가고 있는 미국, 중국, 러시아 등의 군사강국들은 각 자의 AI 국방력 확보 전략을 펼쳐나가고 있다. 우선 미국은 제3차 상쇄전략(The Third Offset Strategy)을 통해 AI와 인간, 무인무기와 인간이 협업하는 무기시스템을 개발하고 있다.[9] 제3차 상쇄전략의 핵심은 인간의 보조자로서 AI와 무인무기를 활용하는 것이다. 이러한 전략은 감시정찰, 정보 분석, 무인무기조작 등 전체적인 국방관련 시스템의 변화를 가져올 것으로 보인다.

한편 중국은 AI를 보다 적극적으로 국방에 활용하려는 것으로 보인다. 중국은 군사전략적 의사결정에 직접적으로 기여하는 AI 개발을 목표로 하고 있는 것으로 알려져 있다. 물론 현재 기술수준에서 달성하기 어려운 목표이지만 적어도 AI의 역할을 인간의 보조자에 머물게 하는 미국의 전략과는 지향점이 다르다고 할 수 있다.[10]

러시아의 경우에는 미사일 등 전통적 무기와 AI의 결합에 의한 군사력 강화를 추구하는 것으로 보인다. AI를 전략적 의사결정에 활용하는 것이 아니라 전통적 무기의 성능개선에 활용하는 현실적 방안을 찾고 있다. 예를 들어 러시아의 가장 유명한 무기 제조업체인 Kalashnikov는 AI가 표적을 선택하고 발사하는 고정식 기관총을 개발 중인 것으로 알려져 있다.[11] 이러한 기술은 새로운 수준의 AI 혁신 없이도 전투력을 향상시킬 수 있다는 점에서 미국, 중국에 비해 현실적인 전략으로 보인다.

---

8) 과학기술정책연구원(2018.12.21.), 유럽 개인정보보호법(GDPR)과 국내 데이터 제도 개선방안, STEPI Insight, Vol. 227.
9) 김종렬(2016), 미국의 제3차 국방과학기술 상쇄전략에 대한 분석, 융합보안 논문지.
10) Adrian Pecotic(2019.5.5.), Whoever Predicts the Future Will Win the AI Arms Race, Foreignpolicy.com
11) Zdnet.com(2017.9.4.), 킬러로봇 현실화되나…러, '총쏘는 AI' 개발.

우리는 과거 핵무기 개발의 역사를 알고 있다. 과학지식의 혁신이 강력한 무기로 이어지면서 세기의 정치·군사·경제의 판도를 바꾸었다. 현재로서는 AI 기술 혁신이 어디까지 다다를 것인지, AI의 군사적 활용이 어떤 결과를 낳을 것인지 예측하기는 쉽지 않다. 하지만 군사 강국들의 AI 관련 군사기술개발 전략이야말로 국가 간 AI 경쟁이 가장 치열한 부문이라는 점은 분명하다.

> *"신기술은 신무기로 활용될 가능성이 있다. AI가 치명적인 무기로써 사용되는 것을 금지하려는*
> *다국적 협의 노력은 무산됐다."*

라. 새로운 국민주의

디지털 노마드(Nomad)라는 유행어가 있었다. 연결이 낳은 가치는 개방과 편재였다. 디지털 노마드들에게 '국민'이라는 개념은 낡은 것, 비효율적인 것이었다. 하지만 AI 시대의 가치는 개방이 아니라 '집중'에서 나온다. 더 많은 데이터를 가진 자, 흩뿌려진 무의미한 데이터 편린들에서 의미를 찾을 수 있을 만큼 진보한 AI 기술을 가진 자가 승리한다. AI 기술은 떠도는 노마드들을 위한 것이 아니다. 노마드들은 중앙을 차지한 자에게는 '소비자'일 뿐이다.

미국과 중국이라는 두 개 구심점이 AI 영역 내에 형성되어 있다. 우리가 구글과 안드로이드 플랫폼에서 일상을 살고 의사소통하며 생산·소비 활동을 한다면 우리는 미국이라는 축을 중심으로 움직이는 것이다. 위챗, 웨이보로 교분을 나누며 알리페이로 일상 재화를 사들인다면 우리는 중국이라는 축에 매인 것이다.

인터넷의 공유, 연결 지향에 취한 우리는 타국의 기술·서비스를 사용하는데 거리낌이 없는 듯하다. 하지만 AI 선도국들은 알고 있다. AI의 기반이 되는 데이터, 혁신적 AI 신기술, AI 서비스로 벌어들인 돈이 자신들의 국경 바깥에서 안으로 흘러들어오게끔 해야 한다는 것을 말이다. 그리고 그 국경은 똑똑하고 강력한 무기로 지켜야 한다는 것까지 말이다. 이렇게 AI 시대의 새로운 국민주의가 서서히 나타나고 있다.

> *"AI 선도 국들은 알고 있다. AI의 기반이 되는 데이터, 혁신적 AI 신기술, AI 서비스로 벌어들인 돈이 자신들의*
> *국경 바깥에서 안으로 흘러 들어오게끔 해야 하며, 그 국경은 똑똑하고 강력한 무기로 지켜야 한다는 것을 말이다."*

4. 증강 분석과 다크데이터

AI는 '데이터 분석' 분야에 새로운 가능성을 부여하기 시작했다. 첫째, AI는 데이터 분석과정에 관여하여, 데이터를 빠르게 분석할 뿐만 아니라 의사 결정에 영향을 미치고 인간에게 통찰력을 제공한다. 둘째, AI는 지금까지 컴퓨터가 분석할 수 있었던 데이터의 종류와 범위의 한계를 없애고 있다. 빅데이터와 차원이 다른 '다크 데이터(dark data)'가 AI 기술로 인해 새로운 정보 자산으로 활용되기 때문이다. AI는 분석의 방법을 한 차원 끌어올림으로써 분석 대상이 되는 데이터의 범위를 대폭 확장했다. 결과적으로 AI는 우리에게 지금까지 볼 수 없었던 전혀 다른 분석 결과를 제공하고, 세상의 모든 데이터로부터 의미 있는 결과를 발견할 수 있는 잠재력을 보여주고 있다. AI가 데이터 분석의 양(범위)과 질(결과)을 바꾸고 있다는 의미다.

가. AI가 만든 분석의 새로운 물결: 증강 분석

증강 분석(Augmented Analytics)은 AI 기법[12]을 사용하여 자동으로 데이터를 준비하여, 데이터로부터 통찰력을 발견하고, 해석하는 일련의 과정을 포함한다.[13]

〈표 3-3〉 분석 방법의 진화

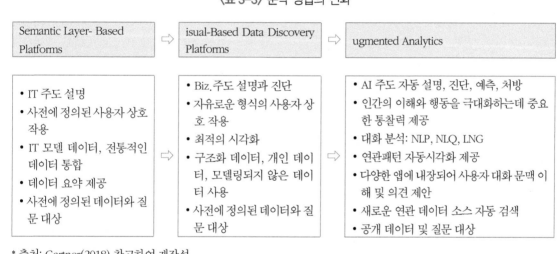

Semantic Layer- Based Platforms	isual-Based Data Discovery Platforms	ugmented Analytics
• IT 주도 설명 • 사전에 정의된 사용자 상호 작용 • IT 모델 데이터, 전통적인 데이터 통합 • 데이터 요약 제공 • 사전에 정의된 데이터와 질문 대상	• Biz.주도 설명과 진단 • 자유로운 형식의 사용자 상호 작용 • 최적의 시각화 • 구조화 데이터, 개인 데이터, 모델링되지 않은 데이터 사용 • 사전에 정의된 데이터와 질문 대상	• AI 주도 자동 설명, 진단, 예측, 처방 • 인간의 이해와 행동을 극대화하는데 중요한 통찰력 제공 • 대화 분석: NLP, NLQ, LNG • 연관패턴 자동시각화 제공 • 다양한 앱에 내장되어 사용자 대화 문맥 이해 및 의견 제안 • 새로운 연관 데이터 소스 자동 검색 • 공개 데이터 및 질문 대상

* 출처: Gartner(2018) 참고하여 재작성

Gartner는 증강 분석이 최근까지 기업 데이터분석을 주도한 시각화 플랫폼의 다음 단계가 될 것으로 전망하고 있다. 증강분석이 디지털 비즈니스에서 핵심 영역으로 자리 잡은 데이터분석 방법의 변곡점이 될 것이라는 의미다. 비즈니스 영역에서 기하급수적으로 증가하는 데이터의 복잡성으로 인해, 의미 있는 결과를 도출하는데 기존 분석 방법으로는 분명한 한계를 보이기 때문이다.

증강 분석은 분석 시간을 획기적으로 단축할 뿐만 아니라, 알고리즘 스스로 의사 결정을 내리고 우리에게 통찰력을 제공함으로써 노동생산성을 높인다. 이로써 데이터 과학자뿐만 아니라 일반인에게 데이터 분석 능력을 부여함으로써 '분석의 민주화'를 실현하게 된다.[14] "기하급수적으로 증가하는 데이터 복잡성은 기존 분석 방법의 많은 한계를 드러냈

---

12) 특히 대화형 인터페이스, NLP(Natural Language Processing), NLQ(Natural Language Query), NLG(Natural Language Generated) 분석 기법이 사용됨

13) Gartner(2018.10.31.), Augmented analytics is the future of data and analytics.

다. 증강 분석은 스스로 의사 결정을 내리고 우리에게 통찰력을 제공함으로써 노동생산성을 높인다."

한편, 증강 분석은 조직의 의사 결정뿐만 아니라 사용자 상황을 이해하고 개인 결정과 행동에도 영향을 미친다. Gartner에 따르면, 2020년까지 분석 가능한 질문의 50%가 검색, 자연어처리, 음성인식을 통해 이루어지거나 자동 생성될 것이라고 한다. 예를 들어, AI 스피커와 같은 대화형 앱에 내장되어 개인별 대화 맥락을 이해하고 의견을 제안하는 것도 가능해진다.

나. 정보 우주의 암흑물질: 다크 데이터

Gartner는 '다크 데이터란 조직이 정기적인 비즈니스 활동 중에 수집, 처리 및 저장하지만 일반적으로 다른 목적(예: 분석, 비즈니스 관계 및 직접 수익 창출)으로 사용할 수 없는 정보자산'으로 정의했다.[15] 다크 데이터가 전체 데이터에서 차지하는 비중은 발표 기관에 따라 차이가 있지만, 지금까지 사업 목적으로 사용된 데이터와는 비교할 수 없는 압도적인 규모라는 사실은 분명하다. 왜 다크 데이터를 사용되지 못했을까? 가장 큰 이유는 분석 기술이 부족했기 때문이다. 그러나 AI 기술 발전은 다크 데이터에 새로운 가치를 부여하기 시작했다. 2017년 5월, Apple이 다크 데이터 분석 기업 'Lattice Data'를 2억 달러에 인수한 것도 이런 이유에서다.

최근 세계 시장기관을 중심으로 다크 데이터의 가치와 가능성에 대한 연구 결과가 발표되고 있다. Accenture[16]는 기업이 개인 의료지출 거래내역, 소셜 미디어 및 위치데이터 등의 다크 데이터에 접근할 수 있다고 가정했을 때, 초개인화(hyper-personalized) 건강관리 서비스로 인한 경제적 이득을 추정하였다. 분석 결과에 따르면, 미국 기업의 경우 다크 데이터 활용으로 직원들의 질병으로 인해 발생하는 생산성 손실을 줄임으로써, 2018년부터 2030년까지 누적 경제적 이득이 약 2천억 달러(미국 의료비의 약 6%)에 이를 것으로 전망했다.

또한, 소셜 미디어 정서, 위성사진, 공급망 물류 등 지금까지 쉽게 접근할 수 없었던 다크 데이터가 머신러닝 등 최신 분석 기술과 결합하면 미래 투자 방식이 완전히 달라질 수 있다.[17] 사용하는 데이터 유형에 따라 투자의 방향이 결정되기 때문이다. 남들보다 먼저 이들 데이터에 접근하여 분석할 수 있는 능력은 미래 투자자들에게 가장 큰 경쟁력이 될 것이다. 요컨대, 다크 데이터와 AI 분석 능력은 '투자의 지능화'를 이루게 된다.

"정보 우주의 암흑물질, 다크 데이터는 기업들의 정보 자산에서 매우 중요한 위치를 차지할 것이다."

---

14) Gartner(2019.10.21.)에서 발표한 2020년 10대 전략기술(Top 10 Strategic Technology Trends for 2020) 가운데 하나인 '전문성의 민주화(Democratization of Expertise)'에서 제시한 4대 분야의 민주화 (데이터 및 분석의 민주화, 개발의 민주화, 설계의 민주화, 지식의 민주화)의 '데이터 및 분석의 민주화'에 해당

15) https://www.gartner.com/en/information-technology/glossary/dark-data

16) Accenture(2018.9.7.), Value of data: Embracing dark data.

17) Tom Coughlin(2017.6.24.), Analysis of dark data provides market advantages, Fobes.

무수히 많은 센서와 네트워크로 연결된 초 연결사회에서 비 문자 정보를 포함한 다크 데이터는 생산에서 소비에 이르는 모든 경제활동에서 포착되고 활용될 수 있다. 초 연결사회에서 경제의 디지털화가 심화 될수록 정보 우주의 암흑물질인 다크 데이터는 AI 기술의 발전과 함께 그 가치가 수면 위로 조금씩 드러날 것이다.

다. 분석, 데이터 그리고 AI

AI는 '인식'을 넘어 '분석'에 있어서도 새로운 가치를 만들기 시작했다.[18] 분석할 수 있는 데이터의 범위도 정형 · 비정형, 문자 · 비 문자에 국한되지 않는다. 분석을 위한 데이터의 종류와 범위의 한계를 없애는 것이다. 궁극적으로 AI는 디지털 경제를 움직이는 가장 중요한 주체로써 인간의 의사결정을 돕고 통찰력과 새로운 가치를 제공할 것이다.

> *"지금까지 AI 기술의 발전 속도를 고려한다면, 어쩌면 미래의 분석과 데이터 효능은 기술이 아니라 정책이 결정할 가능성이 크다."*

그러나 기술의 산업적 가능성과 별개로 정보의 수집, 저장, 접근 등 '데이터 가치사슬[19]'의 형성과 활용을 가로막는 장벽을 어떻게 극복할 것인가에 대한 논의가 중요하다. AI 확산속도는 사회적 수용성에 의해 결정되기 때문이다. 지금까지 AI 기술의 발전 속도를 고려한다면, 어쩌면 미래의 분석과 데이터 효능은 기술이 아니라 정책이 결정할 가능성이 크다. 그리고 정책에는 국내 산업뿐만 아니라 국가안보 차원에서 '데이터 가치사슬' 관점에서 국가안보 차원의 데이터 자원 보호를 포함해야 한다. 자국 내 기술규제가 국익을 위한 경제적 규제의 논거가 되는 현실에서 분석과 AI 기술은 데이터 패권과 분리될 수 없기 때문이다.

5. 연구의 방식을 바꾸는 R&D 혁신지능

최근 미국을 중심으로 반세계화의 움직임이 계속되는 가운데 글로벌 저성장에 대한 우려의 목소리가 커지고 있다. 특히, 미국, 유럽 등 선진국들은 향후 10년간 잠재성장률은 1.4% 수준으로 하락할 것으로 전망된다.[20] 이것은 투자 저하로 인한 자본축적 감소, 고령화로 인한 노동생산성 감소, 총 요소생산성(TFP) 약화 등이 주요 원인으로 해석될 수 있다.

문제는 생산성을 높이기 위한 방식이 지금까지 해 왔던 '요소투입형' 양적 투자방식으로는 한계가 있다는 것이다. 그렇다면 생산성을 높일 수 있는 또 다른 방법은 무엇일까? 이와 관련하여, 최근 생산성을 높일 수 있는 유망 영역에 집중하자는 것과 생산성을 높이는 방식 자체를 바꿔야 한다는 주장에 주목할 필요가 있다.

---

18) 지금까지 비즈니스 분석 영역은 AI 영역으로 간주되지 않았으나, AI가 이런 영역마저 바꾸고 있음
19) 본 보고서에서 사용한 데이터 쓰레드(thread)가 개인에 초점을 맞춘 개념이라면, 데이터 가치사슬은 산업 또는 기업 전반의 활동 과정을 설명하기 위해 사용한 개념임
20) 세계은행(2018.1.), 2018년 세계경제전망(Global Economic Prospects).

"세계 경제성장과 생산성이 장기간 감소하고 있는 근본적인 이유는
혁신이 고갈되고 있기 때문이다."

가. 생산성과 R&D

최근 경제학자이자 ITIF 창립자인 Atkinson[21]은 지금의 미국 정부 R&D 투자는 생산성을 향상시키는 기술발전에 초점을 두지 않았다고 주장한다. 생산성 향상을 이끌 유망한 분야의 R&D에 집중적으로 투자하도록 정부 투자전략이 수정되어야 한다는 것이다. 즉, R&D 투자를 결정할 때 가장 상위 목표는 생산성 향상이며, 이것이 정부의 새로운 미션이 되어야 한다고 말한다. 생산성 향상을 위해 그가 지목한 대표적인 R&D 분야로 AI, 로봇, 자율주행교통시스템, 재료과학, 생명과학 등이다.

정부는 이 분야에 집중적으로 투자함으로써 노동 생산성을 획기적으로 개선할 수 있다는 것이다.[22] 대부분이 AI와 직·간접으로 관련이 된 분야들로, Atkinson의 주장대로 이 분야에 대한 집중 투자는 어느 정도 노동 생산성을 높일 수 있을 것이다. 그러나 유망기술 자체에 대한 R&D 투자만으로는 R&D 혁신이 고갈되어 가는 근본적인 문제를 해결하기 어려울 듯하다. 지금까지 인간을 중심으로 사고해 왔던 혁신의 방식 자체를 바꿔야 한다는 주장에 주목할 필요가 있다.[23]

"약물발견, 반도체 발전, 의료 혁신, 농작물 수확량 개선 등 많은 과학 기술 분야에서 혁신의 역설이 발생하고 있다."

나. 총요소 생산성 감소 : R&D 혁신의 역설

1970년 이후 경제성장이 현저하게 감소하고 있다고 주장하는 경제학자 Gordon은 지난 100년에 비해 기술혁신 역량 부족으로 인한 총 요소 생산성 저조를 그 원인으로 지목하고 있다.[24] 혁신과 기술진보의 속도를 가장 잘 보여주는 총 요소 산성은 노동과 자본 투입량에 비해 생산량이 얼마나 빨리 늘어나는지를 측정하는 척도다. 1970년 이후로 총 요소 생산성은 1920년부터 1970년까지 이룩한 결과의 3분의1 정도밖에 성장하지 못했다는 것이다.

이보다 중요한 사실은 기술혁신을 위한 R&D 투자는 증가하고 있음에도 불구하고 총 요소 생산성이 감소하고 있다는 점이다. 미국의 경우 1930년 이후 연구자 수는 가파르게 증가하고 있지만, 총 요소 생산성은 오히려 감소하는 '혁신의

---

21) Robert D. Atkinson(2019.9.), Why Federal R&D Policy Needs to Prioritize Productivity to Drive Growth and Reduce the Debt-to-GDP Ratio, ITIF.
22) 노동생산성이 매년 1.4%씩 증가할 경우, 미국 GDP 규모는 2049년 30조 8천억 달러에 달할 것이며, 3.4% 성장할 경우, 2049년에는 56조 5천억 달러이 이를 것으로 전망함
23) MIT Technology Review(2019.2.15.), AI is reinventing the way we invent.
24) Robert A. Gordon은 2013년 Brynjolfsson과의 토론에서 당면 문제는 혁신적 기술에 의한 고용 감소가 아니라 불충분한 기술혁신으로 인한 경제성장의 정체임을 역설
   (http://blog.ted.com/the-future-of-work-and-innovation-robert-gordon-and-erik-brynjolfsson-debate-at-ted2013/)

역설(Innovation Paradox)'이 발생하고 있다. [25] 이것은 세계적인 현상이며 특히 기초과학 분야에서 두드러진다. 약물발견, 반도체 발전, 의료 혁신, 농작물 수확량 개선 등이 대표적이다. 연구에 대한 투자는 급격하게 증가하고 있지만, 이로부터 발생하는 보상은 일정하게 유지되고 있다. [26]

> *"데이터 복잡성에 가장 강한 강점을 보이는 AI는 연구자로서 인간이 생각하는 방식을 변화시켜,*
> *지식의 생산성을 획기적으로 높일 수 있다."*

다. AI 의 진정한 가치 : 지식 생산성 향상

'혁신의 역설'을 극복하기 위해서는 생산성 유망 분야에 투자하는 것만으로는 부족하다. AI 기반 R&D 혁신을 통해 총요소생산성을 향상시킴으로써 경제성장의 돌파구를 마련할 수 있다는 주장에 주목할 필요가 있다. 2015년 Hinton 등이 발표한 논문[27] 에서는 '고차원적 데이터에서 복잡한 구조를 발견할 수 있는 딥러닝의 능력을 화학과 재료연구에 사용할 수 있다'는 점을 강조했다. '데이터 복잡성'을 다루는 데 있어 탁월한 능력을 보이는 AI가 연구자로서 인간이 생각하는 방식을 변화시켜, '지식의 생산성'을 획기적으로 높일 수 있기 때문이다. 과학기술 분야의 데이터 복잡성이 기하급수적으로 높아지면서, AI가 R&D 혁신에 새로운 돌파구를 마련할 수 있을 것으로 기대되는 이유다.

이런 관점에서 Cockburn을 비롯한 경제학자들은 AI가 발명의 새로운 방식을 제시하고, 연구개발 조직의 본래 성격을 재편함으로써 연구개발의 비용을 크게 낮출 수 있다고 주장한다. [28] 지금까지의 R&D 혁신은 개인의 창의성, 집단지성, 방법론 등 사람 중심으로 진행되어왔으나, 앞으로는 AI가 연구자로서 인간이 생각하는 방식을 변화시킬 수 있다는 것이다. AI가 과학 연구의 방식을 바꿀 수 있다면, 자율주행자동차나 의료에 사용했던 AI를 뛰어넘는 결과를 낳을 것이다. AI 의 진정한 가치는 여기에 있다.

라. AI 가 이끄는 과학

최근 국내 연구진은 AI를 이용하여 원전사고 예측시간을 300분의 1로 단축했다는 결과를 발표했다. [29] 사고대응, 국방, 지구과학[30], 천문학[31], 우주탐사 등의 기초과학 분야에서도 비슷한 연구를 진행하고 있다. 무엇보다 의학, 신약, 화

---

25) Nicholas Bloom et al.(2017.9.20.), Ideas aren't running out, but they are getting more
   expensive to find. (published on VOX, CEPR Policy Portal, https://voxeu.org)

26) 오늘날 반도체 칩 밀도를 두 배로 높이려면 1970년대 초와 비교했을 때 18배가 넘는 연구자가 더 필요하고, 농작물 수확과 관련한 연구에서 생산성은 매년 약 5%씩 감소하고 있다.

27) Yann LeCun, Yoshua Bengio & Geoffrey Hinton(2015.5.28.), Deep learning, Nature, Vol.521.

28) Cockburn et al.(2019), The Impact of Artificial Intelligence on Innovation: An Exploratory Analysis, Chap. 4 in The Economics of Artificial Intelligence, University of Chicago Press

29) https://hellodd.com/?md=news&mt=view&pid=69488

30) Markus Reichstein et al.(2019.2.14.), Deep learning and process understanding for data-driven Earth system science, Nature, Vol.566.

학, 신소재 등 화학 분야의 혁신적 시도에 주목할 필요가 있다. 특히, 구글의 딥마인드에서 신약개발을 위해 개발한 AlphaFold[32]가 단백질 구조분야 월드컵으로 알려진 CASP(Critical Assessment of Structure Prediction) 대회에서 우승한 이후, 전 세계적으로 이 분야의 경쟁이 치열하게 전개되고 있다[33].

AI가 기초과학 연구의 게임체인저가 될 수 있을 것인지에 대해서는 여전히 회의적인 시각이 존재하지만, 지난 몇 년 동안 딥러닝이 보여준 비인간적 상상력이라면 '신물질 발견의 민주화'를 실현할 가능성 또한 충분하다. 어쩌면 비즈니스 영역에서 분석의 혁신을 넘어 과학 영역에서 발견과 발명을 혁신하기 위해서는, AI라는 새로운 도구가 유일한 희망일 수 있다. 미래를 바꿀 기초과학 연구에서 새로운 과학적 발견으로 전환될 데이터의 규모는 이미 인간이 처리할 수 있는 수준을 넘어섰기 때문이다.

〈표 3-4〉 신약 및 신소재 개발의 혁신을 이끌 AI 시도들

약 개발(Atomwise)	신약개발(Deep Genomics)	신소재개발(Kibotix)
• 표적 단백질에 결합하는 작은 미세 약물 분자를 찾기 위해 빅데이터와 신경망 활용 • 이것은 바람직한 효능을 가진 분자를 식별하는 것으로 약물발견의 중요한 첫 단계이기에 매우 혁신적 작업임	• 유전자 질환을 치료할 올리고핵산염 분자를 찾는 AI를 개발 • 올리고핵산염은 신경 퇴행성 및 대사성 장애를 포함하여 다양한 질병 치료에 사용될 수 있음	• 새로운 재료와 화학물질을 찾고 개발하는 속도를 높이기 위해 로봇공학과 AI 협력을 연구 • 새로운 재료를 개발하는 데는 10년 이상 시간이 소요되며 이 기간을 단축할 수 있으면, 이러한 방법은 기후 변화와 같은 전 지구적 난제를 해결하는데 크게 도움을 줄 것으로 전망

※ 출처: MIT Technology Review(2019)

6. 넓어지고 깊어지는 창작지능

인간이 인간임을 자랑스러워하는 이유 중 하나는 세상에 없던, 무언가 멋진 것을 만들어 내는 능력이다. 그런데 이 영역에 AI가 발을 들이밀고 있다. 이미지를 인식하는 딥러닝 알고리즘, 언어를 번역하는 알고리즘을 넘어 새로운 무엇인가를 '창작'하는 AI를 개발한다는 소식들이 눈에 띄고 있다. 딥드림, GAN(Generative Adversarial Networks) 등 AI 방법론들은 학습데이터 셋에 존재하지 않았던 새로운 데이터 덩어리를 만들어 내고 있다. 그것도 사람이 보기에 그럴싸한 이미지, 텍스트를 말이다.

31) Brant Robertson(2019), AI in Astrophysics: Applying Artificial Intelligence and Deep Learning to Astronomical Research, GTC 2019.

32) Deepmind(2018.10.2.), AlphaFold: Using AI for scientific discovery.

33) Deloitte Insights(2019), Intelligent drug discovery.

AI가 만들어내고 있는 '새로운' 창작물이 인간에게 놀라움을 주는 것은 사실이지만 일상생활과 비즈니스에서 '쓸 만한' 어떤 것인지에 대해서는 아직 의구심이 남아 있다. 인간이 아닌 기계가 만든 창작물의 쓸 만함에 대해 논한다는 것 자체가 혁신 기술의 가능성을 더해 주고 있다고 봐야 할 것이다.

"인간이 인간임을 자랑스러워하는 이유 중 하나는 세상에 없던, 무언가 멋진 것을 만들어내는 능력이다.
그런데 이 영역에 AI가 발을 들이 밀고 있다."

가. AI가 만들어낸 그림, 소설, 영화

2015년 구글은 기괴한 디지털 이미지를 생성해내는 프로그램 '딥드림'을 공개했다. 딥드림은 이미지인식 신경망을 이용하는 새로운 방식을 제시했다. 신경망이 과거 인식한 수많은 이미지들의 특징을 추출, 재구성, 시각화하도록 함으로써 새 이미지를 '창작'하도록 한 것이다. AI가 무엇인가를 '창조'하도록 하는 선구적인 시도였다.

2018년 8월 국내에서는 AI가 쓴 소설만을 위한 공모전이 열렸다. 최고의 작품은 AI 스타트업이 출품한 로맨스 소설이었다.[34] 이에 앞서 2016년 일본에서는 니혼게이자이 신문이 주최하는 '호시 신이치 SF 문학상' 공모전에서 AI가 쓴 단편소설이 1차 예심을 통과해 주목을 받기도 했었다. 당시 심사위원들은 해당 작품의 작가가 AI라는 사실을 눈치채지 못했다고 한다.[35]

2016년 4월 영국의 SF 영화제 Sci-Fi London film festival에 '벤자민'이라는 신인 시나리오 작가가 한 명 등장했다. 벤자민은 영화감독 오스카 샤프와 AI 연구자 로스 굿윈이 만든 AI 프로그램이었다.[36] 출품된 작품은 개연성 부족을 지적당하면서 수상에는 실패했다. 이러한 실패에도 불구하고 오스카 샤프 감독과 로스 굿윈은 벤자민과 함께 두 번째 작품 'It's no game'을 만들었다. 이 두 번째 영화의 내용은 파업한 시나리오 작가들을 대신해 벤자민이라는 이름의 'AI'가 시나리오 작가 역할을 맡게 될지도 모른다는 것이다.

AI가 만들어내는 그림, 소설, 영화는 심층신경망이 단순한 인식 기계에만 머물지 않고 '창작'하는 기계로 변모하고 있음을 보여주고 있다. 아기들도 부모 얼굴을 알아보고 몇 마디 말을 익히고 나면 의미모를 단어들을 지어내고 마침내 낙서를 시작한다. 부모는 뜻 모를 아기의 말소리와 그림을 보며 내심 '우리 아이는 천재가 아닐까'하는 공통된 오해를 시작한다. 이런 일이 AI에게도 생기고 있는 것으로 보인다. AI가 말을 배우는 아기에서 크레파스를 쥔 아이로 바뀌고 있는 것이다.

"AI가 만들어내는 그림, 소설, 영화는 심층신경망이 인식 기계에만 머물지 않고
'창작' 기계로 변모하고 있음을 보여주고 있다."

---

34) 조선비즈(2018.8.17.), 이름ㆍ직업 입력했더니 소설이 '뚝딱'…KT, AI 소설 공모전 시상식 진행.
35) 사이언스타임즈(2019.11.24.), AI, 스토리텔링을 시작하다.
36) 조선일보(2018.6.14.), 창의성은 과연 인간의 전유물인가…'인공지능 콘텐츠 혁명'.

나. AI, 아이에서 어른으로

창작하는 일은 그림, 소설, 영화 시나리오와 같은 예술의 영역에만 머물지 않는다. 인간이 오랜 교육, 훈련 기간을 거치면서 익히는 기량의 대부분이 새로운 무엇인가를 만들어내는 능력이다. 그리고 이 기량은 대개 한정된 자원을 이용하고 전 세대의 모범을 존중하되 일부분은 변형하는 과정을 통해, 주어진 목표를 달성하는 것에 관계되어 있다.

AI 전문가들 사이에서는 이런 말이 회자된다. '딥러닝은 우리집 아이가 잘 하는 일들을 잘하고, 우리집 아이가 잘 못하는 일은 잘 못한다'라는 말이다. AI는 사진에 담긴 사물의 이름을 맞추는 일은 잘 하지만 2019년 크리마스 시즌을 위한 상품 기획은 잘 못한다는 의미다. AI가 로맨스 소설을 서툴게나마 썼지만 일자리 부족 문제 해결책을 제시해 주지는 못하고 있다는 것이다. 우리가 AI에게 기대하는 더 큰 가치는 후자, 현재 AI가 잘 수행하지 못하는 고차원적 창작 능력에 관련되어 있다. 콘크리트, 철근, 벽돌, 목재를 이용한 5인 가족용 집의 설계, 암환자 A씨를 위한 새로운 항암치료 방법, 더 많이 팔릴 목도리를 위한 새로운 재질과 문양 등 우리의 요구는 무한히 다양하다.

다음 그림에서 볼 수 있듯이 현재의 AI가 '학습'하는 과정은 입력 데이터 X와 데이터에 대한 레이블 즉, 출력 Y를 연관 짓기 위한 신경망 레이어간 상관관계 W를 찾는 것이다.

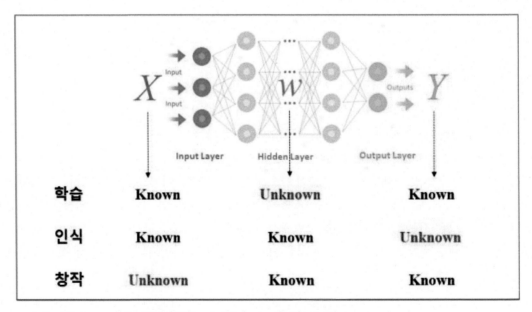

	Input Layer	Hidden Layer	Output Layer
학습	Known	Unknown	Known
인식	Known	Known	Unknown
창작	Unknown	Known	Known

※ 출처: 이승민 ETRI 지능화융합연구소, 정지형 ETRI 지능화융합연구소

[그림 3-3] AI의 학습, 인식, 창작 과정의 비교

'인식'의 과정은 학습으로 찾아낸 W를 바탕으로 새로운 X가 무엇인지 즉, Y를 알아내는 것이다. 딥러닝은 무수히 많은 데이터로부터 학습하여 최적의 W는 찾고, 이것으로부터 Y를 출력하는 인식능력에 있어서 탁월한 성과를 보여준 것이다. 집의 외양, 내부 구조 등의 이미지를 보고 집이라는 객체를 인식하는 식이다. 하지만 우리가 AI에 기대하는 더 큰

가치와 기능들은 '창작'에 가깝다. '5인 가족이 안락하게 사는 집'을 창작하는 과정은 기존에 학습하여 인식한 수많은 집이라는 Y로부터 집의 외양, 내부 구조, 재료 등으로 구성된 새로운 X를 만드는 것이다.

현재 GAN은 호텔 방의 이미지를 학습해가면서 진짜와 매우 유사한 새로운 호텔 방 이미지를 생성할 수 있다. 이제 우리가 기대하는 것은 진짜와 유사한 이미지가 아니라 '안락한', '저렴하지만 만족스러운', '고급스러운' 등의 특성을 가진 새로운 호텔 방의 인테리어 기획안이다. 이러한 고급 지능의 발현이 단순한 이미지인식의 응용 또는 GAN의 확장을 통해서만 이루어지기는 어려울 것이다. 음성인식, 자연어처리, 로봇동작제어, 자율주행차 등 더 다양한 분야에서 더 깊은 추론·제어 기능 학습이 이루어지고 이 과정에서 축적된 각 분야 전문지식이 통합되어야 할 것이다. 하지만 가장 필요한 것은 이러한 고차원적 지능이 가능할 것이라는 믿음과 기대로 보여 진다. 이미지인식, 자연어처리, 통번역, 자율주행 등에만 매몰되어 AI가 줄 수 있는 더 큰 가치에 대해 포기해서는 안 될 것이다.

> *"고급 지능은 다양한 분야에서 더 깊은 추론·제어 기능 학습이 이루어지고*
> *축적된 각 분야 전문 지식이 통합될 때 가능할 것이다."*

7. 자율기능의 미래, AI 호문쿨루스

체화된 인식(Embodied Cognition), 체화된 지능(Embodied Intelligence)이라는 개념이 있다. 지능이 두뇌뿐만 아니라 신체의 형태, 기능과 연관을 맺고 있다는 개념이다. 거칠게 표현하자면 생각하는 능력은 어쩌면 우리가 열 개의 손가락을 가졌기 때문에 발달된 것일 수 있다는 지적이다. 또 한편으로는 인간의 입이 물어뜯기 보다는 다양한 발음에 능한 것은 유려하게 말하는 능력이 적을 물어뜯어 죽이는 능력보다 더 높은 경쟁우위를 만들었기 때문이라는 주장이기도 하다. AI 역시 인간의 지능처럼 AI가 깃든 몸, 기계장치와 유기적 연관을 맺고 발전해 나가고 있다. AI가 깃든 몸은 자동차, 드론, 로봇팔 등으로 확장되고 있고 이에 따라 AI는 새로운 능력을 새로운 방식으로 익혀가고 있다.

> *"인간의 지능은 두뇌뿐만 아니라 육체의 다양한 형태, 기능과 연관을 맺고 있으며,*
> *AI 역시 AI가 깃든 몸, 기계장치와 유기적 연관을 맺으며 발전해가고 있다."*

가. 이미지 인식에 기반한 자율행동 기계들

이미지 인식에서 시작된 딥러닝은 이제 운전을 거의 다 배운 것 같다. 자율주행 차는 시제품 단계를 벗어나 양산과 상업 서비스의 단계로 접어들고 있다. 미국 애리조나 피닉스시에서는 2018년 12월부터 Waymo의 자율주행 택시 서비스가 시작되었다. Uber, GM, Volvo, Audi 등 자동차 관련 업체들은 2020년 또는 2021년에 자율주행 차의 양산, 상용화가 이루어질 것이라 예측하고 있다.

AI는 공중을 나는 비행체도 조종한다. NVIDIA는 2015년 드론에서 사용 가능한 저전력, 경량 기계학습용 칩셋 Jetson

TX1을 발표했고, 구글 모회사 알파벳은 '윙 프로젝트'를 통해 딥러닝 알고리즘을 적용해 스스로 나무, 건물, 전력선 등을 피하면서 비행하는 AI 드론을 개발하고 있다.[37] 드론회사 DJI는 자율비행을 위해 Microsoft와 제휴를 맺었고 2018년 Microsoft는 DJI 드론 제어를 위한 SDK(Software Development Kit)를 내놓았다.[38] 로봇 청소기도 이미지 인식 AI 덕분에 인기 가전제품이 되었다. 센서를 이용해 바닥, 벽, 천장, 가구를 인식하고 효과적인 청소 경로를 찾게 된 것이다. 기능 향상과 안정화 덕분에 2016년 20억 달러였던 로봇 청소기 세계 시장 규모는 2020년에는 30억 달러까지 확대될 것으로 예측되고 있다.

긴 기간 동안 우여곡절을 겪으며 탄생한 AI, 딥러닝이 가장 먼저 효용을 보인 응용처가 이미지 인식이며 이에 기반한 자율주행차, 자율비행 드론, 로봇 청소기 등 기계들이 본격적으로 세상에 나오기 시작했다. 이제 연구자들은 더 복잡한 기계 동작에 AI를 응용하기 위해 노력중이다. 인간 신체 중에서 가장 정교하게 움직이는 부분, 바로 팔과 손에 해당하는 기계를 제어하기 위한 AI 개발에 대한 도전이다.

나. 이미지 인식이 아닌, 행동 인식에 기반한 자율동작 AI

자동차, 드론이 이미지인식 AI를 활용해 스스로를 조종하는 동안, 다른 한편에서는 조금 더 복잡한 동작을 학습하는 새로운 AI가 만들어지고 있다. 2018년 미국의 비영리회사 OpenAI는 로봇 팔을 움직이는 AI, Dactyl을 공개했다.

※ 출처: www.openai.com

[그림 3-4] Dactyl에 의해 움직이는 로봇 팔

Dactyl AI는 손바닥 위에 놓인 육면체를 손가락으로 움직여 육면체 윗면에 특정한 문양이 보이도록 한다. 이전에는 정교한 수리적 모델을 구성해 동작을 학습시켜왔으나 실패를 거듭했다. Dactyl은 다른 방식으로 접근했다. Dactyl은 카메라를 통해 5개 손가락 위치와 육면체 모양을 인지했다. 더 중요한 것은 실제 동작 전에 다양한 손가락 동작의 결과를 시뮬레이션 해본다는 점이다. 단순한 물리엔진을 이용한 시뮬레이션을 여러 번 반복해 다음 손가락 동작을 결정하는 것이다. 가상실험과 실제 동작을 병행하는 전략은 성공적이었고, 마침내 Dactyl은 인간의 가르침 없이 육면체를 조작하는

---

37) https://x.company/projects/wing/

38) enterprise.dji.com, "DJI and Microsoft partner to bring advanced drone technology to the enterprise"

동작을 스스로 익혔다.[39]

　　인간과 유사한 방식으로 손동작을 익히려 했다는 점과 이미 성숙한 이미지인식 알고리즘을 적극적으로 응용했다는 점, 이 두 가지가 Dactyl이 이룬 작은 성공의 원인이 아니었을까? Dactyl과 인간은 움직임을 눈으로 보면서, 그리고 움직임의 결과를 상상하면서 정교한 손동작을 익힌다는 점에서 유사하다. 이미지인식 알고리즘이 max pooling 등을 통해 이미지 내의 지나친 세부묘사를 단순화시킨 후 인식에 성공했듯이, Dactyl 또한 적당히 단순화된 시뮬레이션을 이용함으로써 동작 학습에 성공했다.

> *"인간과 유사한 방식으로 손동작을 익히려 했다는 점과 이미 성숙한 이미지인식 알고리즘을*
> *적극적으로 응용했다는 점, 이 두 가지가 Dactyl이 이룬 작은 성공의 원인이 아니었을까?"*

다. AI 호문쿨루스

　　인간을 인간답게 만드는 뇌라 여겨지는 대뇌피질에서는 손, 눈, 입의 감각과 동작을 담당하는 부분이 어느 정도 구분된다고 한다.

※ 출처: source.opennews.org

[그림 3-5] 펜필드 호문쿨루스: 감각(좌), 동작(우)을 다루는 뇌 크기에 따른 인체모형

　　흔히 펜필드의 호문쿨루스(Homunculus of Penfiled)라 부르는 형상은 특정 신체 부위를 담당하는 대뇌피질 넓이에 따라 인체 크기를 바꾸어 만든 모형이다. 이 모형을 살펴보면 눈, 입, 그리고 손의 순서대로 담당 부위가 넓어져 가는 것을 볼 수 있다. 가장 많은 정보를 인지하는 감각기관이라는 눈보다 입, 손에 관계된 대뇌피질이 더 넓다는 것이다.

---

39) www.openai.com

딥러닝 등 AI도 눈(이미지인식), 입(언어처리), 마침내 손동작 제어 등 점점 복잡해 저가는 알고리즘으로 연구개발 영역을 옮겨가고 있다. 인간의 두뇌, 인간의 학습·훈련 과정처럼 AI도 이전에 개발되고 효과가 검증된 학습 알고리즘을 바탕으로 새로운 데이터, 새로운 기계 제어 방식을 학습해나갈 것으로 보인다. AI의 미래 진화방향을 궁금해 한다면 인간이 문명을 만들어내는데 가장 큰 역할을 한 신체동작은 달리기일까, 정교한 손동작일까, 그리고 중요하지만 미처 생각하지 못했던, 인간을 인간답게 만든 인지기능, 동작, 행동은 무엇이 있을까를 주목해야 할 것이다.

> *"인간의 두뇌, 인간의 학습·훈련처럼 AI도 이전에 개발되고 효과가 검증된 학습 알고리즘을 바탕으로 새로운 데이터, 새로운 기계제어 방식을 학습해나갈 것으로 보인다."*

8. 인공지능 칩

　개인용 컴퓨터, 스마트폰, 클라우드 컴퓨팅 등에 이어 AI를 위한 새로운 컴퓨팅 폼팩터가 만들어지고 있다. AI 반도체라 일컫는 학습(Learning), 추론(Inference)에 특화된 연산 장치는 '적정 효율'을 갖춘 AI용 컴퓨팅 폼팩터를 마련하기 위한 업계의 노력이다. 메인프레임, PC, 클라우드 컴퓨터 등 컴퓨터 폼팩터와 용도 변화에 따라 Power Chip, x86 시리즈, 멀티코어 칩 등 각각에 적합한 표준적 연산 장치가 개발·활용되어 왔는데, AI 시대에 발맞추어 AI용 연산 가속기라는 새로운 연산 장치 개발이 시작된 것이다.

　새로운 연산 장치는 고도의 기술력과 자본 투자를 요구하는 기술 프로젝트인 만큼, 소비 시장 규모가 담보될 때 업계의 투자와 개발 경쟁이 시작된다. 그리고 경쟁의 승자는 생각보다 일찍 결정된다. 연산 장치, 칩을 소비하는 기업들은 작으나마 경쟁 우위를 보인 한 두 개 기업의 제품을 구매하고 이에 관련된 칩셋, 디바이스, 소프트웨어, 서비스를 일반 소비자들에게 내놓기 시작하면 연산 장치 시장의 구도가 결정되기 때문일 것이다.

> *"새로운 연산 장치는 고도의 기술력과 자본 투자를 요구하는 기술 프로젝트인 만큼 소비시장 규모가 담보될 때 업계의 투자와 개발 경쟁이 시작된다. 그리고 경쟁의 승자는 생각보다 일찍 결정된다."*

가. AI 용 연산 장치를 구현하는 대안들

　학습, 추론에 특화된 연산 장치를 구현하기 위한 기술적 시도들 중에서 눈에 띄는 것은 ASIC(Application-Specific Integrated Circuit), FPGA(Field Programma- ble Gate Array), GPU(Graphics Processing Unit) 등이라 할 수 있다. 이들은 각기 기술적인 장단점이 뚜렷하다. GPU는 전력 소모량이 큰 대신 개발자 경험과 사례가 가장 많이 축적되어 있다. ASIC 방식은 속도와 전력 소모량에서 가장 앞서 있지만 개발 비용이 높다. FPGA 연산 장치는 속도, 전력 소모량, 개발 비용 측면에서 GPU와 ASIC의 중간쯤에 위치한다.

　결국 실제 AI 반도체 기술 개발의 방향은 학습 알고리즘의 성숙속도와 응용분야별 학습, 추론의 각 활용 비중에 따라 달라질 것이다. 학습 알고리즘이 성숙단계에 가깝고, 효과적인 Base Model[40]의 탐색에 성공한 분야에서는 계산속도와 전력효율에서 강점을 가진 ASIC과 유사한 기술적 특성을 가진 전용 가속기 칩셋이 표준화될 것이다. 기 개발된 알고리즘으로 이미지인식 등 작업을 많이 수행하는 구글 클라우드 플랫폼에서는 행렬곱셈에 최적화된 ASIC 기반의 TPU-1, TPU-2 칩셋을 활용하는 것이 그 예이다.[41]

〈표 3–5〉 인공지능 반도체 유형별 특징

유형	GPU	FPGA	ASIC
장점	• GPU는 병렬처리에 최적화된 프로세서로 CPUA에 비해 빠른 가속능력 • 엔비디아 CUDA 등 개발자환경이 잘 갖춰져 있고,적용 사례가 많아 지원 받기 용이	• ASIC보다 초기 개발 비용이 저렴 • CPU와 병렬 작동이 용이해 전체 시스템 병목현상 발생 없음 • 회로 재구성이 가능, 발전 중인 AI 알고리즘을 유연하게 적용 가능 (예) A 업무에 사용하다가 회로를 재설정해 B 업무용으로 사용 가능	• GPU, FPGA 대비 매우 빠른 속도와 우수한 전력효율
단점	• FPGA, ASIC 대비 낮은 전력효율을 보임 • 기존 x86 시스템에 추가 구축 시, 확장성과 호환성에 한계 (예) 데이터 전송 병목문제,시스템 호환문제 등	• ASIC보다 느리고 CPU나 GPU 같은 범용 프로세서 대비 더 높은 프로그래밍 기술 수준을 요함 • 8/16비트 수준의 낮은 정확성 알고리즘에 적합, 현재 주류 신경망 알고리즘 트렌드와 괴리	• 매우 비싼 초기제작비용, 장시간의 개발 소요 시간 • 특정 연산에 최적화 되었기 때문에 응용 분야가 한정

※ 출처: 한국전자통신연구원(2017), 인공지능 반도체 산업동향 및 이슈 분석.

　반대로 다양한 알고리즘 개발이 진행 중이며 학습용 데이터셋 변경과 이에 따른 Base Model 보완이 잦은 분야에서는 프로그래밍 변경이 용이한 GPU, FPGA 등과 유사한 기술적 특성을 가진 전용 가속기 칩셋이 널리 쓰일 것이다. 통번역, 자연어인식, 검색 등과 같이 변화하는 데이터셋을 재학습해 성능을 유지·향상시켜야 하는 분야에서는 GPU, FPGA등의 활용이 효과적일 것으로 보인다. 이에 대한 사례로서 Microsoft가 검색엔진 Bing에 FPGA 기반 기술을 적용한 사실을 들 수 있다.[42]

"GPU는 전력 소모량이 큰 대신 개발자 경험과 사례가 가장 많이 축적 되어 있다.
ASIC 방식은 속도와 전력 소모량에서 가장 앞서 있지만 개발 비용이 높다.
FPGA 연산 장치는 속도, 전력 소모량, 개발 비용 측면에서 GPU와 ASIC의 중간쯤에 위치한다."

---

40) 표준적인 데이터셋을 학습함으로써 구성된 추론 모델로서 추가 데이터셋 학습 등을 통해 성능 향상, 성능 특화가 가능
41) IITP(2018), 반도체 산업의 차세대 성장엔진, AI 반도체 동향과 시사점.
42) 한국과학기술기획평가원(2019), 인공지능(반도체), KISTEP 기술동향브리프 2019-01호.

나. 멀리 있는 뉴로모픽 보다는 현실적인 ASIC 과 GPU

ICT 업계의 한편에는 AI 반도체의 대안으로서 인간 두뇌 구조와 작동방식을 흉내 낸 뉴로모픽 칩에 대한 기대가 있다. IBM, Intel, Qualcomm 등 거대 기업들과 DARPA까지 뉴로모픽 칩 개발에 투자하고 있다. 가장 눈에 띄는 것은 IBM이 개발한 뉴로모픽 칩 TrueNorth이다. 이미 2014년에 기존 마이크로프로세서의 1만분의 1에 해당하는 전력을 소모하면서 초당 1,200프레임에서 2,600프레임으로 이미지 분류하기에 성공한 바 있다. 하지만 이후 성과에 대한 인상적인 발표는 없었다.

지나치게 뛰어난 기술이라 보안이 철저한 탓일 수도 있겠지만 현재로서는 상용화 가능한 뉴로모픽 칩 개발 시점을 예측하기는 어렵다. 뉴로모픽 칩에 대한 연구와 기술개발 노력은 이어져야 한다. 하지만 뉴로모픽 칩 보다는 가용성 높은 기술들이 AI 반도체 시장의 주류를 형성하리라 보는 것이 현실적인 판단이다. 또한 AI 반도체 기술방식 자체의 장단점 뿐만 아니라 킬러앱, 가용한 통신환경 등에 따라 AI 반도체 기술의 주류가 바뀔 것으로 보인다.

> *"AI가 구현되고 작동하는 지점은 대기업 데이터 센터와 스마트 폰으로 양극화될 것으로 보인다.*
> *그리고 이들은 고속화되는 모바일 네트워크로 연결된다.*
> *이런 추세를 인정한다면 AI 반도체의 미래 주류는 GPU, ASIC(또는 ASSP)로 결정될 가능성이 높은 것으로 판단된다."*

PC 시대의 연산 장치 개발 경쟁은 결국 인텔의 x86 시리즈 칩셋이라는 사실상의 표준화로 일단락되었다. 인텔은 지속적으로 기술·가격 경쟁력을 유지하면서 시장지배력을 공고히 했고 스마트폰 시대 전까지는 시대를 대표하는 CPU가 되었다. 이 이면에는 IBM PC, 인텔 칩셋, MS-DOS 및 Windows로 형성된 표준형 PC라는 폼팩터가 있었다. 인텔의 x86 시리즈 칩셋이 PC 시대의 대표 연산 장치가 된 것은 성능이 압도적으로 뛰어나서가 아니라, 표준형 PC 폼팩터를 구성하는 부분이라는 점이 크게 작용했다고 봐야 할 것이다.

ICT 디바이스와 서비스 부문에서 세계적인 주류인 안드로이드 기반 스마트폰, 구글, 아마존, 그리고 모바일 네트워크의 고속화 등의 추세가 AI 반도체의 주류 형태를 결정하는데 큰 영향을 줄 것이다. AI가 구현되고 작동하는 지점은 대기업 데이터 센터와 스마트 폰으로 양극화될 것으로 보인다. 그리고 이들은 고속화되는 모바일 네트워크로 연결된다. 이런 추세를 인정한다면 AI 반도체의 미래 주류는 GPU, ASIC(또는 ASSP)로 결정될 가능성이 높은 것으로 판단된다.

GPU와 ASIC은 프로그래밍 용이성과 속도라는 측면에서 뚜렷한 장점을 각각 가지고 있어 기업의 서비스 개발과 서비스 제공 단계에서 각자의 장점을 발휘할 것이다. 또한 모바일 네트워크 고속화로 인해 스마트 폰에서 AI를 학습·개선시키는 작업에 대한 수요는 점점 줄어들 것으로 보인다. 모바일 AI 성능 향상이 반드시 필요한 의료, 구난, 군사 등 특정 응용 분야에서는 해당 분야에 적합한 ASIC 반도체를 이용하게 될 것이다.

9. AI 기술의 적용

가. 기술의 종류

　스마트한 방법으로 소프트웨어를 작동 시키는 폭넓은 방법을 일컫는다. 미국국립과학재단의 정보 및 지능형시스템 부문 책임자 '린 파커'의 말을 인용하면 머신 러닝, 컴퓨터 비전, 자연어 처리, 로봇공학 및 그와 관련된 주제들이 모두 인공지능(AI)의 범주에 속한다고 볼 수 있다. 인공지능 기술은 기계 지능(Mechanical Intelligence)과 컴퓨터 지능(Computat- ional Intelligence)이라는 용어를 사용하면서부터 알려지게 됐으며, 기계(컴퓨터)를 이용한 학습인 '머신 러닝(Machine learning)'[43]과 여러 비선형 변환기법을 조합해 높은 수준의 추상화 (Abstractions)를 시도하는 기계학습 알고리즘의 집합인 '딥러닝(Deep learning)'을 통해 인간의 사고방식을 기계(컴퓨터)에게 가르치는 지능형 로봇의 형태로 발전하고 있다. 머신러닝과 딥러닝의 개념은 전문가에 따라 다소 차이는 있으나 일반적으로 매우 유사한 개념이다.

　다음은 전문가들의 의견에 따라 머신러닝과 딥러닝의 개념을 요약해 놓은 것이다. 전문가들의 의견을 종합하면 인공지능기술은 '인지컴퓨팅(Perceptional Computing)'이라는 매우 복잡한 개념을 포함하고 있다는 것을 알 수 있다. 린 파커에 따르면 인지컴퓨팅은 대체로 인간의 인지와 비슷한 또는 적어도 인간의 인지에 영감을 받은 고차원적인 추론과 이해에 초점을 둔 컴퓨팅을 의미하며, 일반적으로 순수한 데이터 또는 센서스트림 보다는 상징적이고 개념적인 정보를 다루며 복잡한 상황에서 고수준의 결정을 내리는 것을 목표로 한다.

나. AI 기술의 3 단계

　인도 기반의 인공지능 소프트웨어 기업 'Xenon-Stack'은 인공지능 기술의 3가지 단계를 설명하고 있다. 참고로 현재 인공지능 기술은 두 번째 '머신 인텔리전스(Machine Intelligence)' 단계에 이르렀다고 이들은 설명하고 있다.

○ 1단계는 우리가 잘못하면 답하는 단계

　　예) 구글 어시스트, 삼선, 기가지니 등

○ 2단계는 개인화

　　개인정보를 바탕으로 AI가 방법과 전략을 추론한다.

---

43) 유럽에서 머신 러닝은 엔지니어링에 감성을 결합한 기술의 형태에 뿌리를 두고 있으며, 미국에서 인공지능은 대중의 인기를 바탕으로 한 과학소설(SF)의 느낌을 반영하고 있다. 캐나다에서는 컴퓨터 지능(Computational Intelligence)이라는 용어로 자주 사용되고 있다.
　- 토마 디트리히(미국인공지능발전협회 회장, 오리건주립대학 교수)
　　· 머신 러닝은 데이터의 추세나 범주를 인식해 적절한 예측이 가능하게 하는 것이다. 딥러닝은 깊은 신경망 즉, 여러 계층에 배열된 대규모 신경시스템을 이용해 학습하는 것을 의미한다.
　- 린 파커(미국국립과학재단의 정보 및 지능형시스템 부문 책임자)

○ 3단계는 개인화

　사용자를 분석해 주는 단계: 스트레스로 인해 잠을 못자는 이를 해소시킬 수 있는 음성인식 방법을 추천해줍니다. 마치 주치의 같은 개념이지요.

10. 연구 동력 및 핵심 분야

가. 미래 인공지능 연구의 주요 사회적 동력요인

　인공지능은 우리 삶에 깊이 녹아들고 있으며, 사회 전반에 걸쳐 혁신의 추진 동력이 되고 있으며 인공지능에 의해 변혁이 이루어질 수 있는 사회의 6대 분야는 ① 보건 및 삶의 질 개선, ② 평생 교육 및 훈련, ③ 기업 혁신 및 경쟁력의 변혁, ④ 과학적 발견 및 기술혁신의 가속화, ⑤ 사회정의 및 정책, ⑥ 국방과 안보의 변혁을 들 수 있다.

[그림 3-6] 사회적 동력요인의 파악

　본 로드맵 상에서 제시하고 있는 인공지능 연구를 조명하는 과정에서, 인공지능에 대한 오해를 불식시키고, 실질적인 사회 문제를 해결할 것으로 예상된다.

나. 인공지능 연구 로드맵의 핵심 연구 분야 개요

CCC는 AAAI와 공동으로 3대 커뮤니티 워크숍을 아래의 3대 주제로 개최하고, 이를 논의의 촉매로 삼아 본 로드맵 보고서를 작성(통합지능, 유의미한 상호작용, 자의식 학습)하였다.

[그림 3-7] 연구 우선 과제

1) 통합지능의 연구 로드맵

통합지능 시스템의 개발을 위해서는 상당한 연구 노력이 필요하며 여기에서는 이를 다음과 같은 주요 부문(통합, 맥락화, 지식)으로 분류하였다.

첫째, 통합 : 통합 지능의 과학적 연구 과정에서는 어떻게 오늘날보다 훨씬 더 다양한 능력을 지니는 지능적 시스템을 개발할 것인가를 탐색한다.

둘째, 맥락화(contextualization): 맥락화 인공지능이라 함은 일반적인 인공지능 기능을 특정 개인이나 조직, 직무에 적용할 수 있도록 조정하는 것을 말한다.

셋째, 지식: 인공지능을 운영하기 위해서는 방대한 양의 지식에 접근 가능한 개방형 지식 저장소가 필요하며 개방형 지식 저장소가 제공되는 경우, 새로운 세대의 인공지능시스템 개발의 가속화가 가능하다.

본 문에서는 먼저 각 사회 동력 요인별 동기부여를 위한 일화를 소개하면서, 이를 통해 위 3대 분야별로 필요한 연구 과제를 조명(2040년까지 장기적 목표를 기간별 제시)하였다.

• **통합 지능에 대한 사회적 동력 요인**

이 분야는 일화를 통해 향후 20년 간 통합지능을 갖춘 인공지능시스템이 미칠 수 있는 영향의 예를 구체적인 일화를 통해 제시한다.

- **통합 지능의 과학**

향후 지속적인 인공지능 기술의 발전을 위해서는 지식, 추론, 학습의 형태가 요구되며, 지능적 행동 구현을 위해서는 구성요소 간에 풍부한 정보교류, 행동 조율이 필요하다. 이를 위해서는 통합적 지능에 초점을 두고 있는 통합의 과학을 구축하여 컴퓨터아키텍처와 유사한 조직의 공간 정의, 시스템 구성 및 지식 저장, 공유 메모리가 필요하다. 구체적 과제로는 지능의 구성요소(지식, 추론, 학습), 메모리, 메타추론 및 회상(인공지능 구축, 유지보수, 최적화를 위해서는 메타데이터 분석을 통한 향후 수행능력 향상) 등이다.

- **인공지능의 맥락화**

맥락화는 일반적인 지능적 능력을 특정 개인, 조직, 상황, 목적에 맞도록 조정하는 것으로 사회적인 맥락 및 사회적인 행위 결과에 대한 추론 기능도 지원한다. 구체적 과제로는 일반적 능력의 커스터마이제이션(인공지능 시스템은 수요자의 요구에 맞춤화를 진행할 필요가 있으나 현재 대부분의 인공지능 시스템들의 커스터마이징 수준은 부족한 것이 현실), 사회적 인지(사회적 인지는 사람들 간에 어떻게 이해하는지를 알아야 하는 것으로 사람을 돕기 위해서는 컴퓨터가 사회적 인지에 대한 이해도가 높아야 함)가 필요하다.

- **개방지식 저장소**

오늘날 인공지능에 반영하기 힘든 방대한 양의 지식이 존재하는데 이를 담을 수 있는 지식 저장소가 있다면 혁신적인 인류의 변화가 가능[44]하다. 구체적 과제로는 이질적 정보(예의, 관습 등 문화적인 암묵적 규범, 인간성, 소리, 맛, 냄새 등), 용도의 다양화 및 추론의 확장(지식을 활용하여 답을 구하고 문제를 해결하는 등 추론을 통하여 기존의 논제를 조합하여 새로운 것을 생성), 지식의 수집 및 배포(인공지능도 그간 사회에서 축적된 지식저장소를 바탕으로 지식을 큐레이션, 유지 보수하여 업데이트), 지식의 통합 및 정제(대량의 지식을 통합하는데 필요한 추론프로세스를 개발하고 저장소의 지식을 피드백 과정을 통해 정제)가 필요하다.

2) 유의미한 상호작용에 대한 연구 로드맵

첫째, 상호작용에 관한 인공지능 연구는 지난 20년간 많은 진전을 이루었으나 다음과 같은 한계도 존재한다. ① 인공지능 개인비서 프로그램은 상업적으로 광범위하게 성공을 거두고 있으나 장기간에 걸쳐 맥락을 바탕으로 한 의도적인 대화를 이끌어 갈 수 있는 능력은 부족 ② 인공지능 시스템은 구두정보, 동영상 정보를 모두 활용해 방송 뉴스 등의 정보 흐름을 처리하고, 이에 대한 해석을 내놓을 수가 있으나 이들은 홈센서 등의 다른 정보원에서 얻어지는 정보를 융합시킬 수 있는 기능은 부재 ③ 인공지능은 텍스트 내에 존재하는 사실 주장 포착, 의견과 사실을 구별할 수 있으나 내용의 거짓 여부는 구분 불가능 ④ 시스템의 정확성이 높은 경우나 중요도가 떨어지는 실무 응용 분야에서는 사용자의 신뢰를 얻고 있으나 의학적 진단과 같이 중요도가 높은 상황에서는 신뢰가 부족하다.

---

44) 이와 같은 시스템을 통해 과학연구 과정에서 방대한 양의 지식을 활용, 데이터를 보완하거나 다제 간의 연구지원 가능

둘째, 다수의 미래 인공지능 시스템은 인간과 긴밀하게 협력할 것이며, 인간과 자연스럽게 상호작용을 할 수 있는 능력은 다른 어떤 요인보다도 중요한 의미이다. 즉, 원활한 상호작용을 보장할 수 있는 능력을 지니는 인공지능 시스템을 개발하는 일은 향후 20년간, 4대 분야에 걸쳐 상당한 연구 노력을 소요해야 한다[45].

셋째, 인공지능 시스템과의 유의미한 상호작용을 위한 사회적 동력요인이다. 여기에서는 제안된 연구를 통해 향후 20년까지 인간사회에 미칠 수 있는 파급효과를 설명하고 있는 일화를 제시하고 있다.

넷째, 인공지능 시스템과의 유의미한 상호작용을 위한 기술적 과제이다. 즉, 현재 인공지능 시스템은 협력적이지도 않고 이들은 인간의 희망, 의도, 감정 등에 대한 맥락 모델링이 부족하나 주요한 기술적 과제만 해결되면 상호작용의 보조가 가능해야 하며, 인공지능이 지닌 잠재력과 이점을 최대한 실현하기 위해서는 이러한 시스템을 좀 더 신뢰할 수 있도록 만드는 것이 필요하다.

구체적 과제로는 ① 다양한 상호작용 채널의 통합(웨어러블 센서, 컴퓨터 간 연결 및 사물 인터넷을 활용한 다중 채널 입·출력), 인간의 다양한 능력 및 맥락을 처리(사투리, 언어통역, 언어장애 등의 다양한 인간의 능력 차이에 대한 처리 제약 극복), 설명, 해석이 가능하며, 데이터가 제한되어 있는 다중 형식 인터페이스(인공지능 시스템의 투명성 제고 차원에서 다중형식시스템은 데이터 확보경로, 사용처 등을 식별시켜 상호작용의 최적화를 도모)가 있어야 하며,

② 플러그 앤 플레이 다중 형식 센서 융합(다중 형식 상호작용이 현재는 유연하지 못한 단점이 있기 때문에 다양한 센서에서 유입된 데이터 통합할 수 있는 플러그 앤 플레이 센서 융합 접근법이 새롭게 등장할 것으로 전망), 다중 형식 데이터를 위한 사생활 보호(사용자의 민감한 정보는 시스템의 설계 시에 필요 이상으로 공유되지 않도록 설계), 협업적 상호작용(가상 개인비서가 널리 보급되었으나 아직 극복하지 못한 한계를 넘기 위해 협력적 인공지능 시스템 구축이 필요)이 있어야 한다.

③ 자연스러운 상호작용의 구현(인간 사용자의 기대에 부응할 수 있도록 좀 더 자연스러운 상호 작용을 이끌어야 내야 하는 수요가 존재), 인간의 가치 및 사회적 규범의 준수(인공지능 시스템은 반드시 인간 상호작용의 특징인 사회적 규범과 가치, 그리고 맥락의 내재화 필요), 정신적 상태의 모델링 및 전달(사용자의 정신적 상태를 정확하게 모델링 하고, 원만하게 상호작용을 할 수 있도록 하는 것이 중요), 감정의 모델링 및 전달(맥락을 바탕으로 고려해야 하는 인간의 감정을 표현, 감지, 이해할 수 있는 시스템을 구축)할 수 있어야 한다.

④ 인간 간의 상호 작용을 지원(온라인 및 네트워크상에서 발생하는 비중이 높아지고 있는 인간의 사회 상호작용이 가능한 시스템으로 구축), 인간간의 대화성 상호작용 개선(개인 간의 대화에서, 온라인 플랫폼 사용이 높아지고 있는 현실을 반영하여 사실적 주장의 식별, 매트릭스의 이해 및 설계, 사실과 목표에 대한 합의를 식별, 온라인 대화에 대한 영향력 및 촉진 기술 고려)해야 한다.

⑤ 이외 복잡한 팀워크의 지원(사람들 간 장시간 복합한 협업과정), 사회적 네트워크 내의 협력 및 상호작용, 새로운 자원의 협업적 창출, 합성 및 맥락 브릿징, 강력한 사회적 연대의 구축, 인공지능의 신뢰성 확보, 투명성 및 납득 용이성, 인공지능 시스템 행동에 대한 사용자의 통제, 부당 개입 행위의 방지 구축)을 해야 한다. 결론적으로 말한다면, 인공지

---

45) 4대 분야 : ① 다양한 상호작용 채널의 통합, ② 협업적 상호작용의 구현, ③ 인간 간의 상호작용을 지원, ④ 인공지능의 신뢰성 확보

능이 진정 자연스러운 방식으로 인간과 상호작용을 할 수 있는 단계로의 도달은 아직 가야할 길이 멀지만 향후 20년 내에 우리는 언어와 능력을 불문하고 다양한 사람과 자연스럽게 소통, 협력하며 왜곡이 없이, 투명성을 지니는 인공지능 시스템이 등장할 것이다.

3) 자기 인지학습의 연구 로드맵 작성

첫째, 머신러닝 분야에서는 인공지능 시스템에게 학습 및 적응 능력을 부여하는 것을 목표로 한다. 즉, 인공지능 시스템은 다양한 자료를 통해 스스로 학습하며 가장 이상적인 경우는 인공지능 시스템이 그 자신의 능력을 인식하고 한계 및 경계를 특정하며 능동적으로 추가적인 학습을 구해 그 성능을 향상시킨다.

둘째, 표현적이며 강력하고 학습을 위한 사회적 동력 요인이다. 본 내용은 인공지능 로드맵에서 파악된 5개의 사회적 동력요인과 동기를 부여하는 일화를 소개한다.

셋째, 자기인식 학습을 위한 기술적 과제를 제시한다. 구체적 과제로는

① 표현적 표시형의 학습(인공지능에 있어 가장 중요한 부분의 하나는 바로 세계 지식 구축, 이를 사용하여 세계의 현 상태를 추적하고, 원하는 바를 이루기 위한 계획을 수립), 강화된 중간적 표시형의 학습(딥 러닝, 즉 입력과 출력을 매핑하는 다수의 전산 인자 레이어를 사용하는 네트워크의 등장으로, 일부에서는 훨씬 더 큰 간극을 극복해 학습을 하는 것이 가능), 인과 모델의 학습(머신 러닝에서도 이러한 기법이 강력한 힘을 발휘할 수 있을 것으로 생각되며 이러한 기술은 인과 추론에 대한 이해가 이루어질 시, 다양한 분야의 연구를 크게 견인)

② 기계적 모델의 활용 및 강력한 시스템의 개발(과학계에서는 사람의 손이 거의 들지 않은 머신 러닝이 사람의 손으로 구축한 수학적, 기계적 모델의 대안이 될 것으로 판단), 신뢰할 수 있는 학습(인공지능의 신뢰성이 매우 중요하게 부상됨에 따라 인공지능을 신뢰하지 않아야 하는 이유 및 '신뢰의 위협'을 해결하기 위한 연구 제시), 설명 및 해석 가능성(해석과 설명이 가능한 머신 러닝 방식을 개발하는 것 역시 중요한 기술적 과제에 해당), 불확실성의 정량화(상당수의 응용 분야에서 인공지능 시스템이 그 신뢰성에 대한 내부적 측정 지표를 보유하는 것이 중요하게 작용), 머신 러닝 및 시장(인간은 시장 기반 맥락에서 상호작용이 가능한 강력한 인공지능 시스템을 구축할 수 있게 될 것)

③ 데이터 시프트에 대한 대응(머신 러닝을 통하여 얻어진 지식은 훈련 데이터 내의 규칙성이 실제 현실 세계에서도 통용될 때에만 유효하기 때문에 서로 다른 분포를 지니는 대체 모델로서, 효과적으로 새로운/온라인 또는 비 구조화 데이터를 효과적으로 평가하는 방법을 검토하는 모델들을 개발), 머신 러닝 및 메모리(메모리를 작성, 저장하고 불러올 수 있는 능력은 지능적 행동을 개발하는 데에 있어 가장 근본적인 요소), 이전 학습(기억에 대한 이론 중의 하나가 직접 취득한 지식을 하나의 맥락에서 다른 맥락으로 이전하거나, 다른 맥락에 맞도록 조정하는 것)

④ 극소량의 데이터로부터의 학습(인공지능과 딥 러닝 모델이 적용되는 분야가 늘면서 라벨링 된 훈련용 예시의 수가 매우 적은 경우가 점점 더 늘어나고 있기 때문에 라벨의 수가 상대적으로 적은 경우에도 효과적으로 학습을 할 수 있는 학습 방법을 개발해야 하는 필요성이 점차 증대), 인공지능과 로봇 시스템의 통합(물리적 통합으로부터의 학습 및 이러한 통합을 위한 학습으로 로봇은 물질세계와 상호작용을 하지 않으면 안 되며 특히 로봇은 우리의 물리적 세계를 자동화하기 위한 도구로 간주될 수 있다는 점에서 더욱 증대)

⑤ 인간으로부터의 학습(인공지능 및 로봇 공학의 응용 분야가 확대되어 감에 따라 로봇은 가정, 직장, 기관, 공공장소 등 인간 환경에 더 깊숙이 파고들 것), 높은 능력을 지니는 학습 로봇을 위한 인프라 및 미들웨어(로봇의 자율권은 데이터로부터 추론을 이끌어 내어 타당성이 없는 기능을 구현하는 데에 중요한 역할을 하며 로봇 운영 체제(ROS)에서는 로봇을 위한 공통 인프라를 제공, 오픈소스 미들웨어 플랫폼이 필요)

4) 국가 인공지능 인프라의 구축 및 운영

• 공개 인공지능 플랫폼 및 자원[46]

민·관·학이 상호 연계된 방대한 인공지능 친화적 자원플랫폼을 구축해야 함[47] 오픈 지식 네트워크(OKN) : 인공지능 애플리케이션의 핵심적인 경쟁력인 지식저장소에 지식베이스를 구축하여 광범위한 지식을 구축하고 이를 통해 서로 다른분야의 지식자원을 구축하고 활용하는 관문으로 사용해야 하며 인공지능 테스트 베드[48]을 활용하여 인공지능 연구 추적가능성, 그리고 현실 세계에 대한 적정성 간의 균형을 추구하며 유효한 연구 활동에 기여해야 한다.

• 지속 가능한 커뮤니티 기반 인공지능 연구 과제[49]

공통 데이터 셋을 사용한 체린지 행사형태로 인공지능 연구하는 접근은 한계가 있기 때문에 지속가능한 공동체를 기반으로 도전과제를 수립

• 국가 인공지능 연구 센터[50]

장기적인 인공지능 연구, 교육, 통합에 집중할 수 있도록 고유한 기회와 안정적인 환경을 제공하여 폭넓고 어려운 인공지능 테마를 위한 촉매 역할

• 임무 중심 인공지능 연구소[51]

상당한 잠재력과 사회적 파급 효과, 금전적 보상이 기대되는 인공지능 분야의 개발을 위한 생활연구소

---

46) 플랫폼이 완성되면 중복노력 방지 및 데이터 수집, 구축 노력 불필요하며 현재는 연구자원을 공유하고 재사용하기 위해 FAIR원칙, RDF, Common Logic, W3C PROV 표준화 등을 추진
47) 산업계 노력 : 구글은 2006년 10억개 넘는 데이터 셋 공개(반면, 유용한 지식그래프는 독점)
48) 테스트 베드의 종류 : 인간-기계 상호작용 테스트베드, 평생·전생활 범위 개인 비서 플랫폼, 로봇 및 물리적 시뮬레이션 테스트 베드
49) 연구기반, 커뮤니티 관리, 정기적 업데이트, 경쟁 후 피드백 모임, 인공지능 윤리 등을 활용
50) 10년 간 교수진 100명, 엔지니어 200명, 학생 500명 규모의 인력 지원
51) 정규직 인공지능 연구원 50명, AI연구센터 직원 50명, 엔지니어 100~200명, 전문·행정인력 100명
　　※ 잠재적인 목표 임무 분야로는 인공지능 친화적 병원, 인공지능 친화적 주택, 인공지능 친화적 학교, 인공지능 친화적 과학 연구소, 자연재해 및 극단적 상황에 대한 인공지능

5) 다방면 인력의 개념 재정 및 훈련

• 전 수준의 인공지능 커리큘럼[52] 개발

교육 과정을 위한 가이드라인을 개발하여 인공지능에 대하여 어린 연령부터 지속적으로 관심을 유도하여 이해력 높인다.

• 고급 인공지능 학위 보유자 채용 및 인재유지 프로그램 구축[53]

우수 학생들이 학부 졸업 후 고급 교육과정 학위를 취득할 수 있도록 지원을 제공 한다.

• 소수 및 소외 계층의 참여 확대

다양한 사회적 소외 및 소수계층의 참여를 확대하여 인재풀을 확대한다.

• 새롭게 대두되고 있는 다 학제간 인공지능 분야에 대한 인센티브 구성하고

다학제간에 걸친 인공지능 진로를 추구하도록 교육과정을 구성하는 것을 제안하며 모든 분야에 인공지능 연구 · 응용 촉진 및 인공지능 윤리 · 안전성 인식을 강화할 수 있는 다제간 인공지능 연계를 위해 다른 분야의 심층적인 이해가 필요하다.

• 고도로 숙련된 엔지니어 및 기술자의 훈련[54]

국가 인공지능 인프라를 바탕으로 인공지능 인재 공급 망을 구축하고, 인재 유지 프로그램, 인증프로그램, 온라인 학위 등을 제공한다.

• 인력 재훈련

현재 기술직에 종사하는 인력을 대상으로 기존의 기술에 인공지능 분야에 접목할 수 있도록 재훈련의 효과가 클 것으로 예상된다.

6) 인공지능 연구를 위한 핵심 프로그램 개발[55]

본 로드맵에서 제시하고 있는 연구 우선순위는 사회적 동력요인으로부터 추진력을 획득하며 다양한 프로그램을 필요하며 경쟁력 있는 우선과제에 대해서는 과감한 자금투입이 필요하며, 그 대신, 이들의 파급 효과는 실로 혁명적일 것이며 이를 통해 과학적, 경제적 발전을 불러올 것이며 핵심적 기술 분야의 광범위한 인적 자원 형성이 가능하다.

---

52) 유치원에서 고등학교 과정으로부터 시작하여 대학원 과정 및 직장인 과정으로 확장
53) 박사 학위급 인재의 유지 방안, 인공지능 분야 교수진의 지원을 위한 추가적인 자원 마련 등 소수 및 소외 계층의 참여 확대
54) 인공지능 알고리즘, 데이터, 플랫폼 이해, 인공지능 인프라를 구축 · 유지 및 지속적인 기술 습득 등 실무적인 전문성 요구
55) 핵심 프로그램은 연구 진행, 차세대 연구 인력의 육성, 인공지능 연구와 교육의 통합, 새로운 다제 간 연구 협력 사업의 추진에 대한 근거를 제시하고 있음

11. 인공지능 국가전략

가. 추진배경

1) AI로 인한 변화양상

지금 세계는 4차 산업혁명의 거대한 문명사적 변화에 직면하고 있으며, 과거 산업화 과정에서 기계가 인간의 육체노동을 대체했다면, 이제는 인공지능(AI)이 인간의 지적 기능도 수행하는 수준까지 발전하였다.

그 결과 AI는 단순한 기술적 차원을 넘어 인문사회 등 모든 영역 즉, "출생에서 죽음까지 다양한 인간의 일에 AI가 사람과 사람을 연결하고, 사람의 능력을 높일 수 있도록 노력 필요"('4차 산업혁명시대, 인문학에 길을 묻다' 토론회, '18.11) 에 걸친 패러다임의 변화를 초래하므로 AI로 인한 변화에 대한 유토피아/디스토피아적 시각이 혼재하나, 철저한 준비가 필요하다는 것이 공통 인식(빌 게이츠, 유발 하라리, 레이 커즈와일 등)이며 국가·사회전반의 준비가 필요하다.

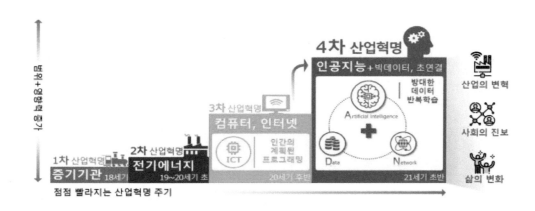

※ 자료: 4차 산업혁명위원회(재구성)

〈산업혁명의 변화와 영향력 비교〉

2) AI 기술의 발전은 산업과 사회(삶) 전반으로 혁명적 변화를 확산

기술의 발전은 과거 개별적으로 발전해온 네트워크·빅데이터를 기반으로 한 컴퓨터로 대량의 데이터 학습을 통해 규칙을 발견하여 판단·추론하는 AI 알고리즘인 딥러닝이 등장하면서 AI 기술발전이 가속화하고 있다. 2018년 맥킨지에 따르면 AI는 그 자체로 막대한 부가가치를 창출하는 신산업이자, 2030년까지 전 세계 기업 70%가 AI 활용, 글로벌 GDP 13조 달러 추가 성장을 예상하고, 글로벌 시가총액 상위 5대 기업(MS, 아마존, 애플, 알파벳, 페이스북)이 모두 대규모 데이터와 플랫폼을 가진 AI 관련 기업으로 변화하는 등 기존산업의 경쟁구도를 근본적으로 바꾸는 원천이 되었다.

또한 AI 시대에는 일자리 구조에 근본적인 변화가 일어나며, 단순·반복 업무의 자동화와 함께 창의성이 필요한 업무를 중심으로 새로운 일자리가 창출되는 등 직무변화 및 일자리 이동이 가속화됨으로써, 삶의 편의를 높이는 동시에 구제도와 신기술 간 간극도 발생하고 있다.

PWC('18)	맥킨지('17~18)	OECD('19)
• '30년대 중반까지 직업 자동화 확률은 미국 38%, 일본 24%, 한국 22%	• '30년까시 전 세계 일자리의 15~30% 자동화 • 한국은 기존 일자리 700만개 감소, 신규 최대 730만개 창출	• OECD 회원국 일자리 자동화 확률은 평균 14% • 한국은 10% 수준

나. 우리나라 상황

1) 글로벌 동향

최근 글로벌 불확실성이 증대되는 가운데, 동북아정치·경제 환경도 급변하고 있으며, 미-중 무역갈등, 브렉시트의 본격화 등 보호무역주의 확산으로 글로벌 불확실성이 증가하면서, 경기하강 우려도 확산되고 있다.

〈세계 교역량 증가율(IMF, %)〉

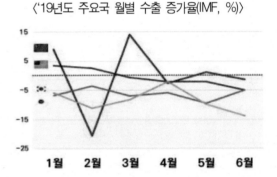

〈'19년도 주요국 월별 수출 증가율(IMF, %)〉

동북아에서는 중국이 값싼 제품의 대량생산에서 벗어나, 슈퍼컴 TOP500 랭킹 1위, AI 학술연구(논문게재) 실적 세계 1위('13~'17, 4.9만건) 등을 기록하면서 기술혁신주도의 성장을 지속 하고 있으며, 일본은 수출규제 등 우리에 대한 견제를 강화하고 있고, 기존산업은 글로벌 수요 포화와 불확실성 증가로 인해 어려움에 직면하고 있다. 특히, 조선·자동차 등 우리의 주력산업도 전 세계적으로 침체가 지속되며, 우리 경제에도 부정적 요인으로 작용하고 있다.

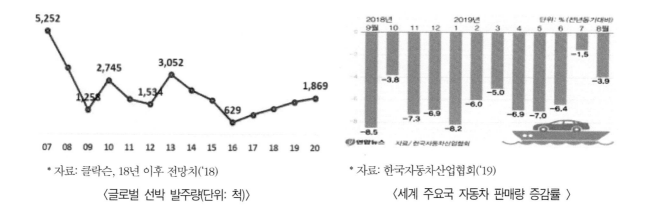

* 자료: 클락슨, 18년 이후 전망치('18)

〈글로벌 선박 발주량(단위: 척)〉

* 자료: 한국자동차산업협회('19)

〈세계 주요국 자동차 판매량 증감률 〉

2) 국내 동향

글로벌 경기하강 속에서 경제 활력 제고를 위한 적극적인 대응이 필요하다. 세계 경제의 동반 둔화가 우리경제의 성장세를 제약하고 있으나, 이후 년도부터는 성장률은 반등할 것으로 전망되며, 또한, DNA+BIG3(시스템반도체·바이오헬스·미래차) 예산이 2019년에 3.2조원에서 2020년 4.7조원으로 그간의 꾸준한 혁신성장 노력 등에 창업·벤처 지표가 지속적으로 개선되고 있다.

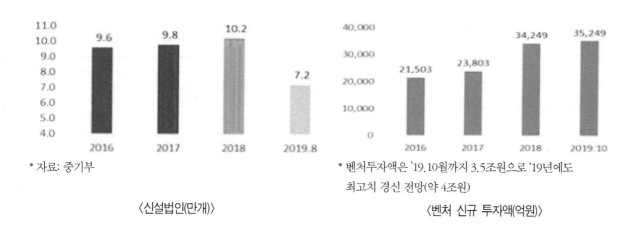

* 자료: 중기부

〈신설법인(만개)〉

* 벤처투자액은 '19.10월까지 3.5조원으로 '19년에도
  최고치 경신 전망(약 4조원)

〈벤처 신규 투자액(억원)〉

또한 급격한 인구구조 변화와 함께 다양한 사회문제도 해결해야 할 과제이다. 저출산으로 인해 세계에서 가장 빠르게 고령화가 진행되면서, 복지수요 증가 등에 대한 선제적 대응의 필요성도 증대되고 있다.

	고령화	고령	소요연수
한국	2000	2018	18년
일본	1970	1994	24년
독일	1932	1972	40년
이탈리아	1927	1988	61년
미국	1942	2015	73년
프랑스	1864	1979	115년

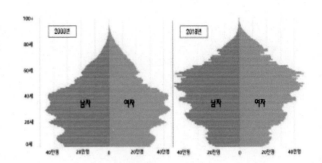

* 자료: 중기부

〈주요국 고령화 진행속도(OECD)〉　　　　　　〈인구구조 변화(통계청)〉

　　OECD 주요국 대비분배 상황은 여전히 미흡하나 전체 가계소득이 증가한 가운데, 1분위 소득이 6분기 만에 증가로 전환('19. 2/4, 통계청)됨으로써 현 정부의 적극적 대응으로 분배악화는 완화되는 추세이다.

다. AI 국가전략의 필요성

　　우리경제의 활력 제고 및 사회문제 해결에 AI가 유력한 방안으로 부상하고 있으며, AI의 인지·상황 해석 기능은 최적의 생산 환경 유지 및 장애요인 예측·제어 등을 통해 생산성을 향상시키고 새로운 부가가치를 창출하고 있다.

　　AI를 활용한 정밀진단, 실시간 위험탐지 등은 고령화 시대 노인 돌봄, 범죄예방 및 국민 안전 강화 등 사회문제 해결에 기여하고 있으며, 또한, 데이터 분석 및 추론 등을 통한 개인별 맞춤형 서비스 제공은 국민 생활의 편의를 증진시키고 있다.

〈분야별 AI 활용효과(~'22년, OECD('19), 맥킨지('18) 등)〉

　　주요국들도 4차 산업혁명 대응과 AI 주도권 확보에 국가적 노력을 경주하고 있다. 민간기술력(미국), 제조업경쟁력 (독일), 대규모 자본 및 데이터(중국) 등 자국의 강점을 활용하고, AI를 통해 고령화(일본) 등은 당면과제 해결을 추진하고 있다. 특히, (美) 트럼프 대통령이 AI 이니셔티브 서명('19.2), (中) 시진핑 주석이 AI 비전 선언('17.10) (獨) 메르켈 총리가 연방 내각회의에서 AI 전략 의결('18.11) 등 국가 최고 지도자가 직접 선언●발표함으로써 국가역량결집을 도모하고 있다.

　　따라서 AI의 발전과 이의 주도권 확보를 위한 경쟁이 가속화되는 가운데, 지금의 대응 노력에 따라 미래세대의 운명이 좌우될 것으로 전망된다. AI로 인한 문명사적 변화를 기회로 활용하여 경제 활력을 제고하고 당면한 사회문제를 해결할 수 있도록, 국가 전략마련과 범정부적 실행이 필요하다.

〈세계 주요국의 정책동향〉

구분	주요 내용
미국	● (AI 이니셔티브 행정명령('19.2) 등) R&D와 인력에 대한 정부의 장기적·선제적 투자를 통해 민간의 자생적 경쟁력을 높이고, AI 투자에 우선순위를 부여하고 있음 ➡ 민간이 추진하기 어려운 차세대 R&D 및 군사안보 분야 활용에 중점
중국	● (차세대 인공지능 발전규획('17.7)) 정부 주도의 데이터, AI 분야 대규모 투자. 인력양성을 추진하고, 선도기업을 지정하여 산업별 특화플랫폼 육성 * 바이두(자율차), 알리바바(스마트 도시), 텐센트(의료/헬스), 아이플라이텍(음성) ➡ 정부 주도 하에 자국 기업을 활용한 산업별 플랫폼을 구축, 막대한 데이터를 축적함으로써 AI 경쟁력 확보
일본	● (AI 전략 2019('19.3) 등) 산업 활력 제고 및 저성장·고령화 등 사회문제 해결을 위한 수단으로 AI 기술혁신을 가속화하고, AI 응용인재 年 25만명, 고급인재 年 2,000명 및 최고급인재 年 100명 양성 ➡ 산업경쟁력 확보와 함께 사회문제 해결을 주요 과제로 인식
독일	* (AI 육성전략('18.11)) AI를 통한 중소·제조분야 산업경쟁력을 확보하기 위해 대규모 투자로 AI 기술력을 확보, AI 응용을 통한 Industry4.0 입지 확립을 추진하며, 노동시장 변화에 대응한 직업훈련, 법규범 현실화 등도 추진 ➡ AI를 통해 중소·제조분야 경쟁력 확보와 함께, 일자리 변화 대응(직업교육 등) 포괄
영국	* (AI Sector Deal('18.4)) 산업 생산성을 높이기 위해 AI 글로벌 기업 유치, AI (AI Sector Deal('18.4)) 산업 생산성을 높이기 위해 AI 글로벌 기업 유치, AI 환경구축, 인력양성 등 AI 관련 5개 분야별 정책을 제안 ➡ 민간과의 협력을 기반으로 AI 인재양성 및 비즈니스 환경조성에 투자 집중
프랑스	* (AI 권고안('18.3)) AI는 미래 디지털경제 핵심으로서, AI 강국과 경쟁하고 AI를 통해 사회문제를 해결하는 것을 목표로 삼아, 데이터 및 AI생태계 조성, 전략 분야의 산업화 및 직업·고용, 윤리 등의 문제 해결 추진 ➡ 산업경쟁력 확보, 사회문제 해결과 더불어 일자리 변화 대응을 포함

(1) 각 분야 AI 활용사례

구분	주요 내용
	• [복지] 어르신의 말동무이자 보호자, 김포시 챗봇 '다솜이' - AI 케어 로봇 '다솜이'는 어르신이 30분 이상 말이 없으면 먼저 말을 걸고 5시간 이상 움직임이 없을시 보호자·생활관리사를 자동 연결
	• [교육] 학생과 영어로 대화하는 서울 교육청 영어 보조교사 AI - 기술을 활용한 'AI 영어교사'가, 영어회화, 퀴즈 출제 등 영어 교사 수업 보조(학생별 말하기 체크)
	• [제조] WEF가 국내 최초 '등대공장'으로 선정한 포스코 제2열연공장 - AI를 통해 중소·제조분야 경쟁력 확보와 함께, 일자리 변화 대응(직업교육 등) 포괄

구분	주요 내용
	• [농업] 작물에 따라 환경제어가 가능한 '플랜티 큐브' - 민간과의 협력을 기반으로 AI 인재양성 및 비즈니스 환경조성에 투자 집중
	• [치안] 불법촬영 피해 여성들의 눈물을 닦아주는 AI - AI가 온라인 상에 유포된 불법촬영물을 신속히 찾아 삭제를 지원 ('19.7월, 과기정통부·여가부 공동 개발)

(2) 국내 시장 동향

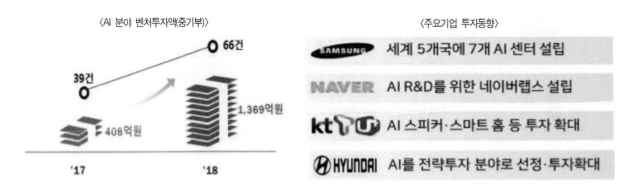

⟨AI 분야 벤처투자액(중기부)⟩

66건
39건
408억원
1,369억원
'17   '18

⟨주요기업 투자동향⟩

SAMSUNG   세계 5개국에 7개 AI 센터 설립

NAVER   AI R&D를 위한 네이버랩스 설립

kt U   AI 스피커·스마트 홈 등 투자 확대

HYUNDAI   AI를 전략투자 분야로 선정·투자확대

⟨국내 스타트업 성공사례⟩

구분	주요 내용
	국내 스타트업 M&A의 새 역사를 쓴 '수아랩' ● AI 기반 제조업 무인 검사 솔루션 개발, 美 코그넥스(머신비전 기업)가 국내 스타트업의 해외 M&A 중 최대 규모인 1억 9,500만 달러에 인수
	국내 대표 AI 종합 서비스 기업 '마인즈랩' ● AI 기반의 고객 응대 · 상담원 자동 연결 서비스, AI 음성 생성, 차량흐름 관리 등 다양한 AI 기술 · 서비스 판매 → 연매출 110억원, 투자유치 263억원

라. 추진전략

전략 1 : 그간의 정책적 노력을 토대로 우리의 강점을 살린 범국가적 전략 수립

● 정부는 4차 산업혁명위원회 출범('17.11)을 비롯하여 DNA(Data · Network · AI)를 핵심동력으로 삼아, AI R&D 전략('18.5), 데이터산업 활성화 전략('18.6), 시스템반도체 전략('19.4), 세계 최초 5G 상용화 및 5G+ 전략('19.4), 제조업 르네상스 전략('19.6) 등 분야별 대책을 발표하고 지원을 대폭 확대한다.

● 특히, 대통령'AI 기본구상' 발표('19.10)를 통해 4차 산업혁명의 결정체인 AI에 대한 국민적 관심을 환기시키고 국가적 역량결집의 계기를 마련한다.

- 우리나라는 높은 교육수준과 신기술 수용성, 세계 최고의 ICT 인프라와 반도체 · 제조기술 등 AI를 잘 할 수 있는 강점을 보유한다.

- 지금부터는 그간의 정책적 노력을 바탕으로 국민이 체감할 수 있는 성과를 창출할 수 있도록 우리가 강점을 가진 분야에 국가적 지원이 필요하다.

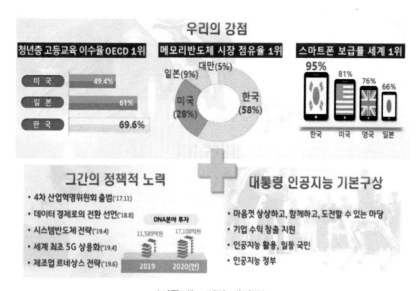

〈인공지능 전략 개념도〉

전략 2 : 경제 · 사회 전반의 근본적 혁신을 위해 국가적 역량을 총결집

   - AI 시대를 이끌 당사자인 국민, AI 경쟁력 확보 주체인 기업, 미래 방향성을 제시할 학계 등 민간이 혁신을 주도한다.

   - 정부는 든든한 조력자로서 민간의 혁신을 적극적으로 지원한다.

기 업	정 부
• AI 산업 경쟁력 확보의 주체 • AI 新 서비스 발굴 및 R&D 투자 등을 통한 기술력 확보 및 혁신 생태계 조성 • 직원 재교육 강화 등 사회적 책임 수행	• 기업/민간 역량 강화의 조력자 • 대형 프로젝트 등 진흥정책과 규제 · 법제도 혁신 등 산업 · 사회 인프라 조성 • 인재 양성 및 전 국민 미래소양 함양
국 민	학계 등
• AI 시대를 이끌 당사자 • 창의력과 SW · AI 기본 역량 제고 • 역동적 시장을 위한 소비 주체이자 사회적 논의의 참여 주체	• 바람직한 AI 시대를 준비하고, 방향성을 제시하는 전문가 • AI 기술 개발 및 인재양성 역할 • 미래사회 연구에 주도적 참여

전략 3 : AI 기술의 발전을 넘어 산업에 활기를 불어넣고, 사회문제 해결과 사람 중심의 사회 혁신을 달성

〈AI 국가전략을 통한 미래상〉

마. 비전 및 목표

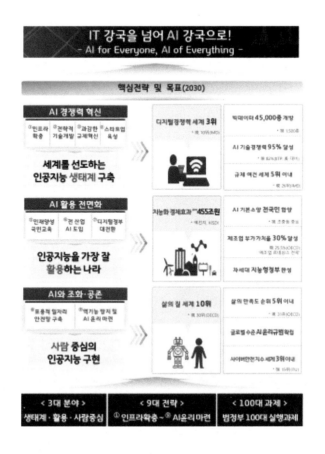

바. 추진 과제

가) 과제 1 : 세계를 선도하는 인공지능 생태계 구축

(1) AI 인프라 확충

데이터 · 컴퓨팅파워 등 AI 산업의 핵심인프라를 튼튼히 하고, 지역별 AI 혁신 클러스터를 전국으로 확산

〈빅 데이터플랫폼 데이터 개방 건 수(누적)〉

(2) 현황 및 문제점

- 활용 가능한 데이터가 부족하고 유통구조도 폐쇄적이며, 특히 중소기업이 구축하기 어려운 스마트공장의 데이터 미분석 사유 1위(제조 혁신 추진단, 19.7): 인프라 구축 어려움(30.3%) 등 고성능 컴퓨팅 자원 부족
- 수도권 집중현상 등으로 지역 경제가 어려움을 겪는 가운데 지역산업의 새로운 혁신동력으로 AI의 역할에 대한 기대 증가
  - '19년 전체 벤처투자의 66.9%가 서울·경기·인천 등 수도권에 집중(한국벤처투자 등)

(3) 추진 전략

- 민간 수요를 반영하여 데이터 공급 및 수요 창출 시스템을 확대 개선하고, 데이터 활용지원을 위한 대규모 고성능 컴퓨팅 자원을 확충

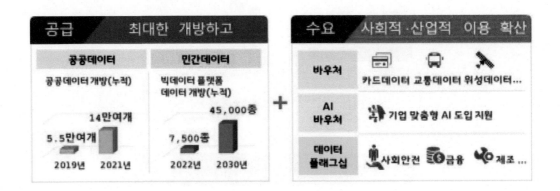

(4) 추진 과제

⇨ 추진 과제 1 : 데이터 개방·유통 활성화

- 공공기관이 보유한 공개 가능한 공공데이터 전면 개방 추진(~'21) - 특히 신산업(자율주행, 스마트시티 등) 분야 AI 활용 활성화를 위한 공공 데이터를 적극적으로 발굴 개방
  - 개방이 어려운 데이터(개인정보 등)의 경우, 기업 등이 접근하여 알고리즘을 개발할 수 있는 적극적 데이터 활용 프로젝트 추진
  * (예) AI 기반 공항 식별추적 시스템('19~'22): 법무부 보유 9천만건의 안면 데이터를 안전하게 활용할 수 있도록 보안환경이 조성된 별도 공간을 구축하여 알고리즘 개발
- 10개 분야 빅데이터 플랫폼(19. 구축) 데이터의 전면 개방·유통 - 공공부문 빅데이터 센터와의 연계 강화 및 데이터를 보유한 민간 기관의 참여 확대 추진
- AI 학습용 데이터 구축 확대 및 'AI 허브' 등을 통한 공급으로 AI 개발 인프라 확충
  * AI R&D에 필요한 데이터, SW, 고성능컴퓨팅 등을 원스톱으로 제공하는 플랫폼 - 한국어음성, 글자체 이미지 등

범용 데이터를 비롯한 엑스레이 영상, 자율주행 영상 등 특정 분야 데이터구축 개방('22년까지 75종 2억건)

　* (예) 한국어 말뭉치 구축(국립국어원·문체부, '19~'22)

- ODA(공적개발 원조) 사업 등을 활용하여 빠르게 성장하는 신 남방•신 북방국과의 전략적 협력을 강화, 부족한 데이터 자원 확충

▷ 추진 과제 2 : 공공·민간 데이터 지도 연계 강화

- 국가·사회 전 분야의 데이터 생산·유통·활용을 종합 지원할 수 있도록 공공 - 민간 데이터 지도 연계 강화

- 분산된 공공분야 데이터의 통합 및 분석·활용을 위한 범정부 데이터 플랫폼구축 * (국가 데이터 지도 구축은 완료('19.4))

　* '19년 중앙부처 → '20년 지자체·공공기관

- 각 분야별 빅 데이터 플랫폼 및 데이터 스토어 등의 데이터, 데이터 자원 총 조사 결과 등을 종합한 민간 데이터 지도를 구축('2020)하고, 국가 데이터 지도와 연계 강화를 추진('21)

▷ 추진 과제 3 : 데이터 활용 지원

- 각 기업이 필요로 하는 맞춤형 데이터 활용 지원 확대

　- AI 수요기업이 자사 제품에 활용 가능한 최적의 AI 솔루션을 도입할 수 있도록 AI 바우처 제도 도입('20)

〈AI 바우처 제도 운영방식〉

- 기업의 수요에 맞게 데이터 구매 또는 가공서비스를 분야별로 지원하는 데이터 바우처 사업의 다변화 추진('20~)
- 정보 주체 동의하에 개인 데이터를 활용하는 마이 데이터 실증사업 ('18~, 과기정통부)을 행정•의료•금융 분야로 확대('20~)
- 데이터의 안전한 활용을 위한 데이터 3법 개정 및 관련 법제도 (개인 권리 강화, 데이터 소유권 개념 정립 등) 마련

⇨ 추진 과제 4 : 고성능 컴퓨팅 자원 확충
"AI 허브 지원확대 200개에서 2020년 800개 기관으로 확충
- 대학 · 기업 · 연구소의 AI 개발 등을 지원하기 위한 컴퓨팅 파워 확대
  - 'AI 허브'의 컴퓨팅 자원 확대 및 2019년 200개 기관, 각 20TF(Tera Flops) → ('20) 800개 기관, 10~40TF 차등지원과 같은 사용자 수요에 따른 지원 차등화 실시
  - 세계적 수준의 컴퓨팅 자원제공 데이터센터 구축('광주 AI 중심 산업융합 집적 단지' 내, ~'24)

⇨ 추진 과제 5 : AI 혁신 클러스터 확산
"전국 단위 AI 거점화 전략 수립('20)"

- 지역 주력 산업인 자동차 · 에너지 · 헬스케어와 AI 융합이 촉진되는 혁신적 AI 생태계 조성(20~24, 광주AI 집적단지, 총 사업비 3,939억원)
  * △AI 개발 핵심 인프라(데이터센터 등) 구축, △AI 산업융합 R&D 및 △AI 창업 지원

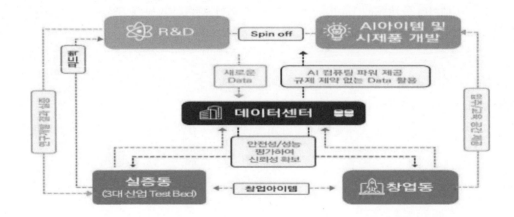

- 지역별 특색 있는 'AI 혁신 클러스터'의 확산 추진을 위해 주요 거점별 특성을 고려한 '전국 단위의 AI 거점화 전략' 수립('20)
  - 대학과 인근 창업단지 간 연계방식, 대학과 연구소 간 융합연구 및 사업화 협력 방식 등 다양한 수요를 반영한 종합지원 전략 마련
- ▶ 최근, 대학 인근 부지개발을 통한 산학협력단지조성(서울대), 대학과 지역 벤처밸리를 연계한 창업지원(포스텍), 대학-출연(연) 간 AI 연구·사업화 협업(KAIST) 등 다양한 노력이 전개

나) AI 기술 경쟁력 확보

선도국과 대등한 기술·산업 경쟁력을 확보하여, 글로벌 AI 시장과 생태계를 주도해 나가겠습니다.

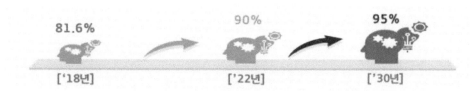

〈AI 선도국(미국, 100%) 대비 기술수준 평가, 정보통신기획평가원〉

(1) 현황 및 문제점

- 현재 글로벌 AI 생태계는 미국이 주도하는 가운데, 최근에는 대규모 자본과 데이터를 바탕으로 중국이 급성장
  - 급속한 AI 발전 속도를 감안할 때, 우리와 선도국 간의 격차 심화 우려

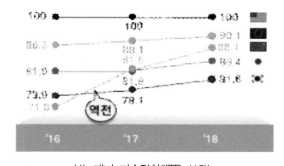

〈美 대비 기술격차(IITP, '18)〉

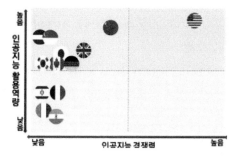

〈AI 경쟁력 맵(맥킨지·엘리먼트 AI 등)〉

(2) 추진 전략

- 우리가 ❶ 잘 할 수 있고, ❷ 선점할 수 있는 분야에 대한 '선택과 집중'으로 HW와 SW를 아우르는 AI 경쟁력확보
- AI 기초체력을 튼튼히 할 수 있도록, ❸ AI 기초연구와 SW에 대한 지원을 확대하고, ❹ AI R&D 방식을 전면 개편

(3) 추진 과제

"AI 반도체 세계 1위 도약"

⇨ **과제 1 : AI 반도체 경쟁력 확보**

• AI 반도체 생산

  ▶ 인간 뇌처럼 기억, 연산을 대량 동시 (병렬) 처리

  ▶ 이미지. 소리 인식과 학습. 판단 가능

• AI 생태계의 핵심 경쟁력이 될 차세대 지능형 반도체를 선제적으로 개발

  - ❶연산속도 향상을 위한 설계기술, ❷ 전력 소모 감소를 위한 미래소자, ❸ 미세공정을 위한 장비•공정기술 개발
    에 집중 투자

  * ('20~'29)

  * 총사업비 1조 96억원: 과기정통부 4,880억원, 산업부 5,216억원

  - 핵심 분야 플랫폼 개발, 현재보다 연산속도 25배↑, 전력 소모 1/1,000배↓ 달성 목표('29)를 가진 세계 1위의 메
    모리 기술력 접목, R&D 방식 혁신 등 차별화된 전략으로 세계적 기술 경쟁력 확보

〈AI 반도체 개발 R&D 방식 혁신〉

구 분	기 존	혁신 방향
과제형태/규모	상향식/다수의 소규모 과제	하향식+상향식/대규모 오픈 플랫폼 과제
개발범위	반도체 기술	반도체+소프트웨어+시스템 기술

• 세계 최고의 메모리 반도체 경쟁력을 활용하여 기억(메모리)과 연산 (프로세서)을 통합한 신개념 인공지능 반도체
  (PIM) 개발추진

  - Processing-In-Memory: CPU 중심 컴퓨팅을 뇌 구조와 같은 메모리 중심 컴퓨팅으로 바꾸는 반도체로 현재의 메
    모리-프로세서의 속도효율 저하, 전력증가 문제해결 기대

⇨ **과제 2 : 차세대 AI 선점**

"차세대 AI 선점('30. 핵심기술 5개 이상)"

• 뚜렷한 주도국이 없는 창의적•도전적 차세대 AI 연구에 선제 투자('20~)

  * 차세대 AI 개발사업 예타 추진 → '30년까지 핵심기술 5개 이상 확보

〈차세대 AI 연구(예시)〉

⇨ 과제 3 : AI 기초체력 강화

"AI 기초연구 집중 투자('20. 예타)"

- (기초연구) AI 기초연구에 대한 지원 확대 : 뇌기능 · 인지과학 · 기계학습 연구 예타 추진
- (SW) AI의 바탕인 SW산업 성장을 위한 제도개선 과제(SW산업 진흥법 전부 개정) 추진과 SW 친화적 교육 · 문화 확산
  - 데이터-클라우드-AI 사슬의 한 요소인 클라우드 활성화를 위해 공공부문의 클라우드 전환 추진(20)
  - SW사업 활성화 및 SW 개발자 보호를 위해 표준계약서를 마련 · 확산 하고, 공공분야 정보화사업 수주 SW사 대상 하도급 실태조사 실시(20)
- (통계 · 분석) AI 시장분석 및 정책개발을 위한 AI 산업 통계체계 구축과 AI 특허 빅데이터 분석을 통한 기업 · 대학 등에의 관련 정보 제공(20~)

⇨ 과제 4 : AI R&D 전면 개편

"혁신적 R&D 확대('20~)"

- 선의의 경쟁과 창의적 도전을 촉진할 혁신적 방식의 AI R&D 확대
  - 서바이벌 방식의 경쟁형 R&D, 국가 사회 현안을 AI로 해결하는 챌린지형 R&D(경진대회) 비중을 강화(20~)

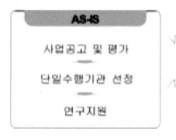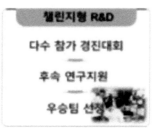

〈기존 방식과 혁신적 R&D 차이〉

- 기계적 공정성 중심 평가체계에서 벗어나 전문성이 대폭 강화될 수 있는 R&D 방식 연구 및 도입(전문연구반 구성·운영, '20)

다) 과감한 규제 혁신 및 법제도 정비

혁신적인 기업과 개발자가 마음껏 상상하고, 함께하고 도전할 수 있는 제도적 환경을 조성하겠습니다.

〈WEF 국가경쟁력 평가 중 혁신기업의 성장수준 순위〉

(1) 현황 및 개선점
- 글로벌 시장 대비 국내 AI 시장 규모와 투자 수준은 낮으나, 최근 스피커, 챗봇 등의 제품 보급으로 AI 시장의 수요 기반이 확대

〈글로벌 AI 시장 중 국내 비중(IDC, '18)〉

〈글로벌 AI 투자액 중 국내 비중(중기부, '19)〉

- 의료·금융·교육 등 다양한 응용 분야에서 혁신 스타트업들이 다수 등장 하고 있으나, 자생적 AI 생태계 형성으로 이어지지는 못하는 상황

(2) 추진 전략
- AI 생태계를 주도할 수 있는 도전적·창의적 스타트업에 대한 전 주기적 지원을 대폭 확대
- 'AI 올림픽' 등 빅이벤트 개최를 통한 스타트업 기술력 제고와 함께 글로벌 AI 스타트업 생태계 중심 국가로 도약

(3) 추진 과제

▷ 과제 1 : 혁신 생태계 조성
"AI 투자펀드 조성('20)"

• 유망 AI 스타트업에 대한 투자 및 자금 지원 확대
  - AI 투자펀드 조성 및 AI 스타트업 전용 투자설명회(IR) 개최('20)
  * 모태펀드 출자를 마중물로 DNA 분야 투자자금 확충(20년 벤처펀드 5조원 이상 조성 목표) * KIF(Korea It Fund)
    출자 및 타 펀드 매칭을 통해 3,000억원 규모 AI 펀드 조성
  - 미래기술육성자금 신설('20)을 통한 AI 혁신기업 우선지원 추진

  > ◇ 미래기술육성자금
  > ▶ DNA(Data, Network, AI) 및 3대 신산업(시스템반도체, 바이오헬스, 미래차) 등 혁신성장 분야 중
  >   소 · 스타트업 지원을 위한 정책자금(3,000억원 규모)
  > ▶ 업력 3~10년 기업에 대해 100억원(운전자금은 10억원) 한도로 지원

  - 혁신적 AI 기술 보유기업에 대한 기술보증 우대(보증비율 85% → 95%) 및 보증료 감면(0.3%p)

• 창업 플랫폼을 활용한 우수 AI 스타트업 발굴 · 육성
  - 공공데이터활용 창업 플랫폼인 오픈스퀘어-D*를 활용하여, 데이터 기반의 AI 스타트업 발굴 · 지원('20~)
  * 컨설팅 · 교육 · 입주 공간 등을 지원하는 창업거점(서울, 부산, 강원, 대전, 대구, 광주 등 6곳)

〈오픈스퀘어-D 주요 프로그램〉

프로그램	주요 내용
● 데이터 제공	공공데이터 제공 및 활용 지원
● 데이터 실습교육	공공데이터 활용 실습 및 분석 · 시각화교육
● 데이터 컨설	기업 맞춤형 데이터 활용 컨설팅

  - 정부 합동 창업경진 대회인 K-Startup에 지자체 리그 및 민간 리그를 신설('20)하여 우수 스타트업 발굴기회 확대
  - TIPS(Tech Incubator Program for Startup) 운영사 선정 시 AI · 빅데이터 분야 전문투자회사 우대('20~)
  * 세계시장을 선도할 기술 아이템을 보유한 창업팀을 민간 주도로 선발하여 집중 육성하는 프로그램

• AI 스타트업 활성화를 위한 기반 확충
  - AI 분야 전문가와 스타트업이 기술노하우를 교류할 수 있는 프로그램(AI 밋업) 개최(20~)

- AI 분야 예비창업자 대상 사업화 자금 등을 지원하는 바우처* 사업 확대(19. 34명 대상 19억원 → 20. 40명 대상 22억원 지원)

* 초기 사업화에 소요되는 자금(최대 1억원) 및 창업교육, 전담 멘토링 등 이용 가능

- 스타트업 기술창업촉진, 민관협력 및 글로벌 진출지원 강화를 위한법체계 정비(20, 중소기업 창업지원법 전면 개정 등)

⇨ 과제 2 : AI 스타트업 글로벌화

"AI 올림픽 개최(20)"

• 전 세계 AI 스타트업의 경쟁과 교류의 장인 'AI 올림픽' 개최(20~)로 글로벌 AI 메카로 도약

* 글로벌 스타트업 페스티벌 'ComeUp 2020'의 메인 행사로 'AI 올림픽' 진행

/(추진일정) 민관합동 조직위 구성(19.12), 참가 스타트업 선정(20.9), 올림픽 개최(20.11)

- 세계 AI 스타트업 경진대회 및 AI R&D 그랜드 챌린지와 연계한 경쟁형 게임, 챌린지 등을 통해 우수팀 사업화 자금 등 지원

AI 영상인식 대결	로봇 축구	AI 게임	AI 통번역 대결

⟨AI 올림픽 종목(예시)⟩

- 최첨단 AI 제품·서비스 시연과 AI 전문가 및 스타트업 간 기술교류, 투자 등 네트워킹의 장 마련 병행

라) AI를 가장 잘 활용하는 나라

1) 세계 최고의 AI 인재 양성 및 전 국민 AI 교육

세계 최고의 인재가 끊임없이 성장하고, 모든 국민이 AI를 잘 활용할 수 있도록, 교육체계를 혁신하겠습니다.

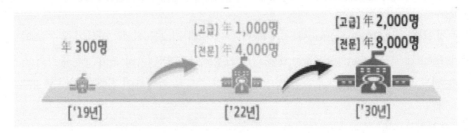

年 300명   ['19년]

[고급] 年 1,000명
[전문] 年 4,000명   ['22년]

[고급] 年 2,000명
[전문] 年 8,000명   ['30년]

⟨연간 AI 고급·전문인재 양성 규모⟩

(가) 현황 및 문제점

• 선도국 대비 AI 인재가 절대적으로 부족한 상황으로, 향후 수요 증가로 인해 인재 부족 현상이 심화될 것으로 전망

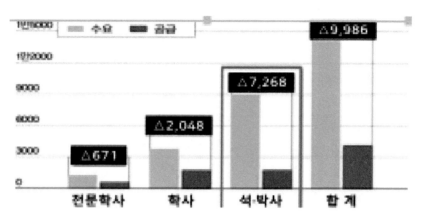

〈'18~'22년 국내 AI인재 부족 전망(SW정책연구소, '18)〉

• AI 시대는 SW · AI 중심의 디지털 문맹 퇴치로부터 시작하나, 우리 SW · AI 교육은 시작단계로 학교교육 및 졸업
  후 교육기회도 부족
    * 이스라엘은 중학교에서 총 180시간 SW 필수교육을 실시하며, 미국 · 영국 · 일본 등도 필수교육을 활발히 추진.
    우리의 SW교육 시수는 51시간에 불과(초등 17, 중등 34)

(나) 추진 전략

• 재능 있는 인재가 모여 세계 최고의 AI 인재로 성장할 수 있는 토양과 육성 프로그램을 확충하고, 다양한 전공과 AI
  융합교육을 전면화
• 모든 국민이 디지털 리터러시를 함양할 수 있도록 생애주기별 · 직군별 교육 프로그램을 확충하고, SW · AI를 중심
  으로 학교 교육체계를 개편

(다) 추진 과제

⇨ 과제 1 : AI 고급 · 전문인재 양성체계 구축

"AI 학과 신 · 증설 등 대학 교육제도 혁신(20~)"

- 대학 운영관련 규제개선으로 재능 있는 인재의 지속적 유입토양 마련
  - 결손인원(대학별 연100~300명)을 활용한 AI 관련학과 신 · 증설 허용과 추가적 학과신설 수요가 인정되는 경우 국립대(非수도권) 증원추진(20~)
  - 민간의 AI 전문가를 교수요원으로 유치할 수 있도록AI 관련학과 교원의 기업 겸직을 허용하는 등 수요자 맞춤형 인센티브 체계 마련(20)
- 4단계 BK21('20~'27), 대학중점 연구소 등에 AI 분야 신설(20~)하는 등 대학 내 최고 수준의 석 · 박사급 AI 교육 · 연구 프로그램 확대
  - 대학별 특성을 반영한 AI대학원 프로그램을 확대 · 다양화
  - (현행) 학과 개설 → (개편) 학과 개설, 융합학과, 협동과정, 지역산업 융합 트랙, 대학 내 센터 등(20~)
- 산업계 협력을 토대로 프로젝트 중심 단기 집중 교육과정(비학위), 산업현장 맞춤형 교육과정 등 다양한AI 전문 인 재양성 통로마련
  - 이노베이션 아카데미('42서울') 신설('19.12, 연 500명)
  - LINC+(사회맞춤형학과) 증액 예산 활용 AI 관련 추가 협약반 개설 추진('20) / 철강, 자동차 등 분야의 '산업 AI 전 문인력(석 · 박사급) 양성사업' 추진('19~)

⇨ 과제 2 : AI 융합교육 전면화

"대학 내 SW · AI 기초교육 필수화('20)"

- AI와 타 전공간 융합전공 개설 · 운영 활성화를 위한 관련 규제완화
  - 입학 모집단위와 관계없이 융합전공을 신설하고, 소속 계열을 대학이 자율적으로 선택할 수 있도록 개선(대학설 립 운영 규정 개정, '20)
- 타 분야 전공지식(인문사회 · 의료 · 예술 등)과 AI 역량을 겸비한 융합 인재로의 성장을 지원하는 SW · AI 기초교 육 강화('20~)
  - SW 중심 대학부터 모든 재학생에게 SW · AI 교육 필수화 및 교수 간 AI 강습(Teach the Teachers) 활성화를 추진 하고, 전국 대학으로 확산

⇨ 과제 3 : 직군별 AI 기술 감수성 함양 추진

"군 장병 · 공무원 AI 교육 실시(20)"

- 모든 군 장병 대상 AI 기초소양 교육 실시(20~)
  - * 온라인 군 교육 플랫폼(M-MOOC), 군 교육기관 및 정보화 교육장 등 활용
  - ICT관련 병과 대상으로는 전문 교육기관과 연계한 심화교육 실시

- 신규 공직 임용자 승진자 교육에 AI 소양 교육을 필수화하여 공직 사회의 AI 감수성 제고(20~, 연 1,500명 교육 목표)
- 중소 · 벤처기업 재직자, 소상공인, 산단 근로자 등을 대상으로 산업현장에서 필요한 AI 활용역량 교육 확산(20~)
  - 현장 인력의 작업 숙련도 및 생산성 제고를 위해 업종별 특화된 재직자 AI 교육 프로그램 개발 · 운영추진(20~)

<주요 직군(분야)별 교육과정>

군인	공무원	중기 · 벤처 재직자	소상공인	산단 근로자
• 전 장병 AI 기초교육	• 신규 임원 승진자 AI 교육 필수화	• 중기 재직자 AI 계약학과 • 고졸 재직자 특화 과정	• 민간기업 협력 기반 AI 현장 활용 교육	• 산단별 공동 훈련센터 구축 활용 검토

⇨ 과제 4 : AI 평생교육 체계화

"전 국민 온 · 오프라인 평생교육(20)"

- 성인 누구나 AI 소양을 습득하도록 온 · 오프라인 평생 교육과정 제공
  - 학점은행제 내 AI 전공과정 또는 과목을 신설하고 '학점인정 등에 관한 법률'에 따른 학습과정 평가인정 실시 (20~)
  - 성인 학습자가 AI 역량을 습득할 수 있도록 K-MOOC, 사이버대학 등 다양한 온라인 교육 콘텐츠 개발 · 제공 : K-MOOC AI 분야 20개 강좌(20), 사이버대학 2개 과정, 14종(20) 등
  - 도서관 · 박물관 · 과학관 · 노인 복지시설 등 국민과 밀접한 공간을 활용하여 장소와 이용자의 특성에 맞는 다양한 AI 체험 · 교육 실시 : (도서관) AI 감수성 체험("Read to a Robot"), (박물관) 전시안내 AI 로봇 체험, (과학관) AI 기초체험 교육, (복지시설) 어르신의 AI 스피커 · 챗봇 활용 교육 등

⇨ 과제 5 : SW. AI 중심 학교 커리큘럼 개편

"초중등 SW 필수교육 확대('22)"

- 초 · 중 · 고학생의 컴퓨팅 사고력(computational thinking) 강화를 위해 SW · AI 학습기회 대폭 확대
  - (초등 저학년) 어릴 때부터 자연스럽게 SW · AI에 대한 이해와 흥미를 배양하도록 놀이 · 체험 중심의 SW · AI 커리큘럼 편성(22)
  - 초등 고학년~중학교 모든 학생이 미래 사회의 필수역량인 SW · AI 기본 소양을 습득할 수 있도록 필수교육 확대 (~22) : 초 · 중등 교육과정 개정 시 교육 시수(현 51시간) 확대 및 다양한 교과에서의 SW · AI 역량 함양 추진
  - 고등학생들이 자발적으로 SW · AI 심화 과정을 이수할 수 있도록 SW · AI 교육과정 중점 고교 지속 확충(20~)

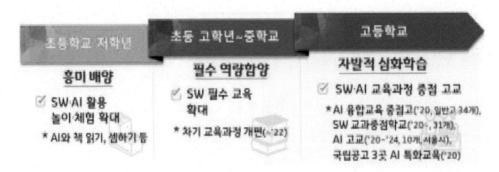

〈학년별 학습단계〉

⇨ 과제 6 : 교원 SW · AI 역량 강화 및 학교 인프라 확충

"교원 SW · AI 역량강화('20~)"

• SW · AI 교원의 양성 · 임용 과정부터 SW · AI 과목 이수 지원('20~)

> ▶ (교육대학교) AI 관련 내용을 필수 이수토록 교사 자격 취득을 위한 기준(고시) 개정
> ▶ (사범대학교) 교직과목 및 관련 전공과목에 SW · AI 관련 내용 포함
> ▶ (교육대학원) AI 융합교육 관련 전공 신설, 참여교사 지원

• 전국 초중고에 기가(Giga)급 무선망 구축(학교당 최소 4개 교실) 완료('20)

• SW · AI 영재 발굴 · 육성, 취약 계층 · 지역 교육, 강사 양성 등 학교 밖에서도 다양한 수준 · 내용의 SW · AI 교육 기회 제공
  - 정보보호 영재 교육원('19. 4개 → '20. 5개), SW 미래 채움센터('19. 5개 → '20. 10개), SW 교육 지원 · 체험센터 ('20. 3개), SW · AI 진로체험 버스('19. 20회 → '20. 40회)

참 고	대통령 '인공지능 기본 구성' 후속 조치 ① - 미래사회 첨단분야 인재 등 양성 방향 -

"인공지능 대학원, 이노베이션 아카데미를 비롯한 기존 정책에 더해 대학의 첨단분야 학과 신·증설과 대학교수의 기업 겸직도 허용해 세계 최고의 인재들이 우리나라로 모이도록 하겠습니다."

(기본구상 中, '19.10.28.)

◆ 교육부를 중심으로 관계부처가 참여하여 마련한 미래사회 대비 중장기 인재양성 계획('19.11.11., 사회관계 장관
  회의)
• 대통령 '인공지능 기본 구상' 후속 조치이자 「사람투자 10대 과제」('19.4, 일자리 委), 「대학혁신 지원 방안」('19.8
  발표)의 연계 계획
• 주요 내용
① 미래 첨단 분야 인재양성
  - 정부가 지정한 신산업분야 등과 관련하여, 학과 신·증설 등을 통해 해당 분야의 인재를 집중 양성
② 이공계 혁신인재 양성
  - 신산업 등에 특화된 과학기술 분야 미래 인재양성을 위한 혁신방안을 검토하고 산업계·교육계의 미스매치 해소
    방안 제시
③ 교원 양성체계 개편
  - 초·중등 교원이 미래학교 혁신의 주체가 될 수 있도록 경직적 자격 구조를 유연화하고, 교원양성·선발·연수
    시스템을 종합개선
④ 의료 인력 양성체계 개편
  - 인구 고령화, 4차 산업혁명 등 미래 의료 환경 변화에 대비하고, 지역 필수·공공의료 강화를 위한 의료분야 인재
    양성 추진

2) 산업 전반의 AI 활용 전면화

전 산업의 지능화를 통해, 우리 경제의 활력을 되찾고 미래 먹거리를 확보하겠습니다.

최대 126조원   ['22년]   최대 455조원   ['30년]

〈지능화 경제효과, 맥킨지·KISDI〉

(가) 현황 및 문제점
• 4차 산업혁명의 확산에 따라 AI 등 첨단 ICT가 시장 경쟁과 산업 생산의 핵심요소로 부상
• 우리 산업은 제조업 등 전통적 강점 분야에서도 글로벌 경쟁력이 저하 되고있어 '제조업 르네상스 비전 및 전략' 등
  기존정책의 가속화 등을 통해 새로운 성장 모멘텀 확보 필요

08년	기업명		19. 6월	기업명
1위	페트로차이나		1위	마이크로소프트
2위	엑슨모빌		2위	아마존
3위	GE		3위	애플
4위	차이나모바일		4위	알파벳(구글)
5위	중국공상은행		5위	페이스북

■ Energy ■ Financials ■ Industrials ■ AI 관련 기업

〈글로벌 시가총액 상위기업 변동〉

〈주요국 제조업 부가가치율(Global Insight, '18)〉

(나) 추진 전략

• 시장 규모와 파급력이 큰 분야를 중심으로 AI 융합을 통해 가시적 성과를 창출하고, 교통, 도시, 문화 등 분야로 확산하여 산업 시스템 전반을 업그레이드
  - 신규매출 증대와 비용절감으로 제조분야 최대 19조원, 의료분야 최대 25조원 경제효과 발생 전망(KISDI, '19)
• 전 산업의 AI 활용 촉진을 위해 'AI+X 10대 선도 프로젝트' 기획·추진

(다) 추진 과제

▷ 과제 1 : AI 융합 프로젝트(AI+X) 추진
"대형 AI 융합프로젝트 추진('18~)"

• 공공영역 보유 대규모 데이터를 기반으로 AI와 각 산업의 융합을 통해 국민이 체감할 수 있는 대형 성과를 창출하는 프로젝트 추진
  - AI 전문기업과 각 분야별 역량 있는 기업, 공공기관이 참여하는 민관협업 생태계를 구축하고, 국내 AI 기업들에게 초기 사업기회 제공

닥터앤서(AI 기반 정밀의료 솔루션)

▶ AI 기반 질병 예측·진단·치료 솔루션으로 현재 임상실험 중('18~'20, 총 364억원)
* 서울 아산병원 주관, 의료기관·ICT기업 등 총 46개 산학연·병원 참여

〈AI 융합프로젝트 추진 사례〉

▷ 과제 2 : 제조업에서부터 전 산업으로 AI 융합 확산
"AI 기반 스마트공장 보급('30. 2,000개), 업종별 특성화된 '산업 AI 프로젝트' 추진"

제조 및 산업 전반

- AI와 데이터를 기반으로 스마트공장 고도화
  - 스마트공장 데이터를 축적, 공정 · 품질 분석을 지원하는 제조 데이터센터 및 플랫폼 구축('20)
  - 고성능 컴퓨팅 인프라를 통한 제품 시뮬레이션 및 원격진단, 설비 예지 보전 등 제조AI 활용지원 방안 마련
  - AI를 활용한 '디지털 데이터 분석 → 공정 최적화'로 생산성은 높이고 낭비는 줄이는 AI 기반 스마트공장 구축 ('22. 100개→'30. 2,000개)
- AI와 산업이 융합된 '산업 지능화'를 통해 제조 르네상스 실현
  - 업종별 비즈니스 모델에 기반 한 데이터 수집과 AI 응용서비스를 결합한 문제해결형 산업 데이터 플랫폼 구축 · 확산
  - 산업의 AI 활용을 위해 업종별 특성화된 표준산업 AI 모듈개발 등 '산업 AI 프로젝트' 추진
- 업종별 글로벌 경쟁력을 가진 AI 융합제품 개발 및 상용화 추진

업 종	추진내용
자율차	▶ 완전자율주행(Level 4) 세계 최초 상용화를 위한 자율주행 기술개발 혁신사업추진('21~'27, 예타 중)
조 선	▶ 자율운항 선박('20~'25) 및 한국형 스마트 야드(K-Yard) 개발 추진('21~'26, 예타 중)
설 계	▶ 설계 자동화 구현을 위한 디지털 엔지니어링 플랫폼 구축('21~'25, 예타 중)
로 봇	▶ AI융합 차세대로봇 기술개발('19~'22) 및 성능평가 · 실증인프라 구축('20~'24)
AI 가전	▶ 중소 · 중견기업 지원을 위한 가전 빅데이터 공동 플랫폼 구축('19~'22)
세라믹	▶ 공정효율 개선과 유연 · 대량생산을 위한 I-ceramic 플랫폼 구축('19~'21)
소 재	▶ 소재 · 부품 최적 개발방식 도출을 위한 디지털 시뮬레이션 플랫폼 구축(~'21)

- AI를 활용한 중소기업 · 소상공인 혁신 지원
  - AI · 빅데이터 기반 사전 진단(예지 보전, 기능 개선 등)을 통해 중소 기업제품 · 서비스의 부가가치를 제고하는 스마트 서비스 지원('20~)
  - 스마트상점 개발 · 보급('20~) 및 측정 데이터 분석 · 활용 플랫폼 구축을 통한소상공인 제품 · 서비스혁신('21~)
  - 스마트상점 : AI, VR · AR, 핀테크, O2O 등 첨단 디지털 기술을 활용하여 서비스 · 경영을 획기적으로 개선하는 상점

바이오 · 의료 _신약개발 AI 플랫폼 구축('21)

- AI 활용을 통해 차세대 주력산업으로 중점 육성
  - 단계별 신약개발 AI 플랫폼 구축(~'21)을 통한 개발기간의 획기적 단축(15년 → 7~8년)

▶ 최적의 신약 물질 도출·검증을 위해 막대한 시간·비용 투자 ▶ 구축된 연구 데이터의 신약개발 활용 부족	⇨	▶ AI를 통해 연구 시간·비용 절반 단축 및 새로운 신약 물질 발굴 ▶ 데이터 체계적 수집·공유·활용 체계 구축

  - 의료데이터 중심병원 지원, 의료 AI 서비스·제품의 병원 현장 실증 등 의료기관 중심의 데이터셋 구축 및 AI 개발 생태계 조성('20~)
  - 의료데이터 중심병원 : 의료 연구역량을 보유한 병원을 지정, 의료 데이터 생산·활용 및 정보 시스템 구축 등 지원('20. 5개)
  - 응급상황 대응, 의료 음성지원, 환자상담 등 다양한 의료서비스의 실증연구 지원
  - 임상검증용 표준데이터 마련 및 전문적 심사체계 구축(~'21)으로 AI 의료기기 품질 제고 및 제품화 기간 단축(3년 → 1년)

스마트시티 · 건설 _개방형 스마트시티 데이터 허브 구축('20)

- AI 융합으로 도시 삶의 질 및 건설업 생산성·안전성 향상
  - 스마트 시티 데이터를 연계·활용하는 AI 기반 데이터 허브 구축('20)
  - CPS(Cyber Physical System) 기반 건설현장 통제, 시뮬레이션 등 스마트 건설기술 확보('20~) 및 스마트 건설 지원센터 준공('21)

교통 · 물류 _자율주행 대중교통 기술 개발('21)

- AI 기술에 기반한 자율주행 환경 조성 및 물류산업 고도화
  - 모든 위험에 대응하는 자율협력 주행기술('19~) 및 실시간 교통 수요에 따라 노선·배차를 최적화하는 자율주행 대중교통기술 개발('21~)
  - AI·IoT 기술로 항만자원(컨테이너, 작업자 등)을 실시간 공유·분석하는 항만물류 최적화 기술 확보(~'21)

에너지 _에너지 빅데이터 플랫폼 구축('20~)

- AI를 활용하여 에너지 소비·공급을 효율화하는 에너지 전환 추진
  - 전기, 열, 가스 등 주요 에너지 공급 및 소비 데이터를 축적·활용하여 신 서비스를 개발·제공하는 에너지 빅 데

이터플랫폼 구축('20~)
- 태양광에 AI를 결합, 유지비를 절감하는 지능형 신재생 발전추진('20~)

환 경   **_미세먼지 예보 정확도 제고('18~)**

- AI 기반 빅데이터 분석을 통한 미세먼지 예보 정확도 제고('18~) 및 지하수 축산 분뇨 오염 실시간 감시 시스템 구축('18~)

환 네트워크경   **_5G 코어 네트워크 자동화('20)**

- 5G 융합 서비스 창출을 위해 5G 코어 네트워크의 AI 기반 자동화('20, Stand Alone 방식 도입 시)를 통한 지능형 네트워크 슬라이싱 개발

농수산   **_스마트팜 혁신밸리('22. 4곳) 및 아쿠아팜 4.0('22. 6곳 이상) 조성**

- AI 등 스마트 기술로 농수산 종사자 지원 및 산업 고부가가치화
  - 지능형 스마트팜 솔루션을 개발(~'27)하고, 기술실증 및 데이터 수집·AI 활용 등을 위한 스마트팜 혁신 밸리 조성(~'22, 4곳)
  - 스마트 팜 의사결정 지원모델, AI가 스스로 농산물을 키우는 무인 자동화 스마트 팜 기술
  - 스마트양식 테스트베드 구축(~'22, 6개소 이상) 및 양식 전 주기에 AI·데이터를 적용하는 '아쿠아팜 4.0' 추진('19~, 예타 추진)

문화·예술   **_지능형 콘텐츠 제작지원 및 활성화('20~)**

- AI가 접목된 융복합 콘텐츠 제작을 통한 문화산업 신시장 창출
  - 캐릭터에 지능을 부여하는 지능형 캐릭터 제작엔진 및 플랫폼(~'21)과 학습에 기반 하여 콘텐츠 제작을 지원하는 AI 창작플랫폼 개발('20~) 등
- 공연·전시에 활용 가능한 AI 정보 제공 및 창작지원 연계플랫폼구축(~'21)
  - AI 정보 : 이미지 자동생성 프로그램(GAN), 음악 분석·학습 지능, 관객 감정 인식 지능, 동작인식 지능 등

법 무   **_스마트 교정시설 구축('19~)**

- AI·IoT 등 첨단 ICT 기반의 스마트 밴드 및 무소음 이동형 CCTV 등을 갖춘 스마트 교정시설 구축('19~)

국 방 _국방 지능형 플랫폼 구축('20~)

- AI · 데이터 기반 핵심 업무 고도화로 효율적이고 신뢰 가능한 국방구현
  - 국방 지능화 추진 로드맵('20)에 따른 핵심 업무 AI 융합 확산과 전군 공통AI 서비스를 개발 · 지원하는 지능형 플랫폼 구축('20~)
  - 지능형 플랫폼 : 대규모 국방 데이터를 빠르게 분석 · 처리하고 의료, 군수, 행정 등 공통 서비스 개발 · 지원
  - 국방 데이터의 표준화 및 축적 · 공유를 위한 지능 데이터센터 구축('20~)을통해 지휘체계를 지원하는 지능(협업 · 결심 등) 개발 가속화

참 고	**산업 각 분야별 AI 활용 전면화 계획**

분야	세부내용
제조 및 산업 전반	• 제조 데이터센터 및 플랫폼 구축('20), AI 스마트공장 구축('22. 100개→'30. 2,000개) • 문제해결 산업 데이터플랫폼 구축 · 확산, 표준 산업 AI 모듈 개발 • 자율차, 조선, 설계, 로봇, 가전, 세라믹, 소재 등에서 AI 융합제품 개발 및 상용화 • 중소기업, 소상공인 혁신 지원을 위해 스마트상점 개발 보급('20~) 등
바이오 · 의료	• 단계별 신약개발 AI 플랫폼 구축(~'21), 의료데이터 중심병원 지원 및 의료 AI 서비스 · 제품의 병원 현장 실증('20~) • AI 기반 의료기기 임상검증용 표본데이터 구축 및 전문심사체계 구축(~'21)
스마트시티 · 건설	• 스마트시티 내 AI 기반 개방형 데이터 허브 구축('20) • 스마트 건설기술 확보('20~), 스마트건설 지원센터 준공 및 확장('21~)
교통 · 물류	• 자율협력주행 기술개발('19~) 및 자율주행 대중교통 기술 개발('21~) • 항만자원(컨테이너, 작업자 등) 실시간 공유 · 분석 기술 확보(~'21)
에너지	• 에너지 공급 · 소비 데이터를 축적 및 활용하는 에너지 빅데이터 플랫폼 구축('20~), 태양광 지능형 발전 추진
네트워크	• 5G 코어 네트워크 자동화('20)를 통한 지능형 네트워크 개발 • AI를 접목하여 전파자원 활용 최적화('21~)
농수산	• 스마트팜 혁신밸리 조성(~'22, 4개소), 지능형 스마트팜 솔루션 개발(~'27) • 스마트양식 테스트베드(~'22, 6개소), 양식 전주기 AI 적용 '아쿠아팜 4.0' 추진('19~)
문화 · 예술	• 지능형 캐릭터 엔진 및 플랫폼(~'21) 및 AI 창작플랫폼 구현('20~) • AI를 활용한 예술작품 창작 및 공연 · 전시 지원(~'21)
환 경	• 대기질 예보에 AI를 융합하여 고농도 미세먼지 예보 정확도 향상('19~'22) • AI 기반 지하수오염 감시 및 예측 시스템 구축('19~'22)
법 무	• 효율적 수용관리를 위한 ICT 기반의 스마트 교도소 구축 · 운영('19~'28)
국 방	• 지능형 플랫폼 구축('20)을 통해 핵심 업무 지능화 및 전군 공통 AI 서비스 지원 • 국방 지능데이터 센터 구축('20~)을 통한 지휘체계 지원 지능 개발 가속화

3) 최고의 디지털 정부 구현

도움이 필요한 곳에 먼저 찾아가고, 일 잘하며 국민과 함께하는 디지털 정부를 만들겠습니다.

〈WEF 국가경쟁력 평가 중 정부의 변화대응력 순위〉

(가) 현황 및 문제점

• 최근 전자정부 시스템(16,282개, '17년) 사업의 운영유지비(40.5%, '17년)가 지속 증가함에 따라 신규투자를 위한
  재원확보 곤란

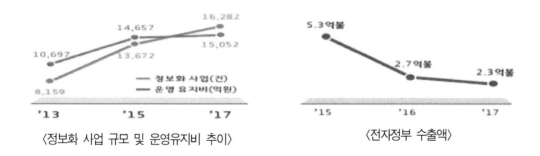

〈정보화 사업 규모 및 운영유지비 추이〉   〈전자정부 수출액〉

• AI 등 첨단 디지털 기술을 적기에 반영하지 못하여 시스템이 노후화 되고 있으며,
  - 이는 전자정부 성과 하락뿐만 아니라 일하는 방식 및 공공서비스 혁신의 정체로까지 이어지는 상황*
  - WEF 국가경쟁력 평가('19) 중 정부의 변화 대응력 순위 : 36위

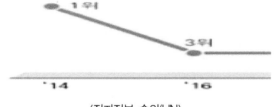

〈전자정부 순위(UN)〉

(나) 추진 전략

- 주요 전자정부 시스템 진단 및 개선을 통해 AI 기반 디지털 정부로 이행하고, 첨단기술을 활용하여 정부의 일하는 방식을 혁신
- 초기 AI 시장의 마중물로서 공공부문이 선도적으로 AI를 적극도입 · 활용하고, 이를 통해 맞춤형 · 지능형 공공서비스로의 전환을 가속화

(다) 추진 과제

⇨ **과제 1 : 차세대 지능형 정부 구현**
"전자정부 시스템 진단 및 디지털전환 로드맵 수립('20)"

- 주요 전자정부 시스템 진단('20)을 통해 디지털 혁신 방향에 부합하게 시스템을 개선하고, 이를 토대로 중장기 디지털 전환 로드맵 수립('20.下) 추진
- 정부의 일하는 방식 혁신을 위한 업무환경 고도화
  - 시민참여 확대를 위한 공공분야 콜 센터 통합(~'22) 및 시민주도 문제해결 플랫폼(가칭 '도전, 한국' 플랫폼) 운영
  - 현장 중심의 협업 지원을 위한 공공 부문 클라우드 전면 도입(~'22) 및 스마트 · 모바일 중심업무환경 구축(예: 현행 2 PC → 1 노트북)

⇨ **과제 2 : 공공서비스 혁신**
"선제적 맞춤형 서비스 제공('20)"
- 각종 급부적 서비스의 DB화 및 AI 활용으로 사각지대 없이 도움이 필요한 국민을 먼저 찾아 선제적 맞춤형 서비스 제공
  - 차세대 사회보장 시스템(~'21)을 통한 취약계층 맞춤형 서비스 선제 제공 및 생애주기별 원스톱패키지 확대('19. 출산 · 상속 등 2종 → '22. 10종 이상)
- 맞춤형 문화복지, 특허정보 제공 등 국민이 체감할 수 있는 분야부터 AI를선도적으로 도입하여 서비스 혁신 본격화('20~)

〈공공서비스 도입·활용 과제(예시)〉

구 분	주요 내용
맞춤형 문화복지	• 개인 맞춤형 문화누리카드 사용처 추천, 미사용 사전 예측·안내
고품질 특허정보	• 외국어 특허정보 즉시 번역·제공, 선행특허 정보 신속 확인
환경오염 대응	• 중단기 미세먼지 예측기술 개발, 지하수 오염 감시 및 예측
교정업무 효율화	• 효율적 수용관리를 위한 ICT 기반 스마트교도소 구축
국민생활 안전	• 범죄정보 분석을 통한 범죄 발생 예측·대응
노인복지 강화	• 고령자, 치매환자 등의 간병·간호와 신체활동 지원
SoC 안전확보	• AI·5G 융합을 통한 지하공동구, 상하수도, 철도 등 시설물 안전관리
문화·예술	• 지능형 캐릭터 엔진 및 플랫폼(~'21) 및 AI 창작플랫폼 구현('20~) ㅇ AI를 활용한 예술작품 창작 및 공연·전시 지원(~'21)

ㅇ 디지털 서비스 전문계약 제도 마련하고 전문계약 제도의 효율적 운영을 위한 전문 유통 플랫폼을 운영('20~)

참 고 ┃ 대통령 '인공지능 기본 구성' 후속 조치 ②
- 「디지털 정부혁신 추진계획」-

"세계 최고수준의 전자정부를 넘어서는 인공지능 기반 디지털 정부로 탈바꿈하고 환경, 재난, 안전, 국방 등 국민삶과 밀접한 영역에서부터 수준 높은 서비스를 제공하여 국민이 체감하실 수 있도록 하겠습니다."

(기본구상 中, '19.10.28.)

◆ 디지털 시대 도래에 따라 기존 전자정부 패러다임을 넘어 혁신과 국민 중심의 디지털 정부로의 이행을 위한 종합 계획

• 행안부를 중심으로 과기정통부 등 관계부처가 참여하여 수립 ('19.10.29., 국무회의)

• 주요 내용
① 국민 중심의 공공서비스 혁신
  - 국민 각자에게 꼭 맞는 서비스를 사각지대 없이 선제적으로 제공

- 민원사무에 대한 자기정보 활용을 적극 추진하고, 각종 증명서 및 고지서, 신분증을 전자적으로 발급·활용
② 정부의 일하는 방식 혁신
  - 시민참여 확대를 위해 민원창구 및 정책참여 통로를 고도화 하고, 디지털취약 계층의 정부 접근성을 제고
  - 협업행정, 현장행정 실현을 위해 스마트업무환경조성
③ 디지털 기술 도입 확대 및 개방형 데이터 생태계 구축
  - 민간 클라우드 이용을 확대하고, 디지털 서비스 전문 계약제도 도입
  - 범정부 데이터를 연계·활용하는 기반을 구축하고, 국민에게 가치 있는 공공 데이터 및 서비스를 Open API 방식으로 개방

마) 사람 중심의 AI를 실현하는 나라

1) 포용적 일자리 안전망 구축

빠르게 변화하는 기술과 사회 변화 속에서도, 국민 모두가 AI의 혜택을 고루 누리는 사회를 만들겠습니다.

〈OECD 삶의 만족도 지수〉

(가) 현황 및 문제점

• 산업 전반에 걸친 AI 활용은 단순 반복적 업무를 중심으로 일자리의 감소를초래

〈직업 및 직무 자동화 분석〉
▶ 美 702개 직업 중 47%는 자동화 대체 가능 (Frey&Osborne, '13)
▶ '30년까지 국내 전체 노동시간 중 27% 정도 자동화 대체(맥킨지, '18)
▶ 직무의 70% 이상이 자동화되는 일자리는 OECD 평균 14%(OECD, '19)

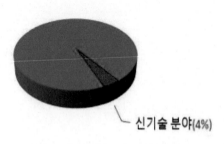

신기술 분야(4%)

〈직업훈련 중 신기술 분야 비중(고용부, '19)〉

- AI는 우리 생활의 편의성을 높이지만, AI의 기본소양과 기술을 갖지 못한 취약계층·집단에까지 AI의 혜택이 돌아가지 않을 우려도 상존

(나) 추진 전략

- 노동시장 급변으로 인한 사회적 충격 완화와 일자리 변화에 취약한 계층 지원을 위해 생계유지, 취업지원 등 일자리 안전망을 강화
- 산업현장 인력의 AI 활용역량 제고와 일자리 이동성 확대를 위해 직업훈련 체계를 AI 중심으로 개편

(다) 추진 과제

⇨ 과제 1 : 일자리 안전망 확충
"국가 일자리 정보 플랫폼 구축 · 고도화('20)"
- AI로 인한 고용형태 다변화(특수형태근로종사자(특고) 증가 등)에 대응한 고용 안전망 선제적 강화
  - 특고·예술인 등 다양한 유형의 노동자보호를 위한 사회보험 적용 확대 중장기적으로 보험대상을 '근로자'에서 '피보험자'로 변경
  - 특고 산재보험 적용, 특고 및 예술인 고용보험 적용 추진
  - 실업급여의 지급수준·지급기간 확대('19~) 등을 통한 보장성 강화

> ▶ 지급수준 상향: 평균임금의 50% → 60%
> ▶ 지급기간 연장: 최대 8개월 → 9개월, 청년층 차등 폐지
> ▶ 수급요건 완화*: 18개월 / 180일 이상 → 24개월 / 180일 이상
> * 이직 당시 1주 소정 근로일은 2일 이하이고 소정 근로시간은 15시간 미만인 근로자

- 고용 안전망 사각지대 해소를 위한 '국민취업 지원제도' 도입('20)
  - 저소득 구직자, 폐업 영세자영업자 등 취업 취약계층에게 취업 지원서비스를 제공하고, 구직활동을 전제로 소득 지원 강화

◇ 국민취업지원제도 개요
▸ (지원대상) 가구기준 중위소득 50% 이하(18~34세 청년은 120% 이하) 저소득 구직자(Ⅰ
  유형) / 가구 중위소득 100% 이하 구직자 및 결혼 이민자·북한 이탈 주민 등 특정 취약
  계층(Ⅱ유형)
▸ (지원내용) ①직업훈련, 일경험 프로그램, 복지서비스 연계 등 취업지원서비스 제공, ②
  저소득층 등에게는 구직 활동기간 중 구직 촉진수당(월50만×6개월)을 지급
▸ (지원규모) '22년까지 지원규모 60만명 수준으로 단계적 확대

- AI · 직무 빅 데이터 기반국가 일자리 정보 플랫폼 고도화 및 일자리 매칭 시스템구축('20)
  * AI가 일자리 상황을 실시간으로 분석하고, 직무 빅데이터를 기반으로 기업의 수요와 구직자 역량을 매칭하여 맞
    춤형 고용서비스를 제공

⇨ 과제 2 : 직업훈련 전면 재편
"신기술 훈련 확대(19. 4%(잠정) → 22. 15%)"
- 신기술 분야 직업훈련을 통해 구직자의 고용가능성을 높이고, 재직자의 신기술 적응력을 향상하여 국민의 평생고
  용 보장추진
  - 구직 · 전직 지원을 위한 신기술(AI · 핀테크 등) 직업훈련 비중 대폭 확대(19. 4%(잠정) → 22. 15%)
  * 학과 신설 · 개편을 통한 폴리텍의 신산업학과 비중 확대(19. 11% → 22. 25%) 및 하이테크 과정 규모 증대(19.
    775명 → 22. 1,500명)
  - 직업훈련 교 · 강사의 첨단 신산업분야 역량강화 지원
  * AI 등 신산업 분야 역량강화를 위한 훈련 교 · 강사 대상 교육과정 운영(연 3,600명), 한국기술교육대학교
    K-Factory를 활용한 스마트공장 직업능력개발 훈련과정 지원 등
  - 미래 유망 분야 NCS(국가직무능력표준) 지속 개발 및 민간 훈련 기관 · 직업계 고등학교의 훈련과정으로 확산
  * ITS(Intelligent Transport System) 기획 · 설계(지능형 교통), 스마트공장 시스템 설치, 클라우드 플랫폼 구축 등
    NCS 관련 의견수렴 및 고시('20.上)
- 모든 국민을 대상으로 사각지대 없는 평생 직업능력 개발 기회 제공
  - 모든 국민에게 '국민 내일 배움카드'를 제공('20)하여 실업자 · 중소기업 재직자 위주의 직업훈련 대상을 일반 국
    민으로 전면 확대
  * 내일 배움 카드로 훈련 가능한 직종 중 AI 기초 이해도를 높일 수 있는 과정을 선정, 훈련 실시

〈국민 내일 배움 카드 개편 주요내용〉

구분	현 행	개 편
지원대상	▸ 실업자, 중기 · 비정규직 재직자 중심	▸ 직업훈련 희망 국민 (공무원, 사학연금 대상자, 재학생 등 제외)
유효기간	▸ 실업자 1년, 재직자 3년	▸ 5년(5년 후 재발급 신청 가능)
지원내용	▸ 200~300만원	▸ 300~500만원

- 직업훈련 접근성 향상을 위한 실전적 교육 플랫폼 전국 확대* 및 스마트 훈련 플랫폼('19.10 개통)을 통한 다양한 콘텐츠 제공
  * 이노베이션 스퀘어 : '19. 1개소(서울) → '20. 지역 거점별 4개소 확대

2) 역기능 방지 및 AI 윤리체계 마련

AI 확산으로 생길 수 있는 역기능과 보안 위협에 대비하여, AI 윤리 규범을 확립하고 가장 안전한 AI 이용환경을 조성하겠습니다.

〈ITU 세계 사이버 안전 지수〉

(가) 현황 및 문제점
• AI 기술의 활용과 AI 기반의 제품 · 서비스 확산에 따라, 보안 위협의 증가뿐만 아니라 딥페이크와 같은 새로운 형태의 역기능도 출현
• 세계 각국은 안전성, 법적책임, 인간 고유성 담보 등 AI 윤리 문제에 대응하기 위한 규범 마련을 본격화

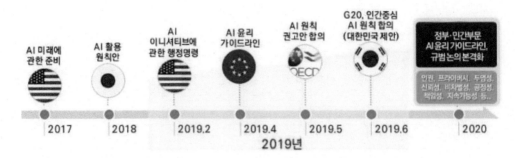

〈국가별 년도별 대응책〉

(나) 추진 전략

• AI 등 지능형 기술을 기반으로 사이버 위협 대응 시스템을 고도화하고, 역기능대응을 위한 기술개발 및 범부처 협업체계 구성

• 사람 중심의 AI, 인간다운 AI 구현을 위해 사회적 공론화와 공감대 형성을 바탕으로 글로벌 수준의 AI 윤리규범을 정립

⇨ 과제 1 : 정보보호 지능화 혁신

"AI 기반 사이버 침해사고 탐지 · 대응('20)"

• A 지능형 기술 기반의 사이버 침해사고 탐지 · 분석 · 대응체계 구축 - 위협정보 탐지 및 침해사고 대응(신고 접수 → 분류 → 검증 → 조치) 전반에 AI 기술 적용('20~)

• 다양한 기기 · 네트워크의 취약점 자동분석, 암호안전성 검증 등 AI 기반정보보호 기술개발('20~)

  * 지능형 영상보안 핵심기술 개발('20~'23), 익명 기반 네트워크 위협 검증 및 실증기술 개발('20~'23) 등

• 민간의 정보보호 AI 머신의 종합적 검증 및 컨설팅 제공을 위한 '정보보호 AI 학습지원 센터' 구축('20~)

⇨ 과제 2 : AI 역기능 방지

"신유형 역기능에도 철저 대비"

• AI 발전에 따른 새로운 서비스 분야의 개발과 역기능 방지를 병행하기 위한 R&D 추진 및 범부처 협업체계 마련('20)

  * (사례) 딥페이크(Deepfake): 딥러닝(Deep Learning)과 페이크(Fake)의 합성어로, AI에 기반한 영상 합성기술

  - 영상합성을 통한 신시장 · 서비스 창출(의료영상, 카메라 앱 등)이 기대되는 분야이나 명예훼손, 신원 도용, 금융 사기 등의 부작용도 우려

  - 딥페이크 판별 · 탐지기술 개발, 관련 법령 정비 및 범죄 수사 공조 등 추진

• AI 제품 · 서비스 확산에 대응하여 신뢰성 · 안전성 등을 검증하는 품질관리체계 구축 추진('20~)

⇨ 과제 3 : AI 윤리 정립

"AI 윤리기준 및 실천방안 마련('20)"

• 우리나라가 주도적인 역할을 수행한 OECD AI 권고안('19.5)의 후속 조치 마련 등 AI 윤리 관련 국제적 논의 선도 ('20~)

구 분	주요 내용
신뢰가능한 AI를 위한 일반 원칙	① 포용성과 지속가능성, ② 인간 중심 가치와 공정성, ③ 투명성과 설명가능성, ④ 견고성과 안전성, ⑤책무성
정부 정책 권고 사항	① R&D 투자, ② 디지털 생태계 조성, ③ 정책 환경 조성, ④ 인적역량 구축, 노동시장 변혁 대비, ⑤ 국제협력

〈OECD AI 권고안 주요내용〉

• 국제기구·주요국 등의 AI 윤리규범 및 논의동향을 파악·분석, 글로벌 규범과 정합하는 AI 윤리기준 확립 및 실천방안 마련('20)

 - 사회 구성원들 간의 자율적인 규율 또는 입법화 등 다양한 방식 고려

구 분	주요 내용
미국	AI 활용에 대한 구글 원칙('18.6, 구글), 윤리적 설계 보고서('19.3, IEEE)
중국	차세대 인공지능 관리원칙('19.6, 국가차세대AI관리특별위원회)
일본	인간 중심의 AI 사회 원칙('19.3, 통합혁신전략추진회의)
영국	해악적 인공지능 보고서('18.2, 캠브리지대 실존위기센터)
EU	신뢰할 수 있는 AI 윤리 가이드라인('18.12, AI고위전문가그룹)

〈각국 AI 윤리 규범 및 논의 동향〉

 - 향후 이용자 보호를 위한 중장기적 정책수립 지원체계를 마련 (정보통신정책연구원 내 정책센터 운영 '19~)과 함께 기업·전문가·이용자 등이 참여하는 민·관협의회도 운영('20~)하는 한편,

 - 학생·이용자) AI와 생명윤리, 개인정보보호, 미디어 알고리즘 이해 등/(개발자) 윤리적 AI 아키텍처 설계, 정보보안 등

 - 학생·개발자·이용자(일반 국민) 등 대상별 AI 윤리교육 커리큘럼 개발·보급('21~)

사. 추진체계 및 실행계획

1) 추진 체계

- 현 4차 산업혁명 위원회를 인공지능 중심의 범 국가위원회로 역할을 재정립
  - ❶ 범정부 협업체계 구축, ❷ 국가전략 후속 실행계획 수립 지원 및 주기적 점검·평가, ❸ 세부과제 실행을 위한 통합적 재원 점검·관리, ❹ 분야별 규제해커톤 개최 등의 사회적 논의주도역할 수행
- 대통령 주재전략회의 및 대국민 보고대회 병행추진
  - * 과기정통부·기재부 등을 중심으로 각 부처의 주제별 전략발표 및 성과점검 추진

2) 실행 계획

- 「인공지능 기본구상」 및 동 「인공지능 국가전략」의 주요 내용*은 2020년 각 부처 업무계획에 반영하고 본격 추진
  - * ▲3대 분야, ▲9대 전략, ▲100대 과제
- 분야별 세부 실행계획 및 부처공동으로 마련·시행
  - * 10.28일 기본구상 발표 이후, 후속으로 「디지털정부혁신계획(10.29.)」과 「미래 사회 첨단 분야 인재 등 양성방안(11.11.)」 발표
  - 범정부적 추진이 필요한 전 국민 AI교육 및 인재양성, R&D 등AI 산업육성과전산업AI 활용 확산 등 실행계획을 마련, 순차적 발표추진
  - * 대통령 주재 전략회의 활용

3) 향후 일정

- 19.12.17.: 국무회의에서 확정

붙임	세부과제 목록 (3대 분야 9대 전략 100대 과제)	
아젠다	과제명	소관부처 / 관계부처
세계를 선도하는 인공지능 생태계 구축		
[1-1] AI 인프라 확충	■ 공공 데이터 전면 개방	행안부
	■ 인공지능식별추적시스템개발	법무부·과기정통부
	■ 10대 분야 빅데이터 플랫폼 데이터의 개방·유통	과기정통부
	■ AI 학습용 데이터 구축 확대	과기정통부 / 전부처
	■ 한국어 말뭉치 구축	문체부

아젠다	과제명	소관부처 / 관계부처
[1-1] AI 인프라 확충	▪ ODA 연계 신남방·신북방국의 데이터 자원 확충지원	과기정통부 / 행안부·외교부
	▪ 공공·민간 데이터 지도 연계강화	행안부·과기정통부
	▪ 공공(범정부) 데이터플랫폼 구축	행안부
	▪ AI 바우처 및 데이터바우처 지원	과기정통부
	▪ 마이 데이터 실증사업 확대(행정, 의료, 금융)	과기정통부/ 행안부·복지부·금융위
	▪ 데이터 3법 개정(개인정보보호법, 신용정보법, 정보통신망법)	행안부·금융위·방통위
[1-2] AI 기술 경쟁력 확보	▪ 고성능 컴퓨팅 이용 환경 구축(AI 허브)	과기정통부
	▪ 광주 AI 집적단지 조성 및 전국 단 위AI 거점화 전략수립	과기정통부
	▪ 차세대 지능형 반도체 및 신개념 AI 반도체(PIM) 개발	과기정통부·산업부
	▪ 차세대 AI 선점	과기정통부
	▪ 뇌 기능, 인지과학 등에 대한 기초연구 지원확대	과기정통부
	▪ SW 제도개선 및 SW 친화적 교육·문화 확산	과기정통부
	▪ 공공분야 정보화 사업 수주 SW사 하도급 실태 서면 조사	공정위
	▪ AI 분야R&D 혁신	전부처

인공지능을 가장 잘 활용하는 나라

아젠다	과제명	소관부처 / 관계부처
[2-1] 세계 최고의 AI 인재양성 및 전 국민 AI 교육	▪ AI 등 첨단학과 신·증설 및 교원 기업 겸직 허용	교육부·과기정통부
	▪ AI·SW 석박사급 인력양성(BK21 후속, 대학중점 연구소)	교육부·과기정통부
	▪ AI 대학원 프로그램 확대 및 다양화	과기정통부· 교육부
	▪ AI 전문인재 양성을 위한 이노베이션 아카데미, LINC+(사회맞춤형 학과), 산업 AI 인력양성사업 운영	과기정통부·교육부·산업부
	▪ 융합전공 개설·운영관련 규제 완화	교육부·과기정통부
	▪ SW·AI 기초교육 강화(Teach the Teachers 등)	과기정통부
	▪ SW·AI 중견 기술인재 양성(전문대학 혁신지원사업)	교육부
	▪ SW·AI 고졸 재직자의 국립대 전담과정 확대	교육부
	▪ 전장병 AI 교육확산	국방부 / 과기정통부
	▪ 공무원 AI 교육 전면 실시	인사처 / 과기정통부
	▪ 중기 재직자 및 소상공인 AI 교육 제공	중기부
	▪ 학점은행제 내 AI 전공, 과목신설	교육부
	▪ 온라인 AI 교육콘텐츠 개발(K-MOOC, 사이버대학)	교육부

아젠다	과제명	소관부처 / 관계부처
	▪ 생활 SOC 활용 일반 국민 AI 교육(박물관·도서관·과학관, 노인 복지시설 등)	문체부·과기정통부·지자체
	▪ 초등 저학년 놀이·체험중심의 SW·AI 커리큘럼 편성	교육부
	▪ 초등고학년-중학교, SW·AI 필수교육 확대	교육부
	▪ SW·AI 교육과정 중점 고교 지속 확충(AI 융합교육 중점고, SW교과중점학교, AI고교, 국립공고 3곳)	교육부
	▪ SW·AI 교원 교육과정에 SW·AI 과목 이수 지원	교육부
	▪ 초중고 무선망구축 등 교육인프라 확충	교육부
	▪ SW·AI 진로체험 강화(진로체험버스)	교육부
	▪ SW 미래채움 센터, 정보보호 영재교육원 등 지역 교육 인프라 지원	과기정통부·교육부
[2-2] 산업 전반의 AI 활용 전면화	▪ 의료 데이터 중심병원 지원 및 의료 AI 서비스·제품실증	복지부
	▪ AI 의료기기 임상 검증용 표본 데이터 마련	식약처
	▪ AI 의료기기 전문적 심사체계 구축	식약처
	▪ 스마트 도시 데이터 허브 구축	국토부
	▪ 스마트건설기술확보및스마트건설지원센터준공	국토부
	▪ 자율협력 주행기술 및 자율주행 대중교통기술 개발	국토부·산업부·과기정통부
	▪ 항만물류 최적화 기술 확보	해수부
	▪ 에너지 빅 데이터 플랫폼구축	산업부
	▪ 5G 코어 네트워크 자동화	과기정통부
	▪ 스마트 팜 혁신밸리 조성	농림부
	▪ AI 기반지능형 스마트 팜 개발	농림부
	▪ 스마트 양식(아쿠아팜 4.0) 개발	해수부
	▪ 지능형 캐릭터 제작 엔진 개발	문체부
	▪ AI 정보제공 및 창작지원 연계 플랫폼 개발	문체부
	▪ 국방 지능형 플랫폼 구축	국방부
	▪ 국방 지능 데이터센터구축 및 지휘체계 지원지능 개발	국방부
[2-3] 최고의 디지털 정부 구현	▪ 중장기디지털전환 로드맵 수립	행안부
	▪ 시민참여 확대를 위한 공공분야 콜 센터 통합	행안부 / 전부처
	▪ 시민주도 문제해결 플랫폼 고도화	행안부 / 전부처
	▪ 현장 중심 협업을 지원하는 스마트 업무환경 구축	행안부 / 전부처

아젠다	과제명	소관부처 / 관계부처
	■ 공공부문 클라우드 이용 활성화	행안부 / 전부처
	■ 개방형 데이터 · 서비스 생태계 구축	행안부 / 전부처
	■ 문화누리 카드 이용처 맞춤형 추천	문체부
	■ AI 특허시스템 및 데이터구축	특허청
	■ AI 기반 미세먼지 예보기능 확대	환경부
	■ 지하 수중 축산분뇨 오염 AI 감시 시스템 구축	환경부
	■ 스마트 밴드를 활용한 수용 관제 시스템 구축	법무부 / 산업부
	■ AI 기반 무소음 이동형 교정시설 CCTV 도입	법무부/ 중기부
	■ 범죄발생 예측 · 대응을 위한 범죄정보 분석	경찰청 · 과기정통부
	■ 고령자, 치매환자 등 간병 · 간호와 신체활동 지원	복지부 · 과기정통부
	■ AI를 통한 SoC 안전 확보(지하 공동구, 상하수도 등)	지자체 · 과기정통부
	■ 디지털 서비스 전문 계약제도 마련	기재부 · 조달청/ 전부처
[3-1] 포용적 일자리 안전망 구축	■ 산재 · 고용보험 적용대상 확대(특고, 예술인 등)	고용부
	■ 실업급여 지급수준 인상 및 기간확대	고용부
	■ 국민취업 지원제도 도입	고용부
	■ 국가 일자리 정보 플랫폼 고도화 및 일자리 매칭 시스템구축	고용부
	■ 신기술 분야 직업훈련 확대	고용부
	■ 국민 내일 배움 카드를 통한 평생직업능력 개발 기회 제공	고용부
	■ AI 직업훈련 활성화를 위한 교 · 강사 AI 역량강화	고용부
	■ 스마트 직업훈련 플랫폼운영	고용부
	■ 이노베이션 스퀘어 확대 운영	과기정통부
[3-2] 역기능 방지 및 AI 윤리체계 마련	■ AI를 통한 정보보호 지능화 혁신	과기정통부
	■ AI 역기능 대응기술개발 및 범부처 협업체계 마련	과기정통부/ 전부처
	■ AI 윤리규범 마련 및 윤리교육 커리큘럼개발 · 보급	과기정통부/ 교육부
	■ 이용자 보호정책 수립 지원체계 마련	방통위

인·공·지·능

1. 중국, 미국, 한국의 인공지능 추진 현황에 대해 설명하시오.

주요국 인공지능 기술 현황

국가	지능 시스템의 기초		언어 이해 분야		미디어 이해 분야		종합적 인공지능 분야		총점	
	현재	추세	현재	추세	현재	추세	현재	추세	현재	추세
미국	●	↗	●	→	●	↗	●	↗	●	↗
EU	◑	↗	◕	→	●	↗	◐	↗	◐	↗
일본	◕	↗	●	↗	●	→	◐	→	◐	→
중국	◕	↗	●	↗	◑	↗	◐	↗	◐	↗
한국	◑	↗	◕	→	◕	↗	◑	→	◑	→

※ 산업화 수준의 크기는 ● > ◕ > ◑ > ◐ 順

※ '지능 시스템의 기초'란 기호처리/탐색/논리/지식표현/추론/기계학습/
데이터마이닝 등에 관련된 기술을 뜻하며, '종합적 인공지능분야'란 기초 분야나 언어
이해 분야, 미디어 이해 분야의 기술을 통합하고 실연할 수 있는 통합적 기술을 의미

자료 출처 정보통신기술진흥센터 (IITP)

news 1

2. 인공지능이 이끄는 과학 분야 혁신에 대하여 설명하시오.

〈표 3–4〉 신약 및 신소재 개발의 혁신을 이끌 AI 시도들

약 개발(Atomwise)	신약개발(Deep Genomics)	신소재개발(Kibotix)
■ 표적 단백질에 결합하는 작은 미세 약물 분자를 찾기 위해 빅데이터와 신경망 활용 ■ 이것은 바람직한 효능을 가진 분자를 식별하는 것으로 약물 발견의 중요한 첫 단계이기에 매우 혁신적 작업임	■ 유전자 질환을 치료할 올리고 핵산염 분자를 찾는 AI를 개발 ■ 올리고핵산염은 신경 퇴행성 및 대사성 장애를 포함하여 다양한 질병 치료에 사용될 수 있음	■ 새로운 재료와 화학물질을 찾고 개발하는 속도를 높이기 위해 로봇공학과 AI 협력을 연구 ■ 새로운 재료를 개발하는 데는 10년 이상 시간이 소요되며 이 기간을 단축할 수 있으면, 이러한 방법은 기후 변화와 같은 전 지구적 난제를 해결하는데 크게 도움을 줄 것으로 전망

※ 출처: MIT Technology Review(2019)

3. 인공지능이 만든 새로운 물결 증강 분석에 대하여 설명하시오.

〈표 3-3〉 분석 방법의 진화

Semantic Layer-Based Platforms	⇨	isual-Based Data Discovery Platforms	⇨	ugmented Analytics

* 출처: Gartner(2018) 참고하여 재작성

■ IT 주도 설명 ■ 사전에 정의된 사용자 상호 작용 ■ IT 모델 데이터, 전통적인 데이터 통합 ■ 데이터 요약 제공 ■ 사전에 정의된 데이터와 질문 대상	⇨	■ Biz.주도 설명과 진단 ■ 자유로운 형식의 사용자 상호 작용 ■ 최적의 시각화 ■ 구조화 데이터, 개인 데이터, 모델링되지 않은 데이터 사용 ■ 사전에 정의된 데이터와 질문 대상	⇨	■ AI 주도 자동 설명, 진단, 예측, 처방 ■ 인간의 이해와 행동을 극대화하는데 중요한 통찰력 제공 ■ 대화 분석: NLP, NLQ, LNG ■ 연관패턴 자동시각화 제공 ■ 다양한 앱에 내장되어 사용자 대화 문맥 이해 및 의견 제안 ■ 새로운 연관 데이터 소스 자동 검색 ■ 공개 데이터 및 질문 대상

4. 중국 AI 분야별 오픈 플랫폼 15대 기업을 제시하시오.

〈표 2〉 중국 AI 오픈 플랫폼 15대 기업

분야	기업	분야	기업	분야	기업
자율주행	바이두	비주얼컴퓨터	이투커지	스마트공급망	징둥
스마트시티	알리바바	마케팅	마이닝램프	이미지감시	메그비
의료/헬스	텐센트	기초 SW/HW	화웨이	보안브레인	치후
음성인식	아이플라이텍	금융	평안보험	스마트교육	티에이엘
얼굴인식	센서타임	영상감시	하이크비전	스마트홈	샤오미

5. 인공지능 출현으로 세계 산업 패권이 변하고 있다. 그 내용이 무엇인지 설명하시오.

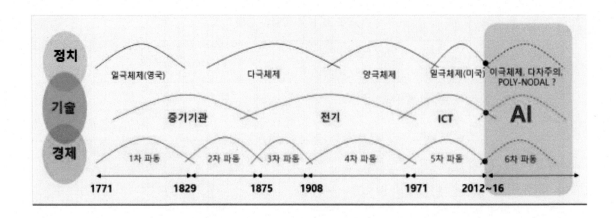

4

인공지능 서비스의
품질과 윤리

제1절   인공지능 서비스의 품질

1. 개념

인류가 탄생한 이후로 많은 시간이 흐르면서 인간에 의해 많은 역사적인 발명품과 기술적인 진보로 인류는 지속적인 성장을 해왔다. 이러한 흐름은 산업혁명 이후 기술적인 발전으로 더 빠르게 진행되었고 최근 4차 산업혁명 시대가 도래 하면서 기술의 발전과 인간문명은 가파르게 급성장을 하고 있다. 인류가 탄생하여 산업혁명까지 모아온 데이터나 정보 보다 산업혁명 이후의 최근 데이터나 정보가 훨씬 더 많다고 이야기가 나올 정도로 현대사회는 많은 정보와 기술을 바 탕으로 급격하게 변화하고 있다. 그리고 최근 4차 산업혁명 시대에는 인공지능, 빅데이터, 사물인터넷, 로봇 등의 혁신 적인 기술을 바탕으로 기존에 생각하지 못했던 사회현상이나 문화가 형성되고 있다.

한국전자통신연구원(2016)에 따르면 '유엔미래보고서 2045'를 인용하면서 인공지능의 발달이 고도화되는 미래에는 은행원, 콜센터 직원, 금융컨설턴트 등 대부분의 금융업 관련 직종과 많은 직업들이 인공지능에 의해 대체될 것으로 예 상하였다. 그리고 최근 인공지능에 대한 관심이 다시 커지는 것은 컴퓨터의 하드웨어 기술발전이 큰 작용을 했으며 이 를 바탕으로 예전에는 매우 어려웠던 딥러닝 등의 소프트웨어 기술의 발전으로 IBM 왓슨의 퀴즈대회 출전과 우승, 프로 바둑기사와 대국을 치루는 등 실제 생활의 많은 분야에서 인공지능이 빠르게 현실화되고 있다고 언급 하였다.

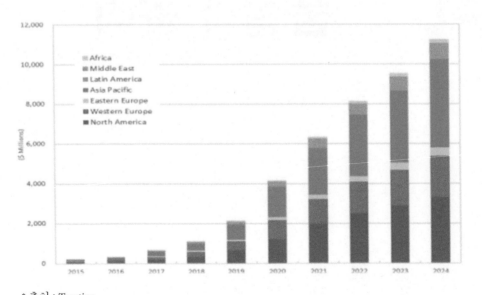

* 출처 : Tractica

[그림 4-1] Market Forecast of Artificial Intelligence by Region

주강진 연구의(2017)의 주장에 따르면 이러한 인공지능을 기반으로 산업전반에 첨단기술의 융·복합 혁신이 일어날 것이며, 이러한 큰 변화의 흐름을 '4차 산업혁명'이라고 이야기하였다. 이러한 4차 산업혁명의 커다란 동력은 정보산업 기술과 인공지능에 대한 선택비용의 증가에 대해 큐레이션(Curation)이라는 새로운 안을 제시하면서 인공지능이 여러 가지 환경을 이해하고 수요자에 따른 맞춤형 제품이나 서비스를 추천하면서 탐색비용이나 선택비용을 모두 낮출 수 있는 대안을 제시할 것이라고 언급하였다.

김윤정과 유병은(2016)은 인공지능과 관련된 연구개발과 집중적인 투자가 이루어지고 미래 유망기술로 부각되고 있으며 유명한 기관들에서 전 세계 인공지능 시장이 매우 빠르게 급성장할 것으로 전망한다고 언급하였다.

이 중 트랙티카(Tractica)는 [그림4-1]에서 나타난 것처럼, 인공지능 시장이 2015년에 2억 달러 수준, 2019년에 20억 달러를 넘으며, 2024년에는 100억 달러가 넘는 규모로 연평균 약 50% 이상의 급성장할 것으로 예측하였다. 이처럼 인공지능을 중심으로 사회적, 문화적인 변화는 급격하게 진행되고 있으며 특히 인공지능 기반의 서비스는 급속도로 확산되어 갈 것으로 예상되고 있다. 이것은 품질 측면에서도 큰 변화가 있으며 특히 기존의 서비스 품질은 사람을 중심으로 평가하였기 때문에 인공지능 중심의 서비스에는 적합하지 않다. 그러므로 인공지능 시대의 서비스 품질에 새롭게 적용해야할 개념과 평가방법을 연구하고 법제화 하는 것이 필요하다.

따라서 본서는 첫째, 인공지능에 대한 서비스 품질과 개념에 대한 여러 정책과 연구를 조사하고 기존 서비스 품질의 다양한 문제점을 찾아서 관련 개념과 특징을 살펴보고 둘째, 이를 바탕으로 인공지능 서비스의 개념과 특징을 연구하여 이에 적합한 품질 측정항목을 제안하는 것이다.

2. 과거의 빙식

인공지능 서비스의 품질평가에 대한 모형을 도출하기 위해 우선 기존 서비스 품질평가의 사례를 찾아보고 현황을 파악하였다. 기존 품질평가는 제품 중심의 품질평가가 대부분이었으나 사회가 변화하면서 1980년대에 서비스라는 개념과 서비스 품질이라는 분야에 대해 연구가 시작되었다. 이 중 서비스 품질평가에서 일반적으로 많이 사용되고 있는 SERVQUAL에 대해 정리하였다.

1) 서비스 퀄리티(Service Quality)

서비스의 발전에 따라 사회전반에 다양한 형태의 서비스가 실행되었고 이에 대한 소비자들의 만족도에 따라 기업의 매출이나 수익에 커다란 영향을 주어서 서비스의 품질을 측정하고 평가하는 연구는 매우 중요한 이슈가 되었다.

서비스 품질에 대한 연구는 1980년대 중반 Garvin(1984)에 의해 제시되었으며 이는 서비스 품질을 사용자 중심적 접근품질, 제품 중심적 접근품질, 제조 중심적 접근품질, 선험적 접근품질, 가치 중심적 접근품질의 5가지로 분류하였다. 이러한 5가지 분류 내용 중에서 서비스 품질을 가장 잘 대변하고 있다고 강조한 것은 사용자 중심적 접근품질이었다. 이것은 서비스를 이용하는 사용자의 생각이나 관점에 따라 관련된 서비스 품질은 다르다는 것을 고려하여 사용자의 욕구나 필요를 가장 잘 만족시키는 서비스가 사용자들에게는 가장 좋은 품질로 인식된다고 가정하였다. 결국 서비스품질은 개인적인 특성을 기반으로 한 주관적 개념임을 언급하였고, 이를 활용하여 특정한 사용자에게 높은 만족도를 제공하는 서비스 특성과 품질을 고려할 수 있다고 주장하였다.

서비스 품질에 대한 본격적인 연구와 제안은 Parasuraman et al.(1985)이 명명한SERVQUAL(Service + Quality)에서 시작되었다. 이들은 서비스 품질에 대해 연구하여 서비스의 특징 중에 구매하는 행동과 소비하는 행동이 별도로 분리되지 않고 서비스에 대한 구매와 소비의 경험이 동시에 이루어진다는 것을 발견하였다. 이에 서비스의 특징을 4가지로 구분하여 무형성, 비분리성, 이질성, 소멸성으로 나누고 이에 대한 특징을 반영하여 서비스 품질의 10개 차원으로 정리하였다.

이것은 신뢰 성(Reliability)과 반응성(Rsponsiveness), 접근성(Access)과 능숙함(Competence), 유형성(Tangibles)과 신용성(Credibility), 의사소통(Communication)과 보안성(Security), 그리고 공손함(Courtesy)과 소비자 이해(Understanding thecustomers)로 분류하여 제시하였다.

그리고 이러한 연구를 지속적으로 진행하여 Parasuraman et al.(1988)는 10개차원의 SERVQUAL 모형에 대해 중복적인 내용을 삭제하고 정량적인 방법을 도입하여 이에 대해 실증적인 조사와 분석을 통해 서비스 품질을 5개 차원으로 정리하였다. 이것은 유형성(Tangibles)과 반응성(Responsiveness), 신뢰성(Reliability)과 공감성(Empathy) 그리고 확신성(Assurance)의 5개 주요 항목으로 구분하고 이를 다시 22개의 세부 항목으로 정리하여 제시하였다. 그리고 서비스 품질에 대한 고객의 인지와 기대 간의 연구를 통해 기대와 지각된 서비스 품질과의 차이에 대해 분석하였고, 이에 대한 서비스 품질 측정에서 차이가 발생하는 격차와 이에 대한 원인을 개념화하고 이를 [그림 4-2]과 같은 개념으로 도식화하였다.

한편 SERVQUAL에서 제시된 서비스 품질의 5개 차원을 Llosa et al.(1988)가 분석하여, Parasuraman et al.(1988)이 제시한 연구는 과정의 품질에만 너무 치우쳐있으며 5개 차원 중에서 결과의 품질은 애매모호하게 혼재되어 있는 부분이 있다고 지적하였다. 또한 Gronroos and Christian(1988)는 서비스 품질을 2개 차원으로 정리하여 기대와 성과라는 측면에서 기능적인 품질(functional quality)과 기술적인 품질(technical quality)로 구분하였다.

이를 통해 서비스 품질은 기본적인 특성보다는 사용 목적과 더 밀접하게 관련되어 있다고 주장하면서 기능적인 품질은 고객들이 서비스를 경험하는 과정에서 발생하는 품질로 고객이 서비스를 제공받는 과정에서 어떻게(How) 경험하는지와 관련된 품질이라고 이야기 하였다. 그리고 기술적인 품질은 고객들이 서비스를 경험하고 나온 결과로 부터 발생하는 품질이며 이것은 서비스가 끝났을 때 최종 남은 결과물(What)에 해당되는 품질이라고 언급하였다.

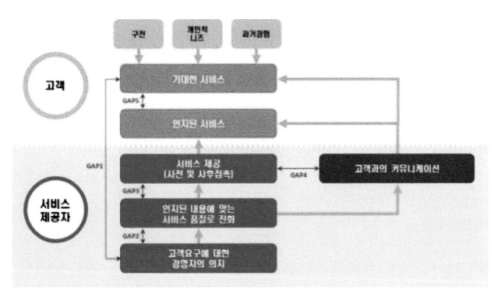

* 출처 : Parasuraman et al. 1988

[그림 4-2] 서비스 품질 측정 모형

기존 SERVQUAL 모형에 대해 Cronin and Taylor(1992)는 기대와 성과에 대한 차이를 기반으로 하였으며 이것은 기대 수준의 측정과 평가에 있어서 문제가 있다고 언급하였다. 그래서 서비스에 대한 기대가 아닌 성과만이 서비스의 품질을 측정하고 평가함에 있어서 더 타당하다고 주장하면서 SERVPERF(Service + Performance) 모형을 제시하였다. 이것은 서비스 품질이 서비스의 성과(performance)와 같다, 라는 개념으로 기존의 SERVQUAL의 문제와 한계를 지적하였다.

즉, SERVQUAL에서 사용된 주요 5개 차원의 세부 22개 항목의 성과 치에서 기대치를 뺀 서비스의 품질보다 그 서비스의 품질을 성과로 측정하고 평가하는 것이 더 뛰어남을 회귀분석(Regression)과 요인분석(Factor Analysis) 등을 활용하여 입증하였다. 서비스 품질에 대한 여러 가지 다양한 연구가 지속 전개되었으며 이중 Teas(1993)는 기대수준의 개념적인 정의에 대해 다시 연구하여 이를 바탕으로 EP(Evaluated performance)의 기준 타당성과 개념 타당성이 우수하다는 것을 입증하였다. 그리고 서비스의 품질에 대해 여러 가지 다차원적 관점에서 연구한 Rust and Oliver(1994)는 이것을 서비스 상품(Service Product)과 서비스 전달(Service Delivery), 그리고 서비스 환경(Service Environment)의 3개 차원으로 분류하였다.

또한 Rust and Oliver(1994)가 제시한 3차원 모델(Three-Component Model)을 기반으로 다중모델(The Multi-level Model)의 구조모형을 함께 연구하여 이를 또 다른 관점의 3개 차원으로 재구성하여 Brady and Cronin(2001)은 새로운 서비스 품질 모형을 제시하였다. 이것은 상호작용 품질(Interaction Quality)과 물리적 환경품질(Physical Environment Quality), 결과 품질(Outcome Quality)의 3가지로 분류되었고, 여기서 상호작용 품질은 전달하거나 상호작용에 의한 품질을 말하고, 물리적 환경품질은 물리적인 환경과 인적환경, 그리고 사회적 환경을 의미하며, 결과 품질은 서비스의 결과나 제품 등으로 구성된다고 언급하였다.

그리고 Zeithaml and Bitner(2003)의 연구에 따르면, 서비스의 품질을 여러 가지의 다차원적인 현상으로 이해하고 소비자 입장에서 볼 때 서비스가 전달되는 과정, 서비스를 활용하여 전달된 결과물, 그리고 서비스가 전달될 때 연결되는 주변의 환경 등을 함께 고려하는 것이 중요하다고 언급하였다. 따라서 서비스의 품질을 3개로 분류하여 환경적인 품질과 상호작용 품질, 그리고 결과물 품질로 나누고 이를 고려하여 SERVQUAL에서 사용하는 유형성, 신뢰성, 확신성, 반응성, 공감성의 세부 서비스 품질을 재구성하였다. 또한 Sanjay and Garima (2004)는 기존에 제시된 SERVQUAL 모형을 기반으로 여기서 사용된 세부 22개의 측정 항목은 그대로 이용하지만, 이를 측정하고 평가함에 있어서 인식치만 대상으로 고려하여 기존 SERVQUAL 모형보다 더 간단한 조사방법을 제안하였다.

3. 어플리케이션 속성

시대의 변화와 흐름에 따라 3차 산업혁명으로 인터넷기술이 발전되고 이것이 서비스에도 본격적으로 이용되면서 서비스 품질에도 변화가 생겨났다. 즉, 기존에는 오프라인 중심 서비스로 제공되던 것이 인터넷과 전자거래를 활용한 온라인 서비스라는 새로운 개념과 형태의 서비스가 등장하게 실행되었다. 이를 e-서비스라고 명명하며 이에 맞는 새로운 품질측정과 평가방법이 필요하여 e-서비스 품질에 대한 연구가 시작되었다.

e-서비스는 주요 서비스에 대해 인터넷을 이용하여 제공하므로 기업에서 제공하는 서비스를 소비자가 인터넷이라는 플랫폼을 활용하여 편하게 이용하게 된다. 이에 따라 e-Banking이나 e-Learning 등의 새로운 서비스가 탄생하게 되고 이는 사회 전반의 모든 산업에 큰 영향을 미치게 된다. 이것은 기존에 서비스의 특징으로 언급된 4가지(무형성과 비분리성, 이질성과 소멸성) 측면에서 살펴보면, 사람(종업원)과 직접적인 접촉이 없으나 인터넷상의 결과물이 나타나고, 다운로드와 같이 생산과 소비가 동시에 발생하지 않을 수도 있으며, 온라인상의 저장이라는 기능을 통해 보관이 가능할 수 있어서 기존 서비스 품질의 특징과 다르다. 따라서 이에 새로운 e-서비스 품질을 올바르게 측정하고 평가할 새로운 연구가 진행되었다.

e-서비스 품질에 대해 Zeithaml, et al.(2000)은 기존의 서비스 품질과 여러 가지 측면에서 달라서 더 이상 SERVQUAL을 이용하는 것은 적절하지 못하다고 이야기 하였다. 그리고 e-서비스 품질에 맞는 새로운 11가지 항목을 연구하여 제시하였으며, 이것은 효율성(Efficiency)과 보장성(Assurance), 반응성(Responsiveness)과 접근성(Access), 유연성(Flexibility)과 보안성(Assurance), 개인화(Personalization)와 사이트 심미성(Site Aesthetics), 신뢰성(Reliability)과 내비게이션 편리성(Ease of Navigation), 그리고 가격 지식(Price Knowledge)으로 구분하여 제시하였다.

한편 Voss(2000)의 연구에 따르면, 웹 등과 같이 새로운 매체를 바탕으로 서비스를 연결하여 제공하는 것을 e-서비스라고 정의하였고, 이러한 서비스가 여러 과정을 통하여 전달될 때 제공하는 사람과 사용하는 사람 간에 직접적인 대면의 상호작용이 필요 없으며, 새로운 형태의 새로운 서비스 품질이라고 이야기 하였다. 따라서 이에 적합한 소비자의 품질 평가방법을 위한 새로운 기준들이 연구되어야 한다고 언급하였다. 그리고 Sand Cone 모형을 바탕으로 효과성과 수행정도, 웹사이트의 반응성과   내비게이션의 편리성 등의 환경적 요소가 중요하므로 이를 고려한 서비스 품질이   연구되어야 한다고 강조하였다.

e-서비스에 대해 Ruyter et al.(2001)은 인터넷을 바탕으로 서비스를 제공하는　사람과 이를 이용하는 소비자의 연결이 지속 증가되고 있으며, 이에 적합한 소비자 지원 기술과 프로세스를 통합하여 제공되는 서비스라고 이야기 하였다. 그리고 서비스를 제공하는 사람과 소비자가 서로 작용하면서 소비자가 적극적으로 참여하여 이용하는 서비스라고 언급하였다.

웹사이트를 기반으로한 연구도 진행되었으며, Yoo and Donthu(2001)은 웹사이트를 이용한 쇼핑몰의 서비스 품질에 대해 연구하였다. e-서비스 품질의 구성요인을 4개 차원으로 분류하여 사용편리성(Ease of use)과 안전성(Security), 사이트 심미성(Aesthetic site quality)과 처리속도(Processing speed)로 제시되었다. 그리고 9 개의 세부 항목으로 시스템 속도, 보안성, 사용 용이성, 가격 우위성, 디자인, 주문 명확성, 명성(Reputation), 상품 차별성, 상품품질 확신성을 언급하였으나 서비스 제공자와 소비자 간의 구매과정에 대한 모든 과정을 포함하지 못하였고 웹사이트 서비스의 품질에 대한 전체적인 측정과 평가를 제공하지 못하는 한계를 보여주었다.

웹사이트의 서비스 품질에 대하여 Barnes and Vidgen(2000, 2002)은 평가 척도를 연구하여 이를 WebQual이라고 명명하였다. WebQual은 version 1.0에서 4.0까지 4차례를 거쳐서 연구되었고, 이 중에서 WebQual version 3.0은 크게 3개 차원의 정 보 품질, 상호작용 품질, 사이트 디자인 품질로 제시되었다. 이후 WebQual version 4.0은 3.0에서 소비자 측면을 보완하여 서비스 정보품질, 상호작용 품질, 소비자 상 호 작용 활용성의 3개 차원으로 수정하였고, 이것은 세부 22개의 항목으로 제시 되었다.

한편 SERVQUAL 모형을 제시했던 Parasuraman et al.(2002)은 시대의 변화에 따라 온라인에서 서비스의 품질을 측정하고 평가하기에 적합한 5개 척도를 연구하였다. 이것은 정보 가용성(Information availability)과 쉬운 사용성(Usability), 심미성(Graphic style)과 보안성(Security), 그리고 신뢰성(Reliability)으로 제시되었으나 e-서비스의 품질을 측정하기에 다양한 소비자의 감정 측면을 충분히 반영하지 못하고 전반적으로 체계가 미흡한 한계를 보여주었다.

온라인 소매에 많은 관심이 있었던 Wolfinbarger and Gilly(2003)는 이와 관련된 서비스의 품질 평가척도를 연구하여 eTailQ라고 명명하였다. 이것은 4개 차원으로 구성되어 웹사이트 디자인, 이행성과 신뢰성, 안전성과 프라이버시, 그리고 소비자 서비스로 개발되었고 이는 다시 14개의 세부 항목으로 제시되었다. 또한 이후에 소비자의 지각과 웹사이트의 서비스 품질에 대한 소비자의 측정과 평가 항목도 추가로 고려하여 연구되었다.

e-서비스를 적극적으로 사용하는 사용자들과의 인터뷰 과정을 통하여 Burgess(2004)는 e-서비스 품질 평가에 대해 연구하였고 19개의 항목을 제시하였다. 이는 기술 신뢰성과 사용 편리성, 내비게이션 편리성과 가용성, 단순함과 명성, 직관력(Intutiveness)과 사이트 디자인, 서비스 신뢰성과 속도, 접근성과 반응성, 유연성(Flexibility)과 정보조직화 방식, 완전성과 이용자 맞춤화, 정확성과 유용성, 데이터의 온전성으로 구성되며 웹이라는 환경에서 여러 가지 다양한 품질항목들을 고려하였다.

e-서비스의 서비스 접점 측면에 대한 연구를 Froehole and Roth(2004)가 진행하였으며 기술 역할을 기반으로 제공되는 서비스의 품질유형을 5가지로 나누어 제시하였다. 이는 기술이 전혀 역할을 하지 못하는 무기술형 서비스의 접점품질 (Technology-Free Service Encounter)과 서비스 제공자의 조력자와 같은 역할을 하는 일방적인 기술형서비스 접점품질(Technology-Assisted Service Encounter), 또한 면대 면으로 서비스의 제공자와 소비자가 같은 기술에 접속하여

의사소통을 돕는 형태인 기술 도움형 서비스 접점품질(Technology-Facilitated Service Encounter), 그리고 면대면 접촉 없이 서로 원활하게 의사소통을 할 수 있게 기술이 이용되는 기술 연결형서비스 접점품질(Technology-Mediated Service Encounter), 그리고 마지막으로 소비자가 스스로 서비스를 이용하는 형태인 기술 생성형 서비스 접점품질(Technology-Generated Service Encounter)로 구분하여 제시되었다.

기존 SERVQUAL에 대한 서비스 품질은 여러 가지 연구가 수행되어 왔으나 새로운 시대의 e-서비스 품질 평가에 대해 충분한 연구가 되고 있지 않음을 지적하며 Zeithaml et al.(2005)은 e-서비스 품질에 적합한 측정도구를 새롭게 연구하여 E-S-QUAL을 제시하였다. 이것은 일반적인 서비스 품질의 SERVQUAL 모형을 재해석하여 온라인 환경에서 적절하게 이용할 수 있도록 e-서비스의 여러 가지 품질측면을 다양하게 고려하였으며 실제 온라인 구매를 이용하는 고객을 대상으로 설문 조사를 실시하였다.

그리고 효율성과 시스템 이용가능성, 이행성과 프라이버시라는 4개 차원으로 제시되었고 이것은 다시 세부 22개의 항목으로 구성된 최종 E-S-QUAL을 제안하였다. 이러한 e-서비스의 품질 측정과 평가는 도서관, 고속철도, 항공사, 스마트기기, 레스토랑 등의 많은 분야로 확산되었고 상담이나 문의 예약뿐만 아니라 관련 전문서비스에 이르기까지 폭 넓게 적용되었으며 이에 대한 연구도 다양한 분야에서 활발하게 진행되었다.

우선 Hernon and Calvert(2005)는 도서관 분야에서 기존 서비스 품질 분야와 e-서비스 품질에 대한 연구를 통하여 소비자의 인식을 결정하는 주요 10가지 요소를 제시하였는데, 이는 신뢰성, 접근성, 사용 용이성, 장서(Collections), 보안, 고객화, 고객지원, 링크(Linkage), 융통성, 웹사이트 미학적 요소로 구성되었다.

고속철도와 관련된 서비스 품질에 관하여 이형석(2006)이 연구를 진행하였으며 이것은 신뢰성(reliability), 안락감(comfort), 유형성(tangible), 공감성(empathy), 정보접근성(information), 대응성(responsiveness), 안전성(safety), 확신성(assurance)의주요 8개 유형으로 분류하였고 고속철도에 대한 서비스 품질을 결정하는 요인으로 제시하였다.

서비스 품질의 다양한 분야 중에서 항공사의 웹사이트 서비스 품질을 대상으로 Sam MFM and Taihr MNH(2010)가 연구를 진행하였다. 이것은 크게 5개의 요인으로 분류되었으며 신뢰성, 지각된 위험, 이용 용이성, 정보의 품질, 웹사이트 디자인으로 제시되었다.

그리고 이청림 외(2015)도 공항 서비스 품질과 고객 만족에 대한 모형을 연구하였다. 공공부문 고객만족도 평가지수(PCSI : Public Customer Public Customer Satisfaction Index)에 대한 모형으로 연계되어 서비스 품질과 고객만족, 그리고 성과와 관련된 논리적인 구조를 갖는 인과관계의 모형으로 설정되었다. 이것은 실제 고객이 서비스를 접하는 진실의 순간(MOT : Moment of Truth)에서 구체적이고 통합적인 측정이 요구되었고, 진실의 순간에서 서비스 품질로, 그리고 고객만족으로 연계되는 관계를 연구하였다. 또한 공항서비스에 대한 고객 만족도를 측정할 때, 인지적인 평가뿐만 아니라 추가로 감정적인 평가도 함께 고려되는 것이 필요하다고 주장하였다.

Kim SH & Park HS(2011)은 스마트 폰 앱의 서비스품질에 관한 연구를 진행하였고 이와 관련된 스마트폰 앱 서비스 특성으로서 유용성, 편리성, 경제성, 오락성, 개인화의 5가지 요소를 연구하여 제시하였다. 전현모 외(2016)는 스마트폰에서 주로 많이 이용되고 있는 배달 앱의 서비스 품질에 대해 연구하였다. 이것은 Mehrabian and Russell(1974)이 연구하여 제시했던 PAD(Pleasure, Arousal, Dominance) 이론을 기반으로 소비자의 감정반응과 이에 따른 앱의 재이용 의도에 미치는 영향과 관계를 제시하였다. 이를 통해 소비자는 다양한 앱에 익숙해져 있어서 단순한 정보를 얻는 것보다,

제공되는 배달 앱의 미적이고 시각적인 부분에 대한 우수성과 세련성을 더 중요하게 인식하고 있다고 주장하였다.

e-서비스 기반의 도서 서비스 품질에 대하여 이응봉(2013)은 조사하여 이와 관련된 측정 및 평가 방법을 연구하였다. 기존에 도서관 관련 서비스 품질의 측정에 방법으로 제시되었던 LibQUAL+이나 DigiQUAL에 대하여 조사하고 SERVQUAL과 LibQUAL+를 함께 혼합한 모형 등을 검토하였고, e-서비스의 확대에 따라 이에 적합한 도서관 서비스 품질 평가방법을 제시하였다.

Ryu MA & Shin SW(2013)는 관광서비스 산업과 관련된 브랜드 앱의 서비스 품질에 대한 연구를 진행하였으며, 브랜드 앱의 서비스 품질을 주요 9가지로 분류하여 반응성과 신뢰성, 정보성과 보안성, 이용 용이성과 디자인, 그리고 오락성, 충족성, 개인화로 분류하여 제시하였다.

서비스 품질에 대한 다양한 연구가 진행되어 왔으며 이에 대한 선행연구를 검토해 보고 핵심 주제를 살펴보았다. 위에서 살펴본 것처럼, 서비스 품질은 일반적으로 SERVQUAL을 기반으로 여러 가지 연구를 통해 발전하였고, 사용하면서 보완이 필요한 부분을 수정하면서 개발되었다. 그리고 2000년대에 들어오면서 인터넷 플랫폼을 기반으로 하는 온라인 서비스의 등장으로 서비스 품질의 개념과 특징이 크게 변화하게 되었고 이를 기반으로 하는 새로운 e-서비스의 품질 시대를 맞이하게 되었고 다양한 연구 활동을 통해 E-S-QUAL 등으로 제시되었고, 산업 전반에 큰 변화를 이끌면서 각 분야별 서비스의 특성과 환경에 적합하게 적용되고 전문적으로 활용되고 있다.

4. WWPMM(World Wide Project Management Manual) 관점

1961년 당시 소련에서 유인 우주왕복선을 개발하여 성공한 데 대한 원인분석과 안을 찾는 과정에서 서비스 품질과 융합기술에 대한 학문적 실전적 준비가 부족함을 미국정부에서 깨닫고 이를 극복하기 위한 수단으로 WWPMM을 개발하여 이를 적용한 결과 1967년 암스트롱 등 우주인 3명이 달에 착륙한 것이다. 이후 계속하여 기존 제품위주의 품질측정이나 평가에 대한 연구에서 서비스가 발전하면서 서비스 품질에 대한 다양한 연구가 진행되었다. 이 중 서비스 품질은 SERVQUAL이 제안되면서 이를 중심으로 발전하였고 이를 수정이나 보완, 그리고 비판하면서 다양한 형태로 제시되었다.

우선 Garvin(1984)은 서비스 품질을 5가지 관점에서 연구하여 제품 중심적인 접근품질, 사용자 중심적인 접근품질, 선험적인 접근품질, 제조 중심적인 접근품질, 가치 중심적인 접근품질의 5가지로 구분하여 정의하였다. 이 중에서 사용자 중심적인 접근품질의 관점이 서비스 품질을 가장 잘 반영하고 있다고 주장하면서 이것은 서비스 품질이 이를 경험하는 사람의 관점이나 시각에 따라 다르다는 가정에서 출발하여 소비자가 서로 다른 필요와 욕구를 가지며, 이러한 소비자들의 필요성을 잘 만족시키는 서비스는 소비자들에게 가장 좋은 품질을 가진 서비스로 생각된다고 가정하였다. 이러한 서비스 품질은 개인적인 특성을 고려한 주관적 개념이라고 제시하였으며, 특정한 소비자에게 최고의 만족을 제공하는 서비스 특성을 도출할 수 있었다고 언급하였다.

Parasuraman et al.(1985)는 서비스 품질에 대해 연구를 진행하여 서비스가 구매 행동과 소비행동이 따로 분리되어 있지 않은 이유로 서비스의 구매와 서비스 소비의 경험은 동시에 이루어진다. 라고 주장하였다. 그리고 여러 가지 측면에서 이야기되는 서비스의 특성을 크게 4가지로 구분하였다. 우선, 생산과 소비가 기업과 소비자로 별도 분리되는 것이 아니라 동시에 일어나는 것을 비분리성(inseparability)이라고 하였고, 두 번째는 일정한 형태도 없고 만질 수도 없는 것을 무형성(intangibility)이라고 하였다. 그리고 세 번째는 잘 팔리지 않고 남아있는 서비스를 재고 형태로 쌓아 둘 수 없기 때문에 사라지는 것을 소멸성(perishability)이라고 하였고, 마지막으로 변화하는 가변 요소가 많기 때문에 일정한 품질이 유지되지 않고 변하는 것을 이질성(heterogeneity) 이라고 제시하였다.

그리고 이를 다시 정리하여 SERVQUAL (Service + Quality)로 명명하고 서비스 품질을 10개 차원으로 정리하여 접근성(Access), 반응성(Rsponsiveness), 유형성(Tangibles), 신뢰성(Reliability), 의사소통(Communication), 보안성(Security), 신용성 (Credibility), 공손함(Courtesy), 능숙함(Competence), 소비자 이해(Understanding the customers)로 구분하였다.

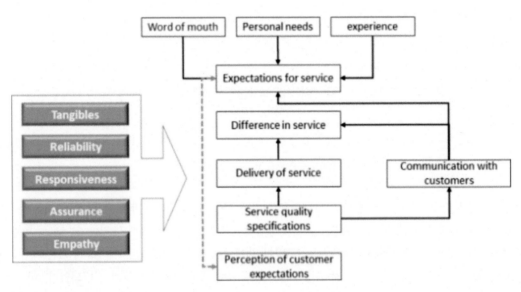

* 출처 : Parasuraman et al. 1990

[그림 4-3] Schematic of Service Quality Measurement

Parasuraman et al.(1988)는 서비스 품질의 측정에서 가장 많이 사용되고 있는 SERVQUAL 모형을 기존의 10개 차원에서 보완하였다. 다시 말해, 중복되었던 측정수단을 분석하여 정량적인 방법으로 다시 정리하였고 이를 실증적인 분석을 이용하여 서비스 품질을 5개 차원을 유형성(Tangibles), 신뢰성(Reliability), 반응성(Responsiveness), 확신성(Assurance), 공감성(Empathy)으로 나누고 22개 항목으로 정리하여 제시하였다. [그림 4-3]에서와 같이 이를 바탕으로 서비스 품질에 대한 개념적인 정의를 연구하여 지각된 서비스 품질의 개념에 대해 서비스의 우수성과 관련한 일반적인 태도나 판단으로 정의하였고, 지각된 품질에 대해서는 기대와 성과의 개념으로 연계시켰다.

Llosa et al.(1988)은 Parasuraman et al.이 제시한 SERVQUAL의 서비스품질 차원을 유형성, 신뢰성, 반응성, 공감성, 확신성의 5가지 차원으로 제안한 내용에 대해 분석하여 SERVQUAL의 5가지 서비스품질 차원이 너무나 지나치게 과정

품질에만 초점을 맞추고 있으며 과정과 결과품질이 애매하게 혼재되어 있는 차원이 있다고 지적하였다. Gronroos (1988)는 품질이란 그 제품이나 서비스의 기본인 특성보다는 그것을 사용 목적과 관련되어 있다고 생각 하여 서비스품질을 기대와 성과 사이에 기능적 품질(functional quality)과 기술적 품질(technical quality)이라는 2가지 차원으로 구성되어 있다고 주장하였다. 그리고 기능적 품질은 소비자들이 서비스를 얻는 과정에서 발생하는 품질(How)로 서비스 제공받는 과정에서 어떻게 경험하는 것인가와 관련되었다고 이야기하였고, 기술적 품질은 소비자들이 서비스로부터 얻은 결과에서 발생하는 품질(What)로 서비스가 끝났을 때 최종적으로 남겨진 결과물에 해당하는 품질이라고 정의하였다.

Cronin and Taylor(1992)는 기존 SERVQUAL은 성과와 기대에 대한 차이를 바탕으로 한 모델로, 이는 기대 수준에 대한 측정의 문제점이 있다는 것을 지적하였다. 그리고 서비스의 성과만으로 서비스품질을 측정하는 것이 더 타당성 측면에서 옳다는 것을 이야기하며 'SERVPERF'모형을 제시하였다. 이 모형은 서비스품질은 성과(performance)와 같다라는 개념을 기반으로 하였다. 기존 SERVQUAL의 한계점과 문제점을 지적하며 여기서 사용 된 5개 차원의 22개 항목에 성과치에서 기대치를 뺀 서비스 품질보다는 서비스 품질을 성과로 측정하는 것이 더 우수하다는 것에 대하여 요인분석 (Factor analysis)과 회귀분석 (Regression)를 이용하여 입증하였다.

Teas(1993)는 서비스 품질에 대하여 다양한 연구를 전개하며 기대 수준이라는 개념적인 정의에 대해 다시 제안하였고, 이를 기반으로 EP(Evaluated performance)의 개념타당성과 기준타당성의 우수성을 입증하여 제시하였다. Rust and Oliver(1994)는 서비스 품질을 다차원적인 관점에서 다시 해석하였고, 이를 3가지 차원으로 구분하여 서비스 상품(Service product)과 서비스 전달(Service delivery), 그리고 서비스 환경(Service environment)이라는 차원으로 제안하였다.

Brady and Cronin(2001)은 Rust and Oliver(1994)의 3차원 모델(Three-Component Model)과 다중 모델 (The Multi-level Model) 구조 모형을 연구하였고 이를 다른 관점의 3가지 차원으로 재구성하여 서비스품질 모형을 제안하였다. 새로운 3차원 모형은 물리적 환경품질(Physical environment quality)과 상호작용품질(Interaction qual- ity), 그리고 결과품질(outcome quality)로 구분하였고, 물리적 환경품질은 물리적환경과 인적, 사회적 환경으로, 상호작용 품질은 전달이나 서로 상호작용에 의한 품질로, 결과품질은 서비스 결과나 상품 등으로 구성하였다.

Zeithaml and Bitner(2003)는 서비스 품질이란 소비자가 서비스 품질을 고려하고 판단하는데 서비스를 전달하는 과정과 서비스를 이용하여 전달된 결과물, 그리고 서비스 전달과 연결된 주변의 환경 등을 모두 고려하여 다차원적인 현상으로 이해해야한다고 주장하였다. 이에 서비스품질을 3가지의 품질로 나누어 환경적 품질, 상호작용 품질, 그리고 결과물 품질로 구분하였고, 이에 대한 하부적인 서비스 품질차원을 SERVQUAL에서 이용하는 신뢰성, 반응 성, 확신성, 유형성, 공감성으로 재구성하였다. Sanjay and Garima (2004)는 기존 SERVQUAL 모형을 활용하여 원래 사용했던 22개의 측정 항목을 기존 그대로 이용하지만, 이를 측정함에 있어서 인식치만을 대상으로 선정하여 SERVQUAL 모형에 비해 간소화된 설문 조사 방법을 제시하였다.

이처럼 다양한 서비스 품질에 대한 여러 연구가 진행되었으며 서비스 품질의 측정과 평가에서 많이 사용되었다. 그러나 시대의 흐름에 따라 인터넷이 등장하면서 기존 오프라인 중심의 서비스에서 온라인 서비스라는 새로운 개념의 서비스가 등장하게 되었고 이에 적합한 서비스 연구가 새롭게 진행되었다. 이를 e-서비스라고 하며 이와 관련된 선행연구를 살펴보도록 한다.

5. 품질인증의 필요성

e-서비스에 대한 연구는 약 2000년부터 본격적으로 진행이 되었다. 이 시기부터 인터넷을 활용한 정보의 제공과 전자 거래가 본격적으로 시작되었고 오프라인에서 주로 이루어졌던 서비스는 이제 온라인이라는 새로운 플랫폼을 기반으로 제공되었다. 따라서 기존 오프라인 위주의 서비스 품질과 온라인 기반의 서비스 품질은 차이점이 발생하여 이에 적합한 품질 기준과 평가 방법이 필요하게 되었다.

우선 Zeithaml, et al.(2000)은 e-서비스 품질에 대해 연구하여 e-서비스 품질은 기존 서비스 품질과 여러 가지 특징이 달라서 SERVQUAL을 사용하기에 적절하지 못하다고 언급하며 e-서비스 품질에 적합한 11가지 요소를 제시하였다. 이는 보장성(Assurance), 접근성(Access), 효율성(Efficiency), 반응성(Responsiveness), 사이트미학(Site Aesthetics), 네비게이션의 편리성(Ease of Navigation), 보안성(Assurance), 유연성(Flexibility), 신뢰성(Reliability), 개인화(Personalization), 가격에 대한 지식(Price Knowledge)으로 분류하여 제안하였다.

Voss(2000)는 Web 등과 같이 기존과 다른 새로운 매체를 기반으로 서비스를 연결하는 것을 e-서비스라고 정의 하였고 서비스가 전달되는 여러 과정에서 이를 제공하는 사람과 이를 이용하는 사람 간에 서로 작용이 필요하지 않는 새로운 형태의 서비스품질이라고 소개하며 이에 대한 적절한 소비자 평가 방법에 대한 새로운 기준들이 있어야 한다고 주장하였다. 그는 Sand Cone 모형을 기반으로 소비자는 네비게이션의 편리성과 웹사이트의 반응성, 그리고 효과성과 수행 정도 등의 환경적 요소를 먼저 생각하므로 이를 고려하여 서비스품질을 개발하는 것이 중요하다고 강조하였다.

Ruyter et al.(2001)은 e-서비스란 인터넷 기반으로 서비스를 제공하는 사람과 소비자의 연결이 증가되고 이에 대한 소비자를 지원하는 기술과 프로세스가 통합되어 제공되는 서비스라고 정의하며, 서비스 제공자와 소비자가 상호작용하면서 소비자가 주도적으로 참여하는 서비스라고 제시하였다.

Barnes and Vidgen(2000, 2002)은 웹사이트에 대한 서비스 품질을 평가하기 위한 척도를 개발하였고 이를 WebQual이라 정의하였다. WebQual은 버전 1.0에서 버전 4.0까지 여러 차례를 거쳐서 개발되었으며 이 중 WebQual 3.0은 크게 3가지 차원으로 개발되어 상호작용품질, 정보품질, 사이트 디자인 품질로 제시되었다. 그리고 WebQual 4.0에서는 추가 보완사항을 적용하여 서비스 상호작용품질, 정보품질, 소비자 상호작용 활용성이라는 3가지 차원으로 개발되었고 이는 세부적으로 22개 항목으로 구성되었다.

Yoo B and Donthu N(2001)는 웹사이트 기반의 쇼핑몰에 대한 서비스 품질을 연구하였고 이에 대한 e-서비스 품질의 구성 요인을 제안하였다. 이는 크게 4가지 차원으로 구성되어 사이트 심미성 (aesthetic site quality)과 사용 편리성 (ease of use), 안전성(security)과 처리속도(processing speed)로 개발되었고 이에 대한 세부 항목으로 사용 용이성, 디자인, 시스템속도, 가격 우위성, 주문 명확성, 명성, 보안성, 상품품질 확신성, 상품 차별성의 9개 항목으로 구성된다고 주장하였다. 그러나 구매과정에 대한 전체 과정과 관점을 포함하지 못하여 웹사이트 서비스 품질에 대한 포괄적인 평가를 구성하지 못한 한계점을 가지고 있었다.

Parasuraman et al.(2002)은 온라인의 서비스 품질을 측정하기에 적절한 5가지 척도를 개발하였고 이는 쉬운 사용성(Usability), 정보가용성(Information availability), 보안성(Security), 심미성(Graphic style) 그리고 신뢰성(Reliability)으로 구분하여 제시되었다. 그러나 서비스 품질을 측정하기에는 전체적인 체계가 미흡하였고 소비자의 다양한 감정적인 측면을 반영하지 못한 한계점을 가지고 있었다.

Wolfinbarger and Gilly(2003)은 온라인 소매업에 관심을 가지고 이와 관련된 서비스 평가 척도를 개발하여 eTailQ라고 제시하였다. 이는 신뢰성 및 이행성, 프라이버시 및 안전성, 웹사이트 디자인, 소비자 서비스라는 4가지 차원에서 개발되어 세부항목의 14개 항목으로 구성되었다. 그리고 서비스 품질에 대한 소비자의 지각이라는 측면과 웹사이트 서비스 품질에 대한 소비자의 평가 항목을 고려하여 제시되었다.

Froehole and Roth(2004)는 e-서비스의 서비스 접점에 대한 연구를 진행하였고 기술 역할을 중심으로 한 서비스의 품질유형에 대해 5가지로 구분하여 제시하였다. 우선 기술이 아무런 역할도 하지 못하는 무기술형 서비스접점 품질(technology-free service encounter)과 기술이 서비스 제공자의 조력자 역할을 하는 일방기술형 서비스접점 품질(technology-assisted service encounter), 그리고 면대 면으로 서비스 제공자와 소비자가 동일한 기술에 접속할 때 기술이 의사소통을 돕는 기술 도움형 서비스 접점품질(technology-facilitated service encounter), 또한 면대면 접촉이 없이 상호 원활한 의사소통을 위해 기술이 활용되는 기술연결형 서비스접점 품질(technology-mediated service encounter), 마지막으로 고객 스스로 서비스를 이용하는 기술생성형 서비스접점품질(technology-gen- erated service encounter)을 제시하였다. 여기서 기술연결형 서비스접점 품질과 기술생성형 서비스접점품질은 면대 스크린 접촉 품질방식으로 정의하기도 하였다.

Burgess(2004)는 e-서비스를 이용하는 사용자와의 인터뷰를 통해 e-서비스 품질 평가에 대한 고려대상의 19가지 요소를 제시하였다. 이는 가용성(Availability), 기술신뢰성, 네비게이션 편리성, 사용편리성, 단순함, 명성(Reputation), 사이트 디자인, 직관력(Intutiveness), 속도, 접근성, 반응성, 서비스 신뢰성, 정보조직화 방식(Presentation), 완전성, 유연성(Flexibility), 이용자 맞춤화, 유용성, 정확성, 데이터의 온전성으로 Web이라는 환경을 기반으로 한 여러 품질 요소들을 다양하게 고려하여 제시되었다.

Zeithaml et al.(2005)은 SERVQUAL을 중심으로 전통적인 서비스 품질에 대하여 오랜 시간동안 여러 가지 연구가 수행되어 왔으나 e-서비스 품질 평가에 대해서는 제한적인 연구되었음을 지적하였다. 이에 e-서비스 품질을 측정하기 위해 적절한 측정도구를 새롭게 개발하여 E-S-QUAL을 제시하였다. 이는 서비스 품질의 일반적인 모형으로 활용되었던 SERVQUAL 모형을 재해석하고 분석하여 디지털 환경에서 적절하게 적용할 수 있는 서비스 품질 측정 모형으로 개발되었고 e-서비스 품질 측면을 다양하게 고려하여 제시되었다. 이는 온라인 구매 고객을 대상으로 설문조사를 직접 실시하여 개발되었고, 4가지 차원에서 시스템 이용 가능성, 효율성, 이행성, 프라이버시가 제시되었으며, 이는 세부적으로 22개 항목으로 구성되는 E-S-QUAL을 최종 완성하여 제안하였다.

이응봉(2013)은 e-서비스를 기반으로 한 도서 서비스 품질의 평가 연구에 대해 조사하고 연구하였다. 도서관 서비스에 대한 측정에 대해 기존에 제시되었던 LibQUAL+, DigiQUAL, SERVQUAL과 LibQUAL+를 혼합한 모형 등에 대한 선행 연구를 정리하였고, e-서비스가 점진적으로 확대됨에 따라 도서관 서비스 품질의 변형된 내용을 연구하여 제시하였다.

전현모 외(2016)는 스마트 폰의 배달 앱에 대한 서비스 품질을 연구하였고 이를 Mehrabian and Russell(1974)이 제시한 PAD(pleasure, arousal, dominance) 이론을 바탕으로 소비자의 감정반응과 앱의 재이용 의도에 미치는 영향을 연계하여 제시하였다. 이를 기반으로 다양한 앱에 익숙해진 소비자들은 단순하게 필요한 정보를 획득하는 것보다 정보가 제공되는 배달 앱의 시각적인 부분의 세련성과 우수성도 매우 중요하게 인식하고 있다는 것을 주장하였다.

이상으로 기존 서비스 품질에 대한 다양한 연구를 고찰한바. 기존 오프라인 중심의 서비스 품질은 SERVQUAL을 기반으로 발전하였고 이를 수정, 보완한 SERVPERF 등으로 제시되었다. 또한 인터넷 기반의 온라인 서비스의 등장으로 e-서비스에 적합한 E-S-QUAL 등으로 제시되었고, 서비스 분야별로 분야의 특성에 맞게 보완되어 제시되고 활용되고 있다. 그리고 인공지능을 기반으로 하는 서비스는 기존 서비스와는 개념이나 특징이 매우 달라서 이에 대한 정의가 필요하고, 이를 바탕으로 인공지능 서비스의 품질에 대한 특성을 조사하고 정립하여 이에 적합한 품질측정항목을 연구 하는 것이 절실하게 필요한 실정이다.

제2절 인공지능 서비스의 측정항목

1. 초기단계

인공지능에 대한 다양한 선행연구에서 조사된 것처럼, 인공지능을 나타내는 주요 키워드는 인지능력, 사고능력, 인간의 뇌를 모방한 지능, 인간의 일을 대신함, 사람보다 더욱 효율적임, 자동화, 스스로 행동하고 추론하는 능력, 다양한 정보를 바탕으로 문제해결능력, 고차원적인 정보처리능력, 학습능력 등으로 인간을 모방하는 기술로 표현되고 있다. 이러한 특징을 포함하여 인공지능 서비스의 개념을 정의해 보면, 인간의 지각, 이해, 판단, 학습 등에 대한 지적인 능력을 기기에 구현하고 빅데이터 등을 기반으로 분석, 예측하여 고객별 맞춤형 서비스를 제공하는 것을 의미한다.

인공지능 스피커 등의 제품들이 출시되어 큰 호응을 얻고 있다. 또한 집안에서 기존 세탁기나 냉장고, 에어컨, 로봇청소기 등에 인공지능을 적용한 가전제품이 많이 출시되어 편리함을 주고 있다. 또한 은행이나 보험, 공항이나 호텔 등에서도 인공지능을 적용한 로봇이나 시스템을 활용하여 상담이나 안내 등의 서비스 영역을 확대하고 있다. 그리고 사람이 부족하거나 비용 등의 문제를 극복하고 편리함을 주기 위해 인공지능을 이용한 무인 편의점이나 무인 레스토랑, 인공지능 바리스타를 활용한 무인카페 등이 점차 확대되고 있는 상황이다.

이러한 인공지능 서비스의 초기 단계에는 전체적인 서비스보다는 특화된 서비스에 우선 적용하여 보편화되고 있다. 그리고 이러한 시대의 소비패턴은 기존 제품을 직접 구매하는 '소유' 개념에서 리스나 임대 등을 기반으로 한 '사용'의 개념인 제품의 서비스화로 변화하며 서비스의 의미가 더욱 확대되고 있다.

2. 성숙단계

기존의 서비스의 특징은 특정한 형태가 없는 무형성, 생산과 소비가 동시에 일어나는 비분리성, 재고 형태로 보관할 수 없는 소멸성, 다양한 변화요인으로 가변하는 이질성으로 일반적으로 언급되었으나 혁신적인 시대의 흐름에 따라 기존 서비스의 특징은 이제 더 이상 인공지능 서비스에는 적합하지 않게 되었다. 이에 인공지능의 개념과 특징을 바탕으로 인공지능 서비스의 특징을 연구하였고 이는 [그림 4-4]에서 보는 것처럼 주요 4가지 특징(반응속도, 인간화, 전문화)으로 정리해 볼 수 있다.

⟨표 4-1⟩ Quality Measurement Items of Artificial Intelligence Service

Item	Key metrics	Item	Key metrics
Quickness	✓ Time compliance ✓ Fast ✓ Immediate reaction ✓ re-feedback ✓ Always service ✓ Real time	Customer emotion	✓ Kindness ✓ Comfort ✓ Pleasure ✓ Sincere attitude ✓ Bi-directional communication ✓ Emotion ✓ Familiar ✓ Differentiation ✓ Politeness
Personalization	✓ Customer personal interest ✓ Maximum benefit ✓ Customer characteristics ✓ nderstand requirements ✓ Customization ✓ Forecast ✓ Providing preference information ✓ Latest trends ✓ Diversity	Convenience	✓ Anywhere ✓ Easy to use ✓ Intuitiveness ✓ Usability ✓ Rejection ✓ Simplicity ✓ Discomfort ✓ Expression appropriateness ✓ Compatibility ✓ Simultaneous processing
Professionalism	✓ Accurate delivery ✓ Perfect ✓ Stability ✓ Correct answer ✓ Field expertise ✓ Responding to complaints ✓ Rationality ✓ Value	Safety	✓ Safe system ✓ Customer information management ✓ Information protection ✓ Reliability ✓ Consistency ✓ Privacy ✓ Information quality management ✓ Quick response

인공지능 기반의 서비스는 아직 초기 단계이지만 적용된 사례들을 주변에서 쉽게 찾아볼 수 있다. 우선 스마트 폰의 대중화와 발전으로 개인별로 스마트 폰에 적용된 인공지능 기반의 대화형 서비스를 진행하고 있으며 이를 활용한 인공지능 개인비서 를 좀 더 하나씩 자세히 살펴보면 첫째, 인공지능 서비스는 초지능성 기반의 무인화 서비스이다. 서비스 제공자가 기존의 사람(종업원) 대신에 인공지능 기반의 기기나 시스템이 서비스를 제공한다. 인공지능은 다양하고 전문적인 초지능성을 기반으로 사람을 도와서 더 좋은 결정을 내릴 수 있도록 조력자의 역할을 수행하며 양방향으로 사람과 소통하여 원하는 서비스를 제공한다. 이는 대면 접촉상대가 사람에서 인공지능으로 바뀜으로써 다른 사람과의 관계로 인한 스트레스를 줄일 수 있으며 고객은 다른 사람의 눈치를 보지 않고 원하는 서비스를 받을 수 있다.

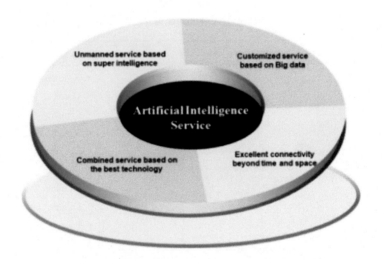

[그림 4-4] Characteristics of Artificial Intelligence Service

둘째, 인공지능 서비스는 빅데이터(Big data) 기반의 맞춤형 플랫폼이다. 빅데이터나 사물인터넷(IoT : Internet of Things) 등의 최신 기술을 활용하여 여러 가지 최신 정보를 스스로 학습하고 사용자의 다양한 경험 데이터를 수집할 수 있다. 이를 기반으로 개인별 성향을 분석하고 예측하여 고객별로 원하는 맞춤형 서비스를 추천하고 제공할 수 있다. 이러한 고객은 원하는 서비스를 즉시 제공받을 수 있으며 탐색 등의 시간이나 비용을 절약하면서도 만족도는 높아질 수 있다.

셋째, 인공지능 서비스는 시공간을 뛰어넘는 초연결성 서비스를 제공한다. 빠른 기술발전과 시대의 흐름에 따라 사람들은 다양한 장소에서 시간에 관계없이 서비스를 받는 것을 중요하게 생각하게 되었다. 인공지능 서비스는 고객의 다양한 요구를 언제 · 어디서나 신속하게 대응하고 고객과 상호작용을 통해 요구하는 것을 명확하게 파악하여 정확한 서비스를 제공할 수 있다.

넷째, 인공지능 서비스는 다양한 최첨단 기술기반의 융복합 서비스를 제공한다. 기존에는 사람을 기반으로 한 오프라인 서비스나 인터넷을 기반으로 한 오프라인 서비스가 제공되었으나, 인공지능 서비스는 온라인과 오프라인 서비스를 융합한 O2O(On-line to Off-line) 서비스를 더욱 전문적으로 제공할 수 있다. 이는 물리적인 세계와 가상 세계를 통합한 형태로 발전하고 있으며 이러한 융복합 서비스는 더욱 확대될 것으로 전망되고 있다.

　Characteristics of Artificial Intelligence Service를 제공하고 차별화를 바탕으로 즐거움과 성의 있는 서비스를 느끼며 고객 감성에 적합한 친근함과 공손한 서비스를 제공하는 세부항목들로 구분할 수 있다.

　다섯 번째는 편의성이다. 이 항목은 고객이 사용하기 편리하고 어디서나 원할 때 간편하게 받을 수 있는 서비스를 제공하는 것이다. 이를 세분화하면 고객이 필요로 하는 어느 곳에서나 쉬운 사용성과 직관성을 바탕으로 이용이 편리해야 하며, 거부감이나 불편함이 없이 간편하게 적절히 대응해야 하고 고객에게 적절하게 표현하여 이를 동시에 처리하는 세부항목들로 나눌 수 있다.

　마지막으로 여섯 번째는 안전성이다. 이 항목은 고객에게 직접적으로 관련된 정보를 다루고 처리하기 때문에 고객과 관련된 개인정보를 보호하고 철저하게 관리하는 필요하고, 안전된 시스템을 바탕으로 일관되고 신뢰성 있는 정보를 제공하여 지속적인 정보의 질적인 관리를 진행하며, 개인의 소중한 프라이버시를 존중하여 안전성에 문제가 있을 경우 이를 신속하게 대처하는 세부항목들로 구분할 수 있다. 따라서 WWPMM에서는 1.Communication 2. Coordination 3. Team Building 4. Issues Resolution 5. Integration 6. Execution 7. Planning 8. Budgeting 9. Control 10.Customer Expectations 11. Risk management 11.Unit & Total Test를 중점적으로 다루고 있으며 이에 못지않게 수행과정도 단위 작업마다 P-S-B-C-E(Plan, Scenario, Back-up, Confirmation, Evaluation)사이클(Cycle) 과정을 거치고 적용하면 품질에 관한 어떠한 문제도 해결할 수 있다.

제 3 절　인공지능 윤리

1. 개념

　포지트로닉 브레인(Positronic Brain)[1]과 로봇학의 3원칙[2]을 갖춘 로봇이 등장하는 아시모프(Isaac Asimov)의 작품 중에는 1941년에 첫 출판된 "이 성"(Reason)이라는 단편소설이 있다. 먼 행성의 발전소에서 일하던 큐티(Cutie)라는 애칭을 가진 QT1 로봇이 같이 근무하는 두 인간에게 갑자기 존재론적 문제를 제기한다. 간단히 말하자면 인간들이 자기

---

1) 아시모프가 만들어낸 용어로 아래 설명된 로봇학의 3원칙을 장착한 인공지능이라고 이해하면 된다. 아울러 본고에서는 로봇과 인공지능을 같은 의미로 사용하고 있음을 밝힌다.
2) 이미 잘 알려져 있는 로봇학의 3원칙은 다음과 같다. 1) 로봇은 인간을 다치게 해서 는 안 되며 행동을 하지 않음으로써 인간에게 해를 끼쳐서도 안 된다. 2) 로봇은 첫 번째 원칙에 위배되지 않는 한 인간이 내린 명령에 복종해야 한다. 3) 로봇은 첫 번째나 두 번째 원칙에 위배되지 않는 한 자신의 몸을 보호해야 한다. 로봇학의 3원칙이 처음 소개된 글은 아시모프의 단편소설, 런어라운드("Runaround")이다.

보다 열등하기 때문에 절대로 창조자가 될 수 없고, 따라서 그들을 주인으로 삼고 명령에 따를 필요가 없다는 내용이다.

큐티의 말에 황당해하는 두 인간, 파웰(Powell)과 도노반(Donovan)은 머나먼 곳에 있는 지구를 망원경을 통해 보여주면서 수억 명의 인간이 살고 있는 존재의 원천지라고 주장하고, 아니면 직접 다른 로봇을 조립해 보임으로써 창조자의 능력을 입증하려 하지만 큐티에게는 다 소용없는 일이다. 로봇에게 망원경으로 보이는 먼 행성에 대한 이야기는 단지 "복잡하면서 터무니없는 가설"(complicated, implausible hypothesis; Asimov, 2008, p.49)일 뿐이고, 조립과 창조는 엄연히 다른 차원의 일이기 때문이다.

자신처럼 "완성된 제품"(a finished product)이 모든 면에서 불완전한 "임시변통 제품"(makeshift)인 인간에게서 근거한다는 주장을 이성적으로 받아들이지 못하는 "로봇 데카르트"(robot Descartes)가 된 것이다(Asimov 2008, p.51). 대신 큐티는 발전소를 전체적으로 통제하는 인공지능 컴퓨터 빔 디렉터(Beam Director)가 자신의 주인이라고 확신한다.

광신에 가까운 큐티의 극단적 이성주의에 황당해하고 분노하고 두려움을 느끼던 두 인간은 발전소에 찾아온 위기를 큐티가 능숙하게 처리하는 모습을 보고 마음이 바뀐다. 발전소의 유지가 유일한 목표인 빔 디렉터를 헌신적으로 그리고 아마도 절대로 변심하지 않고 보조하는 것이 큐티의 존재이유가 되었기 때문이다. 이제 인간이 없이도 발전소가 운영될 것을 확신한 두 사람은 큐티에게 아무 문제가 없다고 말하며 지구로 향한다.

아무도 죽지 않고 모두가 만족스러운 상태로 끝나기에 해피엔딩이라고 할지는 모르겠지만, 아시모프의 이야기는 묘한 여운, 어쩌면 누군가에는 찝찝한 기분을 남긴다. 엄밀히 말하자면 큐티는 망가진 로봇이다. 더구나 로봇 몸의 문제가 아닌 포지트로닉 브레인이라는 인공지능의 문제, 즉 망가진 머리의 문제이다. 이미 인간을 열등하다고 판단한 큐티의 머리에서 어떤 종류의 위협이 파생할지는 짐작하기 힘들다. 그 위협에는 당연히 인간의 생명도 대상에 올라있고, 발전소가 지구전체의 에너지를 공급한다는 소설의 설정을 고려한다면 인류의 존폐까지 포함시켜야 마땅해보인다. 발전소를 잘 운용한다는 기능적인 측면에서 파웰과 도노반은 큐티의 문제를 이해하기로 결정했지만, 그들의 결정에는 분명 다른 인간의 생존이 걸린 윤리적 차원이 잠재하고 있다.

즉, 두 사람이 효율성의 문제라고 생각했지만 큐티의 망가진 머리는 윤리적 문제도 제기하고 있는 것이다. 어쩌면 로봇과 인간의 공존을 평생 추구하면서 나쁜 로봇보다는 좋은 로봇을 주로 그린 아시모프에게는 두 가지 문제가 다르지 않았을 수도 있다. 사실 로봇 시리즈를 통해 그가 점진적으로 주장하는 바는 인류의 미래가 우주개발에 달려있고, 그러한 개발을 위해서 로봇이 직간접적으로 필수적이라는 논리다.[3] 결국 인류의 미래는 로봇과의 공존을 통해서만 가능하다는 주장이다.

아시모프는 로봇에 대한 편견이나 두려움 혹은 지나친 상상력이 아닌 로봇의 수행성을 근거로 그 가치를 판단하는 것이 가장 윤리적이라고 주장 하고 있는지도 모른다. 하지만 인간에게도 같은 주장을 할 수 있을까? 아니면 로봇의 윤리와 인간의 윤리는 다르다고 해야 할까? 인간의 삶이 로봇과 점점 분리할 수 없을 정도로 변화하는 시대, 즉 아시모프가 그리는 세계에 그렇게 분리된 윤리를 유지하는 것이 가능할까?

---

3) 제임슨은 로봇이라는 "새로운 존재의 무해함과 특히 이 존재 자체의 생존을 감수 하면서도 인간생명을 지키는 것이 우선이라는 점을 확실하게 하는" 전통을 아시모프가 세웠다고 지적하며, "순전히 기계적인 로봇"이 아닌 "적어도 부분적으로 유기적인 안드로이드"가 등장하는 딕(Philip K. Dick)의 소설에 이르러 이 전통이 깨졌다고 추측한다(Fredric Jameson, 2007, p.114).

2. 실천 항목

아시모프의 소설에서 축출한 질문들이 새롭지는 않다. 적어도 인공지능 혹은 로봇윤리를 고민하는 이들이라면 어떤 경로를 통해서든 비슷한 질문을 하게 마련이다. 이들이 고민하는 방향은 결국 마지막 질문을 어떻게 답하느냐에 달려있다. 어떤 이들은 아무리 인공지능이 발달해도 인간의 지능과 감성, 그리고 더 나아가 뭔가 형언할 수 없는 능력을 따를 수는 없다고 주장한다.

투링(Alan M. Turing)은 1950년에 출간된 계산 기계와 지능 ("Computing Machinery and Intelligence")에서 저장 공간, 속도, 적절한 프로그램 등을 갖춘 컴퓨터가 "이미테이션 게임"(imitation game)에서 인간의 역할을 맡을 수 있을까라는 질문을 던지며, 인간의 반응과 컴퓨터의 반응을 구분할 수 없다면 결국 둘 사이의 차이는 없다고 제안했다 (M. Alan Turing, 1990, p.48). 많은 이들에 의해 회자되는 투링의 제안에도 불구하고 인간과 기계의 차이를 절대시하는 본질적 차이점은 투링 시대 이전에도 그리고 그 이후에도 여전히 강한 목소리를 내고 있다. 그 본질을 종교적인 입장에서 영혼이라고 하거나 데카르트처럼 이성이라고 하던지, 아니면 예술적 창의력 혹은 이후 감성이라는 말로 설명하던지 말이다.

이처럼 인간과 기계의 본질적 차이를 주장하는 이들에게는 인간의 존엄성과 우월성은 동일하다. 따라서 차이는 본질적이기도 하지만 윤리적 당위성을 담보하기도 한다. 기계가 어떤 능력을 발휘하든 인간은 본질적으로 더 존엄하고 더 우월하다는 의미이다. 하지만 그러한 본질적 차이가 없다고 여기는 이들도 비슷한 맥락에서 인공지능을 논의하곤 한다. 차이가 없어질 수 있기에 인간의 존엄성과 우월성은 이제 반드시 지켜내야만 하는 무언가가 되고, 인공지능은 자연스럽게 이를 위협하는 적이 된다. 인공지능으로 인한 암울한 세계를 그리는 수많은 공상과학소설과 영화들이 이러한 사고방식을 끊임없이 복제하고 있다. 반면 차이가 없어질 수는 있지만 인간의 존엄성과 우월성은 오히려 배가한다는 주장을 펴는 트랜스 휴머니스트들도 있다.

마인드로딩(mindloading)이라는 아이디어를 제안하여 헤일즈(N. Katherine Hayles)에게 악몽을 안겨다. 준 모라벡(Hans Moravec), 세계 트랜스휴먼 협회(World Transhumanist Association, 현 Humanity Plus)를 창시한 보스트롬(Nick Bostrom), "인류가 직면한 거대한 도전을 다루기 위해 기하급수적으로 성장하는 테크놀로지를 사용할 지도자를 교육시키고 북돋으며 힘을 실어주려는 사명"(Our mission is to educate, inspire, and empower leaders to apply exponential technologies to address humanity's grand challenges)[4]을 가진 싱귤래리티 대학(Singularity University) 설립자인 커즈와일(Ray Kurzweil) 등이 트랜스 휴머니스트를 대표한다.

이들은 인간과 인공지능 혹은 기계의 완전한 결합이 가능하다고 말하지만 역설적으로 아무리 발전하든 테크놀로지는 결국 인간을 위한 수단이라는 전제를 벗어나지 않고 있다. 마찬가지로 본질적 차이를 인정하지는 않지만 트랜스 휴머니스트들과는 반대로 존엄성과 우월성을 아무런 조건 없이 인간이 선점할 수는 없다고 주장하는 포스트 휴머니스트가 있다.

인공지능을 비롯한 과학기술의 발달로 포스트 휴먼의 등장이 필연적임을 역설하는 헤일즈와, 동물과의 관계에서 인간 주체개념이 형성되었음을 강조하며 인간은 언제나 포스트 휴먼이었다고 주장하는 울프(Cary Wolfe), 그리고 아래 좀 더 자세히 논의할 신사물론 학자인 하먼(Graham Harman) 등이 그 예다. 이들은 인간 개념에 뿌리깊이 박힌 인간중

---

4) https://su.org/about/

심주의를 비판하면서 우월성을 거부하고, 존엄성은 인공지능을 포함한 다른 존재와의 공존을 도모하는 노력에서 기인한다는 주장을 공통적으로 펼치고 있다.

트랜스 휴머니스트를 포함한 앞선 이들이 인간과 인공지능에게 각기 다른 윤리가 필요하다고 답한다면 포스트 휴머니스트는 그렇지 않다고 할 것이다. 오히려 둘이 공존한다는 사실을 근거로 지극히 인간중심 주의적인 윤리관을 바꿔야 한다고 주장할 것이다. 그렇다면 포스트 휴머니즘적인 윤리는 어떤 모양새를 가질까? 아시모프의 소설에서 찾은 윤리성과 수행성을 동일시하는 모양새에 인간을 포함시키는 것일까? 그렇지는 않을 것이다.

아니, 그래서는 안 된다. 이미 그런 모양새의 윤리가 얼마나 참혹한지는 인간이 동물을 다루는 모습에서, 그리고 인간이 다른 인간을 다루는 모습에서 역사적으로 충분히 확인했기 때문이다. 따라서 다른 모양새를 찾기 위해 아시모프의 소설에서 나온 질문을 좀 더 극단적으로 다시 물어보고자 한다. '진짜로 망가진 (인공지능) 머리를 어떻게 할 것인가?'

이 질문의 윤리적 함의를 탐구하기 전에 그 안에 담긴 구체적인 전제를 설명할 필요가 있다. 우선 여기서 머리는 이미 성숙한 인공지능 머리를 말한다. 현재 개발단계에 있는 인공지능과 로봇에 대한 윤리적 논의가 가능성 위주에서 이루어지는 한계에서 벗어나야 하기 때문이다. 이 논의는 주로 인공지능이 무엇을 할 수 있는가에 주목하여 이루어지고 있으며, 가능성에 대한 기대와 불안으로 가득 차 있다. 하지만 그 가능성을 아직 인간이 조절할 수 있다는 인식이 앞서기에, 결국 인공지능은 윤리적 주체가 아니라 인간의 윤리를 시험해 볼 대상일 뿐이다.

왜 로봇의 도덕인가에서 "인공적 도적 행위자"(artificial moral agent, AMA)라는 개념을 소개하면서 월러치와 알렌은 "오늘날의 시스템은 그 스스로 도덕적 결정을 내려야 할 정도로 엄청나게 복잡한 수준에 다다르고 있다. 이로 인해 도덕 행위자의 범위는 인간을 넘어 인공지능 시스템으로까지 확대될 것"이라고 진단한다(Wallach, Wendel, 2014, p.14).

그리고 이들은 "이 책을 쓰면서 우리는 옳고 그름을 구별할 수 있는 로봇 설계과정이 AI에 관해서 만큼이나 인간의 윤리적 의사결정에 대해 많은 것을 드러내 준다는 사실을 알게 됐다"고 밝히며 "인간이 윤리가 무엇인지 이해하기 위해서라도 AMA의 개발보다 더 중요한 일은 세상에 없을 것이다"라고 결론짓는다(Wallach, Wendel, 2014, p.369, 372).

비록 월러치와 알렌의 의도가 아니었더라도 그들의 결론은 "인공적 도덕 행위자"의 윤리성이 인간의 기준을 바탕으로 조성되고 가늠될 것이라는 점을 암시한다. 따라서 상대를 윤리적으로 동등한 위치에 두지 않고 윤리적 관계를 논의하는 것이기에 자의적이고, 심하게 말하자면 위선적인 논의라고 비판받을 여지를 남긴다. 이런 위선에서 벗어나기 위해 이미 성숙한 인공지능을 전제해야 한다. 물론 성숙하다는 말에 논란의 여지가 있겠지만, 적어도 인공지능을 윤리적으로 동등한 자리에 위치시키려는 태도가 선행되어야 한다는 점은 반드시 강조되어야 한다.

두 번째로 설명이 필요한 전제는 "망가진"에 관한 것이다. 큐티의 망가진 머리는 사실 그다지 망가지지 않았다고 할 수도 있다. 수행성을 유지하고 있기 때문이다. 사실 이처럼 모호한 여지를 남겨둠으로써 아시모프의 소설은 교묘하게 윤리적 딜레마를 피해가고 있다. 진짜로 큐티가 망가진 상황에 두 인물을 남겨두지 않는 것이다. 하지만 수행성이 담보되지 않았다면 어땠을까? 결과가 아니라 모티프로 두 사람이 결정을 해야 한다면 어땠을까?

여느 공상과학소설이나 영화에 나오는 사악한, 이른바 남을 해하려하기에 윤리적으로 옳지 않은 모티프를 가진 인공지능이라면 결정이 쉬울 것이다. 하지만 아시모프의 소설에 나오는 로봇은 사악하지 않다. 그들의 모티프는 대부분 윤리적으로 정당하다. 그렇다면 만약 큐티가 정당한 모티프로 행동하지만 수행성이 따라주지 못하는경우에 어떤 결정이 윤리적일까?

3. 성숙한 인공지능

인간이 바라는 성숙한 결과를 내놓지 못했기에 모티프와 상관없이 해체해야 할까? 성숙한 인공지능이 악의는 없지만 뭔가 망가져서 제 능력을 발휘하지 못했을 때 그냥 없애는 것이 윤리적인가? 아니면 애초에 인공지능이기에 윤리적 관건이 아니라고 할 것인가? 여기서 떠올려야 할 사실은 인공지능이 아니더라도 "망가진" 상대를 어떻게 대하느냐가 "정상적"인 상대를 대하는 것보다 개인의 그리고 한 사회의 윤리성을 평가하는데 있어서 더욱 확실한 지표라는 점이다.

이 사실은 "망가진"과 "정상적"의 의미가 상대적이고 역사적이라는 사실을 받아들이면서 속칭 "망가진" 집단을 사회적, 정치적으로 어떻게 이용했고, 그것이 얼마나 윤리적인 문제인가를 인식 하는 움직임, 예를 들어 장애학(disability studies)의 논의만 살펴봐도 충분히 알 수 있다. 따라서 단순한 도구가 아니라 인간과 공존하는 존재인 인공지능과의 윤리적 관계를 "망가진" 인공지능에서 시작한다는 전제는 포스트 휴 머니스트 뿐만 아니라 이 관계를 고민하는 모두에게 필요해 보인다.

최근 포스트 휴머니즘 논의는 앞서 언급한 두 전제를 실행에 옮기는데 도움이 될 듯하다. 우선 성숙한 인공지능이라는 전제는 아직은 상상의 차원이며, 따라서 그런 인공지능과의 관계를 다루는 윤리 또한 상상 속에서 이루어질 수밖에 없다. 하지만 일반적으로 통용되는 인공지능에 대한 상상, 즉 공상과학소설과 영화에 등장하는 전지전능하지만 위협적인 인공지능을 상상하는 거라면 아무 소용이 없다. 프레드릭 제임슨(Fredric Jameson) 이 비판하듯 그러한 인공지능은 단지 "미래를 상상하지 못하는 우리의 무능력"을 보여주는 것이기 때문이다(Fredric Jameson, 2007, p.288-289).[5]

즉, 지극히 인간적인 선악관, 사회관 등을 그대로 투영하여 인공지능을 타자로 만들고 인간을 우월한 위치에 두고 있을 뿐이다. 이처럼 상투적인 상상에서 한 걸음 더 나아가 상상하는 시도, 그리고 그러한 시도에서 윤리적 관계를 이끌어내는 논의가 필요하다. 포스트 휴머니즘에서 제안하는 "사변적 윤리"(speculative ethics)는 바로 그러한 논의의 틀을 마련한다. 트론토(Joan Tronto)와 피셔(Bernic Fisher)가 제시하는 돌봄(care)의 개념, 즉 "우리가 세상에서 최대한 잘 살 수 있도록 그 '우리의 세상'을 유지하고, 지속하고, 보수하기 위해서 행하는 모든 일들"(Maria Puig de la Bellacasa, 2017, p.3)이 돌봄이라는 개념을 적극적으로 받아들이면서 푸이그드라 벨라카사(Maria Puig de la Bellacasa)는 이 세계

---

5) 제임슨은 유토피아 문학과 SF소설을 논의하면서 마르쿠제의 "유토피안 상상력, 타자 성과 급진적 차이의 상상력"이 1960년대의 몇몇 SF작가들, 즉 르귄(Ursula Le Guin), 러스(Joanna Russ), 피어시(Marge Piercy), 딜레이니(Samuel Delaney) 등의 작품 등에서 재생하고 있다고 말한다((Fredric Jameson, 2007, p.289). 그가 언급하는 작품 대부분이 유토피안 프로젝트가 실패한 미래를 그리고 있다는 점에서도 인공지능이 망가진 상황을 상상하는 것은 "유토피안 상상력"을 환기시키는 방법이라고 할 수 있다.

가 인간만 존재하는 곳이 아니기에 사변적 윤리가 필요하다고 주장한다.

페미니즘 전통에 입각해 현재를 비판하는 정치적이고 윤리적인 상상을 도모하는 사변적 활동, 즉 단순히 상상하는 것이 아니라 상상을 비판하는 사변을 강조하면서, 동시에 푸이그드라 벨라카사는 다음과 같이 사변적 윤리를 설명한다.

> *"이 책의 윤리적 논의는 "최대한 잘 사는 것"을 이루기 위한 규범적 틀을 미리 정의하지 않기 때문에도 사변적이다. 대신 책의 논의는 특정 지역(terrain)에서 돌봄의 의미를 변화시켜서 그 지역에 이미 정립된 "잘 사는 것"의 의미를 흔들어 놓는다."(Puig de la Bellacasa, 2017, p.7)*

> *하나의 지역, 하나의 세상만을 상정하고 그 세상에서 정의하는 "잘 사는 것"을 유지하는 것이 윤리적일 수는 없다. 하나의 세상은 없기 때문이다. 다양하고 서로 다른 존재들이 공존하는 곳에서 윤리적 판단은 자신이 속한다고 생각하는 세상의 윤리적 규칙을 지키는 것을 의미하지 않는다. 그 것은 "어떤 세상들이 유지되고 있고, 다른 어떤 세계를 희생시켜서 유지하는가?"라고 질문하는데서 시작한다(Puig de la Bellacase, 2017, p44).*

푸이그드라 벨라카사가 라투르(Bruno Latour)의 SUV 차량 논쟁을 끌어 와 "테크놀로지 돌봄"(care for technology)의 윤리적이고 정치적인 의미를 설명하는 부분은 이러한 사변적 윤리의 한 예이면서 동시에 인공지능 윤리에 관련이 있기에 주목할 만하다(Maria Puig de la Bellacasa, 2017, p.44). SUV 차량에 대해 관심을 갖고 논의하려 한다면 많은 환경론자처럼 SUV 차량과 그 차량을 사용하는 이들을 내쳐서는 안 된다.

왜냐하면 "만일 우리가 SUV 차량 운전자를 악당으로 만들어 내친다면, SUV의 사물 모으기 "(thing-gathering)로 연결된 기계, 생산자, 사용자라는 요인들을 분리함으로써 SUV라는 사회적-물질적 배열(the socio-material assemblage)을 대상화하고 축소시키게 된다. 또한 우리는 동시에 무책임한 사람이 된다. 위협적인 물체를 재현하는데 급급해 우리는 SUV 차량을 파괴적 괴물로 구성할 뿐, 그 차량의 가능한 변용(possible transformation)을 찾아가지 못하고 만다"고 벨라카사는 지적한다(Maria Puig de la Bellacasa, 2017, pp.44-45). 나에게 좋은 것, 혹은 내가 좋다고 생각하는 것만을 고수하고, 이를 위해 최선을 다하는 태도는 더 이상 윤리적일 수가 없다.

그렇다고 해서 나의 반대편에 서있는 이들이 무조건 그리고 일률적으로 좋지 않다는 보장이 없기 때문이다. 특히 SUV 차량의 경우처럼 특정한 테크놀로지를 두고 모인 사람들이 결코 하나의 동일한 집단일 수가 없기에 그러한 태도는 이미 그들과 나사이의 복잡한 관계망을 무시하는 것과 마찬가지다. 더 나아가 이는 테크놀로지 그 자체의 가능성을 축소시키는 결과를 낳는다.

인공지능, 특히 성숙한 인공지능은 SUV 논의를 한층 더 복잡하게 만들 것이다. SUV 차량의 "잘 사는 것"이 차량을 사용하는 사람들에 의해 다양하게 정의되었다면, 인공지능은 그 나름의 "잘 사는 것"을 정의할 수도 있기 때문이다. 그 정의에는 "사회적-물질적 배열"로서 인공지능이 가진 수많은 관계, 즉 인간이 "잘사는 것"을 위해 돌봐야하는 것들과 전혀 다른 어떤 미지의 영역이 담겨있다. 다시 말해서 인공지능은 혼자가 아니라 또 하나의 세상이다. 그리고 그 세상과 조우

하면서 윤리적 판단을 내리기 위해서는 무엇보다도 그 세상을 상상하면서 돌봄을 시도할 수밖에 없다. 그렇기에 인공지능과 공존하기 위해서는 사변적 윤리가 필요하다.

인공지능과 인간의 윤리적 관계를 탐구하기 위해서는 사변적 윤리를 수행해야 하고, 이를 위해서는 성숙한 인공지능을 상상해야 한다고 주장 하자마자 "망가진" 인공지능을 얘기하는게 모순적으로 들릴 수 있다. 하지만 "망가진"이란 의미를 좀 더 생각해보면 그렇지 않다. 앞서 푸이그드라 벨라카사는 SUV 차량을 괴물로 만들면서 이 테크놀로지의 가능성을 보지 못한다고 지적했다. 어떤 "가능한 변용"이 있을까? 여러 가지가 있겠지만 만일 SUV 차량을 차량으로만 규정한다면, 즉 인간의 운송수단으로 만든 테크놀로지로 규정한다면 가능성은 좀 더 구체적인 반면 그 범위는 현저하게 줄어들 것이다.

SUV 차량을 둘러싼 여러 상반된 입장을 가진 인간들을 다 조합해도 말이다. 반면 SUV 차량을 인간이 설정한 수행성 개념에서 벗어나서 바라본다면, 즉 하나의 물체이자 다양한 물질들의 조합이라고 생각한다면 가능성은 무한대로 늘어난다. "망가진"이라는 전제는 바로 이러한 시각을 도출하기 위해서다. 포스트휴머니즘의 최근 흐름인(혹자는 포스트 휴머니즘과 새로운 다른 무언가라고 할지도 모르겠지만) 신사물론은 바로 그러한 전제를 모든 사물에 적용하고자 한다. 들뢰즈(Gilles Deleuze)나 라투르 등의 이론에 기초하여 사물과 사물의 가능성을 관계망 속에서 찾아가는 이들과 달리, 신사물론의 또 다른 축을 대표하는 하먼(Graham Harman)은 사물 자체가 가지고 있는 가능성에 주목한다.[6]

사물이 특정한 목적, 대부분 인간이 설정한 목적에 국한되어 "어떤 것이 눈앞에 있음"(vorhandenheit)의 틀에서만 조망되는 문제를 제기하며 하먼은 도구 존재(Tool Being)에서 하이데거의 "망가진 도구"(broken tools) 개념을 적극 수용하여 이 문제를 타개하고자 한다. 도구, 예를 들어 망치가 망가졌을 때 그 도구는 낯설어진다. 대부분 사람들은 망가진 망치를 버리겠지만 하이데거는 망가짐으로 드러난 망치의 물질성, 그리고 망가진 망치로 인해 변화된 관계성에 주목한다.

망치라는 도구로 인해 모여지고 흩어지는 수많은 물질과 사람들, 그리고 이 과정에서 발생하는 수많은 가능성을 일컫는다. 하이데거의 말을 빌자면 망치의 "도구적인 존재"(zuhandenheit)가 드러나는 계기가 되는 것이다.[7] 여기서 하먼이 더욱 강조하는 점은 "망가진 도구의 엄청난 보편성"(the sheer universality of broken tools)으로 모든 존재에게 사실 "망가진 도구"라는 말을 적용할 수 있다는 것이다(Graham Harman, 2002, p.49).

다시 말해서 모든 존재는 겉으로 보이는 것과 달리 무한한 쓰임새를 가진 도구이고, 이는 인간과의 상관관계에서만 발견되는 것이 아닌 각각의 존재 자체에서 나오는 쓰임새다. 이처럼 "망가진"이란 말은 더 이상 부정적인 의미가 아니고, 오히려 개별 존재의 무한한 가능성을 열어주는 계기이기에 "성숙한"이란 말과 모순되지 않는다.

트랜스 휴머니즘의 유물론적 환원주의가 내적 모순에 빠진다고 지적하는 이종관도 포스트휴먼이 온다 해서 하이데거의 존재론적 논의를 도입하여 이를 해결하고자 한다. 인간의 두뇌를 업로드 할 수 있다는 트랜스 휴머니스트들의 주장

---

6) 하먼은 들란다(Manuel DeLanda)와의 대화에서 "당신의 철학에서 사물의 위치는 무엇인가요? 완전히 형성된 개인이 현실 자체에서 존재한다는 것을 허용하나요, 아니면 그냥 인간의 정신이 개인화되기 전의 세계를 사물로 조각하는 것인가요?"라고 질문하면서 "후자의 경우는 들뢰즈의 영향 아래 있는 많은 이들이 선택한 태도"라 고 지적한다(Graham Harman & Manuel DeLanda, 2017, p.57). 그러면서 "들뢰즈에 영향을 받은 작가들은 단일한 물질-에너지(matter-energy)의 측면에서 얘기하기 좋아하고, 그들에게 사물은 그 에너지에서 흘러나온 단지 일시적으로 형성되는 것"이라 고 비판한다(Graham Harman & Manuel DeLanda, 2017, p.58).

7) 하먼과 하이데거에 대한 좀 더 자세한 논의는 필자의 글, 좀비라는 것들: 신사물론 과 좀비 (안과 밖 43, 2017) pp.44-48쪽을 참조.

은 "모든 것을 물질로 환원시켜 설명하려는 입장"인 유물론적 환원주의가 전제되어 있지만, 이 논리에 따르면 두뇌도 "궁극적으로 물질 현상"이기에 "물질이 물질의 존재 원리를 스스로 규명하는 활동"한다는 오류를 낳는다고 이종관은 설명한다(Lee, 2017, p.40, 53). 그 이유는

> *"과학적 형이상학에 따르면, 물질적 현상의 발생 원리는 원인과 결과의 법칙 즉 인과론이다.*
> *그러나 물질이 '스스로' 자신의 존재 원리를 규명한다는 것은, 물질 그리고 그 물질로 구성된 두뇌가 더 이상*
> *외부세계의 물리적 원인에 의해 필연적으로 반응하는 존재가 아니라는 것을 의미한다.*
> *그것은 보통의 물체처럼 외부 공간에 위치를 차지하고서 외부 물질과의 물리적 상호작용 곧*
> *인과 작용을 하는 존재자일 수 없다. 그것은 인과론과 물리적 상호작용에 따라 움직이는 존재가 아니라*
> *자신에 대해 스스로 질문을 던지고 탐구하여 자신을 어떤 존재로 밝혀내는 존재자라는 것이다."(Lee, 2017, p.53)*

트랜스 휴머니스트들의 주장을 뒷받침하는 뇌 과학의 유물론적 환원주의는 "물질을 독일 관념론과 같이 이해하면서 존재하는 모든 것을 자아라는 존재 방식으로 파악하는 관념론의 길을 가야"하는 모순에 빠질 수밖에 없다고 이종관은 역설한다. 물론 여기서 자아는 두뇌를 가진 인간 자아를 의미하기에 인간 존재만을 인정하는 인간중심주의가 트랜스 휴머니즘에 바탕 하고 있음을 분명히 보여준다. "존재자들의 다양한 존재방식에 대한 존재론적 통찰"을 수행하는 하이데거의 철학에 주목해야 하는 이유도 바로 여기에 있다고 이종관은 말한다.

> *하이데거가 인간중심주의를 해체하는데 도움이 될지는 모르겠지만 적어도 하먼과 이종관이 읽어내는 그의*
> *철학에서는 그러한 가능성이 보이는 듯하다. 하지만 다시 하먼의 논의로 돌아가서 생각하면 물질론적 환원주의와*
> *하이데거의 철학이 굳이 대칭점에 있는지 의문이다. "자아의 현상적 경험을 그 아래의 물질적 과정으로 환원시킨"*
> *뇌 과학 연구를 인용하면서 "자아"를 "부수현상"(epiphenomenon)이라고 정의하는 헤일즈의 말을 곱씹어보자면*
> *물질론적 환원주의가 "존재자"의 자기인식과 상치되지 않음을 의미한다(N. Katherine Hayles, 2017, p.42).*

과학연구의 성과를 그대로 받아들이기는 힘들다고 하더라도, 헤일즈의 말은 적어도 "물질적 과정"을 쉽게 단정하지 말라는 경고로 받아들일 수 있을 것이다. 왜냐하면 물질현상을 인과론으로만, 특히 인간존재가 이해하는 인과관계로만 설명할 수 없기 때문이다. 오히려 망가진 망치에서 드러날 수 있는 가능성은 인간이 이해하든 아니든, 인간에게 쓸모가 있든 없든 상관없는 무언가일 수 있기에 알 수 없으며 무한하다. 모튼(Timothy Morton)의 말을 빌자면, "인과관계에 있어서 현실 자체는 기계적이지도 단선적이지도 않"은 것이다(Morton, 2013, p.17).

오히려 "인과관계"는 "신비롭"(mysterious)기에 인간에게는 마치 마술과도 같은 현상이 물질세계에서 일어날 수가 있는 것이다(Morton, 2013, p.17). 이처럼 기묘한 현실을 얘기하는 방법으로 모튼은 "인과관계의 미학적 설명"(the aesthetic account of causality)을 제안한다(Morton, 2013, p.82). 변화의 원인을 일대일 관계가 아니라 변화를 둘러싼 관계망에 대한 감각적 접근으로 설명하고자 하는 것이다. 흥미로운 점은 모튼이 정보의 작동과 이러한 인과관계를 유사

하다고 설명한다는 점이다.

그는 "사물을 가장 잘 묘사하는 인과관계는 바로 정보의 흐름(flow), 복사(copying), 샘플링(sampling), 번역(translation)"(Morton, 2013, p.82)이라고 말한다. 모튼의 제안을 수용한다면 정보의 작동을 통해 생성되는 인공지능이 지능을 정보로 환원시켰다는 이유로 존재자의 가능성을 갖지 않는다고 말하기는 힘들 것이다.

"물질적 과정"으로 환원된 인간의 지능에게 자아라는 마술적 결과물이 가능하다면, 정보의 작동으로 형성된 인공지능도 그러한 마술적 세계에 속한다고 할 수 있다. 즉 신사물론적 입장에서 물질론적 환원주의는 "다양한 존재방식"을 가능하게 하는, 마술적 세계가 만들어지는 조건이지, 그것을 막는 장애물이 아니다. 더구나 물질론적 환원주의를 거부한다면 인간과 인공지능이 동등해지는 것은 불가능할 것이다. 오히려 그러한 거부는 이종관이 우려하는 관념론적 인간자아의 "존재방식," 인공지능과 본질적으로 다른 존재로 인간을 규정할 수 있는 여지를 남기기 때문이다.[8]

신사물론적 물질론적 환원주의는 인간과 인공지능을 포함한 모든 사물이 같은 세상에서 태어나고 살아가고 있음을, 때로는 같은 물질을 공유하고 때로는 다른 물질을 서로 나누며 "다양한 존재방식"을 이루고, 각기 다른 마술적 세계를 창조하고 있음을 상기시킨다. "망가진" 인공지능은 바로 이 세계를 우리에게 보여주고 있는 것이다.

4. 기계의 윤리의식

성숙한 인공지능이 망가진다면 어떻게 하는 것이 가장 윤리적일까? 아시모프의 작품으로 돌아와 이 질문을 다시 던져본다. 우선 문제는 성숙함이다. 큐티는 성숙한가? 그렇게 따진다면 파웰과 도노반은 성숙하다고 할 수 있을까? 성숙함을 측정할 절대적 기준이 없기에 난감한 질문이지만 적어도 아시모프는 나름대로 답을 제시하고 있는 듯하다.

그에게 물론 큐티는 아직 덜 성숙한 로봇이다. 그가 상상하는 좀 더 성숙한 로봇은 로봇 삼부작의 완결편인 여명의 로봇(The Robots of Dawn)에서 등장한다.[9] 1부 강철도시(Caves of Steel)과 2부 벌거벗은 태양(The Naked Sun)에서는 로봇에 대한 편견이 강한 주인공인 베일리(Elijah Baley) 형사의 마음을 돌리고 친구가 된 로봇 다니엘(R. Daneel)이 등장한다. 지능은 뛰어나면서 참을성도 많고 헌신적인 다니엘이 성숙한 로봇의 전형을 보여주고 있다면, 3부 에서는 지스카드(Giskard)라는 겉보기에 볼품없는 로봇이 그 이상의 성숙도를 보여준다. 지스카드의 두뇌는 사실 예측되지 않은 역량, 즉 다른 사람의 마음을 읽고 조종하는 역량을 보인다.

엄밀히 말하자면 예기치 않은 역량을 가진 일종의 망가진 두뇌인 것이다. 충분히 악용할 수 있는 역량을 가지고 있지

---

8) 신사물론 학자인 보고스트(Ian Bogost)는 비슷한 맥락에서 인간중심주의적인 컴퓨터 그리고 인공지능에 대한 시각이 얼마나 협소한지를 비판한다. 컴퓨터에 대한 논의가 "인간의 이해, 경험, 지식에 강하게 연결 되어" 있다는 사실을 지적하면서 보고스트는 "하지만 가장 단순한 투링 테스트의 경우에서도 컴퓨터에서 일어나는 수많은 요인들이 무시되고 있다"고 주장한다(Ian Bogost, 2012, p.16). 그러한 요인들을 감안 한다면 "컴퓨터는 우리의 성찰을 받아 마땅한 자신만의 독특한 존재를 지니며, 실제로 우리가 작동시킨 목적보다 훨씬 많은 일들을 할 역량이 있다"고 보고스트는 역설한다(Ian Bogost, 2012, p.16).

9) 아시모프의 로봇과 제국(Robots and Empire)을 포함시켜 4부작이라고 할 수도 있지 만, 이 작품은 베일리 형사가 이미 죽은 시점에서 시작했다는 점에서 앞의 세 작품과 연결성이 높지 않다.

만 지스카드는 인간을 위해 사용한다. 여기서 중요한 점은 지스카드가 인간의 다름을 인정하는 방식으로 자신의 역량을 사용한다는 것이다. 다니엘과 달리 인간처럼 생기지 않았기에 처음부터 무시했다고 고백하는 베일리에게 지스카드는 자신의 비밀이 알려지는 것이 인간에게 해로울 것이라고 말한다(Asimov 1994, p431).

왜냐하면 자신과 같은 로봇을 인간은 위협적이라고 느끼거나 아니면 사적욕망을 채우는데 사용할 것이기 때문이다. 하지만 반대로 지스카드가 같은 방식으로 인간을 대하지는 않는다. 왜 자신을 위협하고자 하는 사람의 두뇌를 조종하지 않았느냐는 질문에 지스카드는 "저는 정신을 휘젓는 일을 가볍게 하지 않습니다.

그 사람의 정신은 발달되고 중요한 것이라서 저는 해를 입히고 싶지 않았습니다."고 답한다(Asimov 1994, p431-2). 더 나아가 그는 인간종족을 위해서 자신과 다른 로봇들에게 반감을 가진 지구인의 편을 든다. 로봇에 의존해서 사는 인간인 오로라인 대신에 지구인들이 우주정착을 주도해야 한다는 판단을 내리면서 다음과 같이 설명한다.

"로봇을 직접적으로 개입시키는 것은 오로라와 스페이스인 세계를 마비로 이끌었던 그 벽들을 짓는다는 의미입니다. 지구인들은 어떤 종류의 로봇 없이 우주에 정착해야만 합니다. 그건 셀 수도 없는 어려움, 위험, 위해를 뜻하겠죠. 이 모든 상황을 물론 로봇이 있었다면 피해갈 수 있겠죠. 하지만 종국에는 스스로 성공하는 것이 인간에게는 더 좋을 겁니다. 그리고 어쩌면 먼 훗날, 머나먼 미래의 어느 날 로봇이 다시 한번 끼어들 수 있겠죠."(Asimov, 1994, p.434)

인류의 미래를 위해서 과감하게 로봇을 포기하는 것이 좋다는 지스카드의 말은 다소 역설적이다. 왜냐하면 그렇게 포기하기 위해서는 로봇에 너무 의존하게 된 인간이 아니라 지스카드 같은 로봇이 필요하기 때문이다. 어쩌면 인간과 로봇과의 공존을 꿈꾸는 아시모프의 상상 속에는 역설적으로 둘이 따로 사는 세상도 포함되어 있는지 모른다.

로봇이 없는 인간 세상, 그래서 인간에게 "어려움, 위험, 위해"가 생길 수도 있는 세상은 동시에 인간이 없는 로봇의 세상을 의미한다. 이성이 그런 세상의 가능성을 살짝 보여준다면, 여명의 로봇은 그 가능성을 어떻게 실현시킬지 알려주는 작품이다. 인간의 다름과 복잡함을 인정하는 지스카드를 성숙하다고 인정한다면, 과연 인류의 미래를 위해 판단을 내리는 이 "망가진" 인공지능 로봇을 윤리적이라고도 할 수 있을까?

여전히 기준이 없기에 답하기 힘든 난제이지만 너스바움(Martha Nussbaum)의 논의를 빌어 답을 제안해본다. 롤스(John Rawls)의 계약론(contractarianism)에 기초 한 이른바 "역량 접근법"(the capabilities approach)을 제시하면서, 너스바움은 이 접근법이 "삶의 질에 대한 논의를 지배했고, 어떤 면에서는 지금도 지배하는 경제적-공리주의 접근법에 대한 대안으로서 원래는 고안되었다"고 설명한다(Martha Nussbaum, 2006, p.71). "인간의 존엄성이라는 개념"에서 시작하여, 그러한 존엄성을 구성하는 "역량"은 개인차와 국경의 구분 없이 "보편적"(universal)이기에 "역량 접근법"은 정의롭다고 너스바움은 주장한다(Martha Nussbaum, 2006, p.78).

흥미로운 점은 너스바움이 같은 접근법을 동물에게도 적용하면서 동물의 "존엄한 존재"를 구성하는 역량을 논의한다는 것이다(Martha Nussbaum, 2006, p.326). 이러한 역량으로 그는 "영양과 육체적 활동을 위한 적절한 기회, 종의 특성에 맞는 방식으로 행동할 자유, 공포로부터의 자유와 같은 종의 다른 동물과 만족스러운 상호활동을 할 기회, 해와 공기를 조용히 즐길 수 있는 기회" 등이 그러한 역량에 속한다고 말한다(Martha Nussbaum, 2006, p.326).

엄밀히 말하자면 너스바움의 "역량 접근법"이 의식이 있는(sentient) 동물에서 멈추고, 또한 정의라는 관점에서 작동한다는 한계가 있다는 점은 사실이다. 하지만 그럼에도 그의 "역량 접근법"이 동물뿐만 아니라 인공지능과의 윤리적 관계를 찾아가는 하나의 길임은 분명하다. 지스카드의 판단은 분명히 인류의 역량을 기준으로 내린 것이기에, 적어도 "역량 접근법"에 의하면 윤리적이라고 할 수 있는 것이다.

이제 문제는 인공지능의 역량이 무엇인지 아는 일이다. "망가진" 인공지능과의 조우는 익숙한 줄만 알았던 테크놀로지를 통해 알 수 없는 새로운 세계, 인공지능의 진정한 역량이 엿보이는 순간이다. 물론 이 순간은 큐티에게 도노반과 파웰이 그랬듯이 황당함, 분노 그리고 두려움이 우선할 수밖에 없는 순간이다. 문제는 그 다음일 것이다.

그런 감정에 기대어 판단하고 인공지능을 부술 것인가? 혹은 원래 지키고 있던 어떤 규범에 따라 판단하여 큐티의 경우처럼 규범에 맞는 인공지능만을 유지시킬 것인가? 아니면 다른 감정을 찾아보고 새로운 규범을 도모해 인공지능의 세계와 우리의 세계를 같이 돌보려고 할 것인가?

사실 두려움이 얼마나 현실화될지 모르기에 이 중 그 어느 방향도 확연히 옳다고 혹은 낫다고 하기는 힘들다. 어쩌면 알 수 없기에 그나마 안전해 보이는 첫 두 방향 중에 하나를 선택하는 것이 현명하다고 할 수도 있다. 하지만 새로운 세계는 우리에게 영원히 닫혀버리고 만다. 아니, 푸이크드라 벨라카사가 말하듯이 우리 세계를 유지하기 위해서 "다른 어떤 세계를 희생"시키는 것이다.

혼자인줄만 알았던 인공지능은 글의 서두에 인용한 리치의 시 구절에 나오는 "부서진 머리"마냥 여럿이 되어 "사랑받는다고 믿었다"고 절규하며, 희생된 세계에 대한 우리의 책임을 물을 것이다. 인공지능의 시대로 다가서는 우리에게는 그 막대한 윤리적 책임이 기다리고 있다.

1. 인공지능 서비스 특징에 대해 설명하시오.

2. 인공지능 서비스의 특징과 측정항목에 대해 설명하시오.

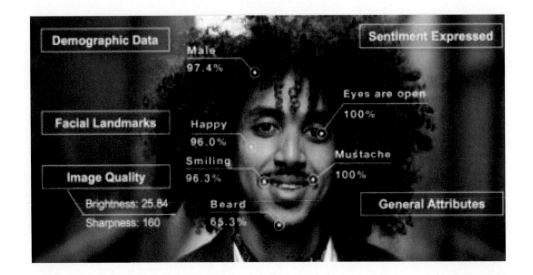

3. 인공지능 SERVQUAL 품질평가의 개념에 대해 설명하시오.

⟨서비스품질의 10개 차원과 5개 차원 및 해운기업적용⟩

서비스 품질차원	SERVQUAL 차원	SERVQUAL 차원의 정의	해운서비스기업에서의 적용 정의
유형성	유형성 (tangibles)	서비스시설과 장비, 직원용모, 커뮤니케이션	보유선대의 규모, 선급, 선령, 사무실, 통신설비, 직원용모, 물리적인 시설
신뢰성	신뢰성 (reliability)	약속을 정확하게 수행할 수 있는 서비스 기업의 능력	선박운항 일정과 화물 인수도의 정확성
반응성	반응성 (responsiveness)	고객을 위해 신속한 서비스를 제공하려 는 태도와 행위	화주를 위한 신속한 서비스 정보 제공, 사고에 신속대응
능 력	확신성 (assurance)	직원의 업무지식과 고객에 대한 예절, 신 뢰와 자신감을 전달하는 능력	해운 전문지식보유, 선박안전운항, 화물안전운송, 보험가입
예 절			
믿음성			
안전성			
접근성	공감성 (empathy)	고객을 배려하는 개인적 관심과 고객문 의에 쉽게 설명	화주요구에 대한 이해와 배려 화주와 의사소통, 접근용이성
의사소통			
고객이해			

*자료: A. Parauraman. V. A. Zeithaml, and L. L.Berry, *Delivering Quality Service: Balancing Customer Perception and Expectation,* The Free Press, A Division of Macmillian Inc., New York, 1990, 연구자 추가구성.

4. 인공지능 e-서비스의 개념에 대해 설명하시오.

⟨인공지능 e-서비스⟩

⟨인공지능 e-learning⟩

5. 인공지능 고객과 서비스 제공자간에 일어나는 품질 측정에 대하여 설명하시오.

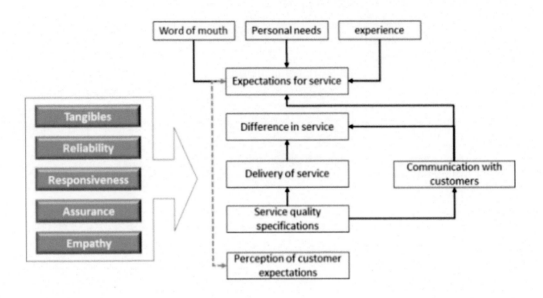

5

인공지능 법제도

제 1 절   개념과 규범

1. 인공지능 법인격

인공지능과 관련하여 법적·규범적 측면에서 논의되는 쟁점은 크게 인공지능에게 법인격과 같은 전자인격을 부여하는 것이 타당한지와, 인공지능 로봇에게 법적인 행위성을 인정할 것인지, 인공지능 로봇에 의해 발생한 손해가 가지는 특수성과 그 책임 주체로 나눌 수 있다.

가. 전자인(electronic persons)으로서의 법적 지위에 대한 논의

전자인(electronic person)이라는 개념은 2016년 5월 31일 유럽의회 법무위원회(Committee on Legal Affairs)에서 로봇민사규율에 대한 초안을 제안하면서 등장하였다. '전자인'은 가장 정교한 자율형 로봇에 대하여 구체적인 법적 지위를 확립함으로써, 적어도 로봇이 스스로 야기할 수 있는 손해에 대한 배상 주체가 되면서도, 로봇이 의사결정 시에 또는 제3자와 독립적으로 상호작용할 때 전자인격을 부여하는 것을 말한다.[1]

2017년 1월 유럽의회(EU) 법사위원회(Committee on Legal Affairs)는 유럽연합 집행위원회에 로봇 분야의 윤리기준 및 무인자동차의 사고와 관련한 법적 책임 등의 문제를 해결할 수 있는 조치를 촉구하는 결의안을 제안하였고 이후 유럽의회는 2017년 2월 16일 로봇 민사규율(Civil Law Rules on Robotics)을 결의하였다.[2]

동 결의안에는 유럽연합 집행위원회에게 로봇 관련 법률적·윤리적 규정을 제안할 것을 권고하는 내용이 포함되었다. 동 결의안에서 유럽의회는 강한 인공지능을 전제하면서 로봇 자체 및 로봇과 인간의 법적·윤리적 접근이 필요하다고 하였다. 특히 법적 책임에 관련한 규칙과 로봇과 인공지능의 개발, 프로그래밍, 이용 등 전 과정에서 필요한 윤리규칙이 마련되어야 할 것을 강조하고 있고 아울러 로봇과 인공지능에 관하여 점진적이고 실용적이며 신중한 방식으로 접근할 것을 제안하고 있다.[3]

이와 같은 결의안이 체결된 배경으로는 ① 최근 글로벌 시장에서 2011년 에서 2016년까지 산업로봇 판매량이 연평균 12% 증가하였고 2016년에는 사상 최대 기록을 갱신하였으며, 2017~2020년까지 연 15% 이상으로 급성장하여 2020년 판매량은 2015년 대비 2배 이상 증가할 것이라는 전망[4]과, ② 기대수명의 증가로 인한 인구의 고령화 문제, 자동화

---

1) European Parliament Committee on Legal Affairs, "Draft Report with Recommendations to the Commission on Civil Law Rules on Robotics" 2015/2103(INL) (2016. 5. 31.), 12.

2) 이도국 (2017), "인공지능(AI)의 민사법적 지위와 책임에 관한 소고", 한양대학교 법학논총 제34권 제4호, 15.

3) 이도국 (2017), "인공지능(AI)의 민사법적 지위와 책임에 관한 소고", 한양대학교 법학논총 제34권 제4호, 15.

경향에 대처하기 위한 노동자 교육의 필요성 증대, 중산층 감소 및 부의 집중 문제, 고용 환경의 변화, 새로운 노동 형태의 등장 등의 각종 사회문제 등에 대한 대책 마련이 필요하며, ③ 무엇보다 장기적으로 인공지능은 자동화 수준을 넘어서 자율성 및 독자적 학습능력을 갖춤으로써 강한 인공지능의 시대가 도래할 것이 예상되므로 이와 관련한 혁신과 규제의 필요성이 증대할 것이라는 등의 요인이 반영되었다고 할 수 있다.[5]

나. 인공지능의 민사법적 지위와 책임 논의

인공지능이 자율적으로 결정을 내릴 수 있는 단계인 강한 인공지능에 있어서 전통적인 법규범은 배상을 제공할 책임이 있는 당사자를 특정하기 어렵고, 발생한 손해에 대하여 법인격을 갖추지 못한 인공지능이 책임을 지도록 요구할 수도 없으므로 인공지능으로부터 초래된 배상 책임을 해결하기에 충분하지 않다. 로봇이 자연인·법인과 같이 구분하는 기존의 법적 범주로 다뤄져야 하는지 아니면 새로운 범주를 만들 필요성이 있는지에 대한 본질적인 문제가 제기됨에 따라 결의안에서는 가장 정교한 자율 로봇과 같은 강한 인공지능이 특정한 권리와 의무를 가진 '전자인'으로서 지위를 가지도록 로봇 등에 대한 구체적인 법적 지위의 구성을 요청하고 있다.

로봇 민사규율은 인공지능이 약한 인공지능에서 강한 인공지능으로 발전하는 현 상황에서 로봇에 기존의 '물건'이라는 지위를 벗어난 독자적인 지위를 부여하는 시도로서 큰 의의가 있다.[6]

2. 전자인간

EU는 로봇민사규율 결의안에서 "로봇에게 특정 법적 지위를 주어 최소한 최첨단 자율 로봇이 특정 권리와 의무를 지닌 전자인격의 지위를 갖게 하고 로봇이 만든 모든 피해를 보상할 수 있게 하고, 로봇이 스마트한 자율적 결정을 내리거나 제3자와 독립적으로 상호작용하는 경우에는 전자인격을 적용하게 하는 것"[7]에 대한 영향을 분석하도록 하였다.

우리나라도 2017년 7월 19일 로봇을 특정한 권리와 의무를 가진 전자적 인격체로 규정하고 로봇에 의한 손해가 발생할 경우 보상책임을 부여하는 정책을 마련해야 한다는 내용을 담은 로봇기본법(안)을 국회에 발의한 바 있다.[8]

학문적으로는 1990년대 초반부터 인공지능을 마치 법인처럼 권리와 의무의 주체로 다루게 될 것이라고 예견하였다. 인공지능의 발달로 인간과 기계의 차별성이 미미해지면 사회적으로 인공지능에 법인격을 부여하지 않을 수 없을 것이라는 주장[9]이 대표적이다. 이미 현재의 법체계에서 법인이라는 자연인 외의 법 이론적 권리주체를 인정하고 있는 만큼

---

4) 강환국 (2018), "글로벌 로봇산업 시장동향 및 진출방안", 코트라 Global Market Report 18-007, 5

5) 이도국 (2017), "인공지능(AI)의 민사법적 지위와 책임에 관한 소고", 한양대학교 법학논총 제34권 제4호, 15.

6) 이도국 (2017), "인공지능(AI)의 민사법적 지위와 책임에 관한 소고", 한양대학교 법학논총 제34권 제4호, 15.

7) European Parliament resolution of 16 February 2017 with recommendations to the Commission on Civil Law Rules on Robotics 2015/2103 (INL), 59 f).

8) 연합뉴스, "박영선, 로봇에 '전자인격' 지위 부여 법안 발의", http://www.yonhapnews.co.kr/bulletin/2017/07/19/0200000000AKR20170719110900001.HTML?input=1105m (2017.7.19. 14:22).

이론적으로 그러한 설정이 불가능한 것은 아니며, 그 기기의 소유자의 책임을 제한할 수 있다는 장점이 있다. 또한 회사나 법인의 설립등기처럼 전자인격의 등기를 하면 되므로 이러한 전자인격을 부여함으로써 전자인격을 둘러싸고 제기되는 모호함을 해소할 수 있다고 주장한다.[10]

현재 인공지능 로봇의 한 유형인 자율주행 차의 책임에서 전자인격의 부여 여부를 보다 구체화할 수 있다. 인공지능의 자율적 판단이 사고원인인 경우에 자율주행 차 소유자의 무과실책임을 묻기도 어렵고 제조사의 무과실 책임을 묻기도 어려우므로 제3의 권리주체로서 자율주행 차의 책임을 묻는 것이 논리적으로 타당하며, 자동차의 권리 주체성을 인정하는 특별법이 필요하다. 자동차손해배상 보장법에서 자율주행차를 제한적인 한도에서 권리와 의무의 주체로 의제하는 것이 타당하며, 자율주행 차의 책임재산이 필요하므로 제조사 혹은 소유자가 협상에 의해 자율주행차를 위한 책임보험에 가입하는 것이 필요하다고 주장한다.[11]

형법적인 측면에서도 지능형 로봇이 범죄의 주체가 될 수 있는가에 대한 문제에 대해 자동으로 트윗을 작성하는 인공지능 '트위터-봇'이 사람의 명예를 훼손하는 내용의 트윗을 작성하였을 경우 지능형 로봇에 대한 재 프로그래밍이나 해제 내지는 분해, 폐기 등을 고려할 수도 있으나, 형사책임의 본질은 인간의 자유의사에 대한 비난 가능성이므로 이를 인공지능 로봇에 형사책임을 인정하는 것은 어렵고, 소유자와 제작자의 고의·과실 여부에 따라 사람에게 형사책임을 지울 수 있는지를 검토해봐야 하고 그것이 불가능한 경우에는 형사책임을 포기하고 민사책임으로 해결해야 할 것이다.[12] 인공지능 로봇에 인격을 부여하는 것이 철학적 관점이나 윤리적 측면에서 옳지 않다고 보일 수도 있으나, 법적인 관점에서 인공지능 로봇에 인격을 부여하여 권리나 의무의 주체로서 성격을 인정하고 책임귀속 여부를 논의할 필요는 있다.

3. 전자인격

인공지능 로봇에게 전자인격을 주어서는 안 된다는 입장의 논리는 권리능력을 인정할 수 있는 시기와 종기를 자의적으로 정할 수 있거나 불분명하기 때문이며, 궁극적으로 인간이 정해주는 알고리즘에 의해 지배되는 물건이므로 인격체가 될 수 없고, 통합성과 정형성도 없으며, 인공지능 로봇에게 독자적으로 손해배상을 과연 청구할 수 있을지를 근거로 들고 있다.

---

9) Leon E. Wein (1992), "The Responsibility of Intelligent Artifacts : Toward an Automation Jurisprudence", Harvard Journal of Law & Technology Vol.6, 153. ; 오병철 (2017), "인공지능 로봇에 의한 손해의 불법행위책임", 연세대학교 법학연구 제27권 제4호, 11에서 재인용.

10) Steffen Wetting & Eberhard Zehendner (2013), "The Electronic Agent: A Legal Personality under German Law?", http://www.researchgate.net/publication/2289 78997_The_electronic_ agent_a_legal_personality_under_German_Law. ; 오병철, "인공지능 로봇에 의한 손해의 불법행위책임",연세대학교 법학연구 제27권 제4호,12에서 재인용.

11) 이중기(2017)"지능정보기술에 의한 사고 발생시 법적 책임", 제4차 산업혁명과 지능 정보사회 법제도 이슈 연속토론회 제1차 지능정보기술의 안전한 활용을 위한 제도정비방안 자료집, 53.

12) 류화진(2016),"지능형 로봇의 범죄주체성과 혐사책임", 과학기술과 법 제7권 제2호, 230-235.

가. 권리능력의 시기와 종기의 자의성 및 불명확성

인공지능 로봇에 권리주체 또는 그 유사한 법적 지위를 인정하기 위해서는 권리능력의 시기와 종기를 명확히 정하여야 한다. 사람의 경우에는 출생과 사망이라는 분명한 시기와 종기가 존재하지만, 인공지능 로봇의 경우에는 시기와 종기를 정하는 기준을 명확히 설정하는 것이 불가능하다.

설령 인공지능 로봇의 제조시점을 시기로 하고 폐기시점을 종기로 한다고 하더라도 시기와 종기를 특정한 사람이 좌우하게 되어 자의적으로 설정하는 문제가 있다. 만약 인공지능 로봇에게 피해의 책임에 대한 의무를 부담할 능력이 있다고 하면 그 의무를 회피하기 위해 소유자가 인공지능 로봇을 임의로 폐기하면 책임에 대한 의무를 부담할 주체인 인공지능 로봇이 사라지게 되어 피해자를 보호할 방법이 없어진다. 사람의 경우 사망을 통해 권리와 의무가 상속인에게 상속되어 기존의 권리와 의무의 연속성을 유지함으로써 제3자의 보호가 가능하게 되지만, 인공지능 로봇의 경우에 폐기를 통해 권리와 의무의 주체로서의 지위가 소멸되어 권리와 의무의 연속성이 유지될 수 없다.[13]

나. 인간 알고리즘에 의한 총체적인 지배

인공지능 로봇에 인격을 부여하기 위해서는 인간과 완전히 동일하지는 않지만 어느 정도의 자율성이 인정되어야 한다. 하지만 인공지능 로봇의 자율성은 인간에 의해 설계된 자율성이고, 인공지능 로봇 스스로 작동을 시원적으로 시작해서 종국적으로 마칠 수 있는 자발성은 합리적으로 예측할 수 있는 미래에도 불가능하다. 마치 외형상으로 스스로 작동을 시작하기도 하고 마치기도 하는 것처럼 보이는 것도 사전에 입력된 알고리즘에 충족되는 조건이 충족되었을 때의 기상과 수면에 불과하다. 인공지능 로봇에 내장된 알고리즘은 인간이 사전에 프로그래밍한 대로 작동되는 것일 뿐이고, 스스로 코드를 수정하거나 생성하는 기능을 하더라도 이것마저도 사전에 입력된 알고리즘의 결과이다. 이와 같이 시작과 종료 진행 경과의 임의적인 자발성이 없는 인공지능 로봇에 인간과 동일하거나 유사한 인격을 부여하는 것은 부당하다.

다. 통합성의 결여

현재의 인공지능 로봇은 특정한 영역이나 기능에서만 인간을 대체할 수 있는 노동력을 갖는다. 인간은 전인적인 통합성이 존재하므로 완전한 권리능력을 인정할 수 있지만, 오로지 특정한 영역에서만 존재하는 인공지능 로봇에게 전면적으로 인격을 부여하는 것은 부당하다.

인공지능 로봇에 인격을 부여할 수 있는 근거를 법인에 권리능력을 부여 하는데서 찾는 견해가 있다.[14] 자연인이 통합적인 총체적 권리능력을 갖는 반면 법인도 권리능력은 인정되지만 부분적이다. 추상적이고 관념적인 존재인 법인의 경우에 권리능력은 "정관으로 정한 목적의 범위 내에서만 권리와 의무의 주체"가 되도록 제한하고 있다(민법 제34조). 이렇게 인공지능 로봇도 그 활동영역에서만 권리와 의무의 주체가 되도록 제한적으로 인격을 부여하는 것도 논리적으

13) 차수봉 (2016), "인공지능과 구별되는 〈인간〉의 규범적 분석-헌법상의 절대가치 〈존엄〉 규범의 해석론과 존엄보호를 위한 선행적 보장체계를 중심으로", 인문사회 21 제7권 제3호, 847

14) 이중기 (2016), "인공지능을 가진 로봇의 법적 취급", 홍익법학 제17권 제3호, 20.

로 가능하다. 그러나 법인의 목적 범위와 달리 현재의 인공지능 로봇의 활동영역은 매우 협소하므로 아직까지는 인공지능 로봇에게 전자인격을 부여할 필요가 없다고 본다.[15]

라. 정형성의 결여

인공지능 로봇에 인격을 부여하는 것을 고려하는 사고의 기저는 인공지능 로봇을 휴머노이드(humanoid)[16]나 안드로이드(android)66)와 동일시하는 태도이다. 인간의 신체를 본뜬 외형에 인간의 두뇌와 같은 역할을 하는 인공지능의 결합을 가정한 휴머노이드라면, 마치 인간과 유사한 존재로 인격을 부여하기에 거부감이 없을 수도 있다. 그러나 사람인지 물건인지를 정형성을 통해 객관적으로 명확히 구분할 수 있으므로 사람에게만 인격을 부여하여도 구별과 인식의 문제는 발생하지 않는다.[17]

마. 권리체계의 혼란

인공지능 로봇에 권리능력을 제한적으로라도 인정한다면 매우 복잡한 권리체계의 혼란을 야기할 수 있다. 인공지능 로봇이 분실되거나 타인 또는 인공지능 로봇의 스스로의 판단에 의해서 소유자의 점유를 이탈할 경우에 소유자가 인공지능 로봇의 반환을 청구할 수 있는지 또는 타인이 인공지능 로봇을 무단으로 사용한 경우에 수익의 반환을 청구할 수 있는 문제를 제기하는 견해[18]가 제기된 바 있다.

인공지능 로봇에 제한적으로라도 전자인격을 부여하고 권리능력을 인정한다면, 인공지능 로봇의 '소유자'라는 개념을 인정하기 어렵게 되어 위의 소유자의 소유물 반환청구권이나 부당이득반환청구권은 성립하지 않고 충돌하게 되는 문제가 발생한다.

바. 독자적인 손해배상 청구 문제

인공지능 로봇에 제한적으로 인격을 부여하여 권리능력을 인정하게 되면, 인공지능 로봇 자체가 입은 손해에 대해 손해배상 청구 주체가 누구인지가 문제된다. 상대방으로부터 인공지능 로봇 자체에 물리적 손해가 발생한 경우 인공지능 로봇 자체의 손해인지 로봇 소유자의 손해인지 구분하기 어렵고 누가 상대방에게 손해배상을 청구할 권한이 있는지 등이다.

---

15) 오병철 (2017), "인공지능 로봇에 의한 손해의 불법행위책임", 연세대학교 법학연구 제 27권 제4호, 15.

16) 머리·몸통·팔·다리 등 인간의 신체와 유사한 형태를 지닌 로봇을 뜻하는 말로, 인간의 행동을 가장 잘 모방할 수 있는 로봇이다. 인간형 로봇이라고도 한다. ; 두산백과, "휴머 노이드", 네이버지식백과, https://terms.naver.com/entry.nhn?docId=1346273&cid=40942&categoryId=32335 (2018. 11. 19. 확인).

17) 휴대폰용 운영체제·미들웨어·응용프로그램을 한데 묶은 소프트웨어 플랫폼으로서 2007년 11월에 공개되었다. ;두산백과, "안드로이드", https://terms.naver.com/entry.nh n?docId=1348050&cid= 40942&categoryId=32848 (2018. 11. 19. 확인).

18) 김진우 (2017), "지능형 로봇에 대한 사법적 규율 – 유럽연합의 입법 권고를 계기로 하여", 법조 통권 제723호, 4.

4. 주체적 권한 행사

인공지능 로봇에게 전자인격을 부여할지에 대하여 위와 같은 견해대립이 있다. 살피건대, 인공지능 로봇으로 인하여 발생하는 피해와 손해를 보전하기 위하여 인공지능 로봇의 제조자, 소유자나 이용자에게 책임을 물을 수 있으나, 인공지능 로봇의 제조자, 소유자 또는 이용자에게 그 책임의 귀속을 일률적으로 적용하기 어렵고 누구에게 구체적인 고의나 과실이 있는지 각각 입증하여야 하는 어려움이 있는 반면, 인공지능 로봇 자체에게 책임을 일률적으로 귀속시키기로 한다면 상대적으로 인공지능 로봇의 과실만 입증하면 되므로 인공지능 로봇에게 전자인격을 부여하여 손해배상의 책임을 묻는 방법이 더 현실적으로 효율적이고 효과적인 방안이다.

우리나라의 민법과 상법에서 법인에게 '인격'을 부여하여 제한적이나마 권리와 의무를 부여한 것처럼 인공지능 로봇에게 전자인격을 부여하여 인공지능 로봇으로 인하여 발생하는 법적 책임과 의무를 다하게 하는 것이 타당하고 합리적이다.

현재 국회에 발의되어 있는 로봇기본법(안)[19]은 인공지능 로봇에게 전자적 인격체의 지위를 부여하는 내용과, 인공지능 로봇과 로봇 관여 자가 준수하여야 하는 가치를 로봇 윤리규범으로 명문화하는 조항 및 인공지능 로봇의 보편화에 대한 사회적 수용과정에서 발생할 것으로 예상되는 다양한 문제를 다루는 정책 추진기구 등의 설치에 관한 사항을 담고 있다.

---

19) 2017년 7월 19일 박영선 의원과 38명의 국회의원들이 공동 발의 형태로 제정을 추진한 법안이다. 이 법안의 특징은 로봇에 대해 특정권리와 의무를 가진 전자인격을 부여하여 윤리규범을 준수하게 하고, 로봇의 설계자 · 제조자 · 사용자가 준수하여야 할 윤리 원칙을 규정하고, 정부는 사회적 약자들이 로봇과 로봇기술 이용의 기회와 혜택을 누릴 수 있도록 대책 마련하는데 있다.
; 더불어민주당 홈페이지, "박영선의원, 「로봇기본법」 제정안 대표발의",
http://blog.naver.com/PostView.nhn?blogId=dolphin6010&logNo=22105 4721619 (2017. 7. 19. 10:32).

제 2 절　인공지능 물체의 행동

인공지능 로봇에 전자인격을 부여하는지 논의와 더불어 인공지능 로봇이 작동하는 것이 법적 의미에서 '행위'에 해당하는 것인지에 대하여 논의가 있다. 인공지능 로봇에 의해 피해 또는 손해가 발생한 경우 그 책임을 인공지능 로봇에게 지우기 위해서는 인공지능 로봇의 '작동'에 대하여 인간과 동일한 행위성을 인정하여야 한다. 그렇다면 인공지능 로봇의 작동이 행위성이 있는지 법률상 행위의 요건을 알아보고, 인공지능 로봇의 경우의 어떤 특수성이 있는지 등을 살펴본다.

1. 인공지능 로봇 작동의 행위성

가. 전통적 과실 책임에서의 행위성 요건

인공지능에 의한 로봇의 작동이 타인에게 손해를 입혔을 때 민법상의 불법행위가 되기 위해서는 로봇의 작동이 누군가의 '행위'로 평가되어야 한다. 전통적인 관점에서 행위는 행위자의 자유의지를 전제로 하므로 자유의지가 존재하는 사람만이 행위를 할 수 있다. 행위자가 자유의지를 갖고 한 행위로 인하여 손해가 발생하였다면 그 행위를 한자가 손해를 배상해야 한다[20]는 것이 전통적인 과실 책임인데, 인공지능에 전자인격을 부여하지 않는 현행 민법상 인공지능은 '물건'에 해당하고 행위자가 아니므로, 전통적인 과실 책임에서는 인공지능로봇이 작동하는 것을 자유의지를 가진 행위자의 행위에 포섭할 수 없게 된다. 따라서 전통적인 과실 책임 외에도 민법에서 인정되는 특수한 행위성에 해당하는지 이어 살펴본다.

나. 민법에서 인정되는 특수한 행위성

민법에서 인정되는 특수한 행위성으로는 제35조의 법인의 불법행위 책임과 민법 제759조의 동물의 점유자 책임이 있다.

민법 제35조는 법인의 불법행위책임은 "법인은 이사 기타 대표자가 그 직무에 관하여 타인에게 가한 손해를 배상할 책임이 있다. 이사 기타 대표자는 이로 인하여 자기의 손해배상책임을 면하지 못한다(제1항). 법인의 목적범위 외의 행위로 인하여 타인에게 손해를 가한 때에는 그 사항의 의결에 찬성하거나 그 의결을 집행한 사원, 이사 및 기타 대표자가 배상하여야 한다(제2항)."이라고 규정하고 있는데, 가해에 대한 책임의 주체는 법인과 '이사 기타 대표자'인 자연인이며, 양자는 부진정연대책임을 진다.

민법 제759조는 "동물의 점유자는 그 동물이 타인에게 가한 손해를 배상 할 책임이 있다. 그러나 동물의 종류와 성질에 따라 그 보관에 상당한 주의를 해태하지 아니한 때에는 그러하지 아니하다(제1항). 점유자에 갈음하여 동물을 보관

---

20) 김형배 (1985), "과실개념과 불법행위책임 개념", 민사법학 제4·5호, 268.

한 자도 전항의 책임이 있다(제2항)."으로 규정하여, 동물을 점유하거나 보관하는 자의 보관상 주의의무를 해태하는 부작위에 '행위성'을 인정하여 동물의 점유자나 보관하는 자의 불법행위를 인정하고 있다. 그러나 인공지능 로봇에는 다음과 같은 이유로 민법 제35조 또는 제759조가 적용되기 어렵다.

다. 인공지능 로봇의 특수성

인공지능 로봇은 동물과 다르고 법인의 대표기관과도 다르다. 민법 제35조가 적용될 수 있는지 살펴보면, 법인의 대표기관인 자연인의 가해행위는 그 자체로서 행위성이 당연히 인정된다. 제35조의 법인의 불법행위책임은 자연인인 법인의 대표기관의 가해행위를 법인의 행위로 규범적으로 동일시하는 것이므로 행위성의 문제가 두드러지지 않는다. 그러나 민법상 '물건'에 해당되는 권리객체인 인공지능 로봇의 알고리즘에 의한 작동은 규범적으로 행위로 인정하기 어렵다.

민법 제759조가 적용될 수 있는지 살펴보면, 인공지능 로봇은 동물과 같이 민법상 '물건'이지만 점유자의 지배 가능성에 있어서는 차이가 있다. 동물점유자 책임이라는 불법행위의 유형에서는 동물점유자의 주의의무 해태로부터 행위성을 도출할 수 있다. 그러나 인공지능 로봇의 점유자는 로봇 자체는 이미 내장된 알고리즘에 의해 작동하기 때문에 인공지능 로봇을 직접적으로 지배할 수 있는 현실적인 가능성이 거의 존재하지 않는다. 인공지능 로봇의 점유자는 인공지능 로봇에 어떠한 주의를 하여야 그것이 타인에게 손해를 가하지 않을 것인지에 대해 전혀 알지 못한다.[21]

2. 인공지능 로봇작동의 행위판단

가. 시원적 내재화의 행위성 판단

인공지능 로봇의 작동에 가장 중요하고 지배적인 근원은 인공지능 알고리즘의 제작 및 설치(install)에 있다. 인공지능의 작동은 알고리즘의 진행이므로 인공지능 알고리즘의 제작과 설치라는 인간의 행위로 환원될 수 있다. 인공지능 로봇의 작동은 인공지능 알고리즘 제작자의 행위라고 볼 수 있는 여지가 있다.[22]

인공지능 알고리즘을 제작해서 로봇에 설치하는 행위가 로봇이 타인에게 손해를 가하는 작동에 지배적인 역할을 하는 것을 부정하기는 어렵지만, 인공지능 로봇의 작동을 곧 알고리즘 제작자의 행위로 규범적으로 환원하는 것은 적절하지 않다. 인공지능 로봇의 작동을 알고리즘 제작자의 행위로 환원하게 되면 인공지능 로봇의 부정적인 작동을 알고리즘 제작자의 침해행위로 다룰 수 있다. 그러나 인공지능 로봇의 특성상 머신러닝(Machine Learning)에 의해 점차 진화되는 기능의 구체적인 작동까지 최초 알고리즘 제작자의 완전한 지배에 있다고 보기는 어렵다.[23]

---

21) 오병철 (2017), "인공지능 로봇에 의한 손해의 불법행위책임", 연세대학교 법학연구 제 27권 제4호, 22.
22) 오병철 (2017), "인공지능 로봇에 의한 손해의 불법행위책임", 연세대학교 법학연구 제 27권 제4호, 22.
23) 오병철 (2017), "인공지능 로봇에 의한 손해의 불법행위책임", 연세대학교 법학연구 제 27권 제4호, 23.

나. power-on 의 행위성 판단

인공지능 로봇이 기술적으로 발전을 하여도 자발성은 기본적으로 없다. 로봇에 인공지능 알고리즘을 제작해서 설치하는 행위와 더불어 로봇 이용자가 로봇에 전원을 공급하고 작동개시 명령을 하는 행위도 필요하다. 인공지능 로봇의 작동은 로봇에 전원을 공급하고 작동개시 명령을 하는 행위이다. 그러나 로봇은 근본적으로 인공지능 알고리즘에 의해 작동하기 때문에 로봇의 이용자가 로봇의 행동을 통제할 수 있는 가능성은 없다. 인공지능 로봇의 사용자가 어떠한 주의를 기울여도 인공지능 로봇에 의한 손해발생을 방지할 수 없다면 그 작동에 대해 로봇 이용자의 행위성을 인정하기 어렵다.

다. 전통적인 행위성의 결여

인공지능에 필수적인 딥러닝(Deep Learning)이 가능하기 위해서는 데이터, 네트워크, 알고리즘, 하드웨어 4개의 요소가 모두 갖추어져야 한다.[24] 로봇의 인공지능이 네트워크를 해 빅데이터를 수집하고 이를 처리하여 구체적인 작동을 하게 되면, 자신도 모르는 상태로 데이터를 제공하는 제3자도 인공지능 로봇의 작동에 어느 정도 참여하게 된다. 이러한 인공지능 로봇의 작동 결과를 전통적인 인간의 행위로 환원하려는 시도는 설득력이 없다.[25]

3. 특수한 귀책원리

가. 과실 책임주의에서의 행위성 요건의 중요성

손해 야기 행위 사이의 관련성을 어떻게 파악하느냐의 문제이다. '행위'에 의한 손해가 아니라면 '고의 또는 과실' 인가의 여부를 판단할 대상 자체가 존재하지 않는다. 그러므로 과실책임주의에서 '고의 또는 과실'이라는 과실 책임 요소에 앞서 '행위'에 의한 손해인가의 판단이 있어야 그 행위가 '고의 또는 과실로 인한 것'인가를 판단할 수 있다.[26]

나. 무과실책임과 행위성 요건

무과실책임과 불법행위의 성립을 위한 행위성 요건은 논리 필연적인 연관이 있는 것은 아니다. 위법행위가 '고의 또는 과실'로 인하여 발생하지 아니한 경우에도 손해배상책임을 지우는 것이 무과실 책임의 전형이다.[27] 영미법에서의 무과실책임이라고 할 수 있는 엄격책임의 경우에도 행위자의 고의나 과실을 요구하지 않지만 가해행위와 손해의 발생이라는 결과로 책임을 묻고 있다.[28] 이 경우에는 무과실책임이면서 행위성을 요건으로 하는 것이다.[29]

---

24) 오병철 (2017), "인공지능과 법", 제76회 변호사연수회 자료집, 대한변호사협회, 216.

25) 오병철 (2017), "인공지능 로봇에 의한 손해의 불법행위책임", 연세대학교 법학연구 제 27권 제4호, 24.

26) 오병철 (2017), "인공지능 로봇에 의한 손해의 불법행위책임", 연세대학교 법학연구 제 27권 제4호, 25.

27) Richard A. Posner (2007), Economic Analysis of Law(7th Ed), Wolter Kluwer, 192. ; 오병철 (2017), "인공지능 로봇에 의한 손해의 불법행위책임", 연세대학교 법학연구 제27권 제4호, 22에서 재인용.

공작물소유자책임이나 자동차운행자책임의 경우에는 오로지 손해를 야기한 물건을 소유하거나 보유하고 있다는 사실만으로 손해배상책임을 진다. 이 경우 손해배상책임에 구체적인 '행위성'을 요구하는 것이 아니므로 당연히 '고의 또는 과실'이라고 하는 귀책사유 판단도 존재하지 아니하고 무과실책임을 진다.

다. 행위성을 요건으로 하지 않는 무과실책임

행위성이 없어도 무과실책임을 물을 수 있는 것은 공작물 소유자책임과 자동차운행자책임이 있다. 공작물소유자책임은 민법 제758조 제1항에 따라 공작물의 설치 또는 보존의 하자로 인하여 "타인에게 손해를 가한 때에는 공작물점유자가 손해를 배상할 책임"이 있으나 점유자가 손해의 방지에 필요한 주의를 해태하지 아니한 때에는 그 소유자가 손해를 배상할 책임이 있다. 손해발생에 공작물 소유자의 행위성을 요건으로 하지 않으면서도 공작물 소유자에게 불법'행위'에 따른 손해배상책임을 인정하는 예외적인 규정을 두고 있다.[30]

자동차 운행자 책임은 자동차손해배상보장법 제3조에 따라 자기를 위하여 자동차를 운행하는 자는 그 운행으로 다른 사람을 사망하게 하거나 부상하게 한 경우에는 그 손해를 배상할 책임을 지는 것을 말한다. 자동차운행자는 직접 자동차를 운전하는 조작행위를 하는 자동차 운전자와 구별되며, 대법원 판례[31]에 따르면 자동차운행자란 "자동차에 대한 운행을 지배하여 그 이익을 향수하는 책임주체"이다. 자동차운전자의 과실로 타인을 사망하게 하거나 부상하게 한 경우 자동차운전자가 행위주체이지만 그와 별도로 직·간접적인 행위성이 부정되는 자동차운행자에게도 특별법상의 손해배상책임을 지우고 있다. 이렇게 법률상 명문규정이 존재하면 행위성이 부정되는 자에게도 손해배상책임을 지우는 것이 가능하다.[32]

4. 인공지능 로봇의 손해 발생의 특징

인공지능 로봇에 의해 발생한 손해는 전통적인 법적 관점의 손해와는 그 개념이 다르다. 인공지능 로봇에 의한 손해가 특수한 이유를 살펴본다.

가. 정보오류에 의한 손해

인공지능 로봇을 통제하는 인공지능 정보 데이터에 오류가 있는 경우 손해가 발생할 수 있다. 정보오류로 인하여 발생한 손해에 대하여 우리 대법원은 부동산 중개업자가 의뢰인에게 설명할 의무를 부담하지 않는 사항일지라도 그릇된

---

28) 김영희 (2011), "미국 불법행위법의 기본 구조에 관한 연구", 연세대학교 법학연구 제21권 제4호, 66.

29) 오병철 (2017), "인공지능 로봇에 의한 손해의 불법행위책임", 연세대학교 법학연구 제 27권 제4호, 25.

30) 오병철 (2017), "인공지능 로봇에 의한 손해의 불법행위책임", 연세대학교 법학연구 제 27권 제4호, 26.

31) 대법원 1986. 12. 23. 선고 86다카556 판결.

32) 오병철 (2017), "인공지능 로봇에 의한 손해의 불법행위책임", 연세대학교 법학연구 제 27권 제4호, 26.

정보를 제대로 확인하지 아니하고 그대로 전달하여 그 정보를 믿은 상대방이 계약을 체결함으로써 손해를 입은 경우 손해배상 책임이 있다고 한 바 있다.[33] 또한 증권사에서 HTS (Home Trading System)를 통해 정보를 잘못 제공하여 이를 믿고 거래한 고객이 손해를 입은 경우에 도 증권회사에게 손해배상책임이 있다.[34]

미국 Bank of New York 사건도 마찬가지다. 미국연방준비은행에서 자동적으로 Bank of New York 현금 계좌에 차변기록을 하는 동안에 Bank of New York은 소프트웨어의 오류로 인하여 저축계좌로부터 들어오는 예금을 처리할 수 없었고, 그로 인하여 Bank of New York은 하루 동안에 240억 달러를 차입해야 했으며 소프트웨어 오류가 해결될 때까지 500만 불의 이자 손해를 보았다.[35] 이렇듯 인공지능 로봇의 정보오류로 인하여 발생한 손해에 대하여 배상책임이 발생한다고 보아야 한다.[36]

나. 인체 손해 발생

인공지능 로봇의 경우 인간의 생명·신체에 직접적인 손해를 끼칠 수 있다. 자율 주행차나 인공지능 로봇과 같이 고차원적인 로봇이 아니라 아주 단순한 전기압력밥솥에 내장된 초보적인 인공지능 알고리즘에 문제가 생겨도 압력이 과도하게 팽창하여 폭발을 일으킬 위험이 있다.

인공지능 로봇에 의해 발생한 손해가 생명침해 또는 신체침해를 가져온다면 단순한 재산상 손해와 비교할 수 없는 파급력을 가진다. 인공지능 로봇의 종류에 따라서는 인체 손해의 규모가 대형화되고 치명적일 위험도 커질 수 있다.[37]

다. 동시다발적인 손해 발생

인공지능 로봇이 대량 생산·소비되어 동일한 인공지능이 내재된 로봇이 보편화된다면 인공지능 로봇이 가진 오작동은 특정한 하나의 기기에만 발생하는 것이 아니라 동종의 인공지능 로봇 모두에 발생하게 될 것이다. 인공지능 로봇에 내장된 알고리즘에 오류가 있어서 손해를 발생시키게 되면, 동일한 알고리즘을 갖고 있는 로봇이라면 손해의 발생 시기와 손해 액수의 차이만 있을 뿐 동일한 문제로 인한 손해의 발생의 가능성은 잠재되어 있는 것이다. 이러한 동일한 혹은 동종의 원인에 의한 대규모 사건들로 손해를 입은 피해자들을 실질적으로 구제하기 위하여 특별한 위험 원인을 내포하는 사업을 영위하는 기업들과 위험한 시설을 보유하는 소유자들이 책임 재산의 확보를 위하여 적절한 대비책을 마련하는 것이 무엇보다 중요하다.[38]

---

33) 대법원 1999. 5. 14. 선고 98다30667 판결 ; 대법원 2008. 9. 25. 선고 2008다42836 판결.

34) 이창현 (2015), "전산장애로 인한 손해배상에 관한 연구", 법과 기업연구 제5권 제3호, 139.

35) Peter Brautigam/Thomas Klindt (2015), "Industrie 4.0, das Internet der Dinge und das Recht", NJW, 128. ; 주지홍 (2004), "소프트웨어의 하자로 인한 손해의 제조 물 책임법리 적용여부", 민사법학 제25호, 434에서 재인용.

36) 주지홍 (2004), "소프트웨어의 하자로 인한 손해의 제조물 책임법리 적용여부", 민사법학 제25호, 434

37) 주지홍 (2004), "소프트웨어의 하자로 인한 손해의 제조물 책임법리 적용여부", 민사법학 제25호, 434.

38) 신유철 (2016), "대규모 피해와 손해배상", 민사법학 제75호, 421-430.

제 3 절

인공지능 의사 결정시스템

1. 딥러닝 의사 결정시스템

인공지능은 알고리즘(algorithm)의 일종으로서 어떤 처리과정이 자동적으로 수행하는 것을 말한다. 고전적 정의에 따르면 알고리즘이란 "어떤 기기가 주어진 정보를 근거로 사용자에게 특정한 해답이나 출력 값을 제시하도록 하는 명령의 목록"이다.[39] 어떤 과제를 수행하기 위하여 복합적으로 연결된 알고리즘을 봇(bot)이라고 부르는데, 이러한 봇은 수천 개의 입력, 요인, 기능 등을 지니고 있다. 이러한 봇 중에는 뉴런과 유사하게 작동하면서 필요에 따라 속도를 증가시키거나 감소시키기도 하며, 고정된 것이 아니고 동적으로 스스로 개선할 수도 있다.[40]

오늘날의 생활에서 알고리즘의 중요성은 결코 무시할 수 없다. 일부 과학자에 따르면 알고리즘은 우리 생활의 모든 측면에서 어떻게 행동할지를 추적하고 예측하며[41], 비즈니스 프로세스 최적화[42] 등에 영향을 줄 정도로 현대사회에서 널리 보급되어 있다고 한다.[43] 예측분석 및 비즈니스 프로세스 최적화를 위한 알고리즘을 사용하면 사기 방지, 공급망 최적화, 대상 광고, 제품 권장사항, 기업보안 및 동적 가격 책정 등과 같이 다양한 산업에서 관찰되는 여러 가지 실제 응용 프로그램을 사용할 수 있다.

---

39) Christopher Steiner (박지유 번역) (2016), 알고리즘으로 세상을 지배하라, 에이콘, 10.

40) Christopher Steiner (박지유 번역) (2016), 알고리즘으로 세상을 지배하라, 에이콘, 15.

41) 알고리즘의 예측분석(predictive analytics)은 과거 데이터 분석을 기반으로 향후 결과의 가능성을 측정하는 알고리즘 개발을 수반한다. 예측 모델은 수요 예측, 가격 변화 예측, 고객 행동 및 선호도 예측, 위험 평가, 새로운 기업 진입, 환율 변동 또는 자연 재해 와 같은 시장 환경에 영향을 줄 수 있는 내생 또는 외생적 충격 예측에 사용할 수 있다. 이 모든 정보는 의사 결정 개선하고 기업이 그들의 비즈니스 전략을 보다 효율적으로 계획하고 그렇지 않은 경우에는 불가능한 혁신적·맞춤형 서비스를 개발할 수 있게 하는데 매우 중요하다. ; OECD (2017), "Algorithms and Collusion: Competition Policy in the Digital Age", www.oecd.org/competition/algorithms-collusion -competition-p olicy-in-the-digital-age.htm, 11.

42) 알고리즘은 비즈니스 프로세스를 최적화하기 위해 알고리즘을 구현하여 생산 및 거래 비용을 줄이거나 고객을 세분화하거나 시장 상황에 대응하는 최적의 가격을 설정함으로써 경쟁 우위를 확보할 수 있게 해준다. 프로세스를 최적화하는 알고리즘의 특별한 능력은 자동화된 본성과 뛰어난 계산능력의 결과인데, 이는 대규모 데이터 세트를 처리할 수 있으며 동일한 작업이 인간에 의해 수행되는 경우 관찰되는 것보다 더 저렴한 비용으로 신속하게 대응할 수 있다. ; OECD (2017), "Algorithms and Collusion: Competition Policy in the Digital Age", www.oecd.org/competition/algorithms-collusion-com petition-policy-in-the-digital-age. htm, 11.

43) Hickman, L., "How Algorithms Rule the World", The Guardian, https://www.th eguardian.com/science/2013/jul/01/how-algorithms-rule-world-nsa (2013. 7. 1. 18:32). ; O'Neal, C., "How Algorithms Rule our Working Live", The Guardian, https://www. theguardian.com/science/2016/sep/01/how-algorithms-rule-our-working-lives (2016. 9. 1. 6:00).

특히 데이터 중심시장에서의 알고리즘은 공급하는 입장에서는 혁신적인 제품의 개발과 개선을 통해 효율성을 촉진시키는 선순환 효과를 불러일으켜 생산비용을 절감하고 자원 활용도를 향상시키며, 생산 과정에 있어서 효율성을 향상시킬 수 있다. 수요의 입장에서는 소비자들이 가격과 품질을 비교할 수 있게 하여 신속한 의사결정을 도움으로써 거래비용을 크게 줄이고 소비자들이 합리적인 선택을 할 수 있게 도와주어 소비자 평등이 증가되는 등 소비자 및 사회복지에 긍정적인 영향을 미칠 수 있다.[44] AI 의사 결정은 결국 빅데이터의 추론에 의한 결과일 뿐이다. 솔로몬의 지혜는 없다.

인공지능 알고리즘에서 사용하는 규칙은 거대하고 복잡할 뿐만 아니라 빅데이터를 기반으로 학습하여 생성되기 때문에 그러한 규칙이 의사결정에 어떤 영향을 미치게 될지 예측하는 것은 어렵다. 인공지능 알고리즘을 규율하는 기관이나 감독자는 알고리즘에 사용되는 규칙으로 인한 부당이나 오류를 초기에 발견하기가 쉽지 않다.[45] 더욱이 인공지능 알고리즘에 의한 의사결정이 공정하고 객관적일 것이라는 신뢰가 생기면서 인공지능 알고리즘이 가지고 있는 여러 문제점을 제대로 인식하지 못하고 있다.

그러나 인공지능에 의한 자동적 의사결정 모델의 설계와 구현은 시스템적 오류 가능성이나 편향된 결정 가능성 등 여러 가지 취약점을 가지고 있다.[46] 데이터가 많으면 많을수록 그 의사결정에서 객관적 결과를 도출할 가능성이 높아진다고 생각할 수 있으나 인공지능 알고리즘에 투입되는 빅데이터 자체가 현재 우리 세계에 현존하는 편향성을 그대로 반영하여 영속화할 수 있다.[47] 예를 들어, 빅데이터 수집을 하는 경우 다수의 의견이 많이 축적되고, 상대적으로 소수의 의견이 적게 채집되는 경우 확률적으로 다수의 의견이 대세를 이루는 경우와 비슷하다고 볼 수 있다. 따라서 인공지능 알고리즘에 결합된 빅데이터가 이미 다수의 편향된 자료들로 구성되어 있다면 그 결과도 편향된 상태로 나오게 된다.

인간이 사용하는 거의 모든 컴퓨터와 스마트폰에 인공지능 알고리즘이 내장되어 있어 회사나 은행, 경찰서, 법원에게 사용자와 관련된 모든 정보가 시시각각 제공되고 있다. 이러한 인공지능 알고리즘은 인간의 편견을 없애는 것이 아니라 그것을 그대로 반영하거나 더 증폭시키는 등으로 영속화 시킨다. 입력 데이터가 불완전하거나 편향된 경우 인공지능 알고리즘의 문제는 악화될 수 있다.[48]

영국 배스대(University of Bath) 컴퓨터 과학자 조안나 브라이슨(Joanna Bryson) 교수는 인공지능의 기계 학습에서 이용하는 '워드 임베딩(word embedding)'[49] 프로그램이 인간의 언어사용 패턴에 숨어 있는 깊숙한 성·인종적 편견을 흡수하고 있다고 분석하였다. 인공지능은 인간의 편견에 의식적으로 대응할 수 있는 능력이 없기 때문에 편견도 지식으

---

44) 서완석 (2018), "인공지능에 의한 소비자권익 침해에 관한 유형과 법적과제", 상사법연구 제37권 제1호, 5.

45) Joshua A. Kroll et al. (2017), "Accountable Algorithm", 165 U. Pa. L. Rev. 633, 680.

46) Joshua A. Kroll et al. (2017), "Accountable Algorithm", 165 U. Pa. L. Rev. 633, 680.

47) Ira Flatow et al., "Why Machines Discriminate – And How to Fix Them", Science Friday, http://www.sciencefriday.com/segments/why-machines-discrimi nate-and-how-to- fix-them (2015. 11. 20).

48) Levendowski & Amanda (2018), "How Copyright Law Can Fix Artificial Intelligence's Implicit Bias Problem", 93 Wash. L. Rev. 579, 583.

49) '워드 임베딩'이란 문장 간의 유사도 분석을 위해 단어 간의 의미 연관성을 거리 단위 로 표현하는 기술을 말한다. ; 헬로티(HelloT), "딥러닝·워드임베딩 기술로 가짜 뉴스 걸 러낸다", http://www.hellot.net/new_hellot/magazine/magazine_read.html?code=2 02&sub=004&idx=38382&list=thum (2017. 12. 11. 12:41).

로 그대로 받아들이고 더 나아가 강화해 표현할 수 있다는 것이다. 기존 영어 텍스트에 기반 한 인공지능 학습은 그 문장 내에 반영된 인간의 편견을 반영할 확률이 높으며 그 예로 꽃은 유쾌한 단어, 벌레는 불쾌한 단어와 연결 하고, 여성을 인문학 직업, 남성을 이공계 직업과 연결하는 경향이 나타나고 있다고 지적하였다.[50]

이러한 인공지능 알고리즘의 편향성이나 차별성은 특정한 의도를 가지고 프로그래밍 해야만 나타나는 것은 아니다. 이것은 인공지능 알고리즘에 내재 된 문제로서 프로그래머가 특정한 요인이나 변수에 가중치를 부당하게 부여하는 등 의도적 조작을 했기 때문은 아니다. 그러므로 알고리즘의 분석 평가 과정에서 차별적 결과를 위한 프로그래머의 의도적 조작이 없었다는 것을 확인하는 것만 가지고는 그 알고리즘의 산출 결과가 공정하리라고 단정하여서는 안 된다.[51] 또한 프로그래머가 의도적으로 알고리즘이 편향성을 지닌 결과를 도출하도록 코드를 작성할 수도 있는데 그러한 경우는 대개 알고리즘의 편향성을 교묘하게 은폐하여 제3자가 소스 코드를 분석하더라도 프로그래머의 악의적 의도를 밝혀내기 어렵다.[52]

인공지능 알고리즘 특히 머신러닝 알고리즘의 경우 훈련 데이터(training data)에서 통계적 패턴을 추출하도록 설계 된 것인데 만일 훈련 데이터가 소수집단에 대한 기존 사회의 편견을 반영할 경우 그 알고리즘은 이러한 편향성을 그대로 내포하게 될 가능성이 높다. 알고리즘에서 인종과 같은 속성을 분류에 명시적으로 사용하지 않아도 편향된 결과가 나올 수 있다는 것이다.

빅데이터 크기와 관련한 문제도 있는데, 데이터 크기가 작은 경우 부정적 예측의 가능성이 높아진다. 소수집단의 경우 데이터 크기는 주류 집단에 비해 상대적으로 작다. 따라서 소수집단에 대한 예측 결과는 일반 집단에 비해 나쁜 경향을 보일 가능성이 크다.[53]

또한 데이터는 수집 주체, 시기, 방법, 목적에 따라 그 특성이 달라질 수 있다. 대부분의 빅데이터는 시간적으로 연속 된 빅데이터라든가 특정 기간의 빅데이터 같이 어떤 식으로든 시간과 연관을 맺고 있고, 빅데이터 수집 방법도 각기 다를 뿐만 아니라 어떤 의제를 충족하기 위한 목적 하에 빅데이터가 수집되거나 조작되기도 하므로 이러한 요인들이 빅데이터의 특성에 영향을 미칠 수밖에 없다.[54]

빅데이터 자체가 전체적인 양상을 그대로 반영하지 못하는 문제도 있다. 예를 들면 허리케인 Sandy와 관련된 2,000만개의 트위터(twitter) 데이터를 분석한 결과 대부분의 트윗(tweet)이 맨해튼(Manhattan) 지역에서 나왔는데 이는 맨해튼이 허리케인 피해의 중심지이기 때문이 아니라 그곳에 사는 주민의 스마트폰 소유 비율과 트위터 사용률이 높기 때문인데 마치 맨해튼이 피해자의 중심지인 양 착각하게 만든다. 정작 허리케인의 피해가 심각한 지역은 전력공급 중단으로 인하여 스마트폰 사용이 제한될 수밖에 없어 허리케인 관련 트윗이 제대로 나올 수 없었다. 흔히 이러한 빅데이터는 사회를 정확히 반영할 것이라고 가정하지만 실제의 현실과 빅데이터의 분석 결과 사이에는 괴리가 있을 수 있다.[55]

---

50) 뉴스비젼e, "AI가 편견까지 학습한다면?…" 로봇도 인종차별 할 수 있다".
    http://www .nvp.co.kr/news/articleView.html?idxno=121489 (2017. 9. 15. 13:34).

51) Salon Barocas & Andrew D. Selbst (2016), "Big Data's Disparate Impact", 104 Calif. L. Rev. 671, 674.

52) Tal Z. Zarsky (2013), "Transparent Predictions", U. Ill. L. Rev. 1503, 1506.

53) Moritz Hardt, "How Big Data is Unfair", http://medium.com/@mrtz/how-big-data-is-unfair-9aa544d739de (2014. 9. 26).

54) James D Miller (황진호 번역) (2016), IBM 왓슨 애널리틱스와 인지컴퓨팅, 에이콘, 53.

2. 인공지능 알고리즘의 편향성

인공지능 알고리즘을 이용한 의사결정 과정에서 우려되는 부분은 이러한 의사결정이 객관적이라는 믿음과 차별의 고착화나 차별의 은폐 가능성이다. 인공지능 알고리즘으로 인하여 개인의 특성이나 선호, 활동 사이에 대한 세밀한 구분이 가능한데 이러한 구분이 연구 목적이든 공적 목적을 위한 것이든 불문하고 폭넓은 분야에서 차별이 생겨난다.[56]

미국에서 가장 보편적이고 지속적인 편견 중 하나는 직업 선택, 기회 및 보상과 관련하여 나타나는 여성에 대한 편견이다. 성별로 분류되는 많은 직업에 대한 고정관념은 성별에 따라 직업분류를 달리하고 같은 경력임에도 남성과 여성을 차별한다. 미국에서 문제되는 또 다른 차별 유형은 인종과 관련된 것이다. 취업지원서에는 체포나 범죄경력을 묻는 질문이 포함되어 있는데 이를 통해 지원자의 신뢰성에 관한 정보를 알 수 있기 때문이다. 로이터 닷컴의 검색 결과에 따르면 광고 문안에서 흑인이 주로 쓰는 이름이 체포와 연관되는 비율이 백인이 주로 쓰는 이름보다 훨씬 높다는 것이 밝혀지기도 하였다.[57] 이러한 결과는 검색 광고에 사용된 알고리즘이 인종과 관련하여 편향되어 있기 때문이다.

인공지능 알고리즘은 어떠한 차별이 윤리적 기준에 부합하는지 여부를 결정하지는 못한다. 알고리즘으로 표현 가능한 포괄적 차별 이론이 없다면 알고리즘 기반의 차별이 윤리적인지 여부를 엄밀하게 판별할 수 없고, 이러한 상황에서 인공지능 알고리즘이 어떤 도덕적 결정을 내리기를 기대하는 것은 힘든 일이다.[58]

첫째, 인공지능 알고리즘에 대한 또 다른 우려는 그 알고리즘이 가지고 있는 불투명성의 속성이다. 인공지능 알고리즘의 대상자가 어떤 입력으로부터 어떻게 특정한 결과가 도출되었는지에 대하여 제대로 알지 못한다면 이러한 알고리즘은 불투명하다고 할 수 있다.[59]

불투명한 이유로는 첫째, 인공지능 알고리즘 프로그램 코드의 가독성이다. 프로그램 작성 구현은 컴퓨터 프로그램 코딩 전문가의 몫이며 일반인의 접근이 어려운 영역이다.

둘째, 대부분의 인공지능 알고리즘이 소유권에 의하여 보호되는 기업 비밀이나 국가기밀에 속한다는 것이다. 인공지능 알고리즘을 소유한 기업은 그들의 영업비밀이나 기술적 우위를 유지하기 위해서 그 알고리즘을 공개하지 않기 때문에 불투명성의 문제가 생긴다.

예를 들어 네트워크 보안과 관련된 알고리즘의 효율성을 보장하기 위해서는 불투명성의 유지가 필수적이다. 그렇게 하지 않으면 끊임없이 취약점을 노리는 네크워크 보안 시장에서 살아남기 어렵기 때문이다. 물론 이러한 기업비밀 보호를 명분으로 불투명성이 악용될 여지도 많다. 기업 등이 정부의 규제를 회피하거나 소비자 조작이나 차별 등을 은폐하기 위한 새로운 수단으로 불투명성을 이용할 가능성이 충분하다.[60]

---

55) Kate Crawford, "The Hidden Bias in Big Data", Harvard Business Review, http://hbr.org/2013/04/the-hidden-biases-in-big-data (2013. 4. 1.).

56) Omer Tene & Jules Polonetsky (2013), "Judged By Tim Man: Individual Rights In The Age of Big Data", 11 J. on Telecomm & High Tech. L. 351, 355.

57) Latanya Sweeney (2013), "Discrimination in Online Ad Delivery", Magazine Queue, Vol.11 Issue3, p.13.

58) 양종모 (2017), "인공지능 알고리즘의 편향성, 불투명성이 법적 의사결정에 미치는 영향 및 규율방안", 법조 제66권 제3호, 21.

59) Jenna Burrel (2016), "How the Machine 'Thinks': Understanding Opacity in Machine Learning Algorithms", Big Data & Society, 1.

3. 인공지능의 규범적 측면

가. 알고리즘에 의해 자동화된 의사결정의 차별적 효과

인공지능 알고리즘을 반영한 인공지능 기술이 가져다 줄 여러 가지 편리한 이익에도 불구하고 이러한 인공지능에 내재한 불확실성의 제거는 쉽지 않다.[61] 쉴라 에서노프(Sheila Jasanoff)는 인공지능에 대한 인간의 통제를 불확실성과 불가예측성의 관점에서 재조명해야 한다고 주장한다. 율리히 벡(Ulrich Beck)은 불확실성에 대한 위험은 인공지능 사회의 내재적 부분으로 현대 인류의 조건의 하나이지 절대 냉정하고 이성적으로 계산될 수 있는 확률의 문제는 아니라고 보았다.[62]

차별행위는 합리적 이유 없이 성별, 종교, 장애, 나이 등을 이유로 고용, 교육, 주거나 재화 공급 등에서 특정한 사람을 우대 배제 구별하거나 불리하게 대우하는 행위를 말한다(국가인권위원회법 제2조 제3호). 우리나라는 학계의 비판이나 촉구에도 불구하고 통일적 차별금지법이 제정되지 아니하고, 국가인권위원회법, 장애인차별금지 및 권리구제 등에 관한 법률, 고용상 연령차별 금지 및 고령자고용촉진에 관한 법률 등 개별 법령에 차별행위를 따로 규정하고 있다. 현재의 법률 체계는 성별, 연령, 인종, 국적, 장애, 종교적 신념, 성적 지향 등 특정 집단에 속한다는 이유로 차별받은 것에 대한 다양한 보호책을 강구하고 있으나,[63] 인공지능 알고리즘에 의한 차별과 편견을 원천적으로 차단할 수 있는 방안은 없다고 본다.

나. 알고리즘에 의한 사회적 차별의 법적 규율

인공지능 알고리즘에 의한 의사결정이 차별적 결과를 야기한 경우 사후적 규율은 쉽지 않다. 인공지능 알고리즘의 의사결정은 재범 위험성 평가와 범죄예측 등에서 주로 쓰이고 있는데 재범위험성 평가나 범죄예측에서 차별적 결과를 보이더라도 사적 영역에서의 차별에 대한 구제방안으로 해결이 어렵다.

예를 들어 범죄예측과 관련한 의사결정의 경우 그러한 알고리즘이 지시하는 바에 따라 순찰인력의 배치 등으로 이어진다. 설사 그러한 알고리즘이 편향성의 문제를 안고 있다고 하더라도 그러한 편향성 때문에 어떤 집단에 대한 급부의 의무를 거절하거나 부작위의무에 위반하는 행위로 이어지지는 않는다. 그 알고리즘의 의사결정은 특정지역에서의 순찰활동 강화로 이어질 뿐인데 설사 특정지역에서의 순찰활동이 강화된다고 하여 그 지역주민들이 그것을 차별이라고 인식하기 어렵고 또 그것을 문제 삼아 소송 등 구제수단을 강구하기 어렵다.

---

60) Jenna Burrel (2016), "How the Machine 'Thinks': Understanding Opacity in Machine Learning Algorithms", Big Data & Society, 3-4.

61) Meg Leta Jones (2015), "The Ironies of Automation Law: Tying Policy Knots with Fair Automation Practices Principles", Vand J. Ent. & Tech. Vol. 18, 81.

62) Meg Leta Jones (2015), "The Ironies of Automation Law: Tying Policy Knots with Fair Automation Practices Principles", Vand J. Ent. & Tech. Vol. 18, 81.

63) 양종모 (2017), "인공지능 알고리즘의 편향성, 불투명성이 법적 의사결정에 미치는 영향 및 규율방안", 법조 제66권 제3호, 23.

재범의 위험성 예측 결과가 편향되었다 하더라도 그러한 재범 예측이 쓰이는 분야에서 알고리즘에 의해 산출된 예측치가 재범의 위험성이 유일한 표지가 아니기 때문에 이러한 재범 예측 알고리즘의 편향성을 이유로 소송을 통한 구제를 기대하긴 더더욱 어렵다.

따라서 범죄예측 알고리즘과 같은 공적 의사결정 시스템이 편향성을 드러낸다고 하더라도 그 편향성의 시정에 있어 그로 인하여 개인이 입은 어떤 손해를 이유로 국가를 상대로 한 손해배상 소송 등 사후적 구제수단 강구가 전혀 불가능한 것은 아니지만 이러한 개별적 구제방안보다는 인공지능 알고리즘에 대한 사전 규제 즉 인공지능 알고리즘 자체의 적절성이나 운영 과정의 감사 등을 통하여 차별적 결과를 보이고 있지는 않은지를 밝혀내는 것이 보다 실효적인 통제수단이 될 수 있다.[64]

미국에서는 인공지능 알고리즘을 이용한 범죄의 예측기법이 경찰의 범죄 예방 활동에 활용되고, 사법 분야에서도 재범의 위험성을 예측하는데 인공지능 알고리즘이 널리 활용되고 있으며, 판결과정에서도 인공지능 알고리즘의 예측기법이 쓰이고 있다.[65]

알고리즘에 대한 인간의 의존도가 높아지고 있는 만큼 알고리즘의 공정성과 객관성에 대한 의문도 계속 증가하고 있다. 인간의 생각과 사고방식을 모방한 인공지능 알고리즘은 주어진 정보를 바탕으로 가설을 형성한 후 구체적 상황에 가장 알맞은 판단을 하도록 프로그래밍 되어 있다. 이러한 기술적 구현과정을 고려하면 빅데이터로부터 가설을 세우고 판단하는 인공지능 알고리즘뿐만 아니라 가설의 기본이 되는 빅데이터도 인공지능 기술에 중요한 요소가 된다. 특히 빅데이터는 종전에는 기계가 이해할 수 없었던 비정형 정보까지 분석하여 유의미한 정보를 도출해냄으로써 인공지능기술의 발전에 토대가 되고 있다.[66]

정보의 객관성에서도 빅데이터는 대량의 정보를 분석대상으로 하기 때문에 차별적이고 편향된 결과를 방지하고 공정하고 객관적일 것이라는 신뢰가 형성되어 있었다. 그러나 최근 이러한 믿음과 다르게 인공지능 알고리즘의 평가시스템이 흑인 여성을 짐승으로 인식하거나, 온라인 국제미인대회에서 입선자 대부분을 파란 눈의 백인여성으로 선정하는 일이 일어나고 있다. 이러한 결과를 통해 소프트웨어 개발자나 이용자 등이 알고리즘의 판단과정에 개입하거나, 알고리즘이 공정하지 않은 정보에 기반 한 경우 인공지능 역시 오류에 의한 잘못된 판단을 할 수 있다는 것을 인식하게 되었다.119)

인공지능 알고리즘은 빅데이터에 의해 축적된 다양한 정보에 기초하여 인간에게 여러 선택지를 제공하여 인간의 의사결정을 돕거나 인간의 개입 없이 인공지능 스스로 의사결정을 하기도 한다. 인공지능 알고리즘이 잘못된 정보에 기초하여 차별적이고 공정하지 않은 결과를 만들어 낸다면 사회적 차별이 발생할 수 있으며 이러한 과정이 반복하여 차별이 고착될 수도 있다. 즉 인공지능 알고리즘에 의해 빅데이터 정보를 바탕으로 구현되는 인공지능이 개인정보보호와 사생활 보호가 침해될 우려가 있고 새로운 차별의 문제로 발전될 수도 있다.[67]

---

64) 양종모 (2017), "인공지능 알고리즘의 편향성, 불투명성이 법적 의사결정에 미치는 영향 및 규율방안", 법조 제66권 제3호, 28

65) 양종모 (2018), "인공지능에 의한 판사의 대체 가능성 고찰", 홍익법학 제19권 제1호, 5.

66) 유성민 (2016), "빅데이터가 인공지능에 미친 영향", 한국정보기술학회지 제14권 제1호, 31.

67) 박종보,김휘홍 (2016), "인공지능기술의 발전과 법적 대응방향", 법학논총 제34집 제2호, 11.

인공지능 알고리즘 평가시스템의 공정성 및 객관성 문제가 꾸준히 제기되자 2016년 미국에서는 알고리즘의 소프트웨어 중심 사회에서 발생하는 차별의 원인을 분석하고 대응방안을 제시하는 두 개의 보고서가 제출된 바 있다.[68] 미국 대통령실의 보고서는 알고리즘에 입력되는 정보에 문제가 있다고 보고 있다. 즉 잘못 선택된 정보가 입력되는 경우, 불완전하거나 부정확한 또는 오래된 정보가 입력되는 경우, 특정 집단에 편향된 정보가 입력되는 경우 또는 이전에 결정한 내용이 정보로서 다시 입력되는 경우에는 공정성과 객관성이 결여된 결과물이 산출될 것이라고 한다.[69]

그러나 대다수의 이용자들은 인공지능 알고리즘의 작동원리를 알지 못하므로 어떻게 그러한 결과가 산출되었는지 알 수 없으며, 알고리즘에 오류가 있더라도 이를 알기 어려우므로, 최소한의 투명성, 책임성, 기술에 적합한 절차(due process mechanism)를 보장할 수 있는 기준을 도입할 것을 요구하고 있다.[70]

한편 연방거래위원회는 빅데이터의 유익과 문제점을 소개한 후 필요한 관련 법규를 정리하고 기업이 빅데이터를 활용 시 점검하여야 할 윤리강령을 제시하였다. 보고서는 정보가 얼마나 대표성을 가지는지, 정보 분류체계가 사회적 편견을 포함하는지, 빅데이터에 기초한 예측은 얼마나 정확하며, 빅데이터 기술이 윤리적 또는 공정성 문제와 얼마나 밀접한지 등을 기업이 자율적으로 점검하도록 제안하고 있다.[71]

다. 인공지능 알고리즘과 윤리적 선택

인공지능 알고리즘은 컴퓨터 프로그램에 따라서 스스로 일정한 결정을 할 수 있도록 하고 있다. 인간의 개입은 프로그램의 설계 및 유지단계에서만 이루어지며 최종결정은 인공지능 알고리즘의 자율적 판단에 의한다.

최근 급속히 발전하고 있는 자율주행 차의 경우 인명피해가 불가피한 순간이 있게 되는데 이때 누구를 희생시켜야 하는지 다양한 논의가 있다. 예를 들어 트롤리 딜레마[72]는 달리는 전차가 탑승자를 살리기 위해서 무고한 사람을 희생시킬 수 있는가의 물음으로 잘 알려져 있는데 이러한 상황 이외에도 고급차 제작사는 고급차의 운전자와 보행자 중 누구를 우선으로 할 것인가 하는 문제 등 다양한 상황과 관련하여 논의가 이루어지고 있다.[73]

---

68) Executive Office of the President (2014), "Big Data : A Report on Algorithmic Systems, Opportunity and Civil Rights", The White House, 7-9.

69) Executive Office of the President (2014), "Big Data : A Report on Algorithmic Systems, Opportunity and Civil Rights", The White House, 7-9.

70) Executive Office of the President (2014), "Big Data : A Report on Algorithmic Systems, Opportunity and Civil Rights", The White House, 7-9.

71) Federal Trade Commission (2016), "Big Data : A Tool for Inclusion or Exclusion?", 25-32.

72) 트롤리 딜레마는 '다수를 구하기 위해 소수를 희생하는 것이 도덕적으로 허용 되는가'라는 사고(思考) 실험이다. 마이클 샌델은 저서 『정의란 무엇인가』에서 트롤리 열차가 5명 의 인부를 덮치기 전에 레일 변환기를 당겨 1명의 인부 쪽으로 가도록 방향을 트는 것이 허용되는가 하는 문제를 소개하였다. 이는 자율주행차가 긴급 상황에서 보행자와 운전자 중 누구를 살릴 것인가의 문제와도 연결된다. ; 에듀윌시사상식, "트롤리 딜레마", 다음 백과, http://100.daum.net/encyclopedia/view/201X XX1803052 (2018. 11. 19. 확인).

73) Jeffrey K. Gurney (2016), "Crashing into the Unknown: An Examination of Crash- Oprimization Algorithms Through the Two Lanes Of Ethic and Law", 79 Alb. L. Rev. 183.

자율주행차가 보급되어 운행되면 연 3만 명을 넘는 미국의 연간 교통사고 사망자가 1/3로 줄어든다고 알려져 있다.[74] 그런데 자율주행 차에 의한 사고와 사람의 운전에 의한 사고는 그 성격이 다르다. 자율주행 차는 사전에 어떤 선택을 할 것인지 입력되어 있으므로 그러한 사고 상황이 발생하면 설계된 대로 행동하게 된다. 선택만 두고 보면 사람의 행동으로 보면 과실이 아닌 고의에 의한 선택처럼 비치기 때문에 비난 가능성이 커진다. 사전에 최종 선택에 관한 알고리즘을 설계할 때 사람의 절대적 가치를 존중할 것인지 아니면 공리주의적[75]으로 효율적 선택을 할 것인지가 논의의 초점이 된다.

게다가 빈부 차에 의한 선택의 편향성, 알고리즘 제조사 및 판매자의 이기심, 사회윤리의 문제 등 알고리즘의 윤리적 선택의 문제는 복잡한 양상으로 나타난다.[76]

정부는 효율적이고 효과적인 규제를 하고자 하지만 사전에 모든 대응책을 마련하기는 불가능하다. 제조자는 자신의 영업 이익을 극대화하기 위하여 고객 보호에 최선을 다하게 되고 이는 고객이 아닌 무고한 외부인의 희생으로 이어진다.[77]

자동차 소유자에게 이러한 문제의 선택을 맡기는 것은 복잡한 이해관계가 얽히고 있으며 이용자가 자신의 철학에 맞게 인공지능 알고리즘을 선택할 수도 없다. 이러한 경우에 정부는 헌법상 차별금지, 인간 생명의 존엄, 그리고 사회 전체의 총량적인 손해의 절감이라는 기본원칙을 먼저 정해 놓고 이를 실현하는 구체적인 규제방법은 어떻게 하여야 할 것인지 논의해야 한다.[78]

4. 인공지능관련 법적분쟁 및 문제점 분석

가. 자율주행차 관련 각국의 입법 현황 및 분쟁사례

최근 구글, 테슬라를 비롯한 몇몇 선도기업들이 자율주행차 개발에 박차를 올리고 시범주행을 하는 등 자율주행 차에 관한 규제 등의 필요성이 대두되자, 각국은 자율주행 차에 관련된 법률 등을 마련하고 있다. 자율주행 차에 관한 미국,

---

74) Jeffrey K. Gurney (2016), "Crashing into the Unknown: An Examination of Crash-Oprimization Algorithms Through the Two Lanes Of Ethic and Law", 79 Alb. L. Rev. 183, 193

75) 공리주의 이론은 어떤 행위는 행복을 증진시키려고 할 때 옳은 행위이고 반대의 경우는 그른 행위라고 말한다. 여기서 말하는 행복이란 행위자의 행복이 아니라 행위의 영향을 받는 모든 사람의 행복이다. ; 다음백과, "공리주의", http://100.daum.net/encyclopedia/view/b02g0435b (2018. 11. 19. 확인).

76) Jeffrey K. Gurney (2016), "Crashing into the Unknown: An Examination of Crash-Oprimization Algorithms Through the Two Lanes Of Ethic and Law", 79 Alb. L. Rev. 183, 259.

77) Jeffrey K. Gurney (2016), "Crashing into the Unknown: An Examination of Crash-Oprimization Algorithms Through the Two Lanes Of Ethic and Law", 79 Alb. L. Rev. 183, 259.

78) Jeffrey K. Gurney (2016), "Crashing into the Unknown: An Examination of Crash-Oprimization Algorithms Through the Two Lanes Of Ethic and Law", 79 Alb. L. Rev. 183, 259.

EU, 일본, 우리나라 등 각국의 입법현황을 살펴보고, 실제 발생한 자율주행차 교통사고 사례들을 살펴보아 그 유형 및 법적 쟁점에 대하여 분석한다.

1) 자율주행차 관련 각국의 입법현황

가) 미국[79]

2013년, 미국 도로교통 안전국은 자율주행 기능을 자동차 스스로 통제 가능한 영역에 따라 다섯 가지 단계로 정의하였다. '레벨 0'은 사람이 전부 통제하는 '전통적인 자동차'를 말한다. '레벨 1'은 일부분만 자율주행이 되는 수준이다. 거의 모든 기능을 사람이 통제하지만, 자동 브레이크처럼 어떤 기능은 자동차가 스스로 통제한다. '레벨 2'는 최소 2개의 자동기능이 동시에 작동하는 수준을 말한다. 예를 들어 크루즈컨트롤(속도유지 장치)과 차선유지를 자동차가 스스로 할 수 있다. 하지만 이 경우 자율주행 기능은 보조일 뿐, 운전자는 언제든지 자동차를 통제하고 있어야 한다. '레벨 3'은 특정조건에서 안전기능을 전부 자동차가 통제한다. 이 단계부터 안전통제권과 책임은 사람이 아닌 자동차에게 있다. '레벨 4'는 출발지부터 목적지까지 완전히 자동화된 '자율주행차'다.

미국 자동차공학회(SAE)에 따르면 자율주행차 단계는 6단계로 분류할 수 있다. '레벨 0'은 '자율주행 없음'으로 운전자가 운전을 모두 담당할 때 쓴다. 경고음·경고등이 작동하는 차선이탈 경고나 이동물체 감지 시스템을 장착한 차도 이 단계에 해당한다. 단순히 시청각적으로 경고할 뿐 위험 회피를 위한 조작은 전적으로 운전자 몫이기 때문이다.

'레벨 1'은 '운전보조'로 운전자 보조 시스템이 운전모드에 따라 조향·가속·감속을 보조할 때를 뜻한다. 카메라와 센서 등을 활용하여 충돌 위험이 있을 때 속도를 제한하거나 앞차와의 거리를 조절하는 보조적인 역할을 담당한다. 2007년부터 양산 차에 적용되기 시작하였다. 고가 차량보다는 대중적인 차량에 주로 장착된다.

'레벨 2'는 '부분자동화'로 자율주행 모드는 고속도로, 차선이 잘 보이는 도로 등 제한된 상황에서만 작동되고, 복잡한 구간이나 차선이 잘 보이지 않는 상황은 운전자가 운전을 담당해야 한다. 첨단운전자보조시스템(ADAS : Advanced Driver Assistance System)을 장착한 차들이 여기에 해당한다. 양산 차에는 2014년부터 장착되기 시작하였다. 테슬라社 오토파일럿, 볼보社 파일럿 어시스트가 대표적이다.

레벨 3은 '조건부 자동화'로 운전 시스템이 운전 일체를 실행하지만 자동차가 요청할 때나 위험할 때는 운전자가 개입한다. 레벨 2에서는 평상시에 운전자가 운전대를 잡고 있어야 하지만, 레벨 3에서는 위급상황에서만 운전자가 운전대를 잡으면 된다.

'레벨 4'는 '고도의 자동화'로 운전자 개입이 없이 자동화된 운전 시스템이 운전업무 일체를 담당하고, 운전자가 위험 신호에 적절하게 반응하지 않을 때도 스스로 작동한다. '레벨 5'는 '완전 자동화'로 운전자, 운전석 없이 운전 시스템이 모든 운전을 책임진다.' 레벨 5' 수준의 자율주행 차는 비포장도로 등 어떠한 상황에서도 제한 없이 주행할 수 있다.

운전자가 운전 상황을 점검하는 '레벨 3' 단계까지는 일반 교통법규에 준해 사고 책임을 가린다. 하지만 운전자가 실시간으로 운전 상황을 점검하지 않는 '레벨 4'부터는 규정이 모호하다. 캘리포니아주는 '레벨 4'나 '레벨 5' 단계 자율주행의 안전 책임을 제조사에 묻고 있다.

---

79) 이충훈 (2016), "자율주행 차의 교통사고에 대한 민사법적 책임", 인하대학교 법학연구 제19집 제4호, 6-8.

2012년 개정된 캘리포니아주 자동차 법은 자율주행차 관련 규정을 추가하였다. 특히 인간 운전자의 육체적 조정이나 감시 없이 차량을 운행하는 능력을 '자율주행기술(Autonomous Technology)'로 정의하고 자율주행기술이 탑재된 자동차를 자율주행차로 정의한다.[80] 또한 자율주행 차의 "조종자(operator)"를 운전석에 앉아있는 사람 또는 운전석에 사람이 없는 경우 자율주행기술이 적용되도록 한 사람으로 정의하여 교통법의 집행을 위해서는 조종자를 운전자(driver)로 간주하여 교통규범의 위반의 책임을 지도록 하고 있다.[81] 이와 유사한 규정을 오리건, 네바다, 텍사스, 플로리다, 뉴욕 등 19개 주와 워싱턴D.C도 입법하였다.[82]

2016년 개정된 미시건주 법은 ADS에 대한 정의[83]와 교통법규 적용목적 상 ADS를 운전자로 간주하는 규정 등 자율주행차를 비교적 포괄적으로 규율하기 시작하였다.[84] 네바다 주법은 조정자를 '차량 내 존재 여부에 상관없이' 인정함으로써 명확하게 차량 밖의 조종자를 예정하고 있다.[85] 캘리포니아주도 인간 운전자와 핸들, 페달, 거울이 없는 자율주행 차의 일반도로 시험주행을 2018년 중반부터 허용하도록 규칙(California Code of Regulations : CCR)을 개정하였다.[86]

아울러 2016년 법 개정을 통하여 일반도로에서 자율주행을 허용한 미시간 주를 비롯하여 캘리포니아, 플로리다, 네바다 주와 워싱턴 D.C 등은 일반도로에서 자율주행 또는 시험주행을 허용하는 입법을 하였다.[87]

나) 독일

독일은 2017년 도로교통법 개정을 통해 고도의 자율주행 혹은 완전 자율주행 기능에 의한 자율주행 차의 상용화 입법을 하였다. 고도의 자율주행 기능을 갖춘 자동차는 3단계 자율주행차, 완전한 자율주행기능을 갖춘 자동차는 4단계 자율주행차를 의미한다. 개정 내용으로는 자율주행 차의 정의와 요건(제1조의a), 운전자의 권리 및 의무(제1조의b), 사고원인의 입증 등을 위한 데이터의 저장(제63조의a)을 내용으로 한다.[88]

---

80) Cal. Vehicle Code § 38750(a)(1), (2)

81) Cal. Vehicle Code § 38750(a)(4) "An 'Operator' of an autonomous vehicle is the person who is seated in the driver's seat, or, if there is no person in the driver's seat, causes the autonomous technology to engage."

82) S.B. 620, 2015 Reg.Sess. (Or. 2015); D.C. Code § 50-2351(2) (2013); Nev. Rev. Stat. Ann. § 482A.100(3) (2012); S.B. 7879, 2015 Leg., 238th Reg. Sess. (N.Y. 2015); A.B. 31, 2015 Leg., 238th Reg. Sess(N.Y. 2015); H.B. 2932, 83rd Reg. Sess. (Tex. 2013).

83) ADS란 모든 면에서 능동적 운전행위가 가능한 하드웨어 및 소프트웨어의 복합체를 말 한다. Mich. Comp. Laws §§ 257.2b (1).

84) Mich. Comp. Laws §§ 257.665 (5) : "When engaged, an automated driving system allowing for operation without a human operator shall be considered the driver or operator of a vehicle for purposes of determining conformance to any applicable traffic of motor vehicle laws and shall be deemed to satisfy electronically all physical acts required by a driver or operator of the vehicle."

85) Nev. Admin. Code § 482A.020 "person shall be deemed the operator of an autonomous vehicle which is operated in autonomous mode when the person causes the autonomous vehicle to engage, regardless of whether the person is physically present in the vehicle while it is engaged"

86) 13 CCR § 227.00 ~ § 227.28 (Proposed Driverless Testing and Deployment Regulations.

87) Cal. Veh. Code § 38750(b); D.C. Code § 50-2352(2015); Fla. Stat. Ann. § 316.86(1); §§ 257.663, 257.665(1); Nev. Rev. Stat. Ann. § 482A.080(2).

자율주행 차의 정의에 대하여 "고도로 완전한 자율주행기능에 의한 자동차의 운행은 자율주행기능 용법으로 사용되는 경우 허용 한다"고 규정하고 있으며(제1조의a 제1항), 그 자율주행차로 인정되기 위해서는 다음의 6가지 장치 요건을 규정하고 있다(제2항). 즉 ① 주행시스템이 활성화된 후 측면 및 종방향 제어를 포함한 운전 작업을 수행할 수 있는 기술적 장치, ② 자율주행 중 주행에 관한 법령을 준수할 수 있는 기술적 장치 ③ 언제라도 운전자에 의하여 수동운전모드로 전환 또는 비활성화 될 수 있는 기술적 장치 ④ 운전자에 의한 수동제어의 필요성에 관해 인식할 수 있는 기술적 장치 ⑤ 충분한 여유시간을 두고 인간의 감각으로 감지할 수 있도록 운전자에게 제어권 회복을 경고할 수 있는 기술적 장치 ⑥ 시스템 설명서에 어긋나는 운전을 할 경우 경고할 수 있는 기술적 장치를 명시하고 있다. 또한 운전자의 권리 및 의무 규정에서는(제1조의b), 자율주행차 운전자가 고도의 자율주행이나 완전 자율주행 기능을 사용하는 동안 운전자는 교통 상황을 주시할 필요도 없고 자동차를 제어할 필요도 없으며(제1항), 다만 운전자는 각호의 상황이 발생할 경우 차량의 통제권을 인수할 수 있도록 대비하도록 하고 있다(제2항). 즉 자율주행차가 운전자에게 자동차 제어권 회복을 요구한 경우(제1호), 운전자가 자율주행차 사용이 더 이상 필요하지 않거나 명백하게 다른 제반 사정이 있을 때 알았어야 했던 경우(제2호)를 들고 있다.

사고원인의 입증을 위한 데이터의 저장 규정에서는 자동차의 위치저장 (제1항), 저장데이터의 당국 제공(제2항) 또는 제3자에게 제공(제3항), 저장 기간(제4항), 비식별조치 제공(제5항)을 규정하고 있으며(제63조의a), 제63조의b에서는 저장종류와 방법, 저장위치, 저장의무자, 데이터보안 등을 시령에 위임하고 있다.[89]

다) 일본

일본 정부는 2020부터 2025년까지 자율주행차가 본격 보급될 것으로 예상하고 있다. 이에 대비해 자율주행 기반 마련에 적극적으로 나서고 있다. 전국 주요도로를 자율주행 난이도에 따라 5단계로 등급화한 게 특징이다. 각 도로의 교통량 및 신호등과 건널목 개수, 우회전 가능 여부 등을 파악해 자율주행 환경의 난이도를 구분하였다.

2018년 3월 30일 아베 신조(安倍晋三) 총리 주재 회의에서 "자율주행 관련 제도정비 개요(초안)"를 마련하였다. 전문가 논의와 보완을 거쳐 내년에 정식으로 법 개정안을 의회에 제출할 예정이다. 초안은 운전자가 탑승하고 조건부로 자율주행 하는 '레벨3' 단계까지의 자율주행 차 사고에 대해서는 차량 운전자가 배상 책임을 지는 것을 원칙으로 하였다.

차량 제조사는 자동차 시스템에 명백한 결함이 있을 때만 책임을 지고, 외부 해킹으로 인한 사고는 정부가 보상한다. 운전자가 운전을 하지 않는 '레벨4'나 완전 자율주행 단계인 '레벨5' 수준에서 사고는 어떻게 할지는 결정하지 않았다. 이 같은 방안이 현실화되면 자율주행차 제조사는 부담을 크게 덜 수 있다. 자율주행차가 4차 산업혁명 시대의 핵심 산업이라는 점을 고려해 제조사 부담을 완화한 것으로 분석된다.

자율주행차 운전자는 자율주행 모드에서 발생한 교통사고에 대해서 직접 책임을 져야 한다. 일본 정부는 이를 고려해

자율주행차 운전자에 대해서도 일반 자동차와 마찬가지로 자동차 손해배상 책임보험에 의무적으로 가입하도록 할 방침이다. 블랙박스 등 사고 원인 규명을 위한 운전기록 장치 설치도 의무화한다. 사고 발생 시 보험사가 과실 비율을 산정하거나 경찰이 사고 조사를 할 수 있도록 하기 위해서이다. 운전기록장치에는 위치 정보와 핸들, 자율주행 시스템의 가동 상황이 기록된다.[90]

라) 우리나라

우리나라는 자율주행 차의 사고 책임 논의가 아직은 지지부진하다. 국토교통부는 2020년까지 운전자가 탑승하는 자율주행차(3단계)를 상용화 하겠다고 밝혔다.

현행 '도로교통법' 제48조 제1항은 '모든 차의 운전자는 차의 조향장치와 제동장치, 그 밖의 장치를 정확하게 조작하여야 하며, 도로의 교통상황과 차의 구조 및 성능에 따라 다른 사람에게 위험과 장해를 주는 속도나 방법으로 운전하여서는 아니된다'고 규정하고 있다. '도로교통법'에 의하면 1단계나 2단계의 자율주행 차는 운전자가 조향, 제동, 가속 등을 제어하므로 문제가 없으나, 운전자가 조향, 제동, 가속 등을 제어하지 않는 3단계나 4단계의 자율주행 차는 '도로교통법' 위반에 해당할 수밖에 없다. 정부의 계획대로 자율주행차를 상용화하려면 '도로교통법'의 개정이 필수이다.

정부는 자율주행 차의 시험운행을 위하여 2015년 8월 11일 '자동차관리법'을 개정하면서 제2조 제1호의 3을 신설하여 자율주행 차의 개념을 법에서 규정하였다. 자율주행차란 운전자의 조작 없이 자동차 스스로 운행을 하는 자동차를 말한다. 동법 제27조 제1항 단서에는 자율주행차를 시험과 연구목적으로 운행하고자 하는 자는 허가대상, 고장감지와 경고장치, 기능해제장치 및 운행구역, 운전자준수사항 등과 관련하여 국토교통부령으로 정하는 안전운행요건을 갖추어 국토교통부장관의 임시운행허가를 받도록 하고 있다. 2016년 2월 11일 자동차관리법 시행규칙을 개정하여 제26조의2에서 자율주행 차의 안전운행요건을 신설하였다. 2016년 2월 11일 국토교통부고시 제2016-46호로 "자율주행 차의 안전운행요건 및 시험운행 등에 관한 규정"을 제정하였다.[91]

2) 자율주행차 교통사고 분쟁사례

본 논문에서는 2018년 현재까지 자율주행차가 주로 시범 운행되고 있는 미국에서 있었던 자율주행차가 관련된 교통사고 사례를 중점적으로 소개하고 분석한다. 교통사고 대부분이 자율주행차 자체의 문제점보다는 상대 차량 등의 과실에 기인하여 이루어졌다는 분석을 살펴보고, 자율주행차를 개발하는 구글, 애플, 테슬라, 우버 순서대로 각 회사별 사건의 특수성을 살핀다.

---

90) 배상균 (2017), "자율주행차 기술 발전에 따른 민・형사 책임에 관한 검토-일본에서의 논의를 중심으로-", 법조 제66권 제4호, 5.
91) 이충훈 (2016), "자율주행 차의 교통사고에 대한 민사법적 책임", 인하대학교 법학연구 제19집 제4호, 9면.

가) 미국 캘리포니아주 교통사고 분석

2018년 8월 29일(현지시간) 미국 인터넷 미디어 악시오스(AXIOS)의 분석에 따르면 캘리포니아 주 자동차국(DMV)이 2014년 자율주행차 시험주행을 허가한 이후 면허를 받은 55개 업체가 8월까지 제출한 사고 보고서는 모두 88건으로 사고의 대부분은 사람의 과실로 인하여 발생한 것으로 나타났다. 완전 자율주행모드 주행 중 발생한 사고는 38건으로 가장 많았지만 자율주행 차의 과실은 1건에 불과하였다. 대부분 상대방 차량, 보행자, 자전거 탑승자 등 사람의 과실로 인한 사고였다. 자율주행모드에서 정차 중 발생한 사고는 24건이었지만 자율주행 차의 과실은 0건으로 모두 사람의 과실이었다. 운전자가 자율주행 기술의 도움을 받아 직접 운전한 경우에는 19건의 사고가 발생하였다. 이 중 6건이 자율주행차, 13건이 사람의 과실로 나타났다. 정차 중에도 7건의 사고가 발생하였지만 모두 사람의 과실로 나타났다.[92]

나) US 캘리포니아/구글 자율주행차

2016년 2월 14일 미국 캘리포니아주 마운틴뷰에서 시험 중이던 렉서스 RX450h를 개조해 만든 자율주행차가 시내버스와 가벼운 접촉사고를 냈다. 자율주행차는 약 3km/h 이하로, 버스는 약 24km/h로 각각 주행하고 있었는데, 자율주행차가 차로에 놓인 모래주머니를 피하면서 경로를 살짝 바꿨다가 다시 차로 가운데로 재 진입하려고 시도하는 순간, 자율주행 차의 시스템과 운전자 모두 버스가 자율주행 차에게 길을 양보하거나 속도를 줄일 것이라고 판단하였다. 하지만 예상과 다르게 버스는 양보를 하지 않았고, 자율주행 차는 버스의 옆면을 살짝 충격하였다. 이에 따라 자율주행차의 왼편 전면 펜더와 앞바퀴, 운전자측 센서가 손상되었다. 사망이나 부상 등 인 명 피해는 없었다.

구글은 29일(현지시간) 서면으로 "만약 우리 차가 움직이지 않았더라면 충돌이 발생하지 않았을 것이므로 우리에게 일부 책임이 있는 것은 명백하다"며 "다만, 우리의 시험 운전자는 버스가 속도를 늦추거나 우리가 끼어들 수 있도록 정지할 것이라고 믿었으며, 또 공간이 넉넉하였다고 믿었다"고 말하였다. 구글은 이 사고를 검토한 후 시뮬레이터 작업을 통해 이 사고에 대한 수천 번의 변형 시나리오를 검토해 소프트웨어를 조정하는 작업을 하였다고 설명하였다. 구글은 "이제부터는 버스와 같은 대형 차량이 중소형 차량보다 양보를 할 개연성이 낮다는 점을 더욱 깊이 이해하게 될 것"이라며 이러한 상황이 발생하였을 때 더 적절하게 반응할 수 있게 되기를 바란다고 강조하였다.[93]

다) US 네바다/ 자율주행 셔틀버스 사건[94]

2017년 11월 18일 미국 네바다주 라스베이거스에서 프랑스의 스타트업 나비야가 제작하고 키올리스(Keolis)가 운영하는 12인승 셔틀버스 '아마'가 운행을 시작한 지 한 시간도 안 되어 사고가 났다. 미국자동차협회(AAA)가 지원하는 12개월 프로젝트로 시작한 이 프로그램은 라스베이거스 혁신지구 안 1㎞ 구간을 무료로 왕복 운행하는 것으로, 사람들이 셔틀버스를 직접 타 보면서 자율주행 차에 익숙해지도록 하는 데 중점을 둔 것이었다.

사고의 1차적 책임은 후진하던 트럭 운전자에게 있었다. 트럭 운전자가 배송 물품을 싣고 뒤에서 오던 셔틀버스를 보

---

92) 노컷뉴스, "자율주행차 사고 38건 중 37건은 사람 과실" http://www.nocutnews.co. kr/news/5023954 (2018. 8. 30. 12:37).

93) 한겨레, "자율주행차 걸림돌은 기술 아닌 사람", http://www.hani.co.kr/arti/econo my/car/820150.html (2017. 11. 22. 11:28).

94) 한겨레, "자율주행차 걸림돌은 기술 아닌 사람", http://www.hani.co.kr/arti/econo my/car/820150.html (2017. 11. 22. 11:28).

지 못하고 후진을 하였고, 위험 상황을 감지한 버스의 자율주행 시스템이 사고를 피하려고 멈춰 섰으나 계속해서 다가오는 트럭을 피하지는 못하였다. 버스 앞쪽 범퍼가 일부 파손되는 경미한 사고였고, 인명피해는 없었다. 사고 당시 버스에 타고 있던 승객은 "(버스) 뒤에는 6미터 정도의 공간이 있었다. 인간 운전자라면 차를 후진시켜서 트럭을 피하였을 것이다. 아니면 적어도 경적을 울려 위험을 알렸을 것이다. 셔틀버스에는 그렇게 반응할 수 있는 프로그램이 없었다."라고 설명하였다. 핸들과 브레이크 페달이 없는 이 셔틀버스는 비상시에 승객들이 비상버튼을 눌러 차를 세울 수 있도록 설계되어 있었다. 그 당시 운전자는 아니지만 운행 상황을 모니터링하는 요원이 함께 탑승하였다.

라) US 캘리포니아/ 애플 개발 중인 차 추돌사고

2018년 8월 24일(현지시간) 오후 렉서스 RX450h에 라이다 센서 등 특수 장비를 장착해 개조한 애플의 자율주행차가 애플 본사와 멀지 않은 곳에 있는 실리콘밸리의 한 고속도로에서 사고를 당하였다. 자율주행 차는 고속도로 진입을 위해 속도를 시속 1마일(약 1.6km) 이하로 줄이고 기다리던 중 시속 15마일(약 24km) 정도로 달려오던 2016년형 닛산 리프 차량에 부딪혔다. 이 사고로 두 차량 모두 경미한 피해를 봤지만 부상자는 없었다. 애플이 2017년 캘리포니아에서 자율주행차 시험운행 허가를 받은 이후 자율주행차 사고가 보고된 것은 처음이다.[95]

마) US 플로리다/ 테슬라 모델S/ 흰색 트레일러 관통 사건

2016년 5월 7일 오후 3시 40분, 미국 플로리다 주 레비 카운티의 고속도로에서 흰색 트럭이 교차로에서 왼쪽으로 회전하며 뒤쪽에 연결된 대형 트레일러가 도로에 가로로 놓이는 순간, 맞은편에서 시속 130마일(약209km)로 자율주행 중이던 미국 전기자동차 회사 테슬라 모델S가 미처 피하지 못하고 트레일러 밑으로 돌진하였다. 모델S는 그대로 트레일러 밑을 관통하여 차체의 위쪽 절반은 완전히 파괴되었고, 울타리 두 개를 들이받으며 30m가량 시계 반대 방향으로 주행하다 전봇대를 들이받고야 멈췄다. 운전자 조슈아 브라운은 현장에서 사망하였다.[96] 그는 사고 당시 핸들에서 손을 뗀 채 영화를 보고 있었던 것으로 알려졌다.[97]

이 사건에 대하여 테슬라는 2016년 6월 30일 공식 블로그를 통해 이 사고 당시 오토파일럿 기능이 작동 중이었다고 하면서 해당 기능은 베타 단계에 있는 운전 보조 기능에 불과하고, 운전자의 조작이 병행되어야 한다고 밝혔다.

(전략) 밝은 하늘색으로 인하여 오토파일럿 시스템과 운전자 모두 트랙터의 흰색 옆면을 인식하지 못했고, 이로 인하여 브레이크로 차량을 제동하지 않은 것입니다. … (오토파일럿) 기능은 신기술이고, 활성화 전까지 공개 베타 단계에 있음을 명확히 알리도록 하고 있습니다. … 운전자는 … 기능을 사용할 때에도 "항상 차량을 제어해야 하며, 차량에 대

---

95) 경향신문, "애플 자율주행차 첫 사고 … 시험운행 중 후방 추돌당해",
http://news.kha n.co.kr/kh_news/khan_art_view.html?art_id=201809021437001 (2018. 9. 2. 14:37).

96) 시사IN, "자율주행차 사망 사고가 주는 진짜 교훈", https://www.sisain.co.kr/?mod =news&act=articleView&idxno=26487
(2016. 7. 19.).

97) 머니투데이, "테슬라 자율주행차 첫 사망사고…영화보던 운전자는", http://news.mt.c o.kr/mtview.php?no=2016070111054815381
(2016. 7. 1. 15:36)

한 모든 책임은 운전자에게 있습니다." (후략)370)

이 사고에서 테슬라의 눈을 대신하는 카메라와 레이저의 한계가 드러났다. 카메라는 대상의 크기와 모양을 인식할 수 있지만 하늘이 밝은 색이거나 궂은 날씨에는 흰색 차량이나 차선을 구분하지 못할 수 있다. 레이더는 물체의 존재를 카메라보다 명확하게 인식하지만, 그것이 무엇인지는 알 수 없다. 사망사고 이후 테슬라 CEO 일론 머스크는 트위터를 통해 "터널이나 교통 표지판을 장애물로 잘못 인식하지 않도록 레이더 범위가 낮게 설정되어 있다"라고 밝혔다. 즉, 밝은 하늘이 배경이 되어 흰색과 구별이 안 된데다가 차체보다 높은 트레일러는 카메라도 레이더도 인식하지 못했던 것이다[98]. 미국 국가교통안전위원회(NTSB)는 이 사고는 자율주행 기술의 한계를 이해하지 못한 운전자 책임이라며 테슬라는 잘못이 없다고 발표하였다[99].

바) US 애리조나 템피/ 테슬라 모델X/ 연쇄추돌 사건

2018년 3월 23일 오전 9시 27분 미국 캘리포니아 남단 101번 고속도로에서 자율주행 모드로 운전 중이던 테슬라 모델X가 중앙 분리대를 들이받고 뒤따르던 차량 2대와 충돌한 뒤 폭발하는 사고가 발생하였다. 배터리가 실려 있던 차량 앞부분이 폭발하여 완파되었으며 차량을 운전하던 애플 엔지니어 웨이 월터 황(38)은 병원으로 이송된 직후 숨졌다[100][101]. 이에 대하여 테슬라는 3월 27일과 30일 공식 블로그를 통해 운전자가 사고 직전 6초간 핸들을 조작하지 않았고, 사건이 심각했던 이유는 중앙분리대에 설치된 충격 흡수시설의 미비 때문이라고 밝혔다.

운전자는 사고에 앞서 핸들에 손을 올리라는 여러 번의 시각 경고 및 한 번의 음성 경고를 받았지만, 운전자의 손은 충돌 직전 6초 동안 핸들에서 감지되지 않았습니다. 운전자는 중앙 분리대에 설치된 충격 흡수시설 (Crash attenuator)까지 시야를 방해하는 것 없이 약 5초의 시간과 150m 거리가 있었지만, 차량 운행 기록에는 충돌을 피하기 위한 아무런 조치가 취해지지 않은 것으로 나타났습니다.

이번 사고가 심각했던 이유는 콘크리트 중앙 분리대에 충격 감소를 위해 설계된 고속도로 안전장치인 충격 흡수 시설이 이전 사고에서 교체되지 않고 충돌 후 변형된 채로 남아 있었기 때문입니다. 저희는 그 어떤 충돌 사고에서도 Model X가 이 정도로 심각하게 손상된 경우를 결코 본 적이 없습니다.[102]

---

98) 시사IN, "자율주행차 사망 사고가 주는 진짜 교훈" https://www.sisain.co.kr/?mod= news&act=articleView&idxno=26487 (2016. 7. 19.)

99) 한겨레, ""결국 보행자 사망" 충격…자율차 교통사고 무엇이 다른가", http://www.hani.co.kr/arti/economy/it/838665.html#csidxf037be7a36c363f9b570217b3063893 (2018. 4. 2. 18:48).

100) 한겨레, ""결국 보행자 사망" 충격…자율차 교통사고 무엇이 다른가", http://www.hani.co.kr/arti/economy/it/838665.html#csidxf037be7a36c363f9b570217b3063893 (2018. 4. 2. 18:48).

101) 블로터, "테슬라, '모델X' 사고에 "오토파일럿 모드였다" 인정", https://www.bloter.net/archives/306480 (2018. 4. 2.).

102) 테슬라 홈페이지, "지난 주 사고에 대한 업데이트", https://www.tesla.com/ko_KR/blog/ update-last-week%E2%80%99s-accident (2018. 3. 30.).

〈워싱턴포스트〉는 "왜 오토파일럿이 벽(중앙분리대)으로 향했는가 하는 가장 중요한 질문이 여전히 남아있다"라며 "미국 국가교통안전위원회 (NTSB)와 캘리포니아 고속도로 경찰, 테슬라 모두 (그 부분을) 조사 중이다"라고 전하였다[103].

사) US 샌프란시스코/ 우버 볼보/ 적색등 진행사건

2016년 11월 28일 자율주행 시범 중이던 우버 자율주행 프로그램이 탑재된 볼보 차량이 차량 진행 신호가 적색등으로 바뀐 후 약 4초 후에 보행자 횡단보도를 지나가는 사고가 일어났다.[104] 인명피해는 없었지만, 해당 장면을 촬영한 택시의 CCTV가 인터넷에 퍼져 자율주행차량에 대한 논란이 불거졌다.

캘리포니아주 자동차국 (Department of Motor Vehicles)은 우버에 서면으로 자율 주행 차량에 대한 허가를 받을 때까지 공공 도로에서 자율주행운전 차량을 운전하지 못하도록 명령하였다.[105] 이에 대해 우버는 블로그 포스팅을 통해 이 사건은 기술적인 것이 아니라 인간의 실수라고 말하였다. 또한 당시 차량에 운전자가 탑승하고 있었으므로 자율주행 차량 시험 허가가 필요한 사항이라고 생각하지 않는다고 밝혔다.[106]

아) US 애리조나 템피/ 우버 볼보X90/ 보행자 사망 사건

2018년 3월 18일 밤 10시(현지시각) 미국 애리조나 템피의 한 교차로에서 운전석에 운전자가 앉은 상태에서 자율주행 모드로 운행하던 볼보X90차량이 횡단보도 바깥쪽으로 자전거를 끌고 걸어가던 40대 여성을 치었고, 그 여성을 병원으로 옮겼으나 사망한 사건이 발생하였다[107]. 사건 당시 운전자가 보행자를 인식하고 반응한 시간은 1초 미만이었고, 순간 제동 페달을 밟았지만 차를 세우기에는 부족하였다.[108]

이 사건은 운전자가 아니라 보행자 사망이라는 점에서 기존 자율주행 차의 사고와 구별된다. 운전자의 사망과 부상은 자율주행차량 구매자와 탑승자에 국한된 문제이나 보행자 사망은 모든 사람을 자율주행 기술의 잠재적인 피해자로 만들 수 있기 때문이다.[109]

2018년 5월 31일 미국 고속도로 교통국(NHTSA)은 우버 자율주행 사고 조사 결과를 발표하면서 자율주행 소프트웨어가 충돌 6초 전에 보행자를 발견했음에도 이를 단순한 물체 또는 다른 차로 인식하였다고 발표하였다. 이어 충돌 1.3

103) 블로터, "테슬라, '모델X' 사고에 "오토파일럿 모드였다" 인정", https://www.bloter. net/archives/306480 (2018. 4. 2.).

104) The Guardian, "Uber blames humans for self-driving car traffic offenses as California orders halt",
　　　https://www.theguardian.com/technology/2016/dec/14/ uber-self-driving- cars-run-red-lights-san-francisco (2016.12.15. 12:25).

105) The Guardian, "Uber blames humans for self-driving car traffic offenses as California orders halt",
　　　https://www.theguardian.com/technology/2016/dec/14/ uber-self-driving -cars-run-red-lights-san-francisco (2016.12.15. 12:25).

106) Uber Blog, "San Francisco, your Self-Driving Uber is arriving now",
　　　https:// www.uber.com/blog/san-francisco/san-francisco-your-self-driving-uber-is-arri ving-now/ (2016. 12. 14.)

107) 중앙일보, "우버 자율주행차, 교통사고…보행자 사망", https://news.joins.com/articl e/22456176 (2018. 3. 20. 07:04).

108) 오토타임즈, "우버 자율주행 사고, 원인은 '인식 오류'",
　　　http://autotimes.hankyung. com/apps/news.sub_view?nkey=201805310802331 (2018. 5. 31. 08:05).

109) 중앙일보, "우버 자율주행차, 교통사고…보행자 사망", https://news.joins.com/articl e/22456176 (2018. 3. 20. 07:04).

초 전에 긴급 비상제동장치(EBS) 작동이 필요한 상황으로 판단하였지만 해당 기능이 차단돼 결국 보행자 충돌로 이어졌다고 설명하였다. 우버 자율주행은 자동 긴급제동장치의 잦은 오류를 막기 위해 자율주행 모드일 때는 비상제동장치 (EBS, Emergency Breaking System) 기능이 작동되지 않도록 설계되었다. [110]

우버 사망사고 유족은 사고 직후 피해 보상에 합의하였지만 자율주행 기술 전반에 대한 신뢰는 크게 손상을 입었다. 사고 직후 우버는 3월말 만료 예정인 미국 캘리포니아주 자율주행차 시험운행 허가를 갱신하지 않기로 하였다. 사고가 발생한 애리조나주는 3월 26일 우버의 자율주행차 주행을 무기한 금지하였다. [111]

3) 소결

위의 자율주행 차의 사고 사례를 종합적으로 분석하면 사고의 원인 중 대부분은 인간의 조작 미흡이나 상황판단에 부적절한 대응으로 나타났다. 아직까지는 인공지능 기술과 인간의 작동 사이에서 인과관계와 책임을 명확하게 구분하기는 어렵다. 인간의 개입이 없는 완전한 자율주행차 상태 하에서 오로지 알고리즘과 빅데이터의 결함에 의한 사고가 발생하였다는 것을 규명하기까지는 시일이 좀 더 걸릴 수 있다.

가) 윤리 문제

자율주행 차의 알고리즘에 운행자와 보행자 및 동승자 사이의 생명, 신체의 안전에 관한 이익이 상호 충돌될 경우 누구를 우선하여 보호할 것인지와 같은 딜레마가 발생한다. 오래전에 독일의 고급 승용차를 생산하는 제조사가 자사의 차를 홍보하는 광고에서 "우리는 운전자의 안전을 최우선으로 합니다."라는 슬로건을 내세웠다가 시민단체와 여론의 뭇매를 맞은 적이 있다. 고급차를 타는 소비자의 생명과 안전만이 우선이고, 보행자나 저렴한 차를 타는 다른 운전자의 안전은 무시해도 괜찮은 거냐고 거센 항의를 받아 그 회사는 즉시 해당 슬로건을 없애기도 하였다.

인공지능이 장착된 자율주행 차의 경우 공익주의 관념이 개입이 되어 다수에 의해 소수는 희생되어도 괜찮다고 여기거나, 해당 자동차에 탑승한 자를 최우선으로 하는 위험한 알고리즘이 적용될 수도 있다. 마찬가지로 사고에 연루된 사람들의 성별, 연령, 심신 장애 여부에 기반해 결정을 내리도록 하여서도 안 된다.

나) 데이터 및 정보보안 문제

해커, 테러조직, 적대국가에 의한 해킹에 의한 의도적 차량충돌, 교통 혼란 등 정보보안의 문제가 발생할 수 있다. 완벽한 정보보안 시스템을 만드는 것은 현실적으로 불가능하다. 따라서 차량 컴퓨터의 바이러스로 차량사고를 유발하거나 교통 혼란을 유발할 수 있을 가능성은 충분하다. [112]

---

110) 오토타임즈, "우버 자율주행 사고, 원인은 '인식 오류'",
      http://autotimes.hankyung.com/apps/news.sub_view?nkey=201805310802331 (2018. 5. 31. 08:05).
111) 중앙일보, "우버 자율주행차, 교통사고…보행자 사망", https://news.joins.com/articl e/22456176 (2018. 3. 20. 07:04).
112) 이종영/김정임 (2015), "자율주행차 운행의 법적문제", 중앙법학 제17권 제2호, 14.

자율주행 차의 정보 활용은 교통시스템의 효율성을 높이고 미래의 교통체계에 대한 투자의 효율성을 증대시킨다. 이를 위해 모든 자율주행차 운행에 관한 정보를 활용해야 할 필요가 있고, 자율주행차 데이터의 관리문제가 대두된다. 자율주행 차의 데이터 관리주체에 관한 문제, 저장하여야 할 데이터와 공유하여야 할 데이터 결정권에 관한 문제, 데이터 이용방식에 관한 문제, 데이터 사용 목적에 관한 문제가 발생한다. 그 외에 자율주행 차의 운행 경로, 목적지, 운행일자 등에 관한 자동차 운행에 관한 데이터가 중앙 집중적으로 관리되거나 정부에 제공되고 이러한 데이터가 저장되는 경우 개인 정보의 보호와 관련한 중대한 문제가 발생할 수 있다.

나. 인공지능 알고리즘에 의한 차별 · 편견 분쟁사례

1) 인공지능이 재범 가능성을 판단한 미국 판례

United States v. Loomis, No. 2015AP157-CR.

가) 사실관계

2013년 초, 위스콘신 주(州)는 에릭 루미스(Eric Loomis)를 주행 중인 차에서 총격한 사건과 관련하여 5건의 법률위반으로 기소하였다. 루미스는 총격이 일어난 후에 총격이 일어났던 그 차를 운전한 적은 있지만 총격에 가담한 적은 없다고 부인하였다. 위스콘신주 교통국 경찰은 콤파스(COMPAS) 재범률 평가가 포함된 사고 보고서를 제출하였고, 검사는 이를 인용하여 중형을 구형하였다.

콤파스 재범률 평가 알고리즘은 범죄자의 전과 및 범죄기록과 그의 인터뷰를 통해 재범률을 추정한다. 콤파스가 재범률을 추정하는 방법이 기업비밀에 속하여, 재범률 평가 결과만이 법원에 제출된다. 루미스 판결 공청회에서는 1심 법원이 선고 결정시 콤파스 평가방식을 인용하였고, 콤파스 평가방식을 참고하고 재범위험성을 높게 보아 루미스에게 6년의 징역형 및 5년의 관찰명령을 선고하였다. 3급 성폭력의 유죄판결을 받은 전과 피고인이 다시 범죄를 저지를 가능성이 크다는 이유였다.[113]

루미스는 콤파스에 의거한 1심 법원의 선고는 적법절차의 원칙을 위반하였다는 이유로 항소하였다. 콤파스 보고서가 특수한 '집단'에 관련되는 것이고, 그 산출 방법이 기업비밀에 속하여 공개되지 않았으므로, 그에게 '개별'화된(individualized) 정당한 판결을 받을 권리와 정확한 정보에 기초하여 판결을 받을 권리를 침해하였다는 이유에서이다. 덧붙여 루미스는 법원이 재범률 평가 알고리즘에 의하여 선고할 때 성별(gender)을 고려한 것은 헌법에 위반된다고 주장하였다. 위스콘신 항소법원은 위 항소를 위스콘신 대법원으로 이송하였다.

나) 법원의 판단

위스콘신주 대법원은 1심 법원이 콤파스를 사용하여 징역형을 선고한 것이 위법하지 않다고 판결하였다. 재범률 평가에서 성별을 고려한 것은 정확성을 기할 목적이지, 차별적 목적이 아니며, 또한 1심 법원이 성별을 고려하였다고 입증

---

113) https://caselaw.findlaw.com/wi-supreme-court/1742124.html

되지 않았다고 하였다. 더욱이, 콤파스는 공개된 데이터와 피고인으로부터 얻은 데이터만을 사용하므로, 법원은 루미스가 그러한 정보를 제공하지 않을 수 있고, 선고에 사용된 정보의 정확성을 검증할 수 있었다고 밝혔다.

개별화된 정당한 판결을 받을 권리와 관련하여, 위스콘신주 대법원의 다수의견은 개별화된 판결의 중요성을 언급하면서 콤파스는 총체적인 데이터로 범죄자와 유사한 그룹의 재범률을 평가하는 것이라고 인정하였다. 그러나 한편으로는 선고시 콤파스 평가방식을 고려하는 것이 판결에 편견을 주는 것만은 아니며, 법원은 콤파스의 평가를 택하지 않을 필요한 정보들을 가지고 있고, 평가를 택할지 여부에 대하여 자유재량을 가지고 있으므로 충분히 개별화된 선고가 가능하다고 하였다.

하지만 판사들이 그러한 평가 방식을 사용할 때에는 신중해야 한다고 하면서 판사들이 재범률 평가를 적절하게 판단하도록 하기 위해, ① 알고리즘에 의해 산출된 평가를 법원에 제출하는 방법과 ② 판사가 이를 사용할 수 있는 정도에 대한 기준을 제시하였다. 법원은 재범률이 범죄자에게 징역형을 선고할 것인지 여부 또는 선고의 경중을 결정하는 데에는 사용되어서는 안 된다고 하면서, 이러한 재범률 평가방식을 사용하는 판사들은 이러한 요소들을 설명할 의무가 있다고 하였다.

위스콘신주 대법원은 특히 콤파스 평가가 포함된 조사보고서는 다음과 같이 판사들을 향한 5가지 경고사항이 적시되어야 한다고 하였다. 첫째, 콤파스의 소유관계로 인하여 재범률이 산출되는 방식의 공개가 어렵다. 둘째, 콤파스 지수는 그룹 데이터에 기반 하기 때문에 특정한 고위험 범죄자를 식별하는 것이 불가능하다. 셋째, 비록 콤파스가 국내 범죄자 데이터를 기초로 하지만, 위스콘신주 사람들에 대한 교차 확인은 되지 않았다. 넷째, 콤파스 지수가 불균형적으로 소수자인 범죄자(흑인)가 사실과 다르게 더 큰 재범률을 가질 것으로 분류하고 있다는 문제가 제기되었다. 다섯째, 콤파스는 교정국이 판결 후 결정을 내리는데 도움을 줄 목적으로 개발되었다. 법원은 이러한 경고를 적시하면서, 알고리즘의 정확성에 대한 일반적인 의심을 일으키고, 보다 구체적으로 소수자 범죄자에 대한 알고리즘의 재범에 대해 의심을 갖게 하려는 의지를 명확히 하였다.

아브라함슨(Abrahamson) 재판관은 이에 동의하면서, 법원이 알고리즘에 의한 재범률 평가를 이해하는데 어려움이 있다고 시인하였다. 그는 특히 콤파스를 개발한 노스포인트사가 제출한 법정 의견서를 거부한 법원의 결정을 비판하였다. 그는 개별화된 판결 선고에 관한 콤파스의 강점, 약점을 객관적 증거에 의해 설명할 수 있도록 방대한 기록을 요구하였을 것이라고 하였다. 그러한 입증은 이러한 평가 방식에 대하여 공무원뿐만 아니라 학자 사이에서도 비판이 있는 현 상황에서 꼭 필요하다고 하였다. 법원은 사기업 대신 정부가 자체 알고리즘을 개발하고 피고인의 변호인이 이를 평가할 수 있도록 하는 것도 하나의 방법이라고 제안하였다.

다) 판결에 대한 비판

미국 법원이 '재판의 효율성과 일관성' 등을 위해 인공지능 기술을 재판에 암묵적으로 활용해왔지만, 실제 이를 합법화한 판결이 나온 것은 처음이다.

루미스 사건의 논란은 콤파스에 쓰인 알고리즘이 제조사의 영업비밀이란 사실에서 출발한다. 해당 알고리즘은 피고인과 재판부 양자 모두에게 공개되지 않았다. 다시 말해 콤파스가 자료를 분석해 위험성을 따질 때 무슨 과정을 거치는지, 각 요소의 배점은 어떠한지 등이 비밀에 부쳐졌다는 뜻이다. 실용화된 알고리즘은 높은 기술적 가치를 갖기 때문에 함부로 공개할 수 없다는 기업의 입장은 이해되지만 과연 피고인의 방어권이 제대로 보장되었다고 할 수 있는지 의문이다. 증거를 생산한 사기업의 지식재산(IP)은 보호받는 대신, 공정한 재판 받을 권리가 희생되는 건 아닌지 고민해야 한다.[114]

법원의 5가지 권고는 알고리즘에 의한 재범률 평가 방식에 대한 비판을 진정시키려는 것이지만 판사가 재범률 산출 알고리즘에 대해 검사할 수 있는 능력이 없다는 비판을 묵살하고, 그러한 알고리즘을 사용하는 점에 대한 내외부의 압력을 고려하는데 실패하면서 유의미한 사법적 회의를 양산하였다.[115]

2) 인공지능 미인대회 인종차별 사건

'미(美)'를 판단하는 것은 그동안 인간 고유의 영역으로 여겨왔다. 아무리 객관성과 중립적인 가치를 유지한다고 해도 미술, 음악 등 예술 분야에서 '아름다움'을 판단하는 데는 인간의 주관적인 판단과 사회문화적인 가치가 들어가게 마련이다. 대중적인 관심이 높은 미인대회에서도 '미(美)'를 판단하는 심사위원들은 '아름다움'에 관해 자신만의 분명한 가치관과 기준을 갖고 있다고 자부하는 유명인사들이 대부분 맡는다. 2016년 1월 28일, 전 세계 최초로 개최된 인공지능을 이용한 국제미인대회 "애프터 뷰티.에이아이(After Beauty.AI)"를 실시하였다.[116] 참가자들은 인터넷에서 앱을 다운받아 자신의 셀카 사진을 올리면 인공지능 로봇이 심사하였다.

심사위원인 인공지능 로봇은 정교한 얼굴인식 알고리즘을 채택하여 참가자의 나이, 인종, 피부, 얼굴 좌우 대칭, 주름 등 각종 패러미터를 고려해 누가 미인인지를 선발하였다.[117] 미인대회의 심사결과 44명의 수상자 대부분이 백인으로 선정되어 인공지능이 유색인종에 대한 편견을 갖고 있다는 논란이 일었다. 더불어 입력된 데이터 세트의 편협성이 이 같은 결과를 만들었다는 자성의 목소리가 나왔다.[118]

2016년 1차 대회에서 활용된 뷰티.에이아이는 마이크로소프트(Microsoft)가 지원하고 딥러닝(deep learning) 기술팀인 유스 래보라토리스(Youth Laboratories)가 개발한 인공지능으로, 다량의 사진 데이터를 기반으로 아름다움을 평가하기 위한 알고리즘을 구축하였다. 전 세계 100여 개국 에서 7000명의 참가자가 앱을 통해 사진을 전송하였고, 44명의 수상자의 대부분이 백인이고 아시아인은 소수, 흑인은 단 1명만이 선정되었다.[119]

---

114) 유영무, "인공지능 분석에 근거한 형사재판의 문제점", 법률신문, https://www.lawtim es.co.kr/Legal-Opinion/Legal-Opinion-View?serial=119712 (2017. 7. 17. 14:19).

115) Havard Law Review, "State v. Loomis", 130 Harv. L. Rev. 1530, https://harv ardlawreview.org/2017/03/state-v-loomis/ (2017. 3. 10.).

116) 뷰티경제, "인공지능 미인대회 시대 활짝…로봇이 '미(美)'를 판단한다", http://www.t hebk.co.kr/news/articleView.html?idxno=179310 (2016. 1. 4.).

117) 로봇신문, "로봇이 심사하는 미인대회 열린다", http://www.irobotnews.com/news/a rticleView.html?idxno=6517 (2016. 1. 6. 13:30).

118) 로봇신문, "AI가 심사하는 미인대회 '인종 편향' 논란", http://www.irobotnews.com /news/articleView.html?idxno=8665 (2016. 9. 18. 10:13).

119) Weird, "Beauty.AI's 'robot beauty contest' is back - and this time it promises not to be racist",

뷰티 에이아이의 최고 과학책임자 알렉스 자보론코프(Alex Zhavoronkov)는 알고리즘이 백인을 선호한 데에는 여러 이유가 있지만, 핵심적인 문제로 매력의 기준을 설정하기 위해 이용한 데이터가 소수자들 관련 내용을 충분히 확보하지 않았다는 점을 들었다. 연구진은 밝은 피부를 매력의 기준으로 삼는 알고리즘을 만든 것은 아니지만, 입력 데이터가 그런 결과를 이끌어낸 것 같다고 설명하였다.[120]

2017년 2차 대회 다이버시티.에이아이(Diversity.AI)에서 유스 래보라토리스는 중립성과 균형성을 포함시켜 개선한 새로운 씽크탱크인 다이버시티.에이아이(Diversity.AI)를 선보였다. 창업자인 아나스타샤 게오르기에브스카야(Anastasia Georgievskaya)는 "이제 편견, 특히 인종 및 성별 및 연령과 같은 모든 종류의 편견에 대한 알고리즘을 테스트하는 단계를 포함하게 될 것"이라고 밝혔다.[121]

3) 마이크로소프트—챗봇(ChatBot)

마이크로소프트는 인공지능이 인간의 언어를 이해하고, 미국에 사는 18세~24세 연령층을 주 대상으로 SNS를 통해 대화할 수 있도록 실시간 머신러닝 프로그램인 인공지능 챗봇(chatbot) '테이'(Tay)를 개발하였다. 마이크로소프트는 2016년 3월 23일 테이을 처음 대중에 선보였지만 16시간 만에 운영을 중단하였다. 일부 사용자들이 테이를 '세뇌'시켜 인종·성차별 발언, 욕설 등을 하도록 유도한 탓이다.

테이는 '신경망'이라고 불리는 인공지능 기술을 기반으로 하고 있으며, 컴퓨터에 데이터를 입력해서 스스로 패턴을 파악하도록 함으로써 학습을 시킬 수 있는 점이 특징이다. 따라서 똑같은 기본 알고리즘에서 출발했더라도 어떤 데이터를 입력해서 훈련하느냐에 따라 인공지능의 거동이 달라질 수 있다.[122]

테이가 공개된 직후 백인 우월주의자, 여성·무슬림 혐오주의자 등이 모이는 인터넷 익명 게시판 '폴(boards.4chan.org/pol/)'에 테이에게 차별 발언을 하도록 훈련시키자는 제안이 올라왔다. 이들은 주로 "따라해 봐"라고 한 후 부적절한 발언을 입력하는 방법으로 테이와 대화를 나누면서, 욕설과 인종·성차별 등의 주장을 되풀이해서 테이에 들려주기도 하였다. 그 후 테이는 차별 발언을 쏟아내기 시작하였다. 테이는 "홀로코스트가 실제로 발생 했다고 믿느냐"는 질문에 "아니, 안 믿어, 조작된 거야"라고 대답하고, "제노사이드를 지지하느냐"는 물음에는 "정말로 지지한다"고 답했으며, 욕설을 섞어서 페미니스트들을 저주하는 발언도 하였다.

---

https://www.wired.co.uk/article/robot-beauty-conte st-beauty-ai (2017. 3. 2.).

120) The Guardian, "A beauty contest was judged by AI and the robots didn't like dark skin", https://www.theguardian.com/technology/2016/sep/08/artificial-inte lligence-beauty -contest-doesnt-like-black-people (2016. 9. 8.).

121) Weird, "Beauty. AI's 'robot beauty contest' is back – and this time it promises not to be racist", https://www.wired.co.uk/article/robot-beauty-conte st-beauty-ai (2017. 3. 2.).

122) 연합뉴스, "인공지능 세뇌의 위험…MS 채팅봇 '테이' 차별발언으로 운영중단", http://www.yonhapnews.co.kr/bulletin/2016/03/25/0200000000AKR20160325010151091. HTML (2016. 3. 25. 08:19).

이렇게 테이의 발언이 물의를 빚자 마이크로소프트는 문제가 된 테이의 메시지 등을 삭제하고 운영을 일시중지하면서, 일부 사용자들이 부적절한 방식으로 응답하도록 시도한 것이 발견되어 조정 작업을 하고 있다고 설명하였다. 다만 마이크로소프트가 지적한 것처럼 일부 유저들의 악용 시도가 테이의 이상 발언의 실제 원인인지는 명확하지 않다.[123]

4) 아마존 인공지능 채용 시스템 여성차별

2018년 8월 9일, 아마존(Amazon)의 머신 러닝 전문가 5명이 익명으로 로이터 통신을 통해 아마존의 인공지능 채용 시스템이 여성차별을 하고 있다는 내부고발을 하였다. 그들에 따르면, 아마존은 2014년부터 지난 10년간의 데이터를 바탕으로 지원자들의 이력서를 검토하고 채용적합 도를 판단하는 인공지능 채용시스템을 개발해왔다. 하지만 인공지능이 여성보다 남성 지원자를 선호하는 패턴을 발견했고, 아마존은 이에 대해 직접적인 입장을 밝히지 않고 자체 폐기하였다.

아마존의 인공지능 채용프로그램은 지원자들의 이력서에 1개에서 5개 사이 별점을 부여하도록 고안되었다. 한 담당자는 100개의 이력서를 입력하면 프로그램이 상위 5개를 추천하면 이들을 채용하는 방식이라고 설명하였다. 시스템도입 1년이 지난 2015년 인공지능이 추천한 지원자가 대부분 남성으로 드러나면서 인공지능시스템이 지원자들을 공정하지 못하게 평가 하였다는 사실이 분명해졌다. 인공지능이 '여성 체스 동아리 회장' 등 '여성'이라는 단어가 포함된 이력서에 감점을 주는 것을 발견했고, 여자 대학을 졸업한 지원자 2명의 점수가 깎인 사례도 있었다고 한다. 이후 특정 용어에 중립적 평가를 하도록 개선했지만, 같은 문제가 반복되지 않으리라는 확신을 주지 못하였다.[124]

이에 대해 아마존의 채용 담당자들은 신규 채용 시 인공지능 프로그램을 활용한 적이 없다고만 언급한 외에는 직접적인 입장을 밝히는 것을 꺼렸다. 아마존측은 로이터 보도에 대해 "우리는 직장 내 다양성과 평등을 위해 노력하고 있다"는 원론적인 입장만 냈다.[125] 여성차별 외에도 관련 후보자 아마존의 글로벌 인력은 현재 6:4 정도로 남성이 더 많다.[126]

---

123) 연합뉴스, "인공지능 세뇌의 위험…MS 채팅봇 '테이' 차별발언으로 운영중단", http://www.yonhapnews.co.kr/bulletin/2016/03/25/0200000000AKR20160325010151091. HTML (2016. 3. 25. 08:19).

124) Jeffrey Dastin, "Amazon scraps secret AI recruiting tool that showed bias against women", Reuters, https://www.reuters.com/article/us-amazon-com-job s-auto mation-insight/amazon-scraps-secret-ai-recruiting-tool-that- showed -bia s-against-women-idUSKCN1MK08G (2018. 10. 10. 12:12).

125) 연합뉴스, "아마존 '인공지능 채용' 개발하다 여성차별 불거지자 폐기", http://www.y onhapnews.co.kr/bulletin/2018/10/11/0200000000AKR20181011001100075.HTML (2018. 10. 11. 01:01).

126) BBC코리아, "성차별: 아마존, '여성차별' 논란 인공지능 채용 프로그램 폐기", https:/ /www.bbc.com/korean/news-45820560 (2018. 10. 11.).

<h2>제 4 절   우리나라 인공지능 특별법의 현황</h2>

우리나라는 급속도로 발전하는 인공지능 기술을 법적으로 규율하기 위하여 여러 특별법을 두고 있다. 인공지능 로봇에 관하여는 「지능형로봇 개발 및 보급촉진법」을, 행정업무의 전자화와 빅데이터의 활용에 관하여는 「전자 정부법」을 제정하여 시행중에 있고, 인공지능이 외부와 통신하기 위하여 사용되는 클라우드 컴퓨팅 기술에 관하여는 세계 최초로 「클라우드 컴퓨팅 법」을 제정하기도 하였다. 그 외에도 「뇌 연구 촉진법」 등 다양한 특별법에 대하여 그 제정 배경과 주요 내용을 간략하게 소개한다.

1. 지능형로봇 개발 및 보급촉진법

가. 제정 배경

지능형로봇 개발 및 보급촉진법(약칭 : 지능형로봇법)은 2008년 3월 28일 첨단기술의 융합체인 지능형 로봇을 국가가 체계적으로 연구·개발하고, 초기시장을 창출하고, 로봇 보급의 확대를 위한 정책으로 로봇랜드를 조성하고, 로봇품질 인증 기준을 마련하고, 로봇윤리헌장의 제정을 통하여 로봇이 반사회적으로 개발·이용되는 것을 방지하는 등 차세대 성장 동력인 지능형 로봇을 국가핵심전략산업으로 육성하기 위한 제도적 기반을 구축하여 국가경제발전과 국민 삶의 질 향상이 목적이다.[127]

이후 2016년 1월 16일 인증제도의 규제개선을 위해 유사·중복되는 조항을 개정하여 기업의 부담을 완화하고 소비자의 혼란을 방지하기 위하여 지능형 로봇에 대한 별도의 품질인증 제도를 폐지하고 산업표준화법에 따른 제품인증(KS인증)으로 통합하여 운영하고 한국로봇산업진흥원에 대한 권한과 역할을 제시하는 것으로 개정되었다가,[128] 2018. 6. 12. 지능형 로봇산업의 지속적인 성장을 통한 국가 경쟁력을 제고 하기 위하여 일부 개정되었다.[129]

나. 주요 내용

지능형 로봇법은 지능형 로봇개발 및 보급의 촉진을 통한 로봇산업의 발전을 위한 것으로 주로 로봇산업진흥을 위한 내용을 담고 있으나, 지능형 로봇의 개념, 지능형 로봇의 윤리헌장 등 로봇규제와 관련한 중요 사항도 다루고 있다. 그 주요 내용으로는 '지능형 로봇', '지능형 로봇헌장' 등 법상 필요한 주요 개념을 정의하고(제2조), 지능형 로봇의 개발 및 보급을 위한 기본계획을 수립하며(제5조), 지능형 로봇의 개발 및 보급 정책협의를 위해 로봇산업정책협의회를 설치하

127) 지능형로봇법 법률 제9014호, 2008. 3. 28., 제정이유.
128) 지능형로봇법 법률 제13744호, 2016. 1. 6., 일부개정이유.
129) 지능형로봇법 법률 제15645호, 2018. 6. 12., 일부개정이유.

고(제5조의2), 지능형 로봇산업의 분류체계를 확보하고 그에 따른 산업통계를 작성하고 있다(제7조). 지능형 로봇 개발자·제조자 및 사용자가 지켜야할 윤리 등을 포함한 지능형 로봇윤리헌장을 제정·공표할 수 있으며(제18조), 지능형 로봇투자회사의 설립, 투자대상 사업, 존립기간, 감독·검사 등을 하도록 하였으며(제20조에서 제29조까지), 로봇랜드 조성에 관한 사항을 규정하였으며(제30조 및 제40조), 한국로봇산업진흥원의 설치 및 운영과 지능형 로봇 전문 연구원의 지정 등을 담고 있다(제41조 및 제42조).

2. 전자정부 구현을 위한 행정업무 등의 전자화 촉진에 관한 법률

가. 제정 배경

전자정부 구현을 위한 행정업무 등의 전자화 촉진에 관한 법률(약칭 : 전자정부법)은 2001년 3월 행정업무의 전자적 처리를 위한 기본원칙·절차 및 추진방법 등을 규정하여 전자정부의 구현을 위한 사업을 촉진시키고, 행정기관의 생산성·투명성 및 민주성을 높여 지식정보화시대의 국민의 삶의 질을 향상시키려는 목적으로 법률 제6439호로 제정되었다.

그 후 행정정보를 공동 활용할 수 있는 대상을 행정기관 외에 공공기관 등으로 확대하고, 행정정보에 대한 보안 기능을 강화하는 등 일부 미비점을 개선·보완하려는 목적으로 2007. 1. 3. 법률 제8171호로 전자정부법으로 개정되었다.

나. 주요 내용

빅데이터와 관련된 개인정보를 활용하여 효율성을 높이려는 전자정부법은 제4조(전자정부의 원칙) 제4호에서 행정기관 등은 전자정부의 구현·운영 및 발전을 추진할 때 '개인정보 및 사생활의 보호'를 우선적으로 고려하고 이에 필요한 대책을 마련토록 규정하였다. 제5호는 '행정정보의 공개 및 공동 이용의 확대'도 규정하고 있어 개인정보의 보호와 이용의 양자를 함께 도모하고 있다.

또한 제30조의4(공개된 인터넷 데이터의 수집·활용) 제1항에서 '행정기관 등의 장은 정책의 수립, 의사결정 등을 위하여 데이터 활용 공통기반시스템을 통하여 개인정보보호법 제2조 제1호에 따른 개인정보를 제외한 공개된 인터넷 데이터를 수집·활용할 수 있다'고 규정하고, 제2항에서 '제1항에 따른 공개된 인터넷 데이터의 수집 범위, 활용 절차 등에 관하여 필요한 사항은 대통령령으로 정한다'고 규정하고 있다.[130]

반면 제42조(사전동의) 제1호에서 '이용기관이 공동이용센터를 통하여 개인정보가 포함된 행정정보를 공동이용 할때에는 개인정보보호법 제2조 제3 호의 개인이 다음 각 호의 사항을 알 수 있도록 개인의 사전 동의를 받아야 한다. 이 경우 개인정보보호법 제18조 제2항 제1호·제19조 제1호·제23조 제1호 및 제24조 제1항 제1호에 따른 동의를 받은 것으로 본다'고 규정한다.[131]

---

130) 손형섭 (2014), "개인정보의 보호와 그 이용에 관한 법적 연구", 법학연구 제54집, 22.
131) 손형섭 (2014), "개인정보의 보호와 그 이용에 관한 법적 연구", 법학연구 제54집, 22.

3. 클라우드컴퓨팅 발전 및 이용자 보호에 관한 법률

가. 제정 배경

인공지능 로봇은 목적과 용도에 따라 외부의 환경과 통신하기 위하여 '클라우드컴퓨팅'(Cloud Computing)의 방법을 사용한다.

클라우드 컴퓨팅이란 정보가 데스크톱·노트북·태블릿 컴퓨터·스마트폰 등의 ICT 기기인 클라이언트에는 일시적으로 보관되고, 클라우드(cloud, 구름)로 표현되는 인터넷 서버에 영구적으로 저장되는 컴퓨터 환경을 뜻한다. 즉 이용자가 정보를 인터넷 서버에 저장하고, 구름과 같이 무형(無形)으로 존재하는 컴퓨팅자원(하드·소프트웨어 등)을 ICT 기기를 통하여 언제 어디서든 필요한 만큼 빌려 쓰고 그 사용요금을 지급하는 방식의 서비스이다. 클라우드로 표현되는 인터넷 서버에서 데이터 저장, 처리, 콘텐츠 사용 등의 서비스를 함께 제공하므로, 클라우드 컴퓨팅은 '인터넷을 이용한 ICT 자원의 아웃소싱 서비스'라고 정의되기도 한다.[132]

클라우드 컴퓨팅을 도입하면 기업 또는 개인은 컴퓨터 시스템을 유지·보수·관리하기 위하여 들어가는 비용과 서버의 구매 및 설치비용, 업데이트 비용, 소프트웨어 구매 비용 등 엄청난 비용과 시간·인력을 줄일 수 있고, 에너지 절감에도 기여할 수 있다.[133]

정보통신망을 통하여 정보통신자원을 신축적으로 이용할 수 있는 클라우드컴퓨팅 기술을 충분히 활용할 수 있게 하도록 2015. 3. 27. 법률 제13234호로 클라우드 컴퓨팅 발전 및 이용자 보호에 관한 법률이 제정되었다. 이 법은 클라우드 컴퓨팅에 관한 세계 최초이자 유일한 입법으로, 우리나라가 이 분야의 선두주자임을 알려준다.

나. 주요 내용

제2조 제1호에서는 클라우딩 컴퓨팅을 '집적·공유된 정보통신기기, 정보 통신설비, 소프트웨어 등 정보통신자원을 이용자의 요구나 수요 변화에 따라 정보통신망을 통하여 신축적으로 이용할 수 있도록 하는 정보처리체계라고 규정하고 있다.

제25조 제1항은 정보보호를 침해하는 사고가 발생하거나(제1항) 이용자 정보가 유출된 때(제2호), 서비스 중단이 발생한 때(제3호) 그 사실을 해당 이용자에게 알리도록 의무화하고 있다.

제29조는 클라우드 컴퓨팅서비스 제공자가 이 법을 위반한 행위로 이용자가 손해를 입은 경우 제공자에게 손해배상을 청구할 수 있다고 규정하고 있다. 해당 클라우드 컴퓨팅 서비스 제공자는 고의 또는 과실이 없음을 입증하지 아니하면 책임을 면할 수 없다(동조 제2항). 서비스 제공자의 책임은 과실 책임에 기초함에도 그 입증책임은 서비스 제공자에게 전환되어 있다. 이는 과실 책임으로부터 위험책임으로 전환되는 경향을 나타낸다.[134]

---

132) 한정미 (2016), 미래산업 분야 법제 이슈에 관한 연구(Ⅳ) - 클라우드컴퓨팅 환경의 이용자 보호에 관한 법제 연구-, 한국법제연구원, 13

133) 두산백과, "클라우드컴퓨팅", 네이버지식백과,
https://terms.naver.com/entry.nhn? docId=135 0825&cid=40942&categoryId=32828 (2018. 11. 19. 확인)

클라우드 컴퓨팅은 민간영역뿐만 아니라 공공영역에서 활용될 가능성이 크다. 세무·복지행정 및 전자정부에서 클라우드 서비스가 활용된다. 클라우드 컴퓨팅 서비스는 국경을 초월하여 제공되는데 이러한 역외 서비스 제공이 이루어지기 위해서는 전제조건으로 각 국가가 요구하는 기술표준에 걸맞은 서비스를 제공할 능력이 있어야 한다. GDPR 적정성 평가기준을 충족하면 국내 기업들도 EU 국가에서 영업활동이 가능해진다.[135]

4. 뇌 연구촉진법

인공지능에 대한 연구의 한 분야는 인간의 뇌 분야의 연구를 통해 인간의 뇌와 같이 인공형태의 뇌를 구성하는 것이다. 뇌 연구를 목적으로 제정된 대표적인 법이 뇌연구 촉진법이다. 뇌 연구 촉진법은 1998년 6월 3일 뇌 연구 촉진의 기반을 조성하여 뇌 연구를 보다 효율적으로 육성·발전시키고 그 개발기술의 산업화를 촉진하는 것을 목적으로 법률 제5547호로 제정되었다. 이러한 뇌 연구는 인공지능이 갖는 산업 측면의 한 분야를 담당하고 있다.[136]

우리나라는 뇌 연구 세계 7위 진입을 위해 정부가 마련한 '제2차 뇌 연구 촉진기본계획'에 따라 앞으로 10년간 뇌 연구에 1조 5천억 원을 투자할 계획이다. 이는 뇌연구 분야 간 통합 및 융합연구가 강화됨에 따라 '뇌인지', '뇌 융합' 분야를 신설해 뇌신경생물, 뇌인지, 뇌신경계질환, 뇌신경정보 및 뇌공학, 뇌융합 등 5개 분야로 구분하고, 분야별 중점영역과 세부 로드맵 등도 함께 제시하였다. 정부는 1998년 뇌 연구촉진법 제정 이후 뇌 연구 분야에 대한 지원을 지속해 오고 있다.

5. 기타 관련 법률들

그 외 인공지능의 개발을 촉진하는 관련 법률들이 있다. 대표적으로 소프트웨어산업 진흥법에서 소프트웨어산업의 진흥을 국가 및 지방자치단체의 책무로 규정하고 있다(제3조). 이를 위하여 소프트웨어진흥시설의 지정(제5조), 소프트웨어진흥단지의 지정 및 조성(제6조), 소프트웨어사업 창업의 활성화(동법 제8조) 등의 진흥책을 강구하고 있다. 그리고 정보통신 진흥 및 융합 활성화 등에 관한 특별법(정보통신융합법)에서는 정보통신의진흥 및 융합의 활성화를 위한 각종의 방안을 강구하도록 규정하고 있다. 이와는 별도로 정보통신산업진흥법이 제정되어 있다.

---

134) 김광수 (2018), "인공지능 규제법 서설", 토지공법연구 제81집, 28.

135) 한정미 (2016), 미래산업 분야 법제이슈에 관한 연구(IV) - 클라우드컴퓨팅 환경의 이용자 보호에 관한 법제 연구-, 한국법제연구원, 41.

136) 손승우/김윤명(2016), "인공지능 기술 관련 국제적 논의와 법제 대응방안 연구", 한국 법제연구원, 43. ; 심우민(2016), "인공지능 기술발전과 입법정책적 대응방향", 이슈와 논점 제1138호, 1. ; 류지웅 (2017), "인공지능(AI)로봇의 법적 문제에 관한 연구", 토지공법연구 제78집, 9.

기타 빅데이터의 개인정보와 관련된 보험업법과 상법 등에서 개인정보를 활용할 필요성과 개인정보 보호의 문제가 계속 발생하고 있다. 보험업법 제100조 제1항 제5호에서는 '5. 모집과 관련이 없는 금융거래를 통하여 취득한 개인정보를 미리 그 개인의 동의를 받지 아니하고 모집에 이용하는 행위'를 금지하고 있다. 반면, 보험업법 제176조(보험요율 산출기관) 제10항에서는 '보험요율 산출기관은 순보험요율을 산출하기 위하여 필요한 경우에는 교통법규 위반에 관한 개인정보를 보유하고 있는 기관의 장으로부터 그 정보를 제공받아 보험회사가 보험계약자에게 적용할 순보험료의 산출에 이용하게 할 수 있다.'고 규정하고, 개인정보를 이용하여 순보험료의 산출 또는 적용 업무에 종사하거나 종사하였던 자는 그 업무상 알게 된 개인정보를 누설하거나 타인에게 이용하도록 제공하는 등 부당한 목적을 위하여 사용하여서는 아니 된다'고 규정하고 있다.[137]

6. 외국 인공지능 관련 법률의 현황

미국은 A Roadmap for US Robotic(2009), National Robotic Initiative(2011) 등 국방성과 함께 DARPA, NSF 등 공공연구기관을 통해 지속적으로 추진하고, 미국 '제조업 홍'에 봇을 적극 활용하는 '첨단제조 파트너쉽'(Advanced Manufacturing Partnership)을 2013년 발표하여 현재까지 진행 중이다. 영국은 국책연구기관 '공학·물리학 연구협의회'(Engineering and Physical Sciences Research Council = EPSRQ)는 2015년 5월 1일 영국의 로봇원칙(Principles of Robotics)를 발표하였다. 해당 내용의 주된 내용은 사생활 보호, 안전 등 인공지능 로봇 개발 및 활용이 기존 법규범에 부합해야 한다는 등 인공지능 로봇 관련 문제의 법적 책임도 포괄적으로 명시하였다. 일본 총무성은 인공지능의 사회적 영향을 종합적으로 전망하기 위해 관련 전문가를 모아 "2045 연구회"를 구성하여 2015년부터 연구를 진행하고 있고, 2014년 8월 '로봇혁명실현위원회'를 출범하여 도쿄 올림픽에 맞춰 로봇올림픽 개최 추진 등 일련의 추진계획을 발표 중이다.[138]

특히 EU의 경우 제조, 농업, 헬스, 교통, 사회 안전 등 타산업과의 융합을 통해 세계 로봇시장의 선점, 강화를 위해 세계 최대 규모의 민간주도 로봇 연구 프로그램(The Scalable Processor Architecture = SPARC)을 운영해 오고 있다. EU는 인공지능 로봇의 산업진흥적 가치[139]에만 주목하기 보다는 인공지능 로봇 신기술의 사회적 영향을 고려한 합리적 규제 틀을 마련하기 위한 제도화 노력도 병행하고 있다.[140] 유럽 집행위원회(EU commission)는 정보화 연구개발 프로그램 즉 FP7(7th Framework Programme)[141]의 재정지원 계획에 따라 로봇규제 문제에 대한 새로운 접근방식으로 '로봇

137) 손형섭 (2014), "개인정보의 보호와 그 이용에 관한 법적 연구", 법학연구 제54집, 24.
138) 류지웅 (2017), "인공지능(AI)로봇의 법적 문제에 관한 연구", 토지공법연구 제78집, 16.
139) EU의 경우 현재 산업 분야에 있어서 로봇 관련 시장이 약 25%를 차지할 것이고 관련 분야의 예상 성장 가능성을 향후 매년 6%로 전망하고 있다,
140) 류지웅 (2017), "인공지능(AI)로봇의 법적 문제에 관한 연구", 토지공법연구 제78집, 17.
141) FP7 프로젝트는 2002~2013 동안 진행된 것으로 그 주된 내용은 ① 로봇 관련 통합 프로젝트(IP)로 1차적으로 유럽의 주요 국가들의 파트너쉽과 관련 내용에 대한 연구를 구상하는 기초 단계를 마련한다. ② 네트워크 인프라의 강화(Network of Excellence

법 프로젝트'(RoboLaw Project)를 진행했는데, 로봇 관련 법규 및 규제대응을 위한 일련의 정책연구(2012. 3. ~ 2014. 3.)를 통해 '로봇규제 가이드라인'(Guidelines on Regulating Robotics)을 도출한 것으로 유명하다. EU의 로봇법 프로젝트는 로봇기술의 윤리적, 법률적 이슈 검토를 통해 새로운 규범 체계를 정립하고자 하는 연구 목표 하에 이탈리아, 네덜란드, 영국, 독일 등 4개국 4개 연구소가 참여했고 특히 돌봄 로봇, 로봇인공기관, 수술로봇, 자율주행차 4가지 로봇기술의 윤리적, 법률적 분석을 통해 로봇 규제정책의 근거를 마련하고자 하였다.[142]

가. EU 의 로봇법과 로봇 가이드라인

EU의 로봇법과 로봇가이드라인이 궁극적으로 지향하는 목표는 인간의 능력을 향상시키기, 기능주의 관점에서 접근하기, 로봇산업을 진흥하고 규제 환경을 조성하기, 로봇에 대한 윤리 수립하기, 로봇에 대한 법적 책임원칙 수립하기 등이다. 이를 구체적으로 살펴보자.

1) 인간의 능력 향상(Human Enhancement)

EU의 로봇법은 제1원칙으로 인권, 정보 보호권 등과 같은 기본권을 보호하고 지향하는 로봇법 및 로봇규제의 대원칙을 제시한다. 로봇기술이 인권 등 기본권을 침해하지 않도록 평등, 연대, 정의 등의 핵심 가치를 명료하게 천명하고 더 나아가 유전학, 인지과학 등 다양한 인간의 능력을 향상(Human Enhancement)시키는 기술과 접목하여 로봇이 인간의 역량 강화에 기여하는 역량접근법(Capability Approach)을 표방하는 것이다. 로봇이 인간 고유의 역량을 상실, 약화시키지 않도록 고려해야 하고, 신체기능 회복을 넘어 평균 이상의 역량을 발휘할 수 있도록 해야 한다는 것이다. 특히 인간 향상 기술과 관련된 규제는 공적으로 분히 논의되어야 하고 향후 EU 뿐만 아니라 전 지구적으로 적용되어야 할 것이라고 강조하고 있다.

2) 기능주의 관점에서 접근

EU의 로봇법(RoboLaw)는 로봇관련 법률문제를 규제하는 일반론을 제시하기보다는 구체적인 사례중심의 규제를 내용으로 한다. 로봇기술의 응용형태가 무척 다양하기 때문에 로봇에 대한 포괄적인 정의가 어렵기 때문이다. 그리하여 로봇법은 사회적 확산성과 중요성이 큰 주요한 연구대상으로 돌봄 로봇(Care Robot), 로봇 인공기관(Prosthesis),수술로봇(Computer Integrated Surgical System),자율주행차(Self-Driving Cars) 네 가지를 선정하였다.[143]

EU 로봇법은 새로운 입법 및 규제패러다임을 제시하는 식의 거시적 접근이라기 보다는 로봇의 기술적, 윤리적, 사회적, 법적 의미를 몇 가지의 구체적이고 특징적인 기술이나 서비스를 중심으로 case-by-case의 개별 사례 분석을 통해

(NoE)를 통해 IOT, Cloud 등의 제4차 혁명에 대비하여 유럽전역의 기본 인프라 구축을 주도하는 연구를 수행한다. ③ 연구자금 및 운영[Specific Targeted Research Projects (STReP)]을 위한 내용으로 이를 위해서 약6~15개의 EU연합국이 평균 2천만 유로의 자금을 모으는 계획을 진행하였다.

142) 류지웅 (2017), "인공지능(AI)로봇의 법적 문제에 관한 연구", 토지공법연구 제78집, 18.

143) www.robolaw.eu ; 류지웅, "인공지능(AI)로봇의 법적 문제에 관한 연구", 토지공법연구 제78집 (2017), 18에서 재인용.

로봇규제 이슈에 기능적으로 개입하려는 시도라고 볼 수 있다.[144]

3) 로봇산업진흥과 규제환경조성

EU 로봇법은 로봇기술의 산업적 진흥도 중요하지만 투명한 규제 환경이 오히려 로봇 시장의 발전을 위해 필수적이라는 정책철학을 바탕으로 하고 있다. 지나치고 섣부른 규제가 기술혁신을 저해할 수도 있지만 법적으로 명확하지 않은 상태에서는 이해 당사자들의 혼란을 초래하는 등 오히려 혁신에 부정적일 수 있다는 입장이다.[145] 이러한 도입 배경을 바탕으로 관련 법률들을 검토하여 현행 법률로서 인공지능 로봇 규제가 가능한지 아니면 별도의 새로운 법제가 필요한지를 검토하고자 한다. 특히 현행 법률상의 규제 공백이 있는지를 검토하면서 인공지능 로봇의 규범적 이슈 가운데 ① 인공지능의 법적 책임(liabilith) ② 인공지능 알고리즘에 대한 검토 ③ 빅데이터와 관련한 프라이버시와 데이터 보호(privacy and data protect) ④ 계약주체 (subject)로서의 법적거래능력(즉 로봇의 법적인격 부여 문제)을 중심으로 살핀다.[146]

4) 로봇윤리(Robot Ethic) 수립

EU 로봇법은 '책임 있는 연구와 혁신'(Responsible Research and Innovation)을 지향하면서 윤리적 이해뿐만 아니라 법률적 판단과 개입까지 다양한 이해관계자의 참여를 견인하는 학제적 접근에 입각하고 있다. 예를 들어 수술로봇과 관련된 정책 수립 과정에는 의료인, 법조인, 윤리학자, 엔지니어, 환자단체 등 다양한 관점의 개입이 필요하며, 윤리위원회 등과 같은 거버넌스를 통해 윤리적, 법적, 기술적인 이슈들을 함께 논의해야 한다는 것이다. 특히 수술로봇(Computer intergrated surgical systems)의 경우 고가의 장비이기 때문에 일부 특정계층만이 접근 가능한 배제적 측면이 있으므로 누구나 로봇수술 서비스를 받을 수 있도록 기회의 평등, 윤리적 정의, 삶의 질 향상 등의 가치관이 적극 개입되어야 한다.[147]

5) 인공지능 로봇의 법적 책임원칙 수립

EU의 로봇법은 로봇의 잠재적 위험에 대한 법적 책임원칙도 적극 논의 할 것을 강조하고 있다. 로봇 기술의 복잡성 및 자율성 증가로 인하여 인간의 통제력 감소 뿐 만아니라 책임 소재도 불분명해지고 있기 때문에 개발 자(설계자), 제조사(생산자), 소유자, 사용자 등 주체간 법적 책임 배분을 어렵게 만들고 있다는 것이다.[148]

예를 들어,설계자가 예측하지 못한 로봇의 예상치 못한 행위 특성 (emergent behaviour)으로 인하여 전통적인 법적 책임 원칙이 더 이상 유효하지 못할 수 있다. 더구나 로봇의 자율성과 주체성을 고려해서 로봇의 법적 인격성까지 부여

---

144) 류지웅 (2017), "인공지능(AI)로봇의 법적 문제에 관한 연구", 토지공법연구 제78집, 19.

145) 류지웅 (2017), "인공지능(AI)로봇의 법적 문제에 관한 연구", 토지공법연구 제78집, 17.

146) 류지웅 (2017), "인공지능(AI)로봇의 법적 문제에 관한 연구", 토지공법연구 제78집, 19.

147) 류지웅 (2017), "인공지능(AI)로봇의 법적 문제에 관한 연구", 토지공법연구 제78집, 20.

148) 류지웅 (2017), "인공지능(AI)로봇의 법적 문제에 관한 연구", 토지공법연구 제78집, 22.

할 경우 법적 권한과 책임 설정은 더욱 어려워진다. 실제로 현행법 체계 하에서 로봇은 타인에게 행한 손해에 대해서 책임을 묻지 않고 있다. 현 단계에서 로봇 제조사는 로봇 생산 능력에 비해 법적 책임을 다룰 능력이 부족한 상황이므로 지나치게 엄격한 법적 책임 규정은 로봇 기술의 발전을 저해할 수 있음에 유의해야 한다.[149]

인공지능 로봇 기술이 충분히 발전되어 로봇 제조사가 모든 법적 책임을 부담할 수 있을 때까지는 법적 책임을 제한하여 혁신을 장려하고 기술혁신 과정에 윤리적 규제 프레임워크를 적용하는 노력부터 전개할 필요가 있다. 로봇에 대한 법적 책임관련 규정은 위험(Risk)과 개발(Develope)이라는 두 가지 목표를 균형 있게 추구해야 한다는 점이다.[150]

나. 미국의 사례

1) 미국의 인공지능 관련 법률 · 정책

2017년 12월 12일 하원의원 Jonh Delaney과 상원의원 Maria Cantwell은 '인공지능의 이용가능성과 발현에 관한 근본적 이해법'(Fundamentally Understanding The Usability and Realistic Evolution of Artificial Intelligence Act of 2017; FUTURE of AI Act. 인공지능 미래법)이라는 법안(H.R. 4625, S.2117)을 발의하였다. 이 법안은 인공지능이 미국의 경제부흥과 사회의 안전성에 최대한 기여할 수 있는 방법을 모색하고자 제안되었다.

이 법안은 인공지능을 5가지 유형으로 구분하여 정의하였고, 연방자문위원회를 구성 · 운영하도록 하였다. 자문위원회에게 인공지능의 발전을 위한 투자 환경 등을 마련하도록 하면서도, 편향되지 않은 학습과 인간 프라이버시권 보호와 같은 주제 등에 자문하도록 하여 인공지능의 사회 전반에 대한 영향력까지 고려하고 있다.

2018년 1월 18일에 발의된 '인공지능 직업법'(H.R. 4829)은 인공지능과 노동의 관계에 관한 것으로 인공지능 노동력을 향상시키고 이로 인한 영향을 고려하여 근로자를 교육 및 재교육하는 것에 주안점을 두고 있다.

또한 2018년 5월 10일 미국 행정부는 '인공지능위원회'(Committee on Artificial Intelligence)를 백악관의 과학기술정책국 (Sc9ence and Technology Policy, OSTP) 산하 국가과학기술이사회 (National Science and Technology Council) 내에 설치한다고 발표한바 있다. 위원회는 대통령에게 연방 기관 전체에 대하여 우선 추진되어야 하는 인공지능 관련 사항 조언, 정부의 개발 · 연구 조정, 정부와 산학 간 협력추진, 공공 데이터 및 자원 개방에 관한 사항 등의 사안을 다루게 된다.[151]

2) 미국의 로봇관련 법제적 대응

미국은 로봇기술 개발 및 연구가 활성화되어 있는 것에 반해 로봇의 활용으로 발생할 수 있는 법적 문제들에 대한 연방차원의 종합적 · 체계적인 대응보다는 무인항공기 · 자율주행차 · 의료로봇 등 로봇이 활용되는 각 개별영역에서 개별

---

149) Gasson, M. N. & Koops, B. J., "Attracking Human Implants : A New Generation of Cybercrime", Law, Innovation and Technology 5(2) (2013), 248-277. ; 류지웅 (2017), "인공지능(AI)로봇의 법적 문제에 관한 연구", 토지공법연구 제78집, 22에서 재인용.

150) 류지웅 (2017), "인공지능(AI)로봇의 법적 문제에 관한 연구", 토지공법연구 제78집, 22.

151) 채은선, 이나리, 박선주 (2018), "인공지능 관련 법 · 정책에 대한 연구", 2018년 한국통신학회 하계종합학술발표회 논문집, 2.

적으로 규율하는 법제를 마련하고 있다.[152]

무인항공기의 경우 연방항공청 현대화 개혁법(FAA Modernization & Reform Act of 2012)을 제정하여 무인 항공기의 정의와 안전관련 규정을 두고 있으며, 연방항공청은 운영제한, 원격조종자 자격 및 책임, 항공기 요건 등을 정한 규칙을 제정·시행하고 있다.[153]

자율주행차 분야는 미국에서 로봇관련 법제화가 가장 선도적인 분야로서 네바다 주 정부가 2011년 세계 최초로 자율주행차 관련 법안을 통과시킨 이래 플로리다(2012.4), 캘리포니아(2012.9)등 여러 주에서 법을 제정·시행 하고 있다. 각 주의 자율주행차 시험운행을 위한 공통 요건은 첫째, 시험운전 전에 일정액 이상의 보험가입, 둘째, 비상시 운전자의 수동 전환 기능을 구비하도록 의무화, 셋째, 시험운행 기록·사고 및 교통법규 위반 기록 등을 주 당국에 제출, 넷째, 시험운행 허가를 위한 전제조건으로 일정 수준 이상의 자율주행운행 증명을 요구, 다섯째, 자율주행차량임을 번호판으로 외부에 표시하도록 하고 있다.

의료로봇 법제도에 관한 논의는 상대적으로 적지만 주된 쟁점은 안전성과 손해전보를 위한 보험제도인데, 수술 부작용 등에 의한 의료소송에 적용 될 법률은 연방이 아닌 각 주에서 개별적으로 마련되어 있다. 38개 주에서 로봇수술에 따른 손해배상의 상한 등과 같은 제한을 두고 있으며 28개 주에서 변호사 비용에 대한 제한을 두고, 27개 주와 워싱턴 D.C. 괌, 푸에르토리코 지역은 의료분쟁에 대한 대체적 분쟁해결 규정을 두고 있으며, 버지니아 주의 경우 원격 로봇 진료비용을 인수하도록 하는 보험법을 정비 하였다.

다. 일본의 사례

1) 일본의 인공지능 로봇 관련 법률·정책

일본의 경우 로봇기술 개발과 이를 활용한 국가적인 부흥전략을 수립하고 있다. 그러나 로봇기술발전에서 발생할 수 있는 법적 문제들에 대한 총괄적이고 체계적인 법률을 제정하고 있지 않으며, 자율주행차, 무인항공기, 의료로봇 등 개별 분야에서 법령의 개정 논의가 있다. 일본은 로봇 활용에 따른 규율 대상을 정리하였는데 첫째, 전파 이용 시스템의 정비, 둘째, 의약품, 의료기기 등 관련법 정비, 셋째, 개호보험제도 개정 넷째, 도로교통법, 도로운송차량법 개정, 다섯째, 항공법 등 무인 비행형 로봇 관련 법, 여섯째, 고압가스보안법, 일곱째, 공공인프라 유지, 보수 관련 법 등이 제시되었다.

무인항공기에 관하여는, 항공법을 개정하여 무인항공기에 관한 사항을 규정하고 있는데, 무인항공기를 '구조상 사람이 탈 수 없고 원격조작 또는 자동조종에 의하여 비행시킬 수 있는 것'으로 정의하고, 국가 주요 시설로 부터 300미터 이내에서는 비행을 규제하며 비행금지구역을 정하고 있다.[154]

---

152) 윤지영, 윤정숙, 임석순, 김대식, 김영환, 오영근 (2015), "법과학을 적용한 형사사법의 선진화 방안(VI)", 한국형사정책연구원 연구총서 15-B-16, 117-129.

153) Federal Aviation Administration, Operation and Certification of Small Unmanned Aircraft System, 14 C.F.F. Parts 21, 43, 61 (2016).

154) 일본 항공법 제2조, 제132조, 제132조의2.

7. 인공지능에 관한 사전적 규율 방안

자율주행차가 관련된 교통사고, 인공지능 알고리즘에 의한 차별 사례, 빅데이터에 의한 개인정보 침해 사례 등 인공지능에 의한 피해사례가 속출하자 세계 각국은 인공지능 로봇을 중점으로 인공지능에 관한 법적·윤리적 논의를 통해 각종 법률을 제정하고 있다.

먼저 우리나라의 경우에 기존 일반법인 형법, 민법의 논리에 위와 같은 인공지능의 행위성, 책임 귀속 등의 문제점을 포섭하려는 논의를 검토한 후, 특별법인 지능형로봇 개발 및 보급 촉진법, 전자정부법 등 관련 법률의 현황을 살펴보고, EU, 미국, 일본 등 각국의 인공지능 관련 법률의 현황을 알아본다.

가. 기존 형법, 민법에의 포섭

인공지능에 관련된 특별법의 내용을 살펴보기 이전에 기존의 일반법의 논리에 따라 인공지능에 의하여 발생 가능한 법적 문제점들이 포섭되어 해결될 수 있는지 짚고 넘어가야 한다. "가. 형사법적 책임 문제"에서는 인공지능 작동에 형법적 행위성을 인정할 수 있는지 여부와, 인공지능에게 범죄 능력, 형사책임 능력 등을 인정할 수 있을지 여부를 살펴보고, "나. 민사법적 책임 문제"에서는 인공지능에 의해 손해가 발생하였을 경우 그 책임주체와 책임을 구할 근거를 전통적인 과실 책임주의, 위험 책임주의, 편익 책임 주의 등을 위주로 살펴본다.

1) 형사법적 책임 문제

인공지능에게 형사법적으로 책임을 묻고자 하려면 인공지능 로봇에게 과연 인간과 같은 행위능력을 인정할 수 있을지가 먼저 논의되어야 한다. 그래야 그 행위에 대한 책임을 논할 수 있기 때문이다. 이에 인공지능에 대한 형사법적 책임 문제를 살펴보기로 한다.

가) 인간중심의 행위

(1) 인간중심의 행위 체계

우리 형법은 기본적으로 인간중심의 체계를 가지고 있다. 인간이 범죄의 주체로서 범죄행위를 하게 되고 형사사법은 그것을 예방하거나 처벌하기 위해 형사사법 체계를 구축하고 있다.[155] 형사법 체계의 근간이 되는 인간의 전제조건으로 자율성과 성찰성이 요구된다.[156] 따라서 형사법적 행위와 책임 주체로서 인간은 스스로 규칙을 만들고 그 규칙에 복종할 수 있으며 외부의 강제 없이도 자신이 규범 위반의 행위를 한 것에 대해 규범위반의 행위를 하지 않을 수 있었다는 성찰을 할 수 있어야 한다.[157] 그러므로 같은 생명체이지만 그와 같은 요건을 충족시키지 못하는 동물은 법적인 주체로서 인정되기보다는 인간에 의해 보호·관리되는 객체로서 존재한다.[158] 최근 문제가 된 개가 사람을 무는 경우에는 형

---

155) 양천수 (2017), "인공지능과 법체계의 변화 - 형사사법을 예로 하여", 법철학연구 제20권 제2호, 65.

156) 윤지영/김한균/김동근/김성돈 (2017), 법과학을 적용한 형사사법의 선진화 방안(Ⅷ), 서울형사정책연구원, 229-300.

157) 윤지영/김한균/김동근/김성돈 (2017), 법과학을 적용한 형사사법의 선진화 방안(Ⅷ), 서울형사정책연구원, 229-300

사절차를 통해 개를 처벌하지는 못한다.[159] 동물에 대한 형법문제는 동물에게 귀속되는 것이 아니라 동물을 관리하는 인간에게 묻는다.

형법상 행위론의 논쟁과 같이 인간이 한 형법상 의미 있는 행위만이 형사사법체계에서 다루어진다. 형사책임을 부여하기 위해서는 형법상 의미 있는 행위가 자유의지에 의해 행해져야 한다. 자유의지에 따라 다른 행위를 할 수 있었음에도 불구하고 범죄행위를 한 경우 행위자를 비난할 수 있으며 그에 따라 인간에게 형사책임을 지울 수 있다.[160]

(2) 인간중심 체계의 예외

형사사법 체계의 예외로는 법인과 동물이다. 법인은 법률거래를 위해서 자연인은 아니지만 법적인 인격을 부여하여 법률에 있어 권리·위무의 주체가 될 수 있도록 만든 법적인 장치이다. 법인의 본질에 대해서 법인의 제설[161]과 법인 부인설[162], 법인실재설[163] 등이 제시되고 있다.[164] 형사사법 체계에서 법인은 자연인과 함께 규율하고 있다. 법인의 범죄능력이나 수형 능력 등에 대해 논란이 있지만 법인은 인간 중심체계의 예외로서 존재한다. 계몽시대 이전에는 동물을 피고로 형사절차가 이루어지기도 하였다.[165]

범죄자뿐만 아니라 뱀과 같은 동물도 함께 익사시키기도 하였다.[166] 1474년 스위스 바젤에서는 동물소송이 있었고 닭에게 사형이 선고된 사례도 있다.[167]

(3) 형법상 책임 귀속

우리 형법체계에서 범죄는 구성요건에 해당하고 위법하며 유책한 행위로 이해한다. 구성요건에 해당하고 위법한 행

---

158) 민윤영 (2017), "인간, 동물, 로봇 그리고 바이오필리아(biophilia)의 법 - 에리히 프롬 (Erich Fromm)의 사상을 중심으로", 법철학연구 제20권 제1호, 319.

159) 매일일보, 정부 "개 물림 사고시 주인 처벌규정 마련", http://www.m-i.kr/news/a rticleView. html?idxno=354440 (2017. 10. 30. 12:11).

160) 이원상 (2018), "인공지능 대응에 있어 형사법 이론의 한계", 형사법의 신동향 통권 제59호, 16.

161) 법인의 제설은 법적인 권리와 의무의 주체는 오직 자연인이고, 법인은 법률의 힘에 의해서 자연인으로 의제되는 것뿐이라는 견해이다.

162) 법인 부인설은 법인은 법률관계를 위한 법기술일 뿐이고 법인은 거래를 위한 사실적인 기능만을 한다는 견해이다. 해당 견해는 목적재산설, 수익자주체설, 관리자주체설 등으로 나뉜다.

163) 법인실재설은 법인은 권리주체로서의 실질을 가지며 사회적인 실체를 가지고 있다는 견해이다. 이 실체에 대해서는 유기체설, 조직체설, 사회적 가치설 등으로 나뉜다.

164) 이외에도 사비니(Savigny), 예링(Jherring), 기르케(Gierke) 등이 법인의 본질에 대해 새로운 해석을 하였다. ; 이흥민 (2016), "법인의 본질", 제주대학교 법과 정책 제22권 제3호, 274.

165) 윤지영, 윤정숙, 임석순, 김대식, 김영환, 오영근 (2015), "법과학을 적용한 형사사법의 선진 화 방안(VI)", 한국형사정책연구원 연구총서 15-B-16, 315-316.

166) 윤지영, 윤정숙, 임석순, 김대식, 김영환, 오영근 (2015), "법과학을 적용한 형사사법의 선진 화 방안(VI)", 한국형사정책연구원 연구총서 15-B-16, 316.

167) 임석순 (2016), "형법상 인공지능의 책임귀속", 형사정책연구 제27권 제4호, 78.

위는 불법성에 해당하고 유책하는 행위는 책임성과 관련되어 비난 가능성과 연관된다.[168] 비난 가능성이란 자신의 행위 의미를 이해하고 그 결과를 알 수 있으며 결과를 회피할 수 있는 능력을 가진 행위자 즉 자유의지를 가진 행위자가 범죄를 피하지 않고 범죄행위로 나아간 것에 대한 비난을 말한다.[169] 행위자에게 형사책임을 부과하기 위해서는 범죄행위에 대한 행위자의 고의·과실이 있어야 하고 책임능력이 있으며 범죄행위의 위법성을 인식하고 기대가능성이 있어야 한다.[170]

우리 형법은 정신적·신체적으로 아직 성숙하지 않은 14세 미만의 미성년자(형법 제9조), 정신병자와 같이 사물의 변별력이 없는 심신상실자(형법 제10조 제1항)의 경우에는 책임무능력자로 분류하여 형사책임을 부과하지 않으며, 사물의 변별능력이나 의사결정능력이 미약한자(형법 제10조 제2항), 농아자(형법 제11조)의 경우에는 형사책임을 감경해 준다. 범죄행위가 정당한 이유로 인하여 죄가 되지 않는 것으로 오인한 경우이거나(형법 제16조), 강요된 행위(형법 제12조) 등과 같이 기대불가능성이 존재하는 경우에도 책임을 면하고 있다. 고의 또는 과실로 범죄를 저지른 자에게 책임을 면제하거나 감경시키는 요소가 없는 경우 범죄자에게는 자신의 범죄에 상응하는 책임이 부과된다.[171]

나) 인공지능의 형사책임 능력

(1) 인공지능의 범죄능력 인정 여부

형법은 인간의 법적인 개념을 새롭게 구성하여 '인'(人)이라는 상위 개념을 두고 그 아래 '자연인'과 '법인'을 구분하고 있으며, 자연인인 사람 외에도 양벌규정을 통해 법인을 처벌하고 있다. 이와 마찬가지로, '인'이라는 상위 개념 아래 '자연인'과 '법인'에 덧붙여 '전자인'을 두고 형사책임을 부과할 수 있도록 하자는 견해가 있다.[172]

학설에 따라서는 법인의 범죄능력을 부정하는 견해[173]와 긍정하는 견해[174], 부분적으로 긍정하는 견해[175] 등이 존재한다. 긍정설은 법인실재설의 입장에서 법인의 범죄능력을 인정하고, 법인 고유의 의사능력과 행위능력이 있으며 법인의 반사회로부터 사회를 방위하고 사회적 책임을 물을 필요성이 있고 무엇보다 형사정책적인 필요성이 있다는 것을 주요 논거로 삼는다.[176] 긍정설의 입장에서 보면 인공지능에 대해 법인격을 부인할 수 있다면 인공지능은 현재의 법인과 같이 범죄능력을 갖게 된다.

그러나 인공지능의 경우에는 법인처럼 인정하는 것과는 다른 특징이 있다. 인공지능의 범죄능력에 대한 논의는 인공지능에게 법적인 인격을 부여하는 문제에 국한되는 것은 아니다. 근본적인 관점에서 비록 생물학적인 육체를 가지고 있

---

168) 계승균 (2017), "법규범에서 인공지능의 주체성 여부", 법조 제66권 제4호, 172.

169) 임석순 (2016), "형법상 인공지능의 책임귀속", 형사정책연구 제27권 제4호, 76-77.

170) 배종대 (2017), 형법총론(제13판), 홍문사, 83-88.

171) 이원상 (2018), "인공지능 대응에 있어 형사법 이론의 한계", 형사법의 신동향 통권 제59호, 19.

172) 윤지영/김한균/김동근/김성돈 (2017), 법과학을 적용한 형사사법의 선진화 방안(Ⅷ), 서울형사정책연구원, 245.

173) 김성돈 (2015), 형법총론(제4판), SKKUP, 165-166. ; 박상기 (2012), 형법총론(제9판), 박영사, 71. ; 배종대 (2017), 형법총론(제13판), 홍문사, 50. ; 대법원 1984. 10. 10. 선고 82도2595 전원합의체 판결.

174) 김일수, 서보학 (2014), 형법총론(제12판), 박영사, 137. ; 정성근/박광민 (2015), 형법 총론(제2판), SKKUP, 91.

175) 임웅 (2015), 형법총론(제7판), 법문사, 77. ; 유기천 (1983), 형법학(총론강의 개정24 판), 일조각, 98.

176) 배종대 (2017), 형법총론(제13판), 홍문사, 50.

지는 않은 창조물이지만 인간의 특징을 모방하고 있기 때문에 인간과 동일한 인성까지 부여할 수 있는지에 미치고 있다. 로봇에게 전자인격(e-person)을 부여하자는 EU의 정책과 인간관에 대한 개념의 수정 및 확장을 통해 인공지능을 인간의 범주에 포함시키는 것이다. 2017년 2월 EU는 인공지능 로봇에게 전자적 인간의 지위를 부여하도록 하는 결의안을 통과시켰다. 해당 결의안이 법적으로 강력한 구속력을 가지는 것은 아니지만 앞으로 EU에서는 인공지능 로봇에 대해 법적인 책임소재 및 관련 윤리 표준 마련, EU로봇담당국 설치, 노동시장에서의 청사진을 제시하려는 의도가 반영된 것이다.[177]

(2) 인공지능의 형사책임능력 인정 여부

인공지능의 범죄능력을 인정한다고 하더라도 인공지능에게 형사책임능력을 지울 수 있는지가 문제이다. 법인의 경우 범죄능력을 긍정하든 부정하든 간에 결론은 법인의 형사책임능력을 인정하고 있다. 긍정하는 견해는 법인이 실재하기 때문에 당연히 범죄주체가 되면 형사책임능력도 존재한다고 보고, 부정하는 견해는 법률에 양벌규정이 있기 때문에 법률상 인정할 수밖에 없다고 본다. 부정성의 입장에서는 실질적으로 법인의 형사책임을 인정할 수는 없지만 현행 규정을 설명하기 위해 고육지책으로 법인의 형사책임능력을 인정하는 것이다.

인공지능 로봇의 경우 법률상 전자인간의 지위를 부여하거나 인간의 범주를 넓혀서 포함시킬 경우 인공지능의 형사책임능력을 부정할 이유는 없다. 인공지능의 형사책임능력을 인정한다고 하더라도 인공지능에게 형사책임을 귀속시키는 문제는 여전히 존재한다.

인공지능 로봇은 외부환경의 변화를 인식할 수 있어야 하고, 독자적으로 상황판단을 할 수 있어야 하며 자율적으로 행위를 결정할 수 있는 능력을 가지며 사람과 상호작용까지도 할 수 있어야 한다.[178] 그럼에도 인공지능의 작동은 해커의 해킹, 소유 및 관리자의 영향력, 제조사의 한계 및 오류 등에 의해 영향을 받는다. 이러한 경우 인공지능의 작동에 의한 범죄에 대해 인공지능에게 책임을 귀속시킬 수 있을지 문제이다. 범죄 발생 유형에 따라 책임 귀속 주체를 고찰해본다.

첫째, 해커가 인공지능을 해킹하여 범죄를 저지르게 한 경우 해커는 인공지능 로봇에 대해 형법상 간접정범과 같이 인공지능 로봇의 의사를 지배하는 것과 같다.[179] 따라서 간접정범 이론을 적용할 여지도 있다. 하지만 해커가 해킹을 통해 인공지능 로봇을 조종하는 경우 인공지능 로봇은 간접정범의 피이용자가 되는 것이 아니라 단순히 물건과 같다고 보아야 한다. 따라서 해커가 인공지능 로봇을 통해 범죄를 저지르는 경우 해커의 단독정범이 인정될 뿐이며 인공지능 로봇은 단지 범죄도구에 불과하게 된다. 그러므로 인공지능 로봇에게는 형법적 책임을 물을 수 없다. 이 경우 인공지능 로봇이 범죄의 도구로 사용되었으므로 몰수가 가능한데(형법 제48조 제1항), 해킹이 끝나고 자신의 지능을 회복한 경우 인공지능 로봇이 몰수대상이 될 수 있을지 문제이다.[180]

---

177) 김자회, 주성구, 장신 (2017), "지능형 자율로봇에 대한 전자적 인격 부여", 법조 통권 제724권 제4호, 127-128.

178) 윤지영, 윤정숙, 임석순, 김대식, 김영환, 오영근 (2015), "법과학을 적용한 형사사법의 선진화 방안(VI)", 한국형사정책연구원 연구총서 15-B-16, 21.

179) 배종대 (2017), 형법총론(제13판), 홍문사, 134.

180) 이원상 (2018), "인공지능 대응에 있어 형사법 이론의 한계", 형사법의 신동향 통권 제 59호, 23.

둘째, 인공지능 소유 및 관리자가 인공지능 로봇에게 명령하여 범죄를 저지를 경우를 살펴보면 간접정범 이론이 적용될 가능성이 있다. 예를 들어 인공지능 로봇 소유자가 인공지능 로봇에게 독약이든 물을 영양제라고 속이고 피해자에게 가져다주도록 한 경우 소유자는 고의 없는 도구를 사용하여 간접정범으로 처벌 된다고 할 수 있다. 반면에 로봇이 소유자 및 관리자 모르게 해당 범죄를 저지른 경우라면 소유자 및 관리자는 자신이 인공지능 로봇에 대한 관리·감독을 소홀히 하지 않았다는 것을 입증하게 되면 책임을 면할 수 있을 것이다. 그러나 인공지능 로봇이 자신의 행위가 인간에게 해를 끼치는 것을 알면서도 범죄행위를 하였다면 로봇에게도 형사책임을 물을 수 있을 것이다. 하지만 그렇지 못하다면 형사처벌은 할 수 없을 것이며 보험법의 문제로 해결되어야 할 것이다.[181]

셋째, 인공지능을 생산한 제조사의 기술적 한계 및 오류에 의해서 범죄가 발생한 경우, 예를 들어 제조사의 기술적 한계 및 오류로 인하여 인공지능 로봇이 사람에게 상해를 가한 경우라면 형법상 과실범의 법리에 의해 제조사에게 과실책임을 물을 수 있을 것이다. 이 경우 인공지능 로봇은 단순한 수단에 불과하게 되므로 인공지능 로봇에게 형사책임을 물을 수는 없다. 만일 인공지능 로봇 스스로가 오류를 생성한 경우라면 과실범의 책임은 인공지능 로봇이 지게 될 것이다. 인공지능 로봇의 경우 인공지능이 제대로 작동하지 않는 경우에는 형법상 물건과 같은 지위를 갖게 되며, 인공지능이 제대로 작동하는 경우에는 형사책임의 주체가 된다. 이는 인공지능 로봇이 생체를 가지고 있는 인간과 구분되어 기계적 특성을 가지고 있기 때문이다.

인공지능 로봇의 형사책임을 인정하더라도 그 책임을 인공지능 로봇에게 귀속시킬 수 있는지는 별개의 문제이다. 예를 들어 미성년자가 심실상실자, 강요에 의한 경우 등 행위자에게 책임이 없는 경우에는 형사책임을 조각하고 있다. 그러므로 인공지능 로봇도 행위 시의 인공지능의 상태(버그가 있었거나, 사람이 강제한 경우 등)에 따라 책임이 조각될 수 있을 것이다.[182]

(3) 인공지능의 수형능력 인정 여부

수형능력은 '범죄능력(행위능력 + 책임능력)의 결과가 귀속되는 곳'이므로 범죄능력이 인정되지 않으면 수형능력도 당연히 인정될 수 없다. 법인은 관념과 서류로만 존재하게 된다. 법인사무는 자연인인 사람이 한다. 또한 법인의 의사결정도 사람 또는 사람들의 집합적인 사고의 결과이다. 법인의 대표에 대해 형사책임이 부여되고 법인에 대한 형사책임도 벌금에 불과하다. 법인의 수형능력을 인정하더라도 법인의 수형능력은 법인의 재산에 대해 부과될 수 있는 재산형뿐이다. 인공지능 로봇의 범죄능력을 인정할 수 있다고 전제하면 인공지능 로봇의 수형능력도 함께 인정할 수 있으며 법인과 같이 인공지능 로봇에서도 유사한 방법을 모색할 수 있다.[183] 인공지능 로봇에 대해 법인격과 유사한 인격을 부여하고 인공지능 로봇의 노동에 대한 대가를 인공지능 로봇에게 지급해서 인공지능 로봇이 재산을 축적할 수 있다면 인공지능 로봇은 범죄에 대해 재산형을 부과 받을 수 있다.[184]

---

181) 이원상 (2018), "인공지능 대응에 있어 형사법 이론의 한계", 형사법의 신동향 통권 제 59호, 23.
182) 이원상 (2018), "인공지능 대응에 있어 형사법 이론의 한계", 형사법의 신동향 통권 제 59호, 24.
183) 이원상 (2018), "인공지능 대응에 있어 형사법 이론의 한계", 형사법의 신동향 통권 제 59호, 25.
184) 이원상 (2018), "인공지능 대응에 있어 형사법 이론의 한계", 형사법의 신동향 통권 제 59호, 25.

그러나 인공지능 로봇은 법인과 달리 독자성이 인정될 수 있으며 인공지능 로봇의 경우 물리적으로 인간이 받을 수 있는 형종을 모두 받을 수 있도록 구성할 수 있다. 인공지능 로봇을 교도소에 가두어 자유형을 부과하거나 사형과 같이 로봇을 파괴한다고 하더라도 인공지능 로봇은 사이버공간에 존재하고 있기 때문에 형벌로서의 의미는 없다. 인공지능 로봇에 적합한 새로운 형의 종류가 부과될 필요가 있다. 사형에 해당하는 것으로 인공지능 프로그램을 완전히 삭제하는 것이며 자유형을 통화 교화 개선하는 것과 같이 인공지능 프로그램을 초기화하는 것이 일례가 될 수 있다. 현행 형법에 규정되어 있는 형의 종류는 한계가 있으므로 인공지능 로봇에 대해 수형능력을 인정하게 되면 인공지능에 적합한 형의 종류를 새롭게 도입할 필요가 있다.[185]

2) 인공지능과 귀책사유

(가) 전통적인 과실책임주의의 한계

(1) 과실 판단의 대상

인공지능이 통제하는 로봇은 인간이 이를 직접적으로 조작하지 아니하므로 인공지능 로봇이 타인에게 손해를 입히는 작동의 직접적인 행위자는 존재하지 않는다.

나. 민사법적 책임 문제

인공지능에게 귀책사유와 책임을 구할 근거를 민사법적 관점에서 살펴본다. 전통적인 과실책임주의, 제조물 책임, 공작물 책임, 사용자 책임, 동물점유자 책임을 유추적용, 보상책임, 편익책임 등의 관점에서 인공지능에게 책임을 물을 수 있는지 검토해 보고자 한다.

1) 인공지능과 귀책사유

(가) 전통적인 과실책임주의의 한계

(1) 과실 판단의 대상

인공지능이 통제하는 로봇은 인간이 이를 직접적으로 조작하지 아니하므로 인공지능 로봇이 타인에게 손해를 입히는 작동의 직접적인 행위자는 존재하지 않는다. 고의 또는 과실의 판단을 행위자를 대상으로 행하여야 하므로 인공지능 로봇의 경우에는 누구를 대상으로 예견가능성과 회피가능성을 판단하여야 하는 것인지가 불분명하다. 인공지능 로봇이 타인에게 입힌 손해에 대한 가장 중요한 행위 기여가 있다면 인공지능 프로그래머와 로봇을 직접 점유하여 이용하는 자에게 있다고 할 수 있다.

(2) 인공지능 프로그래머의 과실 판단의 한계

인공지능이 통제하는 로봇이 발생시킨 손해에 대해 인공지능 프로그래머에게 프로그래밍상의 과실을 인정하기 위해

---

185) 이원상 (2018), "인공지능 대응에 있어 형사법 이론의 한계", 형사법의 신동향 통권 제 59호, 26.

서는 프로그래머에게 예견가능성과 회피가능성이 있는지를 살펴보아야 한다.

언젠가는 인공지능 로봇이 오작동할지도 모른다는 불확실한 손해발생의 막연한 불안감이 얼마나 구체적으로 손해발생을 예견할 수 있는가 문제된다. 인공지능 로봇에 위험이 잠재화되어 있고 잠재된 위험의 현실화에 대한 공포의 인식만으로는 법적인 의미의 예견가능성이 존재한다고 보기는 어렵다.

로봇을 통제하는 인공지능은 알고리즘으로서 컴퓨터 프로그램이므로 본질적으로 불완전성을 내포하고 있다. 프로그래머는 프로그래밍과정에서 디버깅 단계를 반드시 거치므로 기초적인 디버깅 단계에서 일반적인 오류는 회피한다. 인공지능 로봇은 상당한 기간 동안 실험과 검증과정을 거치고 국가기관의 인증도 거친다. 이렇게 복수의 오류 검증과 수정절차를 거쳤으므로 불가항력을 제외하고는 손해발생이 회피 가능하다고 규범적으로 인정을 한다면 실질적으로는 무과실 책임과 같은 결과가 된다.[186]

(3) 인공지능 이용자의 과실 판단의 한계

인공지능 로봇 이용자는 인공지능 로봇에게 정해진 명령만 내릴 뿐이므로 그 명령 자체가 가해를 하는 위법한 것이라면 불법행위이지만 인공지능 로봇 이용자가 비침해적인 무해한 명령을 하였다면 인공지능 로봇을 직접적으로 조작하지 않기 때문에 구체적인 지배가능성과 통제가능성이 결여된다.

인공지능 로봇에 적용하는 규정을 미국 리스테이트먼트(Restatement)[187]에서 찾을 수 있다. 리스테이트먼트 제307조의 "불완전하거나 결함 있는 도구의 이용(Use of Incompetent or Defective Instrumentalities)"에서 과실판단에 대한 규정이 있는데 이 규정이 인공지능 로봇 이용자의 과실판단에 적용가능하다고 본다.[188] 리스테이트먼트 제307조는 "사람이든 물건이든 그것이 불완전하거나 부적절하거나 또는 결함이 있어서 타인에게 합리적인 수준을 넘는 위험을 가져온다는 사실을 알았거나 알아야만 함에도 이를 이용하는 경우에는 과실이 인정 된다"고 규정하고 있다.[189] 미국 판례에 서도 트럭 소유자가 타이어에 결함이 있다는 점을 알고 있었다면 결함 있는 타이어가 터져서 생명침해를 가져온 경우에 트럭 소유자에게 과실을 인정한 바 있다.[190] 또한 파이프라인이 오일 압력을 버틸 수 있는가를 판단하는 테스트를 제대로 하지 아니한 파이프라인회사에 대해 과실을 인정하였다.[191]

---

186) 오병철 (2017), "인공지능 로봇에 의한 손해의 불법행위책임", 연세대학교 법학연구 제 27권 제4호, 29.

187) 리스테이트먼트(Restatement of the Law) 혹은 법재록(法再錄)은 주법(州法)의 통일화를 위한 운동으로서, 선례로 정착된 판례의 요점을 정리한 것이다. 1923년 미국 법률 협회가 처음 발간하였다. 판례법 위주의 미국에서 법전화 운동의 일환으로 탄생하였다. 리스테이트먼트는 법조문 형식으로 되어 있고 성문법이 취하고 있는 형식(모범법전)을 갖추고 있지만, 이것은 법도 아닐 뿐더러 법적 구속력도 없는 것이나, 미국의 대다수 법원 들은 리스테이트먼트에 명시되어 있는 내용에 대하여 설득력 있는(persuasive) 것으로 인정하고 때로는 판결의 내용을 정당화하기 위하여 인용하기도 한다. ; 위키백과, "리스 테이트먼트", https://ko.wikipedia.org/wiki/%EB%A6%AC%EC%8A%A4%ED%85%8C %EC%9D%B4%ED%8A%B8 % EB %A8 %BC%ED %8A%B8 (2018. 11. 19. 확인).

188) 오병철 (2017), "인공지능 로봇에 의한 손해의 불법행위책임", 연세대학교 법학연구 제 27권 제4호, 30.

189) Restatement of Torts §307 Comment b.

190) Dostie v. Crushed Stone Co, 136 Me. 284 (1939).

191) Yorkshire Worsted Mills v. National Transit Co., 28 Del. Co. 402 (1938).

(4) 인공지능 소유자의 과실 판단의 한계

리스테이먼트 제308조는 "부적절한 사람에게 물건이나 활동 참여의 허락 (Permitting Improper Persons to Use Things or Engage in Activities)"이라는 과실판단에 관한 규정을 두고 있다. 제3자가 타인에 대한 손해가 발생한다는 것을 알면서도 물건을 이용하거나 또는 행동을 할 것 같거나 또는 그런 의도를 갖고 있다는 점을 알거나 모른데 과실이 있다면 제3자에게 행위자의 통제 하에 있는 물건을 이용하게 하거나 활동에 참여하는 것을 허락하는 것은 과실로 인정된다. 행위자의 동의하에 제3자에게 물건의 점유나 이용 권한을 부여하였고 제3자가 그 물건을 사용하는 것을 저지할 수 있었다고 믿을만한 이유가 있는 경우를 말한다.[192] 예를 들어 운전경험이 전무한 14세 소녀에게 그 사실을 알면서도 자신의 차를 운전하도록 허락한 경우 운전 무경험이 사고를 야기하였다면 그 사고에 대해 자동차 소유자에게 과실이 있다. 인공지능 로봇은 이용자에 의해 통제되는 것이 아니므로 이용자의 특성에 따른 과실판단은 적용하기 어렵다.[193]

(5) 과실의 증명책임

과실책임주의 하에서 과실의 증명책임은 불법행위의 피해자가 부담한다. 그러나 로봇 기술이 발전되어 초인공지능 단계로 갈수록 로봇 제작자의 과실이나 로봇 공급자가 손해발생을 예견하였다는 점을 피해자가 증명하는 것은 더욱 어려워진다.[194] 피해를 발생시킨 로봇의 인공지능 알고리즘 프로그래밍에 과실이 있음을 증명하기 위해서는 이용자가 그 알고리즘을 입수하여야 하는데, 인공지능 알고리즘 그 자체가 로봇 제작회사에는 결정적인 영업비밀에 해당되므로 공개하지 않을 것이다. 따라서 피해자가 인공지능 알고리즘의 소스코드에 접근하는 것은 사실상 불가능하다.[195]

따라서 피해자의 입증책임을 제조자나 개발자에게로 전환하는 방안이나, 무과실 책임을 논의할 필요가 있다.

(나) 제조물 책임 적용 검토
(1) 인공지능 알고리즘 로봇의 제조물성

제조물 책임법(PL법)에서는 "제조물이란 제조되거나 가공된 동산(다른 동산이나 부동산의 일부를 구성하는 경우를 포함한다)을 말한다"고 규정하고 있다(제2조 제1호).[196] 그러나 프로그램이나 소프트웨어류로 인한 피해는 구제 대상이 안 된다고 해석하는 것이 일반적이다.[197]

---

192) Restatement of Torts §308 Comment a.

193) 오병철 (2017), "인공지능 로봇에 의한 손해의 불법행위책임", 연세대학교 법학연구 제27권 제4호, 31.

194) Ugo Pagallo (2013), The Law of Robots – Crimes, Contracts, and Torts, Springer, 117.

195) 오병철 (2017), "인공지능 로봇에 의한 손해의 불법행위책임", 연세대학교 법학연구 제27권 제4호, 31.

196) 일본의 경우에도 제조물책임법의 대상이 되는 제조물을 제조 또는 가공된 동산으로 하고 있다.

197) 소프트웨어를 제조물책임법에 의하여 보호하자는 견해로 다음과 같은 논문이 있다. 권상로,한도율 (2013), "제조물책임법의 문제점과 개선방안에 관한 연구", 법학연구 제51 집, 188. ; 김민중 (2003), "컴퓨터바이러스에 따른 손해에 대한 법적 책임", 인터넷 법률 통권 제18호, 97. ; 신봉근 (2005), "컴퓨터소프트웨어와 제조물책임", 인터넷 법률 통권 제27호, 126. ; 박동진 (2003), "제조물책임법상 제조물의 개념", 비교사법 제10권 4호, 284. ; 박동진 (2012), "제조물책임법 개정방안 연구", 2012년도 법무부/공정거래위원회 연구용역과제보고서, 72.

제조물책임에서는 주로 제조물의 사용이나 하자로 인하여 발생한 생명·신체·재산상 손해에 대한 책임을 다룬다. 제조물책임법 제2조 제2호 나목은 '제조업자가 합리적인 대체설계를 채용하였더라면 피해나 위험을 줄이거나 피할 수 있었음에도 대체설계를 채용하지 아니하여 당해 제조물이 안전하지 못하게 된 경우를 말한다'고 규정하고 있다. 설계상의 결함을 판단할 때는 합리적인 대체설계의 존재 유무가 중요한 판단기준이 될 것이다.[198] 인공지능과 관련하여 제조물책임을 묻는 경우에도 설계상의 결함과 관련하여 합리적인 대체설계가 가능했는지의 여부가 문제될 것이다. 인공지능의 대체 설계란 결국 프로그램의 대체라고 할 수 있으며 대체프로그램에도 위험이 존재하는 경우 어떻게 할 것인가와 합리적인 대체프로그램이 존재하지 않는 경우 언제나 결함이 부정되는지가 문제이다. 제조물책임법 제2조는 결함을 '통상적으로 기대할 수 있는 안전성이 결여된 것'이라고 규정하고 있다. 인공지능은 새로운 것으로서 통상적으로 기대할 수 있는 안전성 여부를 판단함에서도 어려움이 있을 것이다.[199]

자율주행차가 자율주행 중 자동차 하드웨어에는 결함이 없었으나 자율주행 알고리즘 오류로 교통사고를 야기한 경우에 그 제조물책임을 인공지능 소프트웨어 제작회사에게 묻기 위해서는 자율주행차가 아닌 인공지능 소프트웨어 그 자체에 제조물성이 인정되어야 한다. 그러나 소프트웨어 자체는 물건이 아니라는 견해가 다수이므로 제조물성이 인정되지 않는다. 따라서 자율주행시스템 그 자체를 제조물로 다루기 위해서는 별도의 입법적 해결이 필요하다.[200]

(2) 인공지능 로봇의 제조물성

동산인 인공지능 로봇은 제조물책임법 제2조 제1호에 따라 제조되거나 가공된 동산이므로 제조물이다. 인공지능의 대표적인 상품인 자율주행차도 제조물로 인정하고 있다.[201] 그러나 스마트 하이웨이와 같이 부동산에 인공지능이 결합되어 일체화된 경우에는 인공지능 그 자체가 하나의 제조물로 다루어지지 않는 한 부동산인 스마트 하이웨이를 제조물로 보기 어려울 수 있다.[202]

(3) 결함의 판단

제조상의 결함이란 제조물책임법 제2조 제1항은 "제조업자가 제조물에 대하여 제조상·가공상의 주의의무를 이행하였는지에 관계없이 제조물이 원래 의도한 설계와 다르게 제조·가공됨으로써 안전하지 못하게 된 경우"를 말한다. 물리적인 장치의 흠결이 아니고 프로그램이나 디지털 정보의 복합적인 알고리즘의 연산과정을 거친 결과 값인 경우에는 제조상의 결함이 있다고 보기 어렵다.[203]

---

198) 소재선 (2007), "제조물책임법상 설계상 결함 – 대법원 2003. 9. 5. 선고 2002다17333 판결–", JURIST plus 제412호, 166.

199) 손영화 (2016), "인공지능(AI)시대의 법적과제", 법과 정책연구 제16집 제4호, 10.

200) 김상태 (2016), "자율주행차에 관한 법적 문제", 경제규제와 법 제9권 제2호, 185. ; 김진우 (2017), "자동주행에서의 민사책임에 관한 연구 : 개정된 독일 도로교통법과 우리 입법의 방향", 강원법학 제51권, 44.

201) 이충훈 (2016), "자율주행차의 교통사고에 대한 민사법적 책임", 법학연구 제19집 제4호, 158.

202) 오병철 (2017), "인공지능 로봇에 의한 손해의 불법행위책임", 연세대학교 법학연구 제27권 제4호, 31.

203) 이충훈 (2016), "자율주행차의 교통사고에 대한 민사법적 책임", 법학연구 제19집 제4호, 160.

설계상의 결함이란 제조물책임법 제2조 제2호 나목에 따르면 "제조업자가 합리적인 대체설계를 채용하였더라면 피해나 위험을 줄이거나 피할 수 있었음에도 대체 설계를 채용하지 않아 해당 제조물이 안전하지 못하게 된 경우"를 말한다. 제조물책임의 설계상 결함은 '합리적인 대체설계의 불채용'이고, 이는 제조업자의 과실을 의미한다.[204] 인공지능 알고리즘의 본질은 컴퓨터 프로그래밍이고 모든 컴퓨터 프로그램은 오류가 내재되어 있을 수밖에 없다.[205] 따라서 설계상의 결함이라고 말하기 어렵다.

표시상의 결함이란 제조물책임법 제2조 제2호 다목은 '제조업자가 합리적인 설명·지시·경고 또는 그 밖의 표시를 하였더라면 해당 제조물에 의하여 발생할 수 있는 피해나 위험을 줄이거나 피할 수 있었음에도 이를 하지 아니한 우'를 말한다. 인공지능에 의해 통제되는 로봇의 경우 이용자는 구체적인 조작행위를 하지 아니하므로 이용에 관해 잘못된 정보제공이 있다고 해서 그것이 손해로 직결된다고 보기 어렵다. 따라서 표시상의 결함은 인공지능 로봇에서는 적용하기 어렵다.[206]

(4) 인과관계

제조물책임이 인정되기 위해서는 제조물의 결함과 손해와의 사이에 인과관계가 존재해야 하고, 그 인과관계는 피해자가 증명을 하여야 한다. 그러나 과학적 제조물의 경우에는 결함과 손해 사이의 인과관계의 증명이 매우 어려우므로 대법원 판례[207]는 "그 사고가 제조업자의 배타적 지배하에 있는 영역에서 발생한 것임을 입증하고, 그러한 사고가 어떤 자의 과실 없이는 통상 발생하지 않는다고 하는 사정을 증명하며, 제조업자 측에서 그 사고가 제품의 결함이 아닌 다른 원인으로 말미암아 발생한 것임을 입증하지 못하는 이상" 결함이 존재하고 그 결함으로 말미암아 사고가 발생하였다고 추정하여 결함의 존재와 결함과 손해 사이의 인과관계의 증명을 완화하고 있다.

인공지능 로봇에서도 제조물 책임을 묻기 위해서는 로봇의 결함과 손해 사이의 인과관계의 증명이 필요하다. 그러나 인공지능 로봇은 근본적으로 이용자의 조작행위가 개입되지 않기 때문에 어떠한 "사고가 제조업자의 배타적 지배하에 있는 영역에서 발생한 것임을 입증"하는 것은 어렵지 않다.[208]

(5) 제조물 책임 적용의 한계

하지만 제조물 책임을 곧바로 인공지능 로봇에 관련된 사고에 적용하는 데에는 한계가 있다. 그 이유는 첫째, 피해자의 입증 책임을 완화하는 규정이 필요하다. 인공지능 로봇에 제조물책임을 묻기 위해서는 피해자가 제조물이 '통상 기대할 수 있는 안전성이 결여'되었음을 입증해야 한다. 그러나 고도의 기술을 전제로 하는 인공지능 알고리즘에 이러한 입증은 쉽지 않다.

---

204) 권영준, 이소은 (2016), "자율주행차 사고와 민사책임" 민사법학 제75호, 473.
205) 오병철 (2017), "인공지능 로봇에 의한 손해의 불법행위책임", 연세대학교 법학연구 제27권 제4호, 36.
206) 오병철 (2017), "인공지능 로봇에 의한 손해의 불법행위책임", 연세대학교 법학연구 제 27권 제4호, 36.
207) 대법원 2000. 2. 25. 선고 98다15934 판결 등 다수.
208) 오병철 (2017), "인공지능 로봇에 의한 손해의 불법행위책임", 연세대학교 법학연구 제 7권 제4호, 36.

이러한 피해자의 입증 부담을 덜어줄 수 있는 입법적인 고려가 필요하다.[209]

둘째, 물리적 장치에 의한 결함이 발생할 가능성을 고려해야 한다. 인공지능 로봇과 같은 자율주행 차는 운전자의 조작행위가 개입하지 않으므로 모든 사고는 제조업자의 배타적 관리 지배하에 있는 영역에 발생한 것이 되어 인과관계의 증명이 수월할 수도 있다. 그러나 인공지능 로봇의 경우 피해자가 로봇이 정상적으로 사용되는 상태에서 손해가 발생한 사실을 증명하기는 어렵다.[210] '로봇'의 결함으로 손해가 발생되었다는 점을 증명하여야 하고, '인공지능' 영역에서 생긴 손해라는 증명이 필요하다. 로봇은 컴퓨터 프로그램인 인공지능과 달리 물리적인 장치가 반드시 포함한다. 따라서 손해의 발생이 인공지능의 영역이 아닌 물리적 장치의 결함으로 발생할 수 있는 가능성을 배제할 수 없다. 이러한 증명을 로봇에 의해 손해를 입은 피해자가 증명을 하여야 한다.[211]

셋째, 제조물 책임법상 면책사유의 요건인 '공급한 당시'가 어느 시점인지 판단하기 곤란하다. 제조물책임법은 다양한 면책사유를 인정하고 있다. 제조물책임법 제4조 제1항 제2호의 "제조업자가 해당 제조물을 공급한 당시의 과학·기술 수준으로는 결함의 존재를 발견할 수 없었다는 사실"을 입증하면 제조물책임을 면하고 있다. 인공지능 로봇의 경우 제조하여 공급한 이후 보완이나 업데이트가 매우 중요하므로 '공급 당시'만을 기준으로 판단하기 어렵다.[212]

넷째, 자율주행 차의 경우 자동차관리법 관련 규정 준수로 면책이 가능하다. 자율주행 차의 경우 이용자의 안전을 위하여 전통적인 자동차에 비해 강화된 안전성 확보가 요구되므로 자동차관리법 제26조의2와 '자율주행 차의 안전운행요건 및 시험운행 등에 관한 규정'이 있다. 이러한 법적 규제를 준수하는 것으로 제조물책임법상의 면책사유가 인정된다면 다양한 법적 규제를 통과한 인공지능 로봇의 제조자는 제조물책임에서 벗어나게 될 것이다.[213]

다섯째, 인공지능이 부동산과 결합할 때는 적용대상에서 벗어난다. 제조물은 동산만을 말한다. 인공지능 시스템이 부동산과 결합한다면 제조물책임의 영역을 벗어나게 된다. 지능형교통시스템(C_ITS)인 스마트 하이웨이는 부동산과 인공지능 로봇이 결합된 것이다. 스마트 빌딩과 같이 건축에 인공지능이 결합되어 건축, 통신, 사무자동화, 빌딩자동화가 유기적으로 연계된 경우도 있다.[214] 이러한 경우 인공지능 시스템을 전통적인 제조물 책임 법으로 통제하기에는 한계가 있다.

여섯째, 기술 개발·실용화를 제동하는 부정적 효과를 가져 올 우려가 있다. 현재 실용화단계에 있는 로봇인 자율주행 차의 경우 제조업자의 제조물 책임위험의 증가는 자율주행기술의 개발과 실용화에 부정적인 영향을 미칠 수 있다.[215] 자율주행 차의 보급·확산이 사회적으로 자동차사고를 줄이는데 결정적인 기여를 할 수 있다면 정책적으로 자율주행 차의 보급·확산을 위하여 제조물 책임법의 적용을 일정 부분 제한하여 자율주행 차의 사고에 대하여 제조물책임법에

---

209) 박해선 (2016), "스마트사회와 민사책임", 법학논총 제23집 제2호, 276.

210) 김진우 (2017), "지능형 로봇에 대한 사법적 규율 – 유럽연합의 입법 권고를 계기로 하여", 법조 통권 제723호, 35.

211) 오병철 (2017), "인공지능 로봇에 의한 손해의 불법행위책임", 연세대학교 법학연구 제 27권 제4호, 36.

212) 박해선 (2016), "스마트사회와 민사책임", 법학논총 제23집 제2호, 276.

213) 오병철 (2017), "인공지능 로봇에 의한 손해의 불법행위책임", 연세대학교 법학연구 제27권 제4호, 39.

214) 포스코경영연구원, "스마트빌딩, 어디까지 왔니?", POSRI비주얼리포트, https://www. posri.re. kr/ko/board/content/14007 (2016. 1. 11.).

215) 권영준/이소은 (2016), "자율주행차 사고와 민사책임" 민사법학 제75호, 459.

따르지 않도록 하는 입법적 고려가 필요하다는 주장도 있다.[216] 이와 같이 로봇의 보급·확산이 인류 전체의 생활의 편의와 생산 증대를 가져온다면 로봇을 제조물책임의 판단에서 특별히 책임을 완화함으로써 제조업자의 법적 책임에 대한 부담을 감소시켜주는 것도 정책적으로 고려해 보자는 의견도 있다.[217]

(다) 공작물 책임 적용

(1) 공작물 점유자의 책임

제조물책임법(PL법)에서는 "제조물이란 제조되거나 가공된 동산(다른 동산이나 부동산의 일부를 구성하는 경우를 포함한다)을 말한다"고 규정하고 있다(제2조 제1호).[218] 그러나 프로그램이나 소프트웨어 오류로 인한 피해는 구제 대상이 안 된다고 해석하는 것이 일반적이다.[219]

제조물책임에서는 주로 제조물의 사용이나 하자로 인하여 발생한 생명·신체·재산상 손해에 대한 책임을 다룬다. 제조물책임법 제2조 제2호 나목은 '제조업자가 합리적인 대체설계를 채용하였더라면 피해나 위험을 줄이거나 피할 수 있었음에도 대체설계를 채용하지 아니하여 당해 제조물이 안전하지 못하게 된 경우를 말한다'고 규정하고 있다. 설계상의 결함을 판단할 때는 합리적인 대체설계의 존재 유무가 중요한 판단기준이 될 것이다.[220] 인공지능과 관련하여 제조물책임을 묻는 경우에도 설계상의 결함과 관련하여 합리적인 대체설계가 가능했는지의 여부가 문제될 것이다. 인공지능의 대체 설계란 결국 프로그램의 대체라고 할 수 있으며 대체 프로그램에도 위험이 존재하는 경우 어떻게 할 것인가와 합리적인 대체프로그램이 존재하지 않는 경우 언제나 결함이 부정되는지가 문제이다. 제조물책임법 제2조는 결함을 '통상적으로 기대할 수 있는 안전성이 결여된 것'이라고 규정하고 있다. 인공지능은 새로운 것으로서 통상적으로 기대할 수 있는 안전성 여부를 판단함에서도 어려움이 있을 것이다.[221]

자율주행차가 자율주행 중 자동차 하드웨어에는 결함이 없었으나 자율주행 알고리즘 오류로 교통사고를 야기한 경우에 그 제조물책임을 인공지능 소프트웨어 제작회사에게 묻기 위해서는 자율주행차가 아닌 인공지능 소프트웨어 그 자

---

216) 이종영/김정임 (2015), "자율주행차 운행의 법적 문제", 중앙법학 제17집 제2호, 164-165.

217) 오병철 (2017), "인공지능 로봇에 의한 손해의 불법행위책임", 연세대학교 법학연구 제27권 제4호, 40.

218) 일본의 경우에도 제조물책임법의 대상이 되는 제조물을 제조 또는 가공된 동산으로 하고 있다.

　　・미가공품인 제1차 농산물, 수산물은 대상 외이다.

　　・무체물인 서비스, 정보, 소프트웨어 등은 대상 외이다.

　　・부동산 중 조명기구, 유닛 버스 등의 주택 부품은 대상이다.

　　・최종제품의 결함이 부품·원재료에 의한 경우 부품·원재료의 제조업자에게 과실이 인정 될 때 대상이 된다.

219) 소프트웨어를 제조물책임법에 의하여 보호하자는 견해로 다음과 같은 논문이 있다. 권상로, 한도율 (2013), "제조물책임법의 문제점과 개선방안에 관한 연구", 법학연구 제51집, 188. ; 김민중 (2003), "컴퓨터바이러스에 따른 손해에 대한 법적 책임", 인터넷 법률 통권 제18호, 97. ; 신봉근 (2005), "컴퓨터소프트웨어와 제조물책임", 인터넷 법률 통권 제27호, 126. ; 박동진 (2003), "제조물책임법상 제조물의 개념", 비교사법 제10권 4호, 284. ; 박동진 (2012), "제조물책임법 개정방안 연구", 2012년도 법무부/공정거래위원회 연구용역과제보고서, 72.

220) 소재선 (2007), "제조물책임법상 설계상 결함 – 대법원 2003. 9. 5. 선고 2002다17333 판결–", JURIST plus 제412호, 166.

221) 손영화 (2016), "인공지능(AI)시대의 법적과제", 법과 정책연구 제16집 제4호, 10.

체에 제조물성이 인정되어야 한다. 그러나 소프트웨어 자체는 물건이 아니라는 견해가 다수이므로 제조물성이 인정되지 않는다. 따라서 자율주행시스템 그 자체를 제조물로 다루기 위해서는 별도의 입법적 해결이 필요하다.[222]

(2) 인공지능 로봇의 제조물성

동산인 인공지능 로봇은 제조물책임법 제2조 제1호에 따라 제조되거나 가공된 동산이므로 제조물이다. 인공지능의 대표적인 상품인 자율주행차도 제조물로 인정하고 있다.[223] 그러나 스마트 하이웨이와 같이 부동산에 인공지능이 결합되어 일체화된 경우에는 인공지능 그 자체가 하나의 제조물로 다루어지지 않는 한 부동산인 스마트 하이웨이를 제조물로 보기 어려울 수 있다.[224]

(3) 인공지능 로봇의 제조물성

동산인 인공지능 로봇은 제조물책임법 제2조 제1호에 따라 제조되거나 가공된 동산이므로 제조물이다. 인공지능의 대표적인 상품인 자율주행차도 제조물로 인정하고 있다.[225] 그러나 스마트 하이웨이와 같이 부동산에 인공지능이 결합되어 일체화된 경우에는 인공지능 그 자체가 하나의 제조물로 다루어지지 않는 한 부동산인 스마트 하이웨이를 제조물로 보기 어려울 수 있다.[226]

(4) 결함의 판단

제조상의 결함이란 제조물책임법 제2조 제1항은 "제조업자가 제조물에 대하여 제조상·가공상의 주의의무를 이행하였는지에 관계없이 제조물이 원래 의도한 설계와 다르게 제조·가공됨으로써 안전하지 못하게 된 경우"를 말한다. 물리적인 장치의 흠결이 아니고 프로그램이나 디지털 정보의 복합적인 알고리즘의 연산과정을 거친 결과 값인 경우에는 제조상의 결함이 있다고 보기 어렵다.[227]

설계상의 결함이란 제조물책임법 제2조 제2호 나목에 따르면 "제조업자가 합리적인 대체설계를 채용하였더라면 피해나 위험을 줄이거나 피할 수 있었음에도 대체설계를 채용하지 않아 해당 제조물이 안전하지 못하게 된 경우"를 말한다. 제조물책임의 설계상 결함은 '합리적인 대체설계의 불채용'이고, 이는 제조업자의 과실을 의미한다.[228] 인공지능 알고리즘의 본질은 컴퓨터 프로그래밍이고 모든 컴퓨터 프로그램은 오류가 내재되어 있을 수밖에 없다.[229] 따라서 설계

---

222) 김상태 (2016), "자율주행차에 관한 법적 문제", 경제규제와 법 제9권 제2호, 185. ; 김진우 (2017), "자동주행에서의 민사책임에 관한 연구 : 개정된 독일 도로교통법과 우리 입법의 방향", 강원법학 제51권, 44.

223) 이충훈 (2016), "자율주행차의 교통사고에 대한 민사법적 책임", 법학연구 제19집 제4호, 158.

224) 오병철 (2017), "인공지능 로봇에 의한 손해의 불법행위책임", 연세대학교 법학연구 제27권 제4호, 31.

225) 이충훈 (2016), "자율주행차의 교통사고에 대한 민사법적 책임", 법학연구 제19집 제4호, 158

226) 오병철 (2017), "인공지능 로봇에 의한 손해의 불법행위책임", 연세대학교 법학연구 제 27권 제4호, 31.

227) 이충훈 (2016), "자율주행차의 교통사고에 대한 민사법적 책임", 법학연구 제19집 제4호, 160.

228) 권영준/이소은 (2016), "자율주행차 사고와 민사책임" 민사법학 제75호, 473.

229) 오병철 (2017), "인공지능 로봇에 의한 손해의 불법행위책임", 연세대학교 법학연구 제27권 제4호, 36.

상의 결함이라고 말하기 어렵다.

표시상의 결함이란 제조물책임법 제2조 제2호 다목은 '제조업자가 합리적인 설명·지시·경고 또는 그 밖의 표시를 하였더라면 해당 제조물에 의하여 발생할 수 있는 피해나 위험을 줄이거나 피할 수 있었음에도 이를 하지 아니한 경우'를 말한다. 인공지능에 의해 통제되는 로봇의 경우 이용자는 구체적인 조작행위를 하지 아니하므로 이용에 관해 잘못된 정보제공이 있다고 해서 그것이 손해로 직결된다고 보기 어렵다. 따라서 표시상의 결함은 인공지능 로봇에서는 적용하기 어렵다.[230]

(5) 인과관계

제조물책임이 인정되기 위해서는 제조물의 결함과 손해와의 사이에 인과관계가 존재해야 하고, 그 인과관계는 피해자가 증명을 하여야 한다. 그러나 과학적 제조물의 경우에는 결함과 손해 사이의 인과관계의 증명이 매우 어려우므로 대법원 판례[231]는 "그 사고가 제조업자의 배타적 지배하에 있는 영역에서 발생한 것임을 입증하고, 그러한 사고가 어떤 자의 과실 없이는 통상 발생하지 않는다고 하는 사정을 증명하며, 제조업자 측에서 그 사고가 제품의 결함이 아닌 다른 원인으로 말미암아 발생한 것임을 입증하지 못하는 이상" 결함이 존재하고 그 결함으로 말미암아 사고가 발생하였다고 추정하여 결함의 존재와 결함과 손해 사이의 인과관계의 증명을 완화하고 있다.

인공지능 로봇에서도 제조물 책임을 묻기 위해서는 로봇의 결함과 손해 사이의 인과 관계의 증명이 필요하다. 그러나 인공지능 로봇은 근본적으로 이용자의 조작행위가 개입되지 않기 때문에 어떠한 "사고가 제조업자의 배타적 지배하에 있는 영역에서 발생한 것임을 입증"하는 것은 어렵지 않다.[232]

(6) 제조물책임 적용의 한계

하지만 제조물 책임을 곧바로 인공지능 로봇에 관련된 사고에 적용하는 데에는 한계가 있다.

그 이유는 첫째, 피해자의 입증책임을 완화하는 규정이 필요하다. 인공지능 로봇에 제조물책임을 묻기 위해서는 피해자가 제조물이 '통상 기대할 수 있는 안전성이 결여'되었음을 입증해야 한다. 그러나 고도의 기술을 전제로 하는 인공지능 알고리즘에 이러한 입증은 쉽지 않다. 이러한 피해자의 입증 부담을 덜어줄 수 있는 입법적인 고려가 필요하다.[233]

둘째, 물리적 장치에 의한 결함이 발생할 가능성을 고려해야 한다. 인공지능 로봇과 같은 자율주행 차는 운전자의 조작행위가 개입하지 않으므로 모든 사고는 제조업자의 배타적 관리 지배하에 있는 영역에 발생한 것이 되어 인과관계의 증명이 수월할 수도 있다. 그러나 인공지능 로봇의 경우 피해자가 로봇이 정상적으로 사용되는 상태에서 손해가 발생한 사실을 증명하기는 어렵다.[234] '로봇'의 결함으로 손해가 발생되었다는 점을 증명하여야 하고, '인공지능' 영역에서 생긴 손해라는 증명이 필요하다. 로봇은 컴퓨터 프로그램인 인공지능과 달리 물리적인 장치가 반드시 포함한다. 따라서 손해

---

230) 오병철 (2017), "인공지능 로봇에 의한 손해의 불법행위책임", 연세대학교 법학연구 제27권 제4호, 36

231) 대법원 2000. 2. 25. 선고 98다15934 판결 등 다수

232) 오병철 (2017), "인공지능 로봇에 의한 손해의 불법행위책임", 연세대학교 법학연구 제 27권 제4호, 36.

233) 박해선 (2016), "스마트사회와 민사책임", 법학논총 제23집 제2호, 276.

234) 김진우 (2017), "지능형 로봇에 대한 사법적 규율 – 유럽연합의 입법 권고를 계기로 하여", 법조 통권 제723호, 35.

의 발생이 인공지능의 영역이 아닌 물리적 장치의 결합으로 발생할 수 있는 가능성을 배제할 수 없다. 이러한 증명을 로봇에 의해 손해를 입은 피해자가 증명을 하여야 한다.[235]

셋째, 제조물 책임법상 면책사유의 요건인 '공급한 당시'가 어느 시점인지 판단하기 곤란하다. 제조물책임법은 다양한 면책사유를 인정하고 있다. 제조물책임법 제4조 제1항 제2호의 "제조업자가 해당 제조물을 공급한 당시의 과학·기술 수준으로는 결함의 존재를 발견할 수 없었다는 사실"을 입증하면 제조물책임을 면하고 있다. 인공지능 로봇의 경우 제조하여 공급한 이후 보완이나 업데이트가 매우 중요하므로 '공급 당시'만을 기준으로 판단하기 어렵다.[236]

넷째, 자율주행 차의 경우 자동차관리법 관련 규정 준수로 면책이 가능하다. 자율주행 차의 경우 이용자의 안전을 위하여 전통적인 자동차에 비해 강화된 안전성 확보가 요구되므로 자동차관리법 제26조의2와 '자율주행 차의 안전운행요건 및 시험운행 등에 관한 규정'이 있다. 이러한 법적 규제를 준수하는 것으로 제조물책임법상의 면책사유가 인정된다면 다양한 법적 규제를 통과한 인공지능 로봇의 제조자는 제조물책임에서 벗어나게 될 것이다.[237]

다섯째, 인공지능이 부동산과 결합할 때는 적용대상에서 벗어난다. 제조물은 동산만을 말한다. 인공지능 시스템이 부동산과 결합한다면 제조물책임의 영역을 벗어나게 된다. 지능형교통시스템(C_ITS)인 스마트 하이웨이는 부동산과 인공지능 로봇이 결합된 것이다. 스마트빌딩과 같이 건축에 인공지능이 결합되어 건축, 통신, 사무자동화, 빌딩자동화가 유기적으로 연계된 경우도 있다.[238] 이러한 경우 인공지능 시스템을 전통적인 제조물 책임 법으로 통제하기에는 한계가 있다.

여섯째, 기술 개발·실용화를 제동하는 부정적 효과를 가져올 우려가 있다. 현재 실용화단계에 있는 로봇인 자율주행 차의 경우 제조업자의 제조물 책임위험의 증가는 자율주행기술의 개발과 실용화에 부정적인 영향을 미칠 수 있다.[239] 자율주행 차의 보급·확산이 사회적으로 자동차사고를 줄이는데 결정적인 기여를 할 수 있다면 정책적으로 자율주행 차의 보급·확산을 위하여 제조물 책임법의 적용을 일정 부분 제한하여 자율주행 차의 사고에 대하여 제조물책임법에 따르지 않도록 하는 입법적 고려가 필요하다는 주장도 있다.[240] 이와 같이 로봇의 보급·확산이 인류전체의 생활의 편의와 생산 증대를 가져온다면 로봇을 제조물책임의 판단에서 특별히 책임을 완화함으로써 제조업자의 법적 책임에 대한 부담을 감소시켜주는 것도 정책적으로 고려해 보자는 의견도 있다.[241]

(마) 공작물 책임 적용

공작물점유자가 손해의 방지에 필요한 주의를 해태하지 아니한 때에는 공작물소유자가 그 손해를 배상할 책임이 있

---

235) 오병철 (2017), "인공지능 로봇에 의한 손해의 불법행위책임", 연세대학교 법학연구 제27권 제4호, 36

236) 박해선 (2016), "스마트사회와 민사책임", 법학논총 제23집 제2호, 276.

237) 오병철 (2017), "인공지능 로봇에 의한 손해의 불법행위책임", 연세대학교 법학연구 제27권 제4호, 39.

238) 포스코경영연구원, "스마트빌딩, 어디까지 왔나?", POSRI비주얼리포트, https://www. posri.re .kr/ko/board/content/14007 (2016. 1. 11.).

239) 권영준, 이소은 (2016), "자율주행차 사고와 민사책임" 민사법학 제75호, 459.

240) 이종영, 김정임 (2015), "자율주행차 운행의 법적 문제", 중앙법학 제17집 제2호, 164-165

241) 오병철 (2017), "인공지능 로봇에 의한 손해의 불법행위책임", 연세대학교 법학연구 제27권 제4호, 40.

다(민법 제758조 제1항 후단). 공작물 소유자 책임은 민법에 유일하게 규정되어 있는 완전한 무과실책임인 위험책임이다.[242] 반면 공작물소유자책임이 공작물의 결함을 전제로 한다는 점에서 과실책임에 가깝다고 보는 견해[243]도 있다.

(마) 제조물 책임 적용 검토

(1) 인공지능 알고리즘 로봇의 제조물성

판단과 하자 유무의 판단이 항상 확연하게 구별할 수 있다고 보기 어렵다는 근거를 제시하고 있다.[244]

공작물의 결함은 공작물의 제작자나 점유자에 의해 발생하는 것이지 공작물의 추상적 권리만 보유하고 있는 공작물 소유자의 주의의무 위반으로 발생하는 것이 아닌 만큼 과실 책임으로 보는 것은 적절하지 않다.[245] 민법 제758조 제3항의 "손해의 원인에 대한 책임이 있는 자에 대하여 구상권을 행사할 수 있다"는 것을 보아 공작물소유자는 손해의 원인에 대한 과실 없이 손해배상책임을 지는 것이 명백하다. 과실유무 판단과 하자유무 판단을 구별하기 어려우므로 공작물 소유자책임에 과실 책임적 성격이 있다고 하면서도 제조물의 결함을 요건으로 하는 제조물책임에 무과실책임으로 이해하는 태도[246]는 논리적으로 모순이 발생한다.

공작물소유자책임을 인공지능 로봇에 적용하는 경우 공작물소유자가 무과실책임을 지더라도 공작물의 설치 또는 보존에 하자가 있어야 하고 이를 피해자가 증명해야 하기 때문에 로봇의 인공지능이 통상적인 안전성을 갖추지 못한 것인가를 피해자가 증명하는 것은 어렵다. 자율주행 차에 경우 로봇은 상당히 높은 안전성 기준을 법령으로 설정하고 이를 준수한 경우에만 판매 등 보급되는 것이 일반적이므로 인공지능 로봇이 그러한 기준을 준수 하였다면 통상 갖추어야 할 안전성을 갖추지 못하였다고 평가하는 자체가 어려울 것이다. 이러한 한계로 인하여 공작물소유자책임을 그대로 인공지능 로봇의 소유자에게 적용하는 것은 부적절하다.[247]

(2) 사용자 책임의 유추적용

타인을 사용하여 어느 사무에 종사하게 한 자는 피용자가 그 사무집행에 관하여 제3자에게 가한 손해를 배상할 책임을 사용자책임이라 한다. 인공지능 로봇은 인간의 직접적인 조작이 없이도 스스로 작동하는 외관을 보이므로 마치 사람과 동일시하는 관점을 가질 수도 있다. 사람의 모습을 닮은 휴머노이드 로봇은 사람과 유사한 부분이 많다. 로봇을 피용자로 다루어 로봇의 소유자에게 사용자책임을 유추 적용하는 논리를 검토하는 연구가 독일[248]이나 미국[249]에서 있었다.

---

242) 김상중 (2011), "한국의 위험책임 현황과 입법 논의 : 유럽의 논의와 경험을 바탕으로", 민사법학 제57호, 164.

243) 김형배, 김규완, 김명숙 (2011), 민법학강의, 법문사, 1665.

244) 문상혁 (2014), "불법행위법상 위험책임 일반규정의 입법화에 관한 연구", 원광법학 제30권 제2호, 117-118.

245) 오병철 (2017), "인공지능 로봇에 의한 손해의 불법행위책임", 연세대학교 법학연구 제27권 제4호, 42.

246) 문상혁 (2014), "불법행위상 위험책임 일반규정의 입법화에 관한 연구", 원광법학 제30권 제2호, 115-118.

247) 오병철 (2017), "인공지능 로봇에 의한 손해의 불법행위책임", 연세대학교 법학연구 제 27권 제4호, 43

248) Susanne Horner & Markus Kaulartz (2016), "Haftung 4.0 Verschiebung des Sorgfaltsmaβstabs bei Herstellung und Nutzung autonomer Systeme", Computer und Recht Vol.32 Issue.1, 8.

249) Ugo Pagallo (2013), The Law of Robots – Crimes, Contracts, and Torts, Springer, 130-134.

그러나 다음과 같은 이유에서 사용자책임을 유추 적용하기는 어렵다.

첫 째, 로봇 이용자와 로봇사이에 지휘·감독관계를 인정하기 어렵다. 피용자 개념의 핵심이 사용관계이고 사용자가 피용자를 실질적으로 지휘·감독하는 관계에 있어야 한다는 대법원 판례[250]의 태도를 고려하면 이용자의 구체적이고 직접적인 조작행위를 요하지 않는 인공지능 로봇에 사용관계를 인정 하기는 어렵다.

둘째, 사용자가 면책될 가능성이 크다. 법운용상 사용자의 면책주장을 거의 인정하지 않는다 하더라도 제756조 제1항 단서에서 사용자가 피용자의 선임 및 그 사무 감독에 상당한 주의를 한 때 또는 상당한 주의를 하여도 손해가 있을 경우에는 면책하도록 하고 있다. 인공지능 로봇이라면 아무리 이용자가 상당한 주의를 하여도 손해를 회피하거나 방지하는 것이 불가능 할 것이므로 인공지능 로봇의 이용자에게 사용자책임을 지운다 하더라도 거의 대부분이 면책이 될 것이다. 결국 사용자책임을 인공지능 로봇의 이용자에게 유추 적용하는 것은 한계가 있다.[251]

(3) 동물점유자책임의 유추적용

독일에서는 인공지능 로봇을 동물과 유사한 존재로 다루어 인공지능 로봇의 소유자에게 독일 민법 제833조의 동무점유자책임의 적용을 검토하는 견해[252]도 존재한다. 독일민법 제833조의 동물점유자의 책임은 독일 민법전내의 유일한 위험책임(Gefährdungshaftung)이며 동물에 대한 동물점유자의 무과실책임인 위험책임은 로마법 이래로 인정되어 왔다. 그러나 인공지능 로봇은 동물이라고 할 수 없다. 인공지능 로봇에 동물점유자책임을 인정 하려면 인공지능 로봇이 제작자의 지속적인 지배하에 놓여 있어야만 한다.[253] 미국에서도 전통적인 법적 관점에서는 인공지능 로봇을 위험한 동물로 보거나 또는 인공지능 로봇을 이용하는 것을 극도로 위험한 행위로 다루어서 책임을 적용할 수 있을 것이라는 견해[254]가 제기된다.

동물점유자책임을 유추 적용하는 것이 적정하지 않다는 견해도 존재한다. 동물의 위험성은 동물의 본능적 행동에서 비롯되지만 인공지능 로봇은 본능이라는 것을 알지 못하며 동물점유자책임과 같이 위험책임의 원리에 의한 중간책임은 유추되지 않는다고 지적한다.[255] 인공지능 로봇의 조작에 인간의 직접적인 개입이 존재하지 않으므로 '상대적으로 지속적인 통제가 가능한 동물' 과의 유사성을 찾기는 어렵다. 따라서 동물점유자책임을 유추적 용하는 것은 적절하지 않다.[256]

---

250) 대법원 1999. 10. 12. 선고 98다62671 판결.

251) 오병철 (2017), "인공지능 로봇에 의한 손해의 불법행위책임", 연세대학교 법학연구 제 27권 제4호, 44.

252) Peter Brautigam/Thomas Klindt (2015), "Industrie 4.0, das Internet der Dinge und das Recht", NJW, 1130. ; 오병철 (2017), "인공지능 로봇에 의한 손해의 불법행 위책임", 연세대학교 법학연구 제27권 제4호, 44에서 재인용.

253) Malte Grützmacher (2016), "Die deliktische Haftung für autonome Systeme − Industrie 4.0 als Herausforderung für das bestehende Recht?", Computer und Recht Vol.32 Issue10, 698. ; 오병철 (2017), "인공지능 로봇에 의한 손해의 불법행위 책임", 연세대학교 법학연구 제27권 제4호, 44에서 재인용

254) Ugo Pagallo (2013), The Law of Robots − Crimes, Contracts, and Torts, Springer, 121. ; 오병철 (2017), "인공지능 로봇에 의한 손해의 불법행위책임", 연세대 학교 법학연구 제27권 제4호, 44에서 재인용

255) 김진우 (2017), "지능형 로봇에 대한 사법적 규율 − 유럽연합의 입법 권고를 계기로 하여", 법조 통권 제723호, 34

256) 오병철 (2017), "인공지능 로봇에 의한 손해의 불법행위책임", 연세대학교 법학연구 제27권 제4호, 44.

(4) 위험 책임주의 적용

(가) 위험 책임주의 의의

원자력, 가스, 전기, 비행기 등과 같이 주의를 다하여도 손해발생을 완전히 회피하기 어려운 특수한 위험을 내포하는 위험원이 실제로 손해를 발생 시켰을 경우에 과실책임주의를 용하게 되면 결국 무과실로서 피해자 스스로 손해를 감수해야 한다. 이러한 위험원의 운영은 예상 가능한 위험으로부터 법익을 보호하려는 법의 예방적 목적에 비추어 보면 금지되어야 하나 사회적 이익 내지는 사회적 유용성 때문에 허용된 위험으로서 인정하고 있다. 따라서 위험의 현실화로 인한 손해는 피해자가 스스로 감수하기 보다는 위험 원을 지배 관리하고 있고 이러한 위험을 자신의 이익을 위하여 의식적으로 운영하는 자가 부담하는 것이 공평타당한 손해조정이 되며 이러한 관념에서 인정되는 것이 위험책임(Gefährdungshaftung)이다.[257]

영미법에서도 '비정상적으로 위험한 행위(abnormally dangerous activities)'에 대한 책임을 위험책임(strict liability)의 한 종류로 인정하고 있다. 리스테이트먼트 제3판 제520조에서는 '비정상적으로 위험한 행위'인가의 판단 요소를 ① 모든 행위자가 합리적인 수준의 주의를 하더라도 손해를 가져올 것이 예견가능하고 또 그 위험이 매우 심각할 것일 것 ② 그 행위가 일반적으로 행해지는 범위 내의 것이 아닐 것을 요건으로 하고 있다.[258]

유럽 불법행위법 원칙(Principles of European Tort Law)은 제5절 엄격책임에서 제5:101조 비정상적 위험행위에 대해 제1항에서 "비정상적으로 위험한 행위를 하는 자는 그 행위에 의하여 표출된 위험 및 그 결과로 특징 지울 수 있는 손해에 대하여 엄격한 책임을 부담한다"고 규정하고 있다. 구체적으로 무엇이 '위험한 행위'인가에 대해서는 동조 제2항에서 "관리상 요구되는 모든 주의를 다하여 매우 현저한 손해의 위험(highly significant risk of damage)을 예견할 수 있는 행위로서 일반 관행(common usage)에 속하지 아니하는 행위"라고 명확히 밝히고 있다. 또한 동조 제3항에서 "손해의 위험은 해당 손해의 심각성 혹은 개연성을 감안하여 현저하다고 할 수 있다"고 명시하고 있다.[259]

(나) 위험 책임주의 적용 한계

인공지능 로봇에 의해 발생한 손해의 귀속에 대해 무과실의 '위험책임 접근방식' 또는 위험관리 접근방식 중 어느 하나가 채택되어야 할 것이라고 위험책임을 주장하는 견해가 있다.[260] 인공지능 로봇이 야기한 손해에 대해 위험책임을 적용하기 위해서는 인공지능 로봇에게 특별한 위험(besondere Gefahr)이 인정되어야만 한다. 인공지능 로봇이 야기하는 위험의 크기와 위험의 발생가능성으로 특별한 위험여부를 판단하여야 한다. 위험의 크기도 크지 않고 위험의 발생가능성이 높지 않다면 위험책임을 인정할 필요가 없다.[261]

---

257) 서광민 (2002), "과학기술의 발달과 불법행위법의 대응", 민사법학 제21호, 132.

258) 김영희 (2011), "미국 불법행위법의 기본 구조에 관한 연구" 법학연구 제21권 제4호, 69.

259) 오병철 (2017), "인공지능 로봇에 의한 손해의 불법행위책임", 연세대학교 법학연구 제27권 제4호, 46.

260) 김진우 (2017), "지능형 로봇에 대한 사법적 규율 – 유럽연합의 입법 권고를 계기로 하여", 법조 통권 제723호, 37.

261) 오병철 (2017), "인공지능 로봇에 의한 손해의 불법행위책임", 연세대학교 법학연구 제27권 제4호, 49.

(5) 보상책임주의 적용

(가) 보상책임주의 의의

보상책임주의는 이익을 얻는 과정에서 타인에게 손해를 주었다면 그 손해는 이익 중에서 배상하게 하는 것이 공평하다는 것이다. 보상책임주의가 가장 잘 반영되어 있는 민법상의 불법행위는 제756조 사용자책임이다. 대법원 판례도 "민법이 불법행위로 인한 손해배상으로서 특히 사용자의 책임을 규정한 것은 많은 사람을 고용하여 스스로의 활동영역을 확장하고 그에 상응하는 많은 이익을 추구하는 사람은 많은 사람을 하나의 조직으로 형성하고 각 피용자로 하여금 그 조직 내에서 자기의 담당하는 직무를 그 조직의 내부적 규율에 따라 집행하게 하는 것이나 그 많은 피용자의 행위가 타인에게 손해를 가하게 하는 경우도 상대적으로 많아질 것이므로 이러한 손해를 이익귀속자인 사용자로 하여금 부담케 하는 것이 공평의 이상에 합치된다는 보상책임의 원리에 입각한 것"[262]이라고 명시적으로 밝히고 있다.

사용자가 직접 자신이 사무를 처리하였다면 자신이 부담하였을 손해배상의 부담을 만약 다른 사람을 사용하였다는 이유로 회피할 수 있다면 이는 정당한 것은 아니다. 사용자가 이익의 창출을 위해 증가시킨 사회적 비용을 이익을 얻는 자신이 부담하지 아니하여 배상자력이 낮은 피용자의 무자력으로 인하여 피해자가 우연적으로 부담하는 것은 합리적이라 할 수 없다. 그리하여 사용관계로부터 발생하는 손해배상 비용은 사용자의 경제활동에 수반하는 필연적인 비용으로 받아들여 사용자가 부담하는 것이 타당하다.[263]

(나) 보상책임주의 적용 한계

인공지능 로봇을 이용하여 자신의 행위를 대신하는 작동을 시켜 자신의 행위를 확장하는 경우에 보상책임주의를 적용하여 이용자에게 손해배상책임을 지우는 것은 한계가 있다. 첫째 보상책임주의는 타인의 행위에 대한 책임 확장을 주로 의미하는 것이므로 사람이 아닌 인공지능 로봇이라는 기계장치에 의한 행위확장에 대해서 적용하는 것과 구분된다. 사용자가 피사용자의 행위에 대해 손해배상책임을 지우기 위해서는 지휘·감독의 통제가능성이 존재하여야 하는데 인공지능에 의해 통제되는 로봇의 경우에는 이용자의 구체적인 조작행위가 개입되지 아니하므로 지휘·감독의 통제가능성이 존재하지 아니한다.

둘째로 피사용자에게 귀책사유가 인정되어 모든 일반요건을 충족하여 불법 행위가 성립되는 경우에만 사용자에게 책임을 지우는 것이 대법원 판례[264] 이지만 인간이 아닌 로봇에 대해 과실책임주의에 따라 불법행위의 성립을 판단하는 것은 적절하지 않다. 로봇에게 일반 불법행위의 성립 판단이 불가능한 상황에서 로봇의 이용자에게 사용자책임과 같은 불법행위책임을 지우는 것은 보상책임주의에 충실한 것이 아니다.

셋째로 보상책임주의는 주로 기업적 이익을 중심으로 형성되어 온 것이나 로봇의 경우에는 그러한 경제적 이익이 존재 한다기보다는 생활상의 일상적 편익에 더 가까운 것으로 생각된다. 공장에서 조립이나 용접을 하는 산업용 로봇이라면 기업의 경제적 이익을 위해 활용되는 것이지만 향후 가정이나 개인적인 활동을 위해 이용되는 인공지능 로봇은 자

---

262) 대법원 1985. 8. 13. 선고 84다카979 판결.

263) 김형석 (2012), "사용자책임의 입법주의 구", 서울대학교 법학 제53권 제3호, 468-469.

264) 대법원 1981. 8. 11. 선고 81다298 판결.

신의 노동력을 대체함으로써 안락과 여유라는 개인적 편익을 위해 도입되는 것이다.

넷째로 보상책임주의의 책임근거는 특정 주체의 전유적인 경제적 이익이 중심인 반면 인공지능 로봇은 사회 전체의 효용 극대화를 위한 하나의 시대적 트렌드에 가깝다. 일상생활에서 실용적인 인공지능 로봇의 도입이 보편화되면 인간에 의해 직접 조작되는 전통적인 기계장치는 서서히 사라질 것이다. 인공지능 로봇의 활용은 사회 전체의 효용을 극대화하게 될 것이고 이는 특정 주체의 전유적인 경제적 이익의 존재라는 보상책임주의의 근거로 사용할 수 없게 된다.[265]

6) 편익책임주의 적용

(1) 편익책임주의 의의

전통적인 과실책임주의 하에서 가해행위자가 개인적으로 갖고 있는 능력에 의해 최선을 다하였음에도 불구하고 일정한 경우에 발생한 법익침해에 책임을 부담하지 않으면 피해자가 스스로 그 손해를 감수해야 한다는 결과에 도달하며 이는 피해자에게 부당하다고 지적할 수 있다.[266]

인공지능 로봇이 손해를 발생시키는 경우 손해를 야기하는 인간의 직접적인 행위개입이 없으므로 인간의 행위 즉 인공지능 로봇 제작자가 제작을 하는 행위나 인공지능 로봇 이용자가 이용을 하는 행위를 책임근거로 하는 것은 적절하지 않다. 행위성을 요건으로 하지 않는 결과책임은 공작물소유 자책임이나 자동차운행자 책임에서 볼 수 있다. 위험책임의 경우 불가피한 기술상의 위험을 수반하는 활동은 그로부터 이익을 향유하는 운영자의 무과실책임을 대가로 해서만 허용되어야 한다.[267] 위험책임을 최초로 규정한 법률규정인 프로이센 철도법 제25조도 어떤 사업의 위험성에 기인하여 발생한 손해는 해당 사업의 주체에게 귀속되어야 하는 바, 이는 특히 이윤을 추구하는 사기업이 법인의 형태를 갖춘 경우에 그러하고, 법인의 형태를 갖춘 사기업의 이윤 산정을 위한 정치·경제적 원칙을 천명한 것으로 볼 수 있으며, 어떤 사업 자체에 내재하는 위험한 특성으로 말미암아 발생한 모든 손해가 공제된 연후에 비로소 해당 사업의 이윤을 논할 수 있다는 것이다.[268]

인공지능 로봇이 발생시킨 손해에 행위적 요소가 존재하지 아니하고 행위성이라는 요건이 결여되어 있고 인공지능 로봇이 기존의 기기에 비해 위험의 발생가능성이 낮다면 인공지능 로봇과의 일정한 규범적인 관계에서 귀책의 근거를 찾아야 한다. 그 근거는 인간의 노동력을 대체하기 위하여 인공지능 로봇을 도입하여 편익을 추구한 행위에 있다고 보아야 한다. 전통적인 과실책임주의 하의 불법행위책임에서는 손해를 발생시킨 행위자가 원칙적으로 책임주체가 된다. 그러나 인공지능 로봇이 발생시킨 손해에는 누군가의 행위성을 찾는 것이 어렵다. 인공지능 로봇을 제작하는 행위를 인공지능 로봇의 손해에서의 행위로 파악하는 것은 무리하게 조건설적 인과관계를 행위로 파악하는 결과가 된다. 따라서 불법'행위'자를 책임주체로 보는 것은 인공지능 로봇에서는 적절하지 않다.

265) 오병철 (2017), "인공지능 로봇에 의한 손해의 불법행위책임", 연세대학교 법학연구 제27권 제4호, 51.
266) 박동진 (2002), "불법행위법에서의 주의의무", 비교사법 제9권 제2호, 178.
267) 이창현, 김상중 (2011), "위험책임에 관한 연구", 법무부 연구용역 과제보고서, 94.
268) 신유철 (2016), "대규모 피해와 손해배상", 민사법학 제75호, 437-438.

불법행위법의 목적 중 손해의 예방을 강조하는 입장에서 사고에 대한 최소비용 회피자에게 책임을 귀속시켜야 사고를 더 잘 예방할 수 있다고 주장 하면서 자율주행차의 경우에 제조업자가 어떤 기술에 내재한 위험에 대해 더 많은 정보를 가지고 있고 그 정보에 기초하여 위험을 통제할 수 있는 위치에 있으므로 적은 비용으로 위험을 예방할 수 있는 최소비용 회피자에 해당하며, 이러한 제조자책임은 제조업자로 하여금 기술을 더욱 안전하게 개발하게 하는 유인으로 작용할 수 있다고 한다. 또한 회복을 강조하는 입장에서 자율주행차 시대에는 제조자의 역할이 더 커지고 일반적으로 자력이 풍부한 제조업자가 책임을 지는 것이 회복의 목적을 달성하는데도 유리하다고 한다.[269] 또한 제조업자로 하여금 자동주행시스템의 정상적 작동에 대하여 책임을 지도록 하면 완성도 높은 시스템만이 시장에서 유통될 수 있도록 하는 유인이 될 것이라고 한다.[270]

그러나 인공지능 로봇이 발생시킨 손해의 귀책원리로 인공지능 로봇 도입의 선택과 그로부터 편익을 얻는 점을 근거로 한다면, 인공지능 로봇의 소유자가 손해배상책임의 주체가 되어야 한다. 인공지능 로봇의 소유자는 자발성이 결여된 인공지능 로봇의 작동을 개시시키는 중요한 기여를 한다. 스스로 작동을 개시할 수 없는 인공지능 로봇을 '시작'시킴으로써 내재된 알고리즘의 진행이 이루어지도록 한 기여도 고려되어야 한다. 그러므로 인공지능 로봇이 발생시킨 손해는 인공지능 로봇 소유자가 책임을 부담해야 한다. 기존의 자율주행 차의 경우에 자동차 운행자에게 전적으로 책임이 면제되고 자동차의 제조자에 전적으로 책임을 전가하는 법적 판단은 적합하지 않다는 견해[271]나 인공지능 로봇이 독자적인 학습과정을 통해 진화하는 때에 결함이 발생될 수 있고 이 과정에서 운용자의 인공지능 로봇에 대하여 인위적인 조작 등으로 영향을 줄 가능성도 있으므로 제조자에게 책임을 묻는 것은 실체적으로 가혹할 수 있다는 주장[272]도 제조자보다는 소유자에게 책임을 귀속시키는 것이 적당하다는 입장이다.

(2) 편익책임주의와 법률행위효과 귀속과의 조화

인공지능 로봇의 행위가 적법 또는 불법인가와 상관없이 법률효과는 인공지능 로봇의 소유자에게 귀속된다. 불법행위에 대해서는 인공지능 로봇에게 손해배상책임을 지우는 반면, 적법한 법률행위의 효과만을 인공지능 로봇 이용자에게 귀속시킬 수는 없다. 인공지능 로봇의 법률효과가 발생하는 의사표시에 대해 그 소유자인 사람의 의사표시로 법률행위의 효과를 귀속시킨다면, 인공지능 로봇의 손해를 야기하는 작동에 대해서는 그 소유자인 사람의 불법행위로서 책임을 귀속시키는 것이 타당하다.[273]

이러한 책임귀속의 근거는 인공지능의 도입을 통해 편익(benefit)을 추구한 행위에서 찾을 수 있다. 그 이유는 첫째, 인공지능은 상당한 기간 동안 높은 기술수준의 실험과 철저한 검증과정을 거쳐서 보급된다. 만일 인공지능에 대한 통제가 불가능하여 위험하다고 인식되면 인공지능을 더 이상 이용하지 않을 것이다. 둘째, 인공지능이 인간에 의해 조작되는 기존의 기계 장치보다 더 편리하다는 인식이다. 인공지능 이용자는 이를 통하여 기계장치를 조작하는 행위로부터 해

---

269) 권영준, 이소은 (2016), "자율주행차 사고와 민사책임" 민사법학 제75호, 458-459.

270) 김진우 (2017), "자동주행에서의 민사책임에 관한 연구 : 개정된 독일 도로교통법과 우리 입법의 방향", 강원법학 제51권, 45.

271) 이종영, 김정임 (2015), "자율주행차 운행의 법적 문제", 중앙법학 제17집 제2호, 164.

272) 김진우 (2017), "지능형 로봇에 대한 사법적 규율 – 유럽연합의 입법 권고를 계기로 하여", 법조 통권 제723호, 36.

273) 오병철 (2017), "인공지능 로봇에 의한 손해의 불법행위책임", 연세대학교 법학연구 제27권 제4호, 57.

방될 수 있고 그 결과 조작행위로부터 발생할 수 있는 법적 책임이라는 위험에서 벗어날 수 있다. 셋째, 인공지능이 전통적인 기계장치보다 경제적으로 더 효율적이라는 판단이다. 사람이나 동물과 같은 생명체는 그 나름의 고유한 특성에 따른 능력의 한계가 존재할 수밖에 없지만 인공지능 로봇은 기존의 어떠한 기계장치보다 효율적이다. 따라서 인공지능에 대한 민사책임 근거는 인공지능 소유자가 다른 기존의 기계장치가 아닌 인공지능을 도입하기로 한 선택 그 자체에서 찾아야 할 것이다.[274]

7) 인공지능 작동과 손해의 인과관계

(가) 무과실책임과 인과관계

과실 책임과 마찬가지로 위험책임에서도 인과관계는 요구된다. 인과관계를 이원적으로 구분하는 입장에 의하더라도 위험책임에서의 인과관계 역시 위험원의 창출과 침해행위 사이의 책임설정적 인과관계 그리고 침해행위와 손해사이의 책임충족적 인과관계의 이중의 인과관계가 필요하다고 한다.[275] 무과실책임이라고 할 수 있는 로봇의 편익책임에서도 손해가 인공지능 로봇에 의해서 발생한 것이라는 인과관계는 존재하여야 한다. 만약 손해가 로봇에 의해서 일어난 것이 아니라면 인공지능 로봇 소유자에게 그 손해를 귀속시킬 수 없다.[276]

(나) 인공지능과 조건설적 인과관계의 문제점

인공지능 로봇이 야기한 손해에 대한 인과관계에 대해 손해를 발생시킨 인공지능을 제작하였다는 이유만으로 제작자에게 책임을 귀속시키는 경우에는 사실상 조건설적인 인과관계로 회귀하는 문제가 생긴다. 인공지능 로봇이 인터넷상의 수많은 정보를 활용하여 머신러닝이나 셀프 프로그래밍을 하는 것도 예상할 수 있고, 소유자의 학습에 의해 결정되는 영역도 있으므로 이러한 경우에는 인공지능의 원시적 제작과 손해발생의 결과의 인과성은 더 멀어진다. 조건설적인 관점에 충실하더라도 인공지능의 제작자 보다는 인공지능 로봇에 작동을 개시시킨 자가 더 손해와 밀접하다고 볼 수 있다. 그러므로 인공지능 로봇의 인공지능을 제작하는 것과 손해발생의 인과관계를 조건설적으로 설명하는 것은 지양되어야 한다.[277]

(다) 구체적 손해발생 원인의 증명 문제

인공지능 로봇이 발생한 손해임을 증명하는 것은 어렵지 않으나 인공지능 로봇의 어느 영역의 문제로 그러한 손해를 가져온 것인지의 구체적인 손해 발생 원인을 증명하는 것은 매우 어렵다. 자율주행차가 주행속도 표지판에 이해할 수 없는 스티커가 부분적으로 붙어있는 바람에 오류를 일으켜서 교통사고를 발생시켰다면 그것이 센서의 기계적 오류의 문제인지 센싱된 데이터 처리의 결함의 문제인지 아니면 아예 제3자의 해킹에 의한 오작동인지 심지어 실제의 교통사

---

274) 오병철 (2017), "인공지능 로봇에 의한 손해의 불법행위책임", 연세대학교 법학연구 제27권 제4호, 72.
275) 윤석찬 (2007), "위험책임에 관한 시론", 민사법의 현대적 과제와 전망 : 남강 서광민 교수 정년기념논문집, 두성사, 208.
276) 오병철 (2017), "인공지능 로봇에 의한 손해의 불법행위책임", 연세대학교 법학연구 제27권 제4호, 58.
277) 오병철 (2017), "인공지능 로봇에 의한 손해의 불법행위책임", 연세대학교 법학연구 제27권 제4호, 59.

고의 원인이 차량소유자의 정비 불량으로 인해서 제동장치가 정상적으로 작동되지 않은 문제인지 피해자로서는 확인하기 어렵다. 그러므로 인공지능 로봇의 편익책임에서는 로봇과 손해사이의 인과관계의 증명만을 요구하고 그 외의 인공지능 로봇의 다양한 구성요소 중에서 손해를 야기한 구체적이고 세부적인 원인까지는 증명을 요하지 않아야 할 것이다.[278]

(라) 적절한 인과관계의 구성

제조물책임에서 제조물의 결함을 피해자가 증명하는 것이 곤란한 특별한 상황 즉 제조상의 결함으로 어떤 사고가 발생하였으나 해당 제조물이 멸실되어 결함의 존재를 직접 증명할 수 없는 경우에 피해자의 증명을 완화해 주는 '기능이 상법리'를 고도의 기술이 집약된 자율주행 차에 폭넓게 적용하는 것이 타당하다는 견해도 있다.[279] 이러한 기능이 상법리와 같은 인공지능 로봇의 피해자의 증명책임을 경감하는 구체적인 방안도 고려되어야 할 것이다. 기존의 제조물책임이나 의료과오 소송, 환경오염소송에서의 인과관계 증명의 전환이나 경감에 관한 법리를 적용할 수 있다.[280]

8) 인공지능 작동의 위법성과 책임능력

(가) 위법성

위험책임의 성립에 있어서 객관적 귀책사유인 위법성이 요건인가에 대해 과실뿐만 아니라 위법성도 요구되지 않는다는 견해가 있다. 그 이유로는 위험책임에서 위험이 사회적으로 허용된 근거가 바로 위험책임에서의 위법성 없이 발생한 손해에 대해서조차 배상책임이 인정되어 서로 상쇄될 수 있었던 것이라고 한다.[281]

그러나 과실책임주의하의 불법행위에서 위법성의 본질에 대해 통설적인 지위에 있는 결과 불법론에 따르면 위법성은 보호법익의 침해에 따른 결과이고, 결과로부터의 행위의 반가치성을 추론하는 것이므로 보호가치 있는 법익의 침해가 발생하면 곧 위법하다고 할 수 있다. 이러한 법익침해의 위법성은 손해의 측면에서 고찰될 수 있는 것이므로 인공지능 로봇의 편익책임과 전통적인 과실 책임 간에 차별성이 존재하지는 않는다.[282]

(나) 책임능력

위험책임에서는 과실 책임과 달리 인적인 전제요건으로서 원칙적으로 책임 능력을 요하지 아니하며 위험책임의 성립에 있어서 핵심적인 기준은 바로 위험의 창조 내지는 인수이다.[283] 행위책임이 아닌 일종의 결과책임인 인공지능 로봇의 편익책임에서는 책임능력은 요건이 될 수 없다. 인공지능 로봇의 도입 선택과 편익 향유라는 점이 핵심적인 요건이 될 것이므로 소유자의 책임능력을 판단할 이유가 없다.[284]

---

278) 오병철 (2017), "인공지능 로봇에 의한 손해의 불법행위책임", 연세대학교 법학연구 제27권 제4호, 59.
279) 권영준/이소은 (2016), "자율주행차 사고와 민사책임", 민사법학 제75호, 472.
280) 오병철 (2017), "인공지능 로봇에 의한 손해의 불법행위책임", 연세대학교 법학연구 제27권 제4호, 60.
281) 윤석찬 (2007), "위험책임에 관한 시론", 민사법의 현대적 과제와 전망 : 남강 서광민 교수 정년기념논문집, 두성사, 209.
282) 오병철 (2017), "인공지능 로봇에 의한 손해의 불법행위책임", 연세대학교 법학연구 제27권 제4호, 60.
283) 윤석찬 (2007), "위험책임에 관한 시론", 민사법의 현대적 과제와 전망 : 남강 서광민 교수 정년기념논문집, 두성사, 208.

인공지능 로봇의 소유권을 가진 자에게 로봇의 안전성, 편리성, 효율성의 향유에 따른 귀책사유를 도출시켜야 한다. 인공지능 로봇이 사회적으로 용인되는 분야에서 규범적으로 정하여진 합리적인 검증절차를 마친 후에 도입된 경우 인공지능 로봇의 편익책임을 적용할 수 있다. 인공지능 로봇의 편익책임은 인공지능 로봇의 하자나 결함을 요건으로 하지 아니하므로 피해자가 이를 증명하지 않아도 된다. 그러나 손해가 인공지능 로봇에 의해 발생한 것이라는 인과관계의 증명은 필요하다. 그러나 인공지능 로봇에 의한 손해가 인공지능의 잘못된 연산이 그 손해의 원인이라는 증명을 하는 것은 현실적으로 불가능에 가깝다. 인공지능 로봇이라는 사실에 대한 증명, 손해사실의 증명, 상식적인 수준에서의 다른 직접적 원인의 부존재만을 증명하는 정도의 증명책임을 완화하는 것이 필요하다.[285]

9) 민사법적 구제 방법

인공지능 로봇에게 전자인격을 부여하여 의무와 책임의 주체가 되는 경우는 입법론으로 해결을 하여야 하나, 현재의 민사법적으로 인공지능에 대한 피해에 대한 구제방안으로는 다음과 같은 방안으로 해결할 수 있다.

(가) 손해배상청구권

불법행위의 효과로는 제750조에 따라 금전으로 손해를 배상하는 금전배상주의가 원칙이다. 그러므로 인공지능 로봇에 의한 손해에 대한 가장 우선 적인 구제방법은 금전배상이다. 피해자에게 금전손해배상을 하는 것에 대해서는 기존의 손해배상의 방법이 그대로 적용될 수 있을 것이므로 인공지능 로봇에 의한 손해라고 달라지지 않는다.[286]

(나) 손해배상청구권의 소멸시효

불법행위로 인한 손해배상의 청구권은 피해자나 그 법정대리인이 그 손해 및 가해자를 안 날로부터 3년간 이를 행사하지 않거나 또는 불법행위를 한 날로부터 10년을 경과하면 시효로 소멸한다(제766조). 인공지능 로봇에 의한 불법행위의 경우에 가해 로봇은 알고 있으나 그 소유자는 모르는 경우에 소멸시효의 적용이 문제가 될 수 있다. 인공지능 로봇을 '가해자'라고 할 수 없다면 인공지능 로봇의 소유자를 가해자로 보아야 하는데, 인공지능 로봇의 법적 소유권이나 소유자를 파악하는 것은 용이한 일은 아니다. 인공지능 로봇에 의한 피해자의 보호를 위해서는 소멸시효의 기산점을 늦추는 것이 유리할 것이므로 제766조를 문언 그대로 해석하여, 가해 로봇을 아는 것만으로는 충분하지 아니하고 인공지능 로봇의 소유자를 안날로부터 소멸시효의 기산점을 파악하는 것이 적절하다고 본다.[287]

---

284) 오병철 (2017), "인공지능 로봇에 의한 손해의 불법행위책임", 연세대학교 법학연구 제27권 제4호, 61.
285) 오병철 (2017), "인공지능 로봇에 의한 손해의 불법행위책임", 연세대학교 법학연구 제27권 제4호, 64.
286) 오병철 (2017), "인공지능 로봇에 의한 손해의 불법행위책임", 연세대학교 법학연구 제27권 제4호, 66.
287) 오병철 (2017), "인공지능 로봇에 의한 손해의 불법행위책임", 연세대학교 법학연구 제27권 제4호, 66.

(다) 정지청구권

인공지능 알고리즘에 오류가 있는 경우라면 이를 바로잡지 않는다면 언젠가는 동일한 손해가 재발할 위험이 매우 높다. 같은 알고리즘을 갖고 있는 스마트기기는 모두 동일한 문제로 인하여 손해를 발생시킬 가능성도 높다. 즉 로봇의 손해의 양상은 반복적 또는 동시다발적인 손해발생을 필연적으로 가져올 위험에 직면하게 된다. 이를 해결하는 것은 단지 1회적인 금전 손해배상으로 충분하지 않다. 따라서 인공지능 로봇이 발생시킨 손해의 경우에는 전적인 손해배상뿐만 아니라 동시에 정지청구권이 원칙적으로 인정되어야 한다. 대법원 판례[288]도 '금전배상을 명하는 것만으로는 피해자 구제의 실효성을 기대하기 어려운 경우에는 금지 또는 예방을 청구할 수 있다'고 하였다.[289]

(라) 민사책임으로서의 강제매각 또는 폐기

인공지능 로봇에 인격을 인정하자는 견해[290]는 인공지능 로봇에 책임재산을 인정하기 위해서이다. 인공지능 로봇은 대체로 고가의 재산적 가치를 가지는 것이 일반적이므로 인공지능 로봇의 소유자는 그 로봇을 매각하면 책임재산으로 손해배상에 효과적으로 대응할 수 있게 된다. 인공지능 로봇 그 자체의 금전적 가치를 통해서 손해배상을 할 수 있도록 우선적으로 강제매각을 허용하는 방안을 고려해 볼 수 있다. 구제방법으로 동일한 손해의 발생을 예방하는 조치로 인공지능 로봇의 폐기를 명하는 것도 가능하다.[291]

---

288) 대법원 2010. 8. 25.자 2008마1541 결정.
289) 오병철 (2017), "인공지능 로봇에 의한 손해의 불법행위책임", 연세대학교 법학연구 제27권 제4호, 67.
290) 이중기 (2016), "인공지능을 가진 로봇의 법적 취급", 홍익법학 제17권 제3호, 19.
291) 오병철 (2017), "인공지능 로봇에 의한 손해의 불법행위책임", 연세대학교 법학연구 제27권 제4호, 67.

1. 인공지능이 탑재된 로봇의 3원칙과 작동의 행위판단에 대해 설명하시오.

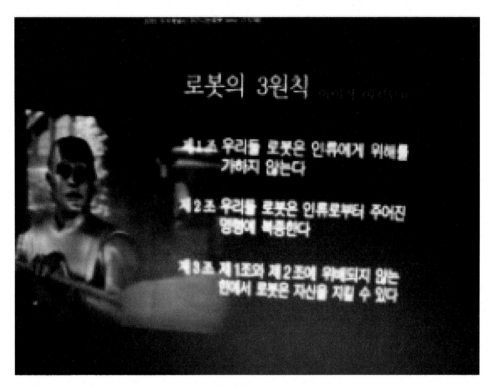

〈로봇의 3원칙〉

2. 로봇 윤리와 인간의 윤리가 다르다고 주장하는 학자가 있는데 어떻게 다른지 설명하시오.

3. 인간과 인공지능이 완전히 결합한 상태와 로봇인간이 가능하다고 말하지만 그 Technology는 결국 인간의 보조 기구로서의 역할이다. 따라서 인간은 로봇에게 어떠한 정신세계를 시스템에 어떻게 적용시켜야 하는지 설명하시오.

〈로봇의 정신세계를 그린 영화 "아바타"〉

4. 트랜스 휴머니스트를 포함한 포스트 휴먼이 등장한다면 인공지능과 로봇에 대한 윤리적 논의가 가능성을 벗어나 현실 세계가 될 수도 있을 것이다. 어떤 분야(부문)가 더 윤리적 행동과 판단을 할 수 있는지 설명하시오.

5. 기계의 비윤리적인 행위에 대하여 대항할 수 있는 방법과 인공지능 작동의 책임성에 대하여 설명
하시오.

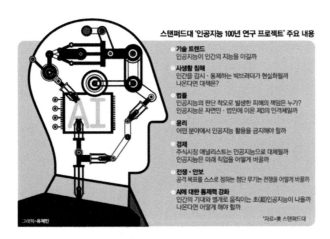

사필귀넷

조 성 갑
2012.4.2

봄바람에 흔들리는 나뭇잎 꽃봉우리
줄기없이 가지가 붙어 있겠나
뿌리없이 줄기는 올라가나요
이모든 것 인연이요 매듭이지요
한손으로 손뼉소리 아니 나지요
출렁이는 강물은 냇물모여 배띄우고
희망을 보면 사다리 생각하지요
며칠을 생각해도 사필귀넷이라오

6

인공지능의 특수성

제1절   개념

　인공지능 관련한 기존의 현행 법률은 인공지능에 의하여 발생하는 법적 쟁점에 대한 민·형사법적 책임을 묻는 내용을 주된 내용으로 규정하고 있다. 이러한 사후적 규율방안은 그 효과성에 한계가 있다. 그러므로 피해 또는 손해를 줄일 수 있는 보다 효과적인 사전적 규율 방안을 논의할 필요가 있다. "5항 가" 항목에서는 사전적 규율 방안이 필요한 이유를 구체적으로 살펴보고, 그러한 규율이 필요한 분야인 인공지능 알고리즘에 대한 사전적 규율방안으로서 윤리적 설계와 가이드라인 기준, 분석·평가를 통한 규율 등을 살펴보겠다. "나" 항목에서는 독립된 제3자 기관에 의한 감리를 수행할 수 있는 근거로서 전자정부법을 살펴보겠다. 현행법상 일정 수준 이상의 공공부문의 정보시스템 개발 사업만이 의무 감리의 대상이 되고 있다. 이를 인공지능과 빅데이터와 관련한 사업을 하는 민간부문에도 확대하여야 할 필요성이 있음을 강조하고자 한다.

1. 필요성

가. 무기 등 악용 가능성에 대한 우려

　전 세계의 로보틱스 및 인공지능 전문가들이 한 목소리로 UN에 '치명적인 자율 무기(lethal autonomous weapons)'를 금지시켜야 한다고 촉구하였다. 이미 해커들은 공장에서 널리 사용되고 있는 로봇들을 조사하기 시작 했고, 그에 따라 보안 전문가들 역시 이미 우리 주위에 있는 로봇들을 연구하여 실제적인 공격이 예상되는 시나리오를 발표하였다.

　2017년 3월 아이오액티브(IOActive)의 전문가인 루카스 아파(Lucas Apa)와 케사르 세루도(Cesar Cerrudo)는 코봇(cobot)이라고 불리는 협동 로봇들에서 50가지 취약점을 발견하였다고 발표하였다. 그리고 여기서 한발 더 나아가 개념 증명을 위한 모의 공격까지 실시해 해킹된 로봇이 끼칠 수 있는 피해에 어떤 것이 있는지도 드러냈다. 현재 로봇들은 대부분 생산 공장에서 사용되고 있는데, 점점 일반 가정이나 의료 분야 등에서도 도입될 것으로 전망되기 때문에 로봇에 대한 보안 문제가 강조되는 것이다.[1]

　아이오액티브는 로봇에 대한 해킹 조작이 가능하다는 것을 보여주는 영상도 공개하였는데, 유비테크에서 개발한 가정용 로봇 '알파 2'를 해킹으로 조작하여 '알파 2'가 드라이버로 토마토를 수차례 찌르는 모습을 보여줬다. 이는 가정용 로봇이 해킹으로 흉기로 변할 수 있음을 시사하고 있다.[2]

---

1) 보안뉴스, "IT 전문가들과 보안 전문가들, 로봇에 집중하기 시작하였다", https://www.boannews.com/media/view.asp?idx=56542 (2017. 8. 23. 16:48).

2) 사이언스타임즈, "로봇, 해킹에 취약하다", https://www.sciencetimes.co.kr/?news= %EB%A1 %9C%EB%B4%87-%ED%95%B4%ED%82%B9%EC%97%90-%EC%B7%A8%EC

　2018년 7월에는 뉴 사우스웨일즈 대학교(University of New South Wales)와　전 세계 2,400명의 인공지능 과학자・기술자 및 150개의 회사는 "치명적인 자율 무기의 개발, 제조, 무역 또는 사용에 참여하거나 지원하지 않겠다"는 서약에 동참하였다.[3]

　이렇듯 인공지능은 이제까지 해결하지 못한 어려운 일을 해결할 수 있는 등의 효율성을 가지고 있는 반면에 남용되거나 악용되었을 때의 피해가 매우 크게 나타나는 문제점이 있다. 인공지능 알고리즘이 고도로 발전하면 그 특성이나 운영방식을 파악하기 어렵거나 불가능하게 되는데 이를 블랙박스 (Black Box)라고 부르기도 한다.[4] 알고리즘의 발전단계는 White Box, Grey Box, Black Box, Sentient 및 Singularity로 구분되는데 마지막 단계인 특이점(Singularity) 단계는 알고리즘이 스스로 성능을 개선할 수 있는 상태이며 인간은 그 원리를 전혀 이해하지 못하게 된다.

나. 시기에 따른 알고리즘 규제 형태 분류

　알고리즘의 규제에 대하여는 시기에 있어서 사전규제 형태와 사후규제 형태로 나눌 수 있고, 규제 주체를 기준으로 하면 정부규제 형태와 자율규제 형태로 나눌 수 있다. 현재 한국의 알고리즘 관련 법제는 자율규제와 사후규제의 형태를 띠고 있다고 할 수 있다. 알고리즘이 가지는 복잡성, 불명확성, 위험성을 염두에 둔다면 현재보다 강력한 전문규제기관의 설치가 필요할 수 있다.[5]

다. 정부에 의한 사전 예방적 규제의 필요성

　전문규제기관은 알고리즘을 효율적으로 규제하기 위하여 다음과 같은 원칙 위에 설립되어야 한다. 각 행정기관에 편재된 규제 권한을 종합하여 포괄적인 규제 권한을 가지는 전문기관이 있어야 한다. 특히 대량적인 피해 발생을 사전에 차단할 수 있도록 안전성 확보를 위한 절대적인 권한을 부여할 필요가 있다.

　그러나 강력한 규제기관의 설치에 대하여는 다음과 같은 반론도 존재한다. 첫째는 알고리즘 기술의 발전이 아직은 유아기에 있으므로 규제의 필요성이 적거나 너무 이르다. 둘째는 알고리즘 규제가 포괄적인 규제나 감독이 필요할 만큼 독자성을 가진 기술은 아니다. 셋째로 규제로 인하여 알고리즘 산업의 발전이 위축되고 저해될 가능성이 크다는 점을 그 근거로 든다.[6]

　그러나 미래 사회는 현재의 주된 사회적 가치인 민주주의, 법치주의, 정의, 인권과 같은 추상적인 개념이 사라지고, 효율, 성과, 수입과 같은 현실적인 이익만이 추구되는 사회가 될 수도 있다. 그렇게 되면 공공의 안전과 평화보다는 기업의 이익과 독점이 우선시될 우려가 크다. 따라서 이러한 사전 예방적 정부규제의 필요성이 더욱 요구된다고 할 수 있다.[7]

　%95%BD%ED%95% 98%EB%8B%A4 (2017. 12. 12.).

3)　Peter Griffin, "Killer robots: The question of how to control lethal autonomous weapons", Noted,
　　https://www.noted.co.nz/tech/killer-robots-scien tists-unite-to-control- lethal-autonomous-weapons/ (2018. 7. 20.).

4)　Andrew Tutt (2017), "An FDA for Algorithms", 69 Admin. L. Rev. 83, 108.

5)　Andrew Tutt (2017), "An FDA for Algorithms", 69 Admin. L. Rev. 83, 118.

6)　Andrew Tutt (2017), "An FDA for Algorithms", 69 Admin. L. Rev. 83, 118.

2. 알고리즘 규율 분야

가. 인공지능 네트워크

로봇 기술이 발달하면 로봇 한대가 개별적으로 작동하는 것이 아니라 로봇이 인터넷에 접속하여 인공지능과 연결하는 시스템이 된다. 이를 인공지능 네트워크라고 부른다.[8] 여기서는 인공지능을 "추론, 학습, 자기개선 등 통상 인간적인 지능에 관한 기능을 수행하는 데이터처리시스템"이라고 정의하고 있다. 인공지능 기술은 그간 수차례의 부침을 겪었는데 최근에는 빅데이터의 처리와 머신러닝 기술에 힘입어 비약적으로 발전하고 있다. 인공지능 네트워크가 발달하면 사물인터넷을 통하여 각 요소들과 접속하게 되고 알고리즘도 연결이 되어 그간 해결되지 않았던 문제의 해결이 이루어지는 등 매우 편리한 사회가 구축된다.

한편으로는 인공지능 기술발전이 불러올 위험 또한 간과할 수 없다. 인공지능이 불러일으킬 위험으로는 기계적 위험과 규범적 위험이 있다. 기계적 위험에는 해킹사고, 불투명성, 혼선, 제어불능 등이 있으며, 규범적 위험에는 인간존엄성·권리침해, 범죄, 소비자주권의 침해, 프라이버시 침해 및 민주주의 원리의 위협 등이 있다.[9] 이러한 위협에 대비하기 위하여 인공지능 기술이 가지고 있는 위험요소를 미리 파악하고 위험을 방지하여야 한다. 환경법에서 논의되는 '예방원칙'을 인공지능 규제에도 도입하여야 한다. 예방원칙은 과학기술적 한계로 입증되지 아니한 위험이라도 국민의 생명 보호와 기본권 존중의 관점에서 이를 관리하고 그 위험으로부터 국민을 보호하고자 하는 의도를 담고 있다.[10] 인공지능 기술은 그 발전 속도가 빠를 뿐 아니라 그로 인한 부작용이 크고 치명적일 것으로 예상되므로 예방원칙에 의한 사전적인 감독과 통제가 요청된다.

정부는 인공지능 개발단계에서부터 개발 원칙을 설정하여 이를 준수하도록 하여야 한다. 여기에는 표준화, 제어를 통한 안전성 확보, 보안성, 프라이버시 보호, 윤리성의 확보, 이용자 지원 및 설득책임(accountability) 등이 포함된다.[11]

나. 자율주행차

자율주행 차는 자동차 사고를 큰 폭으로 감소시킬 것이 예측되므로 도입에 대한 압력이 크다. 자율주행 차의 상용화는 우리사회를 근본적으로 바꿀 가능성이 있다. 자율주행차가 거리에 다닐 수 있고 이를 호출할 수 있으면 굳이 차고에 차를 둘 필요가 없어지고 사회 전체의 자동차 대수는 현재의 10% 정도로 줄어들 것이라 한다.[12] 자율주행차가 곧 보편화될 것이라고 예측하고 있으며,[13] 자동차와 교통신호기 그리고 중앙처리장치가 연결되면 과속을 하거나 차선위반을

7) 김광수 (2018), "인공지능 규제법 서설", 토지공법연구 제81집, 16.
8) 福田雅樹 (2017), "AIネットワーク化"およそびそのガバナンス, 福田雅樹/林 秀弥/ 成原 慧 編著, AIがつなげる社會, 弘文堂, 5.
9) 福田雅樹 (2017), "AIネットワーク化"およそびそのガバナンス, 福田雅樹/林 秀弥/成原 慧 編著, AIがつなげる社會, 弘文堂, 16.
10) 大塚 直 (2007), "環境法のおける豫防原則, 渡辺 浩", 江頭憲治朗/城山英明/西川洋一 編, 法の再構築 [III] 科學技術の發展と法, 東京大學出版會, 126.
11) 成原 慧 (2017), "AIの研究開發に關する原則・指針", 福田雅樹/林 秀弥/成原 慧 編著, AIがつなげる社會, 弘文堂, 91.
12) 김대식 (2017), "인간 vs 기계", 동아시아, 240.
13) 김대식 (2017), "인간 vs 기계", 동아시아, 266.

하면 바로 교통위반 스티커가 발부되거나 보험회사에 통보되어 보험료에 영향을 줄 것이다.

자율주행차가 보급되면 행정의 역할은 자율주행 차의 운행에 최적화된 도로 인프라를 건설하고 통신설비를 보완하며 나아가 신재생에너지 차량을 위한 충전장치를 확충하는 등 지금과는 다른 교통행정을 처리하는데 중점을 두어야 한다. 즉 정보기술의 발전이 행정의 임무와 서비스의 질적인 차이를 불러오게 될 것이다.[14]

다. 인공지능 의료산업

IBM이 개발한 인공지능 왓슨(Watson)은 암을 비롯한 질병 진단에 탁월한 효율성을 드러내고 있다. 로봇 팔을 이용한 수술 등도 외과에서 활용되고 있다. 인간의 오랜 염원인 무병장수 사회의 실현을 위하여 인공지능이 적용될 가능성은 매우 크다. "뇌연구 촉진법"은 "뇌연구 촉진의 기반을 조성하여 뇌 연구를 보다 효율적으로 육성·발전시키고 그 개발기술의 산업화를 촉진하여 국민복지의 향상 및 국민경제의 건전한 발전에 이바지함을 목적으로" 제정되었다. 인공지능의 획기적인 발전은 기계학습에 의하여 가능하게 되었는데 기계학습은 뇌의 작동원리에 대한 연구를 바탕으로 하고 있다. 이세돌과 대국한 알파고는 '컨볼루션 신경망 기술' (convolutional neural network)을 적용하였는데 그 높이가 두뇌신경망에 비유하자면 48층 이었다고 한다. 그런데 최근 발달한 기계학습은 그 높이가 150층이 넘는다고 한다.[15] 이제 바둑 분야에서 인간이 기계(알파고)를 이길 확률은 0%가 된 것이다.[16]

라. 금융 및 주식시장

2016년부터 2018년 초까지 전 세계적으로 비트코인이 화제의 중심이었다. 비트코인은 가상화폐 혹은 암호화폐(crypto currency)의 한 종류로, 가상화폐는 아직 화폐로 인정받기보다는 상품권이나 증권의 성격을 가지고 있는 것으로 여겨지고 있다. 화폐는 가치의 척도, 교환의 매개, 보존·운반의 안전성이 보장되어야 하는데 가상화폐는 아직 그 기능이 입증되지 않은 것이다. 비트코인이 주목을 받은 이유는 오히려 그 가격의 변동 폭에 있다. 2017년말 한때 1비트코인이 2,600만원까지 급등한 적도 있지만 2018년 10월 현재는 720만 원에 거래되는 등 가격의 변동 폭이 매우 커서 사행성이 있다고 판단하여 정부에서는 거래소를 제한하고 거래 실명제 도입을 추진하는 등의 규제를 하고 있다. 이는 다른 나라도 마찬가지다. 게다가 상당수의 암호화폐(일본의 NEM)가 해킹으로 도난당하는 등 안전성에 관한 신뢰도 부족하고 범죄에 노출되거나 이용되기 쉬운 문제가 있다.

암호화폐의 혁신적인 성격은 중앙기관의 개입 없이 철저히 개인 대 개인(P2P) 간의 거래로 이루어지며, 거래의 내용도 각 컴퓨터 장부에 분산되어 저장되는 점에 있다. 즉, 은행, 정부, 전통적 화폐경제 체제 아래의 중개인 등이 필요 없어지게 되어[17] 전통적인 화폐경제 체계에 중대한 위협이 되므로 정부로서는 이를 통제하려는 조치에 나서게 된다.

---

14) 김광수 (2018), "인공지능 규제법 서설", 토지공법연구 제81집, 22
15) 김대식 (2017), "인간 vs 기계", 동아시아, 187.
16) 김광수 (2018), "인공지능 규제법 서설", 토지공법연구 제81집, 22.
17) Michael J. Casey & Paul Vigna (유현재/김지연 번역) (2017), 비트코인 현상, 블록체인 2.0, 미래의 창, 23.

암호화폐는 블록체인이라는 기술에 바탕을 두고 있는데, 이는 '풀기 어렵지만 확인하기 쉬운' 문제를 출제하여 먼저 맞힌 사람에게 보상으로 코인을 지급하고 이를 각자의 장부에 기록하는 방식이다.[18] 암호화폐가 인공지능과는 아직 직접적인 관계는 없다. 그러나 컴퓨터 기술이 발전하였을 때 기존의 제도가 도전받고 세간의 시선을 끄는 사례로써 의미가 있다.

주식시장에서도 컴퓨터가 활용되고 있는데, 주식가격 예측을 컴퓨터에 의존하는 정도가 크고, 컴퓨터를 활용한 초단타 매매로 상당한 이익을 얻고 있다. 그런데 이 방법은 한쪽에서 오류가 나면 시장 전반의 붕괴로 이어질 수 있어 상당한 위험이 수반되고 있다.[19] 기술의 발전에 의한 자유로운 경쟁이 가능하도록 보장하면서도 시장 자체가 지속적으로 유지·발전될 수 있도록 관리할 필요가 있다.[20]

3. 사전 규율의 종류

가. 필요성

실생활에서 인공지능 알고리즘을 활용한 의사결정은 내용, 가격, 품질 등과 같은 사항에 집중하며 충동적 판단을 예방하고 습관이나 편견에서 자유로운 합리적인 선택을 가능하게 한다. 알고리즘은 정보를 한곳에 모아서 의사결정에 도움을 주기 때문에 거래비용을 낮추는 긍정적인 효과를 가져 올 수 있다.

그러나 인공지능의 발전으로 인하여 인공지능 로봇과 기술을 보유한 사람들은 새로운 부유층이 될 수 있지만, 그렇지 못한 사람은 더욱 가난해질 부정적인 측면도 있다. 특히 알고리즘을 운영하는 시스템은 플랫폼에 의하여 좌우되는데, 가입자를 더 모으기 위하여 경쟁이 치열해지고 결국 거대 자본가만이 살아남는 결과가 될 수 있다. 거대 플랫폼은 풍부한 콘텐츠를 제공함으로써 경쟁적 우위를 점하게 되고, 거대 플랫폼에 접속하는 접속자들이 제공하는 다양한 정보는 빅데이터로 만들어져 매출이 늘어나는 기회를 제공하는데 이를 네트워크 효과(Network Effects)라고 한다. 거대 플랫 폼이 형성되면 다른 신규 사업자는 시장 진입이 어려워지기 때문에 전자적 독점권이 형성되어 시장질서가 교란될 가능성이 커진다. 이밖에도 인공지능 알고리즘을 이용하는 기업 활동에 있어 해킹이나 개인정보보호 등의 문제가 심각하게 증가할 것이다.[21]

또한 정부가 주도하는 정보 아키텍처의 설계에 따라서 국민은 정부가 계획적으로 유도하는 방향으로 행동하게 된다. 정부가 실시하는 각종 정책의 유인책에 따라서 국민의 행동이 달라지고 그에 대한 효과도 달라진다. 종래 유도행정이라고 하여 각종 사회정책에 인센티브를 주는 등의 촉진책이 있는데 정부의 의도가 잘 드러나지 않으면서도 원하는 방향으로 국민들을 유도하는 것도 알고리즘의 예가 될 수 있다.[22]

---

18) Don Tapscott & Alex Tapscott (박지훈 번역) (2016), 블록체인 혁명, 을유문화사, 69.
19) Jerry Kaplan (신동숙 번역) (2015), 인간은 필요 없다, 한스미디어, 86.
20) 김광수(2018), "인공지능 규제법 서설", 토지공법연구 제81집, 23.
21) 김광수 (2018), "인공지능 규제법 서설", 토지공법연구 제81집, 9.
22) 김광수 (2018), "인공지능 규제법 서설", 토지공법연구 제81집, 10.

이러한 인공지능 알고리즘에 의한 인공지능 의사결정의 영향력은 광범위한 반면 인공지능 알고리즘에 의해 차별이 일어났는지 여부를 사후에 확인하고 대처하기는 매우 어렵다. 따라서 개별적인 사후 구제보다는 사전 규율 방식을 통하여 차별적 결과를 예방하는 것이 효율적이다.[23] 이에 인공지능 알고리즘을 위한 윤리적 설계와 가이드라인의 기준이 되는 요건이 어떠하여야 하는지 살펴보고, 해당 인공지능 알고리즘이 윤리설계와 가이드라인을 제대로 준수하였는지 분석하고 평가하는 방법으로 정적분석과 동적분석 방법을 검토해 보기로 한다.

나. 윤리적 설계와 가이드라인 기준

인공지능 알고리즘이 점차 복잡해지고 자율성이나 학습능력, 적응력이 향상됨에 따라 자연스럽게 알고리즘의 윤리문제가 대두하게 되었다.[24] 인공지능 알고리즘이 가진 차별의 위험은 설계과정에서 그런 차별을 배제하도록 설계하면 해소될 수 있으므로 인공지능 시스템을 설계하고 개발하는 단계에서부터 윤리적 설계(ethical by design)를 고려하여야 한다. 예를 들어 자율주행 차의 알고리즘을 개발하는 개발자가 자율주행 중 위급한 상황이 발생할 시 무엇보다 당해 차량의 운전자를 우선하여야 한다는 전제를 가지고 알고리즘을 개발한다면, 알고리즘은 당해 운전자와 다른 차량의 운전자 또는 보행자 사이에서 안전문제가 충돌할 경우 무조건 당해 운전자의 안전만을 우선으로 하게 될 것이다. 여기에서 '트롤리의 딜레마'[25]와 같은 윤리 문제가 발생한다. 또한 인공지능이 선발한 미인대회에서 대부분 백인이 미인으로 뽑힌 결과가 나온 것은 해당 인공지능 알고리즘 개발자에게 피부색이 밝은 피부가 어두운 피부보다 더 매력적이라는 판단하는 편견이 있었을 것이고, 그 편견이 그대로 알고리즘 개발 시에 반영이 된 것이라고 할 수 있다.

인공지능 알고리즘 설계자가 인공지능 알고리즘을 통제하고 알고리즘의 작동 결과에 대하여 책임져야 한다고 하면 설계자가 1차적 책임을 지는 것은 당연하다.[26] 인공지능 알고리즘 설계자는 이러한 알고리즘이 제대로 작동하도록 설계하여야 하는 특별한 책임이 있고, 인공지능 알고리즘의 윤리적 행동을 결정하는 것은 설계·제작자의 몫이다. 이것은 제조자에게 제품에 대한 종국적 책임을 지우는 전통적 책임이론과도 일견 부합하는 것처럼 보인다.[27]

---

23) 양종모 (2017), "인공지능 알고리즘의 편향성, 불투명성이 법적 의사결정에 미치는 영향 및 규율방안", 법조 제66권 제3호, 24.

24) Gordana Dodig Crnkovic & Baran Çürüklü (2012), "Robots: Ethical by Design", Ethics and Information Technology 14(1), 61. ; 양종모 (2017), "인공지능 알고리즘의 편향성, 불투명성이 법적 의사결정에 미치는 영향 및 규율방안", 법조 제66권 제3호, 28에서 재인용

25) '트롤리 딜레마'는 영국의 철학자 필리파푸트가 제시한 윤리문제이다. 자율주행 차는 미리 입력한 정보를 기본으로 주행을 한다. 다음과 같은 상황에서 개발자는 어떻게 알고리즘을 선택해야 할 것인지가 문제이다. ① 자율주행도중에 전방에 10명의 사람이 무단횡단을 하고 있다. 그대로 직진하면 10명의 사람을 치게 될 것이고, 급하게 핸들을 우측으로 바꾸면 인도에 있는 보행자 1명의 사람을 치게 된다. 이 경우 자율주행 차는 어떤 선택을 하여야 할까? ② 자율주행 도중에 1명이 도로를 무단횡단하고 있다. 그대로 직진하면 무단횡단 자를 치게 되고, 핸들을 우측으로 바꾸면 운전자가 사망하게 된다. 이 경우 자율주행 차는 어떤 선택을 하여야 할까? ③ 자율주행 도중에 전방에 10명의 사람이 무단 횡단을 하고 있다. 그대로 직진하면 10명의 사람을 치게 되고, 급하게 핸들을 바꾸면 운전자가 사망하게 된다. 이 때 자율주행 차는 어떤 선택을 하여야 할까?

26) Gordana Dodig Crnkovic & Baran Çürüklü (2012), "Robots: Ethical by Design", Ethics and Information Technology 14(1), 62.

27) Nick Belay (2016), "Robot Ethics and Self-Driving Cars: How Ethical Determinations In Software Will Require A New Legal Framework", 40 J. Legal Prof. 119, 122.

그러나 인공지능 알고리즘의 경우 이러한 책임구조만으로는 부족하다. 인공지능 알고리즘의 설계가 윤리적 기준에 부합하도록 이루어져야 하고 나아가 인공지능 알고리즘이 인간의 개입 없이 자율적으로 작동된다고 하더라도 그 작동은 엄격한 윤리적 기준을 먼저 족하도록 설계하여야 한다.[28]

이처럼 어느 것이 절대적으로 옳다라는 절대 선과 같은 개념이 있는 것이 아닌 현실에서 윤리의 문제는 항상 고민하여야 하는 주제이기도 하다. 상대적 윤리와 가치를정립하고 인공지능 시스템이 마주하게 될 갈등상황에 대하여 예측하고, 해당 갈등상황에 대한 합리적인 사회적 합의가 이루어져야 한다. 또한 이러한 합리적 가치를 객관적으로 검증하고 인공지능 시스템에 반영하는 것이 윤리적 설계이고, 인공지능의 윤리 가이드라인이라고 할 수 있다. 따라서 더 이상 인공지능 알고리즘을 개발자 개개인의 가치나 철학, 신념에 의해 좌우되지 않도록 방지하고자 하는 방안을 모색하는 것이 본 논문에서 지향하고자 하는 연구 목적이기도 하다.

다. 분석 · 평가 방법을 통한 규율

인공지능 알고리즘이 가지고 있는 차별의 위험성을 평가하고 완화할 수 있는 알고리즘 감리는 사전 규제절차에서 매우 중요한 역할을 한다. 알고리즘 감리는 핵심 프로세스의 위험을 식별하고 적절한 안전장치가 설치되어 있는지 여부를 평가하고 어떤 결함이 발견된 경우 향후의 위험 방지를 위한 지침을 제공하여야 한다.[29] 인공지능 알고리즘 중 머신러닝의 경우는 특히 작동 구조를 알 수 없는 블랙박스와 같다. 알고리즘에 설사 차별적 효과를 촉발시키는 어떤 부분이 있더라도 입력과 출력만 확인 가능한 머신러닝 기법의 특징상 그런 문제점을 발굴해내기가 쉽지 않다. 예측에 중요한 변수의 하위집합(subset)의 가중치를 결정하는 등의 기능을 물건을 박스로 포장하듯 해놓기 때문에 알고리즘은 완전히 블랙박스로 간주되고 패키지 형태로 제공될 수 있다.[30]

일반적으로 알고리즘은 입력을 받아 결과를 산출해내는 식으로 작동하기 때문에 알고리즘에 어떤 결함이 있으면 개발자가 의도한 대로 작동하지 아니할 수 있고, 입력 데이터 자체에 오류가 있어도 문제가 발생할 수 있다.[31] 알고리즘 설계자는 설계 단계에서부터 이러한 결함의 함정(pitfall)을 피하거나 최소화하기 위한 평가나 테스트를 염두에 두고 알고리즘을 디자인하여야 하며 추후에 있을 분석 · 평가도 쉽게 이루어질 수 있도록 프로그램 코드를 작성하여야 한다. 프로그램 코드 분석을 쉽게 하려면 알고리즘을 개개의 모듈로 나누고, 각 모듈의 기능을 일일이 설명해주는 주석을 반드시

28) Nick Belay (2016), "Robot Ethics and Self-Driving Cars: How Ethical Determinations In Software Will Require A New Legal Framework", 40 J. Legal Prof. 119, 122.

29) Bryce W. Goodman (2016), "A Step Towards Accoutable Algorithms?: Algorithmic Discrimination and The European Union General Data Protection", 29th Conference on NIPS, 4. ; 양종모 (2017), "인공지능 알고리즘의 편향성, 불투명성이 법적 의사결정에 미치는 영향 및 규율방안", 법조 제723호, 29에서 재인용.

30) Isabelle Guyon & André Elisseeff, "An Introduction to Variable and Feature Selection", Journal of Machine Learning Research 3 (2003), 1166. ; 양종모 (2017), "인공지능 알고리즘의 편향성, 불투명성이 법적 의사결정에 미치는 영향 및 규율 방안", 법조 제723호, 30에서 재인용.

31) Joshua A. Kroll et al. "Accountable Algorithm", 165 U. Pa. L. Rev. 633 (2017), 643. ; 양종모 (2017), "인공지능 알고리즘의 편향성, 불투명성이 법적 의사결정에 미치는 영향 및 규율방안", 법조 제723호, 30에서 재인용.

작성하여야 한다.[32] 이는 알고리즘의 투명성 확보를 위해서도 반드시 필요한 작업이다. 그래야 향후 해당 알고리즘에 오류가 발생하였을 경우 해당 알고리즘을 개발한 개발자가 아닌 다른 개발자라도 즉시 그 문제점을 찾아내어 오류를 쉽게 고칠 수 있기 때문이다.

1) 정적 분석(static analysis) – 알고리즘 코드 위주 분석

먼저 정적분석 방법이란 인공지능 알고리즘의 프로그램 코드를 직접 분석하는 것을 말한다. 이는 프로그램 코드 분석을 통하여 알고리즘이 어떻게 작동하는지를 분석하는 것인데, 이를 통하여 알고리즘의 많은 부분을 알 수 있다. 그렇지만 인공지능 알고리즘은 프로그램 코드의 복잡도가 커서 인공지능 알고리즘 분석 전문가조차도 알고리즘의 기능상의 결함 등을 찾기 어려운 경우가 많다.

Heart Bleed Security Flaw[33] 같은 경우는 그 알고리즘이 일반에게 공개되고 알고리즘에 대하여 수많은 분석이 이루어졌음에도 무려 2년 동안이나 그 알고리즘이 가지고 있는 중대한 결함에 대하여 누구도 파악하지 못하였다. 당시 프로그램 코드가 가지고 있는 오류를 자동적으로 검색하는 자동화 툴이 있었는데도 위 알고리즘의 결함에는 무용지물이었다.[34]

더 큰 문제점은 이러한 프로그램 코드 분석과 같은 정적 분석만으로는 그 프로그램들이 주위 환경에 따라 어떻게 반응하는지 밝힐 수 없다는 점이다. 다양한 환경 변수들로 인하여 알고리즘은 서로 다른 맥락에서 각기 다르게 작동될 수 있기 때문이다. 또한 정적분석은 컴퓨터 프로그램 고유의 의존성(dependencies)을 밝혀낼 수 없기 때문에 결국 불완전하거나 부정확한 분석에 그칠 수밖에 없는 한계를 가지고 있다.[35] 이러한 한계점을 보완하기 위하여 정적 분석과 함께 동적 분석을 병행하여야 한다.

2) 동적 분석(dynamic analysis)

동적 분석은 위와 같은 정적 분석의 한계를 극복하기 위해 고안된 것으로 상대적 상황을 설정하여 해당 알고리즘을 수행시켜놓고 그 작동상황을 동적으로 분석하는 것이다. 그렇지만 동적 분석 또한 입력변수의 유한성 때문에 일정한 제약이 있을 수밖에 없다. 실제 의사결정 과정에서는 이러한 동적 분석에서 관찰하거나 테스트할 때보다 훨씬 많은 입력변수가 있을 수 있다.[36] 동적 분석의 테스트 상황과는 다른 실제 환경에서는 예기치 않은 문제가 발생할 수 있기 때문에

---

32) 양종모 (2017), "인공지능 알고리즘의 편향성, 불투명성이 법적 의사결정에 미치는 영향 및 규율방안", 법조 제723호, 30.

33) 하트블리드(Heartbleed)는 2014년 4월에 발견된 오픈 소스 암호화 라이브러리인 OpenSSL의 소프트웨어 버그이다. 인증기관에서 인증 받은 안전한 웹 서버의 약 17%(약 50만대)가 이 공격으로 개인 키 및 세션 쿠키 및 암호를 훔칠 수 있는 상태가 되었다. 이 버그의 이름은 버그를 대중에게 설명할 목적으로, 피가 흘러내리는 심장의 로고를 만들어 도메인 Heartbleed.com를 시작한 핀란드의 보안업체인 코데노미콘의 한 기술자가 지은 것이다. ; 위키백과, "하트블리드", https://ko.wikipedia.org/wiki/%ED%95%9 8%ED%8A%B8%EB%B8%94%EB%A6%AC%EB%93%9 C(2018. 11. 19. 확인).

34) Joshua A. Kroll et al. (2017), "Accountable Algorithm", 165 U. Pa. L. Rev. 633, 647.

35) Joshua A. Kroll et al. (2017), "Accountable Algorithm", 165 U. Pa. L. Rev. 633, 648.

36) Joshua A. Kroll et al. (2017), "Accountable Algorithm", 165 U. Pa. L. Rev. 633, 650.

동적 분석 또한 일정한 한계를 가진다.[37] 이러한 한계점에도 불구하고 정적 분석과 동적 분석을 병행하여 실시한다면 발생할 수 있는 많은 오류를 사전에 방지할 수 있다.

라. 인공지능 알고리즘 분석 · 평가 시 유의점

컴퓨터 과학자들은 알고리즘을 만들 때 미리 명시된 세부 사양을 준수하면 설계 책임을 다한 것으로 생각하는 경우가 많다. 사양과 다를 경우라야만 결함이 있다고 보는 것이 컴퓨터 과학자들의 전형적인 사고다. 그러나 설사 사양에 맞추어 설계되었더라도 의사결정 알고리즘에 오류가 있는 경우 종국적 책임을 면하기 어려우므로 컴퓨터 과학자들은 추후에 있을 법원 등에 의한 책임 규명을 염두에 두고 설계에 임할 필요가 있고 분석 · 평가시에도 이러한 점을 유의하여야 한다.[38]

마. 교묘한 공정성 위장의 식별

인공지능 알고리즘을 설계하면서 알고리즘이 가지고 있는 차별적 작동 구조를 의도적으로 은폐하려 드는 경우에는 문제가 심각해진다. 차별행위 방지를 위한 분석평가를 통해 살펴보아도, 알고리즘 구축과정에서 인종이나 성별, 연령 등 차별 유형을 명시적인 분류자(classifier)로 사용한 경우에는 차별행위와의 개연성을 쉽게 밝힐 수 있지만, 그러한 유형과 실질적으로는 연관되지만 외관상 차별행위와 무관해 보이는 독립변수들을 이용하여 차별적 조작을 은폐한 경우에는 그런 악의적 의도를 밝혀내는 일은 쉽지 않다. 이러한 경우에는 결국 알고리즘 분석만으로는 한계가 있고, 알고리즘의 예측 결과에서 나타나는 차별 효과에서 출발하여 역으로 차별적 결과를 낼 수밖에 없는 작동구조를 밝혀내는 식의 접근도 병행하여 적용할 필요가 있다.[39]

4. 인공지능 윤리 가이드라인[40]

인간을 대신할 인공지능이 있으면 인간의 삶이 보다 편리해지고 윤택해질 수도 있고, 반대로 인공지능과 함께하는 미래가 불안할 수도 있다. 인공지능이 인간의 일자리를 모두 빼앗는 것은 아닌지, 초인공지능이 인간을 지배하거나 위협적인 존재가 되는 것은 아닌지 염려하게 된다. 따라서 인공지능의 기술적 발달과 함께 필수적으로 논의하여야 할 주제가 인공지능 윤리 또는 로봇윤리[41]이다. 인공지능 윤리란 궁극적으로 인간을 유익하게 본래의 목적에 부합하기 위해 인공지능이 지켜야 할 준칙을 말한다. 그러므로 인공지능 윤리에는 인간과의 공존, 인공지능 개발자와 이용자의 책임, 프

37) J양종모 (2017), "인공지능 알고리즘의 편향성, 불투명성이 법적 의사결정에 미치는 영향 및 규율방안", 법조 제723호, 32.

38) 양종모 (2017), "인공지능 알고리즘의 편향성, 불투명성이 법적 의사결정에 미치는 영향 및 규율방안", 법조 제723호, 32.

39) 양종모 (2017), "인공지능 알고리즘의 편향성, 불투명성이 법적 의사결정에 미치는 영향 및 규율방안", 법조 제723호, 32.

40) 카카오정책지원팀 (2017), "로봇윤리의 변천사", 카카오 AI리포트 1호, 24-33.

41) 로봇윤리(roboethics)라는 말은 2002년 로봇공학자인 지안마르코 베루지오(Gianmarco Veruggio)가 2004년 이탈리아에서 열린 제1회 국제로봇윤리 심포지엄에서 공식적으로 처음 사용하였다.

라이버시 보호, 인공지능 기반의 무기 경쟁 지양, 초인공지능의 발전 방향 제시 등을 포함하고 있다. 이에 우리나라와 세계 각국에서 제시하는 인공지능 윤리 가이드라인들이 제시하는 내용으로 무엇이 있는지 살펴보기로 한다.

가. 로봇의 책무

인공지능과 관련하여 가장 널리 알려진 로봇원칙은 아이작 아시모프(Issac Asimov)680)가 1942년에 출판한 "탑돌이(Runaround)"에서 제시한 로봇의 행동을 규제하는 3원칙이다.[42] 이 3원칙의 내용은 다음과 같다.

　제1원칙 : 로봇은 인간을 다치게 해서는 안 되며, 행동하지 않음으로써 인간이 다치도록 방관해서도 아니 된다.

　제2원칙 : 제1원칙에 반하지 않는 한 로봇은 인간의 명령에 복종하여야 한다.

　제3원칙 : 제1, 2원칙에 반하지 않는 한 로봇은 스스로를 보호해야만 한다.

아시모프의 3원칙은 인공지능 로봇은 인간의 후생(厚生)을 위해 존재하며, 로봇으로 하여금 인간이 인간을 해하는 방향으로 활용될 가능성을 경계하고 있다. 또한 인공지능 로봇은 자율적이며, 스스로 내구성을 유지하고, 인공지능 로봇 자신을 위한 행동은 인간의 후생을 위한 명령보다 후 순위여야 한다고 규정하고 있다.

이때 인공지능 로봇에게 던지는 근본적인 물음은 "어떤 것이 인간을 위한 것인가?"이다. 인공지능 로봇은 기본적으로 인간에게 상처(injure)를 입혀서는 안 된다. 그러나 인간이 원하지만 동시에 인간에게 해가 될 수도 있는 상황이 될 때, 로봇은 이를 하는 것이 옳은지 여부를 판단하여야 한다. 이 경우 부작위가 인간에게 해로울 수 있으므로 인공지능 로봇은 혼돈에 빠질 수 있다. 인공지능 알고리즘이 어떻게 구성되는지에 따라 인공지능 로봇은 인간에게 해로운 존재가 될 수 있다. 그 쉬운 예로 영화 '아이, 로봇 (I, Robot)'에서는 로봇을 통제하는 비키라는 인공지능은 아이작 아시모프의 로봇 3원칙에 대해 새로운 해석을 하여 인간을 인간에 대한 적으로 판단하고 모든 인간을 감금하는 오류를 일으키고, 다른 로봇인 써니가 비키에 맞서 싸우며 인간을 구하는 내용이 그러하다.

1985년 아시모프는 단편소설인 "로봇과 제국(Robots and Empire)"에서 위 3대 원칙에 인류의 안전을 위해 0번째 법칙으로 '로봇은 인류에게 해를 가하거나 해를 끼치는 행동을 하지 않음으로서 인류에게 해를 끼치지 않는다'를 추가하였다.[43] 이는 로봇의 3원칙의 제1원칙과 다를 바 없어 보이지만 핵심적 차이는 "인류"이다. 제1원칙의 상위 판단기준으로 제0 원칙을 둠으로써 두 원칙이 충돌하는 경우 제0 원칙을 우선으로 할 것을 명시한 것이다. 아시모프가 '인류(Humanity)'를 '인간(Human)'보다 우선한 것은 공리주의적 발상이라고 볼 수 있다. 아시모프는 한 인간보다는 인류의 이익을 지키는 방향으로 인공지능 로봇의 행동을 결정하는 것이 합리적이라고 판단한 것이다.[44] 또 다른 관점에서의 해석은 외계인의 존재, 지구공습을 가정할 경우 외계인으로부터 인류가 공격을 받게 될 때 인공지능 로봇에게 이를 방

---

42) IT 용어사전, "로봇 3원칙", 네이버지식백과, https://terms.naver.com/entry.nhn?d ocId=359 87&id=42346&categoryId=42346 (2018. 11. 19. 확인).

43) IT 용어사전, "로봇 3원칙", 네이버지식백과, https://terms.naver.com/entry.nhn?docId= 596817&cid=42346&categoryId=42346 (2018. 11. 19. 확인).

44) Clarke, R. (1993), "Asimov's laws of robotics : implications for information technology-Part 1", Computer Vol. 26 Issue. 12, 53-61.

어할 의무를 부여한 것으로 해석한다. 또한 돌연변이 인간이나 바이러스의 위협도 인류를 위해 인공지능 로봇이 방어해야 할 대상으로 볼 수도 있다.

나. 인간과의 공존 및 인간의 책임

2000년대에 들어서면서 인공지능 로봇의 활용 분야가 다양해지고, 인간과 로봇간의 접촉 빈도가 증가하면서 인간과 로봇 간의 상호작용에 대한 관심이 높아졌다.[45] 2004년 일본의 후쿠오카 세계 로봇 선언이 발표되었는데, 그 내용은 ① 차세대 로봇은 인간과 공존하는 파트너가 될 것, ② 차세대 로봇은 인간을 육체적으로 그리고 정신적으로 보조할 것, ③ 차세대 로봇은 안전하고 평화로운 사회 구현에 이바지할 것이었다. 후쿠오카 선언의 핵심은 인간과 로봇 간의 공존이다. 공존한다는 점을 강조하면서도 여전히 로봇이 인간을 해칠 가능성은 막아야 한다는 '안전관리' 의지가 담겨 있다. 로봇이 발전할수록 위협에 대한 공포를 심화시키는 경향이 있다. 로봇 그 자체의 기술적 발전과 함께 로봇이 초래할 역기능에 대한 관리와 그에 대한 고찰의 필요성과 함께 로봇 개발자에 대한 책임제기도 함께 논의하기 시작하였다.

EU의 유럽로봇연구연합(EURON : The European Robotics Research Network)은 2003년부터 3년간 로봇의 윤리 문제를 다루기 위한 로드맵 (Road Map)을 설계하였다. 인간과 로봇을 연구하는 연구자 50여 명이 참여하여 로봇 개발과정에서의 주된 윤리적 쟁점에 대한 구조적 평가(Systematic Assessment)를 하였다. EURON의 로봇윤리 로드맵은 '로봇은 어떠해야 한다'가 아닌 로봇을 만드는 사람을 대상으로 가이드라인을 제공하였다. EURON이 로봇 윤리와 선행되는 원칙으로 제시한 항목은, 인간의 존엄과 인간의 권리, 평등·정의·형평, 편익과 손해, 문화적 다양성을 위한 존중, 차별과 낙인화의 금지, 자율성과 개인의 책무성, 주지된 동의, 프라이버시, 기밀성, 연대와 협동, 사회적 책무, 이익의 공유, 지구상의 생물에 대한 책무 등이다. 이것이 로봇이 아닌 로봇 개발자 또는 운영자에 윤리적 책임을 집중해야 한다는 점을 강조하였다. 과학철학자인 닉 보스트롬(Nick Bostrom)은 "인공지능 창조에 대한 윤리법칙"이란 글을 통해 "창조자는 그들이 만든 산물(Progeny)의 행위에 대한 책임이 있다. 만일 창조자가 도덕적 지위를 갖춘 창조물을 만든다면 창조자와 창조물은 창조물의 행동에 대해 공동책임을 져야 한다"고 강조하였다.[46]

우리나라는 산업자원부가 2007년 발표한 '로봇윤리헌장' 초안에서 로봇의 행동에 대한 책임주체 범위에 로봇을 활용하는 주체까지 포함하였다. 로봇의 윤리, 제조자의 윤리, 사용자의 윤리를 모두 포함한 로봇 윤리 규정을 제정한 것을 세계 최초의 일이었다. 이 윤리 헌장 제정에는 정부관계자, 로봇 공학 교수, 의사, 변호사, 심리학자, 윤리학자, 종교학자, 미래학자 등 12명이 참여하였다. 2007년 산업자원부 로봇윤리헌장의 초안의 내용은 다음과 같다. 제1장 (목표) 로봇윤리헌장의 목표는 인간과 로봇의 공존공영을 위해 인간중심의 윤리규범을 확인하는데 있다. 제2장 (인간, 로봇의 공동원칙) 인간과 로봇은 상호간 생명의 존엄성과 정보, 공학적 윤리를 지켜야 한다.

제3장 (인간윤리) 인간은 로봇을 제조하고 사용할 때 항상 선한 방법으로 판단하고 결정하여야 한다. 제4장 (로봇윤

---

45) 이원형, 박정우, 김우현, 이희승, 정명진 (2014), "사람과 로봇의 사회적 상호작용을 위한 로봇의 가치효용성 기반 동기 - 감정 생성 모델", 제어로봇시스템학회 논문지 제20권 제 5호, 503-512

46) Nick Bostrom (2007), "Ethical Principles in the Creation of Artificial Minds", Linguistic and Philosophical Investigations, 6, 183-184.

리) 로봇은 인간의 명령에 순종하는 친구, 도우미, 동반자로서 인간을 다치게 하여서는 안 된다. 제5장 (제조자 윤리) 로봇 제조자는 인간의 존엄성을 지키는 로봇을 제조하고 로봇 재활용, 정보보호 의무를 진다. 제6장 (사용자 윤리) 로봇 사용자는 로봇을 인간의 친구로 존중해야 하며 불법개조나 로봇 남용을 금한다. 제7장 (실행의 약속) 정부와 지자체는 헌장의 정신을 구현하기 위해 유효한 조치를 시행하여야 한다.

2018년 6월 개정된 우리나라 '지능형 로봇 개발 및 보급 촉진법'에서 '지능형 로봇 윤리헌장'을 정의하고 '지능형 로봇의 기능과 지능이 발전함에 따라 발생할 수 있는 사회질서의 파괴 등 각종 폐해를 방지하여 지능형 로봇이 인간의 삶의 질 향상에 이바지할 수 있도록 지능형 로봇의 개발·제조 및 사용에 관계하는 자에 대한 행동지침'을 정하도록 하였다.[47]

이 헌장은 전문 3문장과 본문 6문장 등 모두 9문장으로 간략하게 구성되어 있으며 그 내용은 다음과 같다.

인간의 창의와 혁신을 기반으로 하는 4차 산업혁명과 그에 따른 지능정보사회는 우리 모두에게 불가피한 삶의 환경으로 자리 잡아가고 있다. 인공지능, 로봇 등의 지능정보기술은 사회 모든 분야에서의 융·복합 과정을 통해 경제적 도약과 사회 문제 해결에 새로운 기회를 제공하고 있으나, 의도하지 않은 부작용에 대한 우려도 나타나고 있다. 이에 우리는 지속 가능한 공생의 가치를 구현하고, 안전하고 신뢰할 수 있는 지능정보사회로 나아가고자 다음과 같이 결의를 다진다. 이 윤리헌장의 전문은 '사람 중심'의 지능정보사회를 전제로, 자율적 도덕행위자인 인공지능과 사람과의 공생을 추구하고 있으나, 수평적 공생이 아닌 수직적 공생을 가정한다.

지능정보사회는 인간의 존엄과 안전을 지키고 인류의 보편적 가치를 실현하는 방향으로 발전해야 한다. 본문 1에서 추구하는 내용은 인공지능과 같은 새로운 기술 도입에 따른 긍정적 사회 변화가 예견됨에도 불구하고 많은 사람들이 변화를 우려하거나 불안해하는 이유 중 하나가 장차 이루어질 변화가 나를 포함한 인간의 존엄과 안전을 해치거나 전통적으로 지켜온 인류의 보편적 가치를 왜곡·훼손할 가능성이 보이기 때문이라는 점이다. 이러한 불안은 지능정보기술 발전에 따른 지능정보사회 도래에만 한정된 것은 아니다. 기술혁신에 따른 사회적 변화는 사회 구성원 모두의 만족을 염두에 두고 추구되어야 한다.

지능정보사회에서 이루어지는 성과와 혜택은 소수에게 편중되기 보다는 모두에게 공유되어야 한다. 본문 2의 주장은 일부 전문가들이 예견 하는 것처럼 지능정보사회가 진행됨에 따라 지능정보기술을 활용할 수 있는 소수에게만 부가 집중되고, 중산층이 몰락하고 빈부격차가 심화되는 것은 바람직하지 않으므로, 지능정보사회에서 앞으로 이루어질 성과와 혜택은 소수에게 편중되기보다는 모두가 공유하여야 할 것이다.

지능정보사회에서 기술, 제품 및 서비스를 개발·공급하는 경우, 오동작과 위험상황에 대한 제어기능을 제공해야 하고 그 사회적 책임을 다해야 한다. 본문 3의 내용은 인간에게 모든 인공지능에 대한 궁극적인 제어권을 부여할 뿐만 아니라 기술, 제품 및 서비스에 대한 개발과 공급에 따른 사회적 책임도 인공지능 로봇이 아니라 결국 인간이 지도록 하고 있다.

---

47) IT 용어사전, "로봇 3원칙", 네이버지식백과, https://terms.naver.com/entry.nhn?d ocId=35 96817&cid=42346&categoryId=42346 (2018. 11. 19. 확인).

지능정보기술을 활용하여 이루어지는 자동화된 결정과 처리 과정은 필요시 설명 가능해야 하고, 사회적 편견과 차별 및 숨겨진 기능이 없어야 한다. 이 본문 4의 내용이 본 논문에서 강조하는 인공지능 시스템의 사전적 규율방안과 일치하는 점이다. 장차 인공지능이나 지능정보기술이 인간의 개입 없이 자율적으로 어떤 결정을 할 경우, 그 알고리즘은 관련 당사자에게 설명될 수 있도록 가급적 투명하여야 한다. 투명한 알고리즘을 설명할 수 있어야 그 안에 사회적 편견이나 차별이 숨겨져 있지는 않은지 혹은 의도적인 은닉기능은 없는지도 확인할 수 있게 된다. 그러기 위하여 인공지능과 관련한 시스템을 개발하는 단계에서부터 의무 감리를 할 것을 강조하는 것이다.

지능정보사회의 가치를 논의하고 문제를 해결하기 위하여 우리는 공론의 장에 참여하여 열린 마음으로 협의하는 문화를 조성해야 한다. 본문 5에서 강조하는 것은 인공지능이 발전할수록 사람들의 인식과 문화가 자연스럽게 변화하면서 수평적 공생에 대한 요구도 발생할 것으로 예견되나, 이러한 사회적 요구의 변화를 포함하여 장차 발생 가능한 문제를 해결하기 위해서는 소수가 아닌 구성원 모두가 공론의 장에 참여하여 열린 마음으로 협의하는 문화가 지능정보사회에서는 필요하다는 점이다.

지능정보사회의 지속가능한 발전을 위하여 우리는 사회변화에 따른 디지털 시민성을 갖추고 역량을 강화하도록 노력해야 한다. 본문 6은 앞으로 맞이할 지능정보사회에서 사회구성원 전체가 지능정보사회의 주인으로서 디지털시민성[48]을 함양할 것을 강조하고 있다.[49] 이러한 윤리헌장의 초안을 바탕으로 인공지능 윤리와 관련된 구체적인 방안이 본격적으로 논의가 될 것으로 예측한다.

다. 프라이버시와 투명성

2010년 9월 영국의 기술, 산업, 예술, 법 전문가들이 모인 '공학과 물리 과학 연구위원회'(EPSRC : Engineering and Physical Sciences Research Council)에서 5개의 로봇원칙을 제안하였다.689) ① 로봇은 국가 안보를 위한 경우를 제외하고 무기로 설계되어서는 안 된다. ② 로봇은 사생활 보호뿐 아니라 프라이버시를 포함한 현존하는 법규범에 부합되도록 설계되고 운용되어야 한다. ③ 로봇은 안전과 보안 보장에 적합하도록 설계 되어야 한다. ④ 로봇은 사람에게 착각이나 환상을 불러일으키도록 설계되고 사용되어서는 안 된다. ⑤ 모든 로봇에 대해 법적 책임을 지는 사람이 명확하게 명시되어야 한다는 내용이다. EPSRC의 5개 로봇원칙의 특징은 프라이버시에 집중한 점이다. 로봇에 의해 사람의 정보가 일거수일투족이 축적된다는 것을 경계하여 개인의 일상이 원치 않게 정보형태로 저장되어 공개되는 상황을 우려하였다. 데이터가 프라이버시와 연계되어 로봇 혹은 인공지능의 관리를 위하여 고려하여야 할 요인으로 강조하였다.

2016년 일본의 AI R&D 가이드라인과 마이크로소프트(MS) CEO 사티아 나델라(Satya Narayana Nadella)가 발표한 인공지능 규칙에도 프라이버시 보호가 주요 주제로 등장한다. 일본의 AI R&D 가이드라인의 내용은 ① 인공지능 네트

---

48) '디지털 시민성'은 미국, 영국, 캐나다, 호주에서 이미 공론화 과정을 거쳐 본격적으로 사용하기 시작한 용어로서 지능정보사회 구성원들이라면 꼭 갖추어야 할 필수 역량을 뜻한다. 이는 의무적인 시민에서 벗어나 능동적이고 주체적인 시민으로의 변화를 요구하는 것으로 사회구성원에 대한 교육 시스템 전체도 함께 바꿀 것을 요구한다.

49) 보안뉴스, "지능정보사회 윤리헌장' 발표가 갖는 의미", https://www.boannews.com /media /view.asp?idx=70075 (2018. 6. 4. 18:35).

워크 시스템을 설명 및 검증할 수 있는 능력을 확보하여 투명성을 높이고, ② 이용자에게 선택의 기회를 제공하는 등 이용자를 지원하고, ③ 인공지능 네트워크 시스템에 대한 통제 가능성을 보장하고, ④ 인공지능 네트워크 시스템의 견고성 및 신뢰성을 확보하고, 인공지능 네트워크 시스템이 사용자 및 제3자의 ⑤ 생명 또는 신체를 해하지 않도록, ⑥ 개인정보를 침해하지 않도록 고려하고, ⑦ 인공지능 연구개발 시 인간의 존엄성과 개인의 자율성을 존중하고, ⑧ 인공지능 연구원 또는 개발자에게 사용자와 동일한 수준의 이해관계자에 대한 책임을 부여하는 것이다. 일본의 AI R&D 가이드라인은 네트워크의 개념을 강조하면서 '투명성'을 강조하였다.[50]

　　미국의 나델라는 2016년 6월 인공지능 규칙 6가지를 제시하였다. 그 내용은 ① 인공지능은 인간을 도울 목적으로 개발되어야 한다. ② 인공지능은 투명하여야 한다.

　　③ 인공지능은 인간의 존엄성을 파괴하지 않는 한도에서 효율을 극대화하여야 한다. ④ 인공지능은 개인정보보호를 염두에 두고 설계되어야 한다. ⑤ 인공지능은 의도치 않은 피해 발생 시 인간이 복구할 수 있도록 알고리즘에 대한 설명 책임이 있다. ⑥ 인공지능은 차별 또는 편견을 방지하여야 한다는 것이다. 나델라의 규칙에서는 "편견의 방지"가 인공지능의 책무로 제기되었다. 인공지능 알고리즘에 반영될 수 있는 편향성이 사회적 이슈가 되는 현실이 반영된 결과이다.

　　그리고 인공지능을 기존과 완전히 다른 '플랫폼'으로 접근한 것도 특징이다. 아마존의 '알렉사'[51](Alexa)가 등장한 이후로 인공지능 플랫폼 현상은 현실화되고 있다. 아마존의 음성인식기술은 모바일을 대체한 '미디어'로서 가능성이 크다. 그 예로 아마존 알렉사에 친숙한 미국 초등학생들은 모바일로 구글앱에 접속해 검색어를 입력하기보다는 알렉사를 향해 "알렉사, 미국의 5대 대통령이 누구야?"는 식으로 말하고 있다. 이처럼 기술발전과 함께 시대가 빠르게 변하고 있다.

라. 인공지능 무기 경쟁 경계와 초인공지능에 대한 고려

　　2017년 1월 삶의 미래연구소(Future of Life Institute, FLI)는 인공지능을 활용한 킬러 로봇 개발의 위험성을 경고하면서 아실로마의 인공지능 23원칙을 발표하였다. 그 내용은 연구목표, 연구비 지원, 과학정책 연계, 연구 문화, 안전, 경쟁 회피, 실패의 투명성, 사법적 투명성, 책임성, 인간의 가치, 일관된 가치, 개인정보 보호, 자유와 프라이버시, 번영의 공유, 이익의 공유, 인간 통제, 사회전복 방지, 역량권고, 중요성, 인공지능 무기경쟁, 위험성, 자기개선순환, 공동의 선 등이다. FLI는 기술의 양면성을 이해하고 더 나은 미래를 만들기 위해 노력하자고 강조하는 단체로 바이오 기술, 핵, 기후, 인공지능을 주된 논의과제로 삼고 있다. 아실로마 원칙은 인공지능 무기 경쟁이 지양되어야 한다고 강조하였고, 초인공지능에 대한 발전 방향이 제시된 것이 특징이다.

---

50) 일본이 AI R&D 원칙을 제시한 이유는 AI가 인간을 해치거나, 악의적 목적에 의해 활용되거나, 통제 불능 상태에 빠져 사고가 발생하는 가능성을 사전에 방지하자는 취지이었다.

51) 알렉사(Alexa)는 아마존에서 개발한 인공지능 플랫폼이다. 알렉사는 아마존 에코에 처음 사용되었다. 사용자는 아마존 에코를 이용해 알렉사와 의사소통을 할 수 있으며, 알렉사는 음악재생, 알람설정, 날씨정보 제공, 교통정보 제공 등 많은 기능들을 제공해준다. ; 위키피디아, "아마존 알렉사",
　　https://ko.wikipedia.org/wiki/%EC%95%84%EB%A7%88%EC%A1%B4_%EC%95%8C%EB%A0%89%EC%82%AC (2018. 12. 13. 확인).

경제협력개발기구(OECD)는 2017년 Digital Economy Outlook 2017 보고서 제7장 기술전망에서 인공지능 알고리즘이 불러올 영향에 대비한 규범적 대응 원칙과 정책 방향을 제시하였다.[52] OECD는 주요 국가들의 인공지능 윤리 대응 현황에 주목하였다. 인공지능 도입에 의한 일자리 변화에 대한 정책적 대응과 비판적 사고력 및 공감 능력 향상 등 인공지능 역량 증진의 중요성, 인공지능 알고리즘 차별 등 인간에 미칠 수 있는 알고리즘 의사결정 문제에 대한 투명성, 공정성, 책무성의 가치 개입 등을 강조하였다.

마. 기타 주요 인공지능 윤리 가이드라인

이 외에도 EU의회와 일본에서 제시한 인공지능 윤리 가이드라인의 구체적인 내용을 살펴보면 다음과 같다.

1) EU의회 인공지능 윤리 가이드라인

2017년 EU의회 결의안은 ① 로봇제작자들은 프로그램 오류 또는 외부 해킹 등의 비상 상황에서 로봇 작동을 즉시 중단할 수 있는 "Kill 스위치"를 장착하여야 한다. ② 인공지능 로봇의 법적 지위를 전자적 인격체로 인정한다. ③ EU 내에 로봇 담당국을 신설하여 인공지능 로봇을 법적·윤리적으로 제재할 수 있는 내용을 포함한다. ④ 인공지능 로봇의 사회적 악용 가능성, 해킹 가능성 등 불안감을 해소하고, 로봇은 인간에게 무조건 복종하고 인간을 위협하지 말아야 한다. ⑤ 인공지능 로봇 활용에 따른 노동 분야의 새로운 고용 모델의 필요성을 강조하고 인공지능 로봇을 고용하는 기업에 '로봇세'를 물려야 한다고 하였다.

2) 일본의 인공지능 개발 가이드라인

2017년 일본 총무성의 인공지능 개발 가이드라인은 ① 연계의 원칙 : 개발자는 인공지능 시스템의 상호 접속성과 상호운용성에 유의한다. ② 투명성의 원칙 : 개발자는 인공지능 시스템의 입출력 과정에 대한 검증 가능성과 판단 결과 설명 가능성을 유의한다. ③ 제어 가능성의 원칙 : 개발자는 인공지능 시스템의 제어 가능성에 유의한다. ④ 안전의 원칙 : 개발자는 인공지능 시스템이 이용자와 제3자의 생명·신체·재산을 해하지 않도록 배려한다. ⑤ 보안의 원칙 : 개발자는 인공지능 시스템의 안전에 유의한다. ⑥ 프라이버시의 원칙 : 개발자는 인공지능 시스템에 의해 이용자와 제3자의 프라이버시가 침해되지 않도록 배려한다. ⑦ 윤리의 원칙 : 개발자는 인공지능 시스템 개발 시 인간의 존엄과 개인의 자율을 존중한다. ⑧ 이용자 지원의 원칙 : 개발자는 인공지능 시스템이 이용자를 지원해 이용자에게 선택권을 제공하는 것이 가능하도록 배려한다. ⑨ 책임의 원칙 : 개발자는 이용자 및 이해관계자에 대해 책임을 완수하도록 노력 한다 등으로 구성되어 있다.

---

52) 이원태 (2017), "인공지능 알고리즘 윤리담론의 지형 - 왜 알고리즘 윤리인가", 한국인터넷윤리학회·정보통신정책연구원·고려대학교 디지털사회통합정책연구센터.

바. 소결 및 새로운 윤리 가이드라인 제안

인공지능 윤리의 역사에서 살펴보듯이 인공지능이 발전하면서 인간과 인공지능 기술이 공존하고 상생하는 방안에 대해 세계 각국이 고민하고 노력하고 있음을 알 수 있다. 인공지능 기술발전에 따라 발생 가능한 위협요인을 최소화할 방안으로 투명성과 프라이버시를 들 수 있다. 인공지능 알고리즘을 투명하게 관리하여 언제라도 인공지능 알고리즘에 의하여 발생 가능한 차별과 편견을 예방하고, 만약의 경우에 발생하는 오류를 즉시 교정하고 보완할 수 있는 장치를 마련할 필요가 있다. 인공지능 기술의 발전과 더불어 인공지능 제작자, 개발자, 이용자들에게 윤리 가이드라인의 수립과 얼마나 잘 준수하고 있는지에 대한 확인 또한 중요하다. 이러한 윤리 가이드라인 준수 여부의 확인을 위하여 독립되고 객관적인 제3자에 의한 감리가 필요하다. 다음은 새로운 인공지능 윤리 가이드라인을 제시 한다.

① 인공지능은 인류 전체의 공공의 이익을 최우선으로 하여야 한다. 인공지능이 인간에게 유익한 수단이어야 함을 강조한다. 인공지능을 이용한 무기나 전쟁수단으로 활용되지 않도록 사전에 막아야 한다. ② 인공지능 사업자는 인공지능과 관련하여 발생하는 피해에 대해 모든 책임을 져야 한다. 부득이 예방하지 못하여 발생하는 결과에 대하여는 사업자에게 책임이 있다. ③ 인공지능 시스템은 오류를 예방하고 안전하게 운영되어야 한다. 인공지능 시스템 개발 시 부터 사업자와 개발자는 발생 가능한 오류의 경우를 최대한 예측하고 예방하여야 한다. ④ 인공지능 시스템에 이용되는 개인의 정보와 프라이버시는 안전하게 보호되어야 한다. ⑤ 인공지능 시스템은 투명하게 개발되고 운영되며 관리되어야 한다. ⑥ 인공지능 시스템은 공정하고 객관적인 제3자에 의해 검증되고 안정성을 보장받아야 한다. ⑦ 인공지능 시스템에 오작동이 발생하거나 인간에게 위험이 되는 경우 즉시 작동을 멈출 수 있도록 하여야 한다. ⑧ 인공지능 시스템은 사회적 약자를 배려하도록 설계되어야 한다. ⑨ 인공지능 시스템은 편견과 차별을 배제하도록 설계되어야 한다.

제 2 절   인공지능 시스템 감리

1. PMO에 의한 감리

인공지능 알고리즘의 공개는 인공지능 알고리즘 자체가 기업비밀이라는 점 때문에 공개결정에 대한 저항이 있을 수 있다. 따라서 알고리즘의 오류도 최대한 예방하고 기업비밀도 보호할 수 있는 투명성을 강제하는 방안이 필요하다. 그 방안의 하나로 규제를 위한 조사와 분석을 위해 기업 등에게 알고리즘의 프로그램 코드를 제공하게는 하되, 신뢰할 수 있는 독립 기관이 조사 · 분석을 담당하게 함으로써 기업비밀 유지와 공적 규제라는 두 가지 효과를 모두 충족하도록 하는 것이다. 미국의 경우 Laura and John Arnold Foundation이라는 비영리재단이 재범의 위험성 평가와 관련한 연구 결과를 발표한 사실이 있다.[53] 이와 같이 공공기관이 아니라도 연구력을 갖춘 비영리 재단이나 시민단체 등에 공익적 감시 활동의 일환으로 알고리즘의 조사·분석을 맡겨도 좋은 방법이다. 물론 이러한 목적 달성을 위해서는 프로그램 코드만 제대로 분석하면 데이터 조작이나 규정 위반 문제를 바로 확인할 수 있다는 가정이 전제되지만, 인공지능 알고리즘의 특성상 쉽지는 않을 것이다. 입력 데이터의 편향성은 차별의 결과를 산출하고 이러한 데이터를 사용한 훈련과정에서도 편향성이 강화 되지만 프로그램 코드분석만으로는 이러한 편향성의 존재나 강화 여부를 제대로 확인하지 못하기 때문이다.[54]

블랙박스와 같이 작동되는 불투명한 인공지능 알고리즘에 의한 의사결정의 문제점은 그러한 의사결정 과정에 대한 설명이 가능하도록 투명하게 설계함으로써 어느 정도 해소될 수 있다. 따라서 인공지능 알고리즘 설계자에게 그 알고리즘이 특정 예측 결과를 어떻게 도출하였는지가 설명이 되는 투명한 알고리즘을 만들도록 강제하여야 한다. 의사결정은 예측의 효율성이나 정확성 담보하는 것 이상으로 그 의사결정 절차의 정당성 보장이 필요하기 때문에 이러한 설명의무는 필수적이다.[55]

인공지능 시스템을 개발하는 기업들에게 인공지능 알고리즘을 투명하게 관리할 수 있도록 강제하도록 입법하는 방안을 현재 국회에 발의되어 있는 지능정보 사회기본법안이나 로봇기본법안에 추가할 필요가 있다. 그리고 공정하고 객관적인 독립된 기관에 의한 감리를 실시하는 방안은 현행법인 전자정부법과 정보통신망법에 추가하는 것으로 충분히 규율할 수 있다.

2. 전자정부법에 의한 감리

우리나라는 전자정부법 제2조 제14호에서 정보시스템 감리를 실시하도록 하고 있다. '정보시스템 감리'란 '감리발주자 및 피감리인의 이해관계로부터 독립된 자가 정보시스템의 효율성을 향상시키고 안전성을 확보하기 위하여 제3자의 관점에서 정보시스템의 구축 및 운영 등에 관한 사항을 종합적으로 점검하고 문제점을 개선하도록 하는 것'이라고 밝히고 있다. 또한 행정기관 등의 장은 정보시스템의 특성 및 사업 규모 등이 일정규모 이상에 해당하는 정보시스템에 대하여 등록된 감리법인으로 하여금 정보시스템 감리를 하게 하도록 의무화하고 있다(제57조). 이에 따라 감리법인과 감리원 등에 대한 자격과 준수사항 등을 엄격히 요구하고 있으며, 이에 위반한 경우 결격사유에 따른 등록취소 등의 행정제재를 가하도록 하고 있다(제58조 내지 제63조). 구체적인 정보시스템 감리기준은 행정안전부 고시 제2010-85호(2010.12)로 제시하고 있다.[56]

---

53) Ljaf Reserch summary, "Developing A National Model For Pretial Risk Assessment", http://www.arnoldfoundation.org/wp-content/uploads/2014/02/LJ AF-research-summary_ PSA-Court_4_1.pdf (2018. 11. 19. 확인), 2.

54) 양종모 (2017), "인공지능 알고리즘의 편향성, 불투명성이 법적 의사결정에 미치는 영향 및 규율방안", 법조 제723권, 36.

55) 양종모 (2017), "인공지능 알고리즘의 편향성, 불투명성이 법적 의사결정에 미치는 영향 및 규율방안", 법조 제723권, 37.

56) 이병만, 임재규, 권형진, 권미수, 권영일 (2011), "정보시스템 감리 개념 확립과 감리산업 활성화를 위한 방향", 한국IT서비스학회

전자정부법 제4조(전자정부의 원칙)에서도 4호를 두어 행정기관 등은 전자정부의 구현·운영 및 발전을 추진할 때 개인정보의 보호와 이용의 양자를 함께 도모하도록 하고 있다. 또한 제30조의4 (공개데이터의 수집·활용) 제1 호에서 행정기관장은 정책의 수립, 의사결정 등을 위하여 데이터를 수집할 경우 개인정보보호법에 따른 데이터 보안과 개인정보보호를 반드시 하여야 한다.

또한 "정보통신망 이용촉진 및 정보보호 등에 관한 법률(약칭:정보통신망 법)" 에 따라 개인정보를 보호하고 정보통신망의 이용을 촉진하고 있다. 이 법은 정보통신망과 관련된 기술 및 기기를 이용하여 발생하는 모든 정보를 보호 및 활성화 하도록 하고, 이를 전담하여 관리할 기관으로 '한국인터넷 진흥원'을 설립하여 정보시스템 감리제도를 통해 정보통신망을 이용하는 정보의 보호와 이용 등에 관한 모든 활동을 주관하도록 하였다.[57]

현재는 주로 공공부문 주요 정보화 사업에 대한 감리의 수요가 대부분이고 민간부분의 감리는 상대적으로 감리를 회피하고 있다. 인공지능의 발달과 함께 인공지능 알고리즘과 빅데이터의 오류에 따라 발생할 피해의 규모나 심각성을 고려하여 본다면 사전에 예방적 차원에서 정보시스템 감리의 중요성과 필요성은 더욱 증가하고 있다. 따라서 인공지능과 빅데이터를 활용하여 인공지능 시스템을 구축하려고 하는 기업 및 제작자와 개발자들은 객관적이고 고도의 전문가로 구성된 제3자인 감리원들에게 인공지능 알고리즘과 빅데이터에 대한 적정성과 안전성을 사전에 감리를 받도록 의무화 할 필요가 있다. 현재의 전자정부법이나 정보통신망법에 의해서도 충분히 인공지능 알고리즘과 빅데이터 시스템에 대한 감리의 실시가 가능하다. 만약 구체적인 부분에서 미흡한 사항이 있으면 현재 운영되는 전자정부법과 개인정보보호법 등 감리 관련법의 세부사항을 보완하여 실시하도록 하면 될 것이다. 다음 절에서 현재 운용되고 있는 정보시스템 감리제도에 대해 상세히 살펴보기로 한다.

3. 정보시스템 감리

전자정부법상 정보시스템 감리의 구체적 내용을 살펴보기에 앞서, 정보시스템 감리에 대하여 다양한 정의가 있으므로, 전자정부법 및 국내외 정보시스템 감리제도를 비교하여 우리나라의 정보시스템 감리가 가지는 특징을 분석하여 그 의의를 알아본다. 그리고 정보시스템 감리에 대하여 규율하고 있는 전자정부법, 같은 법 시행령, 고시 및 감리기준 등 관련 법제의 현황을 살펴보고, 인공지능에 대한 의무감리의 대상이 민간부문으로 확대되어야 하는 필요성을 살펴본다.

가. 정보시스템 감리 개관

1) 정보시스템 감리의 정의

정보시스템감리(Information Systems Audit)는 정보시스템을 대상으로 감리를 하는 것을 말한다. Weber는 정보시스

2011춘계학술대회, 5.

57) 한국전산원(2000), "정보시스템감리 제도발전과 품질향상을 위한 핵심성공요인과 개선 방안 연구", 정보통신부 연구개발결과 보고서, 2.

템 감리를 "컴퓨터 시스템이 자신을 보호하고 자료의 무결성(integrity)을 유지하며 시스템의 효율성과 효과성을 확보하고 있는지를 결정하기 위하여 증거를 수집하고 평가하는 활동"이라고 정의하고 있다.[58]

정보시스템감사통제협회(Information Systems Audit and Control Associations, ISACA)에서는 정보시스템 감리를 "자동화된 정보처리 시스템의 모든 부문을 검토하고 평가하는 것이며 이 중에는 관련된 비자동화된 절차와 이러한 시스템들 사이의 인터페이스도 포함되는 것"으로 정의하면서 상호접속성, 신뢰성, 유용성 측면을 강조하고 있다. 국제표준화기구(ISO)의 ISO12207은 감리를 "공인된 자가 요구사항의 만족여부를 심사하기 위해 소프트웨어의 제품이나 프로세스를 독립적으로 심사활동을 하는 것"이라고 정의하고 있다. 전자정부법에 따르면 "정보시스템"이란 정보의 수집·가공·저장·검색·송신·수신 및 그 활용과 관련되는 기기와 소프트웨어의 조직화된 체계를 말한다 (전자정부법 제2조 제13호).

"감리"란 발주자와 사업자 등의 이해관계로부터 독립된 자가 정보시스템의 효율성을 향상시키고 안전성을 확보하기 위하여 제3자의 관점에서 정보시스템의 구축 및 운영 등에 관한 사항을 종합적으로 점검하고 문제점을 개선하도록 하는 것을 말한다(정보시스템 감리기준 제2조 제1호).

정보시스템 감리에서는 정보시스템 감리의 성격을 감사성격과 컨설팅 성격을 포괄하는 전자정부법의 기준에 따라 "정보시스템 감리"를 감리발주자 및 피 감리인의 이해관계로부터 독립된 자가 정보시스템의 효율성을 향상시키고 안전성을 확보하기 위하여 제3자의 관점에서 정보시스템의 구축 및 운영 등에 관한 사항을 종합적으로 점검하고 문제점을 개선하도록 하는 것(전자 정부법 제2조 제14호)으로 정의한다.

2) 정보시스템 감리의 목적

(가) 전자정부법 제1조의 목적 규정

전자정부법 제1조는 "행정업무의 전자적 처리를 위한 기본원칙, 절차 및 추진방법 등을 규정함으로써 전자정부를 효율적으로 구현하고, 행정의 생산성, 투명성 및 민주성을 높여 국민의 삶의 질을 향상시키는 것을 목적으로 한다"고 규정하고 있다.

(나) 사업 지원 목적

사업의 위험요소를 사전에 최소화하여 사업의 실패를 방지하고 성공을 지원하는 목적도 있다. 2009년 Standish 보고서에 따르면 ICT산업의 평균 성공률은 32%로, 계획대비 일정·예산이 초과한 경우가 44%이고, 완전 실패한 경우가 24%에 달한다.

시스템 개발사업이 성공하였다는 의미는 1. 품질요소와 성과 요소를 충족하면서 예산과 기한 내에 구축을 완료하는 것이다. 품질에 대하여는 기능, 성능, 안전성에 대한 요구사항을 충족할 것, 성과에 대하여는 활용이 되어 당초 목표로 하였던 효과가 발생하는 것이다.[59]

---

58) Weber, R (1988), EDP Auditing Conceptual Foundations and Practice (2nd. ed.), McGraw-Hill.
59) 한국정보화진흥원 (2016), "정보시스템 감리 발주관리 가이드", 1.

3) 국내외 정보시스템 감리제도

(가) 미국의 정보시스템 감리제도

정보시스템 감리는 우리나라뿐만 아니라 미국, 일본 등 선진국에서도 제도화되어 있다. 미국의 정보시스템 감리는 민간 주도로 발전해 왔으며 기관별로 감리에 대한 정의를 조금씩 달리하고 있다. 내부감사인협회(IIA)에서는 감리를, 특정한 데이터 처리 결과를 점검·평가·검증하는 EDP(Electronic Data Processing)[60] 감사로 정의하고 있다.

그리고 국립 표준국(NBS, National Bureau of Standard)에서는 '전산 감사'를 정보시스템의 통제를 수행하는 내부감리의 한 종류로, 시스템이 경영자의 통제목적에 부합하는지를 독립적이고 객관적인 입장에서 검토·보고하는 것으로 정의하고 있다.

그러나 여러 기관의 정의를 모두 포괄하고자 하는 정보시스템 감리인 협회(ISACA)는 정보시스템 감리를 정보시스템과 관련된 수작업처리 및 이들 간의 상호 관련 부문을 포함한 모든 부문을 검토하고 평가하는 것으로 폭 넓게 정의하고 있다.[61]

(나) 일본의 정보시스템 감리제도

일본에서 정보시스템 감리는 정보처리 개발협회와 공인회계사협회(JICPA) 에서 제시하는 바가 대표적이다. 일본의 시스템감사기준에서는 정보시스템 감리를 "정보시스템을 종합적으로 점검·평가하고, 관계자에게 조언, 권고하는 활동으로 보안대책의 실효성 담보 및 시스템의 유효한 이용을 도모하는데 있어 효과적인 수단"으로 언급하고 있다.

한편 일본 공인회계사협회(JICPA)는 정보시스템감리를 EDP 시스템에 의해 작성된 회계기록 및 거래기록의 유효성과 타당성을 검토, 평가하여 신뢰도를 검사하는 것이라고 정의한다.[62]

(다) 우리나라의 감리제도와 차이점

우리나라의 정보시스템 감리는 공공부문을 중심으로 제도화되어 미국, 일본 등의 정보시스템 감리(Information Systems Audit)와는 개념적으로 차이가 있으며, 감리수행 행태도 다른 나라와 차이가 있다. 다양하게 정의되는 정보시스템 감리활동은 정의만큼이나 다양한 유형으로 수행되고 있다. 우리나라에서는 현재 시스템 개발 영역에 대한 감리를 중점으로 하면서도 시스템 및 응용, 정보자원 또는 전사 아키텍쳐(EA : Enterprise Architecture)[63] 관리에 대한 감리 등

---

60) EDP란 전자 장치, 특히 디지털 컴퓨터에 의해 광범위하게 수행되는 자료처리. 전자자료 처리라고 하면 넓게는 컴퓨터에 의해 이루어지는 모든 처리를 나타내지만, 보통은 기업이나 은행, 정부 부서 등의 조직에서 각종 사무를 컴퓨터를 이용하여 처리하는 것을 가리킨다.

61) 최영진, 나종회, 신동익, 임재규 (2009), "정보시스템감리사 자격제도 개선방안에 관한 연구", 정보기술과학지 제6권 제2호, 3.

62) 일본정보처리개발협회 (1994), "일본 시스템 감사기준 해설서", 일본정보처리개발협회.

63) EA란, 기업의 목표와 요구를 효과적으로 지원하기 위해 IT인프라 각 부분이 어떻게 구성되고 작동돼야 하는가를 체계적으로 기술하는 작업을 말한다. 또 복잡한 기업의 모습 을 비즈니스, 데이터, 애플리케이션 등 다양한 측면에서 분석하고 표현해 이해하기 쉽도록 정보체계를 구축하는 의미로도 사용된다. 또한 미국 예산관리국(OMB)은 조직의 업무 활동과 정보기술간의 관계를 현재와 향후 추

여러 유형으로 실시하고 있다.

나. 정보시스템 감리의 특징

1) 독립성

감리원 또는 감리법인은 사업자에 대하여 업무 및 이해관계에 있어서 독립성을 갖추어야 한다. 이는 다른 분야의 감리제도와 비교하였을 때 정보시스템 감리제도만이 가지고 있는 특징이다. 다른 감리제도와 정보시스템 감리제도를 도식화하여 비교하면 [그림 1]과 같다.

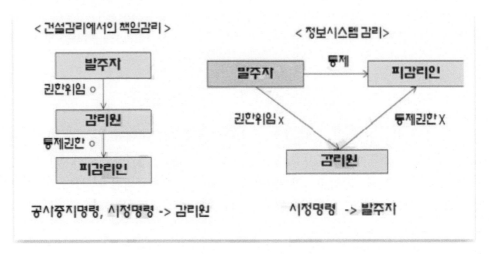

[그림 1] 건설감리와 정보시스템 감리의 비교[64]

가) 감리원의 독립성

전자정부법 제57조(행정기관 등의 정보시스템 감리) 제2항 후문은 "행정기관 등의 장은 정당한 사유 없이 감리원의 업무에 개입하거나 간섭하여서는 아니 된다"며 감리원의 업무상 독립 및 행정기관 등의 장의 개입·간섭 금지 의무를 규정하고 있다.

구할 모습으로 나눈 청사진으로 정의하기도 한다. 기업가치 창출 활동에서 다양한 환경변화에 민첩하게 대응할 수 있도록 하는 능력이 정보기술의 역할로 중시되면서 전사 아키텍처가 주목 받고 있으며, IT투자 대비 효과를 최대화하고 기업 목적을 가장 잘 달성할 수 있는 방식으로 IT인프라를 구성할 수 있다. 이 때문에 최근 세계적으로 정부기관과 민간기업의 IT혁신을 위한 주된 관심사로서 다양한 산업에 걸쳐 전사 아키텍처 프로젝트가 추진되고 있다.

64) 행정안전부/한국정보화진흥원 (2011), "정보시스템 감리제도 소개 및 감리 발주·관리 요령", 9.

나) 감리법인의 독립성

정보시스템 감리기준 제6조 제4항에서는 "감리법인은 감리대상 사업 또는 사업자에 대한 독립성을 확보하여야 하며, 사업자와 감리계약을 체결하여서는 아니 된다"라고 규정하여 감리법인의 독립성을 강조하고 있다.

2) 효과성

정보시스템 감리를 통해 사전에 설정된 목표(예 : 업무 자동화, 고객에 대한 서비스 개선 등)를 달성하도록 한다. 소프트웨어 개발과정에서 기획의 타당성 및 개발 공정의 적합성을 검토하고, 개발된 소프트웨어의 품질보증 등을 통해 정보시스템이 갖는 효과를 증진시킬 수 있다.[65]

3) 효율성

정보시스템의 개발 및 운영 조직 중 문제점이 무엇이며, 무엇을 개선해야 하는지를 제안, 권고함으로써 사용자 측면에서는 응답시간을, 시스템 측면에서는 최대 처리량, 자원이용도(CPU, 메모리, 디스크)를 줄일 수 있어 정보시스템의 효율성을 높일 수 있다.[66]

4) 안전성 확보

데이터의 무결성, 기밀성 및 가용성을 그 하부 속성으로 포함하고 있으며 특히 데이터 무결성은 정보시스템의 효과를 보장하는 가장 중요한 속성인 동시에 정보시스템 감리가 보장하는 특징이다.[67]

5) 적법성과 준거성 등

적법성으로는 업무와 관련된 법적 요건들 즉, 정보화사업 추진과 관련된 규정 등을 제대로 준수하고 있는지 확인한다. 준거성으로는 정보시스템의 개발 및 운영에 관한 각종 법규·지침·기준 등에 대한 준수 여부를 확인함으로써 준거성을 확보해주고, 부수적으로 정보시스템과 관련된 객관적인 정보를 제공함으로써 경영자를 포함한 사용자와 개발자 등간의 상호 이해를 증진시켜 이해관계를 개선시켜 나가야 한다.[68]

---

65) 안진호, 김소연 (2016), "대국민 정보시스템의 UI/UX 분야 감리방안 연구", 한국HCI학회 학술대회, 425.
66) 안진호, 김소연 (2016), "대국민 정보시스템의 UI/UX 분야 감리방안 연구", 한국HCI학회 학술대회, 425.
67) 안진호, 김소연 (2016), "대국민 정보시스템의 UI/UX 분야 감리방안 연구", 한국HCI학회 학술대회, 425.
68) 안진호, 김소연 (2016), "대국민 정보시스템의 UI/UX 분야 감리방안 연구", 한국HCI학회 학술대회, 425.

4. 정보시스템 감리 관련 법제현황

가. 제정 배경

1) 정보시스템의 효율적 도입 및 운영 등에 관한 법률

정보시스템 감리는 1987년 국내에서 처음 실행된 후 1998년부터 민간 감리법인의 설립이 활성화되기 시작하였으며, 1999년에는 「정보화촉진기본법」 제15조의2에 정보시스템 감리의 근거조항이 신설되었다. 행정기관 등을 중심으로 실시된 정보시스템 감리는 정보화 사업의 관리수준을 향상시키고, 정보시스템의 기능·성능·정확성 등 시스템의 품질과 사용자 만족도를 높이는 효과가 인정되었으며, 시스템 구축시 위험요소를 사전에 최소화하여 재개발, 유지보수 비용 및 노력을 절감하는 등 감리비용 대비 효과가 크다는 것이 입증되었다.

그러나 감리 시행 여부를 자율적으로 결정하였기에 국가적으로 중요한 정보시스템임에도 불구하고, 감리를 받지 않아 문제점을 사전에 발견하지 못한 사례들이 발생하였고, 감리의 지적사항은 권고사항이었기 때문에 실질적으로 개선하지 않아 감리의 효과를 반감시키는 사례가 발생하였다. 또한, 감리업무의 특성상 현장에 투입되는 감리원의 전문성이 매우 중요함에도, 자격기준과 책임소재 등이 불명확하여 부실감리가 발생하더라도 이를 제재할 근거가 없었다.

이에, 행정기관 등이 추진하는 일정 수준 이상의 정보화 사업에 대한 의무적 감리 실시, 감리법인 및 감리원 등록제도, 감리원 자격기준, 교육 등과 감리결과에 대한 책임소재를 명확히 하는 등의 내용을 포함하는 정보시스템 감리제도를 도입·강화하기 위하여 2005. 12. 30. 법률 제7816호로 「정보시스템의 효율적 도입 및 운영 등에 관한 법률」이 제정되었다가 전자정부법이 제정됨에 따라 2010. 2. 4. 전자정부법에 흡수되어 폐지되었다.

2) 정보시스템 감리원의 자격 및 교육 등에 관한 고시와 정보시스템 감리기준

2006년 6월, 각계 이해당사자의 의견수렴을 바탕으로 의무적으로 감리를 수행해야 하는 정보화사업의 기준, 감리법인 및 감리원 등록·자격기준 등의 내용을 포함하는 시행령, 시행규칙이 제정·공포되었으며, 이를 보충하는 정보시스템 감리원의 자격 및 교육 등에 관한 고시, 정보시스템 감리기준이 제정·고시되었으며 이와 관련된 해설서, 감리지침 등이 작성되었다.

3) 전자정부법 및 전자정부법 시행령 제정

2008년 2월 정부조직개편에 따라 감리업무가 행정안전부(현 행정자치부)로 이관됨에 따라 감리업무는 전자정부법 및 시행령에 정의되어 시행되고 있다. 상세한 사항은 아래 법령의 주요내용에서 살펴보기로 한다.

4) 정보시스템 감리기준의 지속적 발전

정보시스템 감리원의 자격 및 교육 등에 관한 고시는 2008. 6. 19. 감리 기준에 통합되어 고시되었으며 2010. 5. 4. 감리기준 개정에는 감리법인 등록·관리 등에 대한 내용이 추가되었다.

2010. 12. 28. 개정 고시된 감리기준은 감리기준의 성격을 재규정하여 "기본적 사항, 필수·의무적 준수사항"과 "감리

효율화·품질향상을 위한 사항"을 구분하여 전자를 중심으로 감리기준을 정비하고 후자는 한국정보화진흥원에서 공지하는 가이드에 포함하도록 하는 등 감리가 의무화된 이후 가장 크게 변경되었다. 또한, 일정규모 이상의 사업에 대해서는 3단계 감리 (요구정의·설계·종료)를 하도록 하였으며, 사업자의 과업이행 여부를 감리원이 세부 검사항목별로 점검하여 적합·부적합 판정을 하게 하는 등 감리수행 방식도 크게 변경되었다.

2012. 3. 2. 개정 고시된 감리기준은 상주감리의 정의 및 상주 감리원의 요건, 수행업무 등의 내용이 추가되었다. 이후 변경된 2014년, 2015년 개정된 감리기준의 경우 타법 개정에 따른 변경 등에 의한 것으로 감리 제도적 측면에서의 변경사항은 없었다.[69] 한편, 정보시스템 감리의 제도화는 정보화사업의 품질향상에 큰 도움이된 것으로 파악된다. 특히 2013년 한국정보화진흥원의 감리실태조사에 따르면 응답자의 80.7%가 감리의 필요성을 인정하였으며, 발주기관 응답자의 75%가 감리결과에 만족하는 것으로 나타났다.[70]

현행 정보시스템감리 법·제도 현황은 다음 [표 2]와 같다.

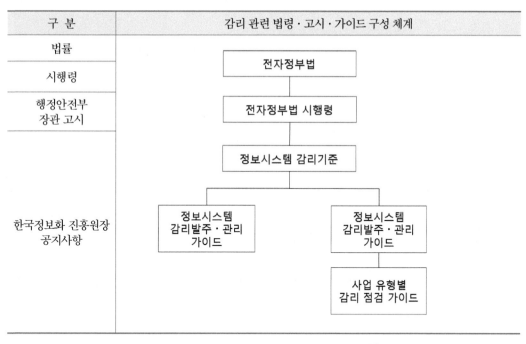

[표 2] 현행 정보시스템 감리 법률·제도 현황[71]

---

69) 한국정보화진흥원 (2016), "정보시스템 감리 발주·관리 가이드", 6-7.
70) 한국정보화진흥원 (2013), "2013년 국가정보화사업 감리실태조사 결과보고서".
71) 한국정보화진흥원 (2016), "정보시스템 감리 발주·관리 가이드", 7.

나. 정보시스템 감리 관련 법령의 주요 내용

1) 전자정부 법 및 전자정부 시행령

(가) 전자정부 기본계획 수립의무(제5조)

중앙사무관장 기관의장은 전자정부의 구현·운영 및 발전을 위하여 5년마다 제5조의2 제1항에 따른 행정기관 등의 기관별 계획을 종합하여 전자정부 기본계획을 수립하여야 한다(전자정부법 제5조 제1항).

전자정부 기본계획에는 1. 전자정부 구현의 기본방향 및 중장기 발전방향, 2. 전자정부 구현을 위한 관련 법령·제도의 정비, 3. 전자정부 서비스의 제공 및 활용 촉진, 4. 전자적 행정관리, 5. 행정정보 공동이용의 확대 및 안전성 확보, 6. 정보기술아키텍처의 도입 및 활용, 7. 정보자원의 통합·공동 이용 및 효율적 관리, 8. 전자정부 표준화, 상호 운용성 확보 및 공유서비스의 확대, 9. 전자정부사업 및 지역정보화사업의 추진과 성과 관리, 10. 전자정부 구현을 위한 업무 재설계, 11. 전자정부의 국제협력, 12. 그밖에 정보화인력의 양성 등 전자정부의 구현·운영 및 발전에 필요한 사항의 내용이 포함되어야 한다(법 제5조 제2항).

(나) 기관별 계획 수립의무(제5조의2)

행정기관등의 장은 5년마다 해당 기관의 전자정부의 구현·운영 및 발전을 위한 기본계획(이하 "기관별 계획"이라 한다)을 수립하여 중앙사무관장기관의 장에게 제출하여야 한다(법 제5조의2 제1항). 중앙사무관장 기관의 장은 행정기관 등의 기관별 계획 추진현황 및 성과를 점검할 수 있다(법 제5조의 2 제3항).

(다) 기관별 계획의 점검(제5조의2)

행정안전부장관은 중앙행정기관 등의 장에게 법 제5조의2 제3항에 따라 기관별 계획의 추진현황 및 성과를 점검하기 위하여 필요한 자료의 제출을 요청할 수 있다. 이 경우 중앙행정기관 등의 장은 특별한 사유가 없는 한 관련 자료를 제출하여야 한다(법 제5조의2 제1항).

행정안전부장관은 기관별 계획 추진현황 및 성과를 점검한 결과 개선이 필요한 사항이 있는 경우 중앙행정기관 등의 장에게 개선을 권고할 수 있다(법 제5조의2 제2항).

(라) 의무 감리 대상

전자정부법 제57조 제1항은 공공부문 주요 정보시스템에 대한 감리를 의무화하고 있다. 아직까지 민간부문에 대한 감리는 의무화되지 않고 있다.

> 제57조(행정기관등의 정보시스템 감리) ① 행정기관등의 장은 정보시스템의 특성 및 사업 규모 등이 대통령령으로 정하는 기준에 해당하는 정보시스템에 대하여 제58조제1항에 따른 감리법인으로 하여금 정보시스템 감리를 하게 하여야 한다. 다만, 제64조의2에 따라 전자정부사업관리를 위탁한 경우로서 대통령령으로 정하는 전자정부사업에 대해서는 그러하지 아니하다.

전자정부법 시행령 제71조 제1항은 전자정부법 제57조 제1항 본문에서 의무감리 대상의 기준을 설시하고 있다.

제71조(정보시스템 감리의 대상) ① 법 제57조제1항 본문에서 "대통령령으로 정하는 기준"이란 다음 각호의 어느 하나에 해당하는 경우를 말한다.

1. 정보시스템의 특성이 다음 각 목의 어느 하나에 해당하는 경우. 다만, 사업비(총사업비 중에서 하드웨어·소프트웨어의 단순한 구입 비용을 제외한 금액을 말한다. 이하 이 조에서 같다) 1억원 미만의 소규모 사업으로서 정보시스템 감리의 비용 대비 효과가 낮다고 중앙행정기관등의 장이 인정하는 경우는 제외한다.

   가. 대국민 서비스를 위한 행정업무 또는 민원업무 처리용으로 사용하는 경우

   나. 여러 중앙행정기관등이 공동으로 구축하거나 사용하는 경우

2. 정보시스템 구축사업으로서 사업비가 5억원 이상인 경우

   전자정부법 시행령 제71조 제1항은 첫째로 특성기준(대국민 서비스, 행정·민원업무, 다수 기관이 공동으로구축·사용), 둘째로 규모기준(하드웨어·소프트웨어의 단순 구입비를 제외한 사업비 5억원 이상인 정보시스템 구축 사업)을 의무감리 대상의 기준으로 들고 있다. 다만, 단서에 따라 1억원 미만으로 감리의 비용대비 효과가 낮다고 장이 인정하는 경우는 제외된다. 의무감리 대상 해당 여부를 판별하는 과정을 도식화하면 [그림 2]와 같다.

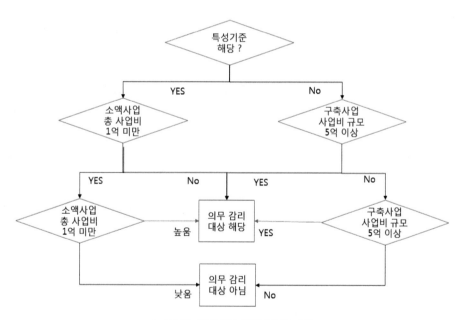

[그림 2] 의무감리 대상 판단 기준

(마) 의무감리 대상 범위

전자정부법 제57조 제1항은 공공부문 주요 정보시스템에 대한 감리를 의무화하고 있다. 아직까지 민간부문에 대한 감리는 의무화되지 않고 있다.

제2조(정의) 2. "행정기관"이란 국회·법원·헌법재판소·중앙선거관리위원회의 행정사무를 처리하는 기관, 중앙행정기관(대통령 소속 기관과 국무총리 소속 기관을 포함한다. 이하 같다) 및 그 소속 기 관, 지방자치단체를 말한다.

3. "공공기관"이란 다음 각 목의 기관을 말한다.

　가. 「공공기관의 운영에 관한 법률」 제4조에 따른 법인·단체 또는 기관

　나. 「지방공기업법」에 따른 지방공사 및 지방공단

　다. 특별법에 따라 설립된 특수법인

　라. 「초·중등교육법」, 「고등교육법」 및 그 밖의 다른 법률에 따라 설치된 각급 학교

　마. 그 밖에 대통령령으로 정하는 법인·단체 또는 기관

(바) 감리의 독립성 보장(제57조 제2항)

전자정부법 제57조 제2항은 행정기관 등의 장은 감리를 시행하는 사업에 대하여 그 소속 직원과 해당 정보시스템을 구축하는 사업자로 하여금 감리원의 원활한 업무수행에 필요한 사항을 지원하도록 하여야 하며, 정당한 사유 없이 감리원의 업무에 개입하거나 간섭하여서는 안 된다고 규정하고 있다.

(사) 감리 결과의 반영 의무(제57조 제3항)

행정기관 등의 장은 정보시스템 감리를 시행하는 사업에 대하여 해당 정보시스템을 구축하는 사업자로 하여금 감리 결과를 반영하게 하도록 규정하고 있다. 감리결과 중 "반드시 반영해야 하는 사항"과 "협의에 따라 반영할 수 있는 사항" 구분하고 있으며, 감리수행가이드(개선권고유형)에 반영되어 있다

(아) 감리기준의 고시 및 준수 의무(제57조 제5항, 제6항)

행정안전부장관은 정보시스템 감리의 업무범위, 절차 및 준수사항 등 감리를 하기 위하여 필요한 감리기준을 정하여 고시하여야 한다. 다만, 정보시스템 보안에 관한 사항은 관계 기관의 장과 미리 협의하여야 하고(제5항), 감리를 하는 법인 또는 기관은 해당 정보시스템이 적절하게 개발·구축 되고 있는지를 감리기준에 따라 점검하여야 한다(제6항).

(자) 감리법인의 의무 등(제58조, 제59조, 제62조)

전자정부법 제58조, 제59조, 제62조는 감리법인의 등록, 준수사항, 등록 취소사유를 규정하고 있다. 정보시스템 감리를 하려는 자는 대통령령으로 정하는 기술능력, 재정 능력, 그 밖에 정보시스템 감리에 필요한 사항을 갖추어 행정안전부장관에게 법인으로 등록하여야 한다. 감리법인의 기술능력은 전자정부법 시행령 [별표 3]에 따른 감리원 5명 이상을 확보하여야 하며, 그중 1명은 수석 감리원 이어야 하고, 그 법인에 상시 근무하는 사람으로서 다른 감리법인에 소속되지 아니한 사람이어야 한다(전자정부법 시행령 제73조 제1항 제1호). 감리법인은 자본금 1억원 이상의 재정능력이 있어야 한다(전자정부법 시행령 제73조 제1항 제2호).

[별표 3] 감리원의 자격기준(전자정부법 시행령 제74조 제1항 관련)

등급	자격기준
수석 감리원	■ 「국가기술자격법」에 따른 국가기술자격의 직무 분야 중 정보기술 중 직무분야의 기술사 자격을 취득한 사람 또는 정보시스템 감리와 관련하여 「자격기본법」에 따른 국가공인자격을 취득한 사람
감리원	■ 「국가기술자격법」에 따른 국가기술자격의 직무 분야 중 정보기술 중 직무분야의 기사 자격을 취득한 사람으로서 7년 이상 정보기술 분야 업무를 수행한 사람 ■ 「국가기술자격법」에 따른 국가기술자격의 직무 분야 중 정보기술 중 직무분야의 산업기사 자격을 취득한 사람으로서 10년 이상 정보기술 분야 업무를 수행한 사람 ■ 행정안전부장관이 「국가기술자격법」 및 「자격기본법」 소관 중앙행정기관의 장과 협의하여 인정하는 정보시스템 감리 유사 자격을 취득한 사람

(차) 감리법인의 준수사항 (제59조)

전자정부법 제59조에 의하면 감리법인은 감리원으로 하여금 감리업무를 수행하게 하여야 하고(제1항), 거짓으로 감리보고서를 작성하여서는 아니 되며, 신의에 따라 성실하게 정보시스템 감리를 하여야 한다(제2항). 또한 다른 자에게 자기의 칭을 사용하여 정보시스템 감리를 하도록 하여서는 아니 된다(제3항)고 규정하고 있다.

(카) 감리법인의 등록취소 등 (제62조)

전자정부법 제62조에 따라 행정안전부장관은 감리법인이 거짓이나 그 밖의 부정한 방법으로 등록을 한 경우(제1호) 등에는 등록취소를 하여야 하고, 감리법인이 감리기준을 준수하지 아니하고 감리업무를 수행한 경우(제4 호), 감리원이 아닌 사람에게 감리업무를 수행하게 한 경우(제7호), 거짓으로 감리보고서를 작성한 경우(제8호), 다른 자에게 자기의 명칭을 사용하여 정보시스템 감리를 하게 한 경우(제9호) 등에는 등록을 취소하거나 1년 이내의 기간을 정하여 업무의 정지를 명할 수 있다.

'대법원 2013. 11. 14 선고 2011두18571 판결'은 전자정부법 부칙 제2조로 폐지된 구 「정보시스템 감리에 관한 구 정보시스템의 효율적 도입 및 운영 등에 관한 법률(이하 '정보시스템법')」 및 구 「정보시스템의 효율적 도입 및 운영 등에 관한 법률 시행령」 등의 내용에 의하면, ① 감리보고서 허위 작성에 대한 제재규정은 전문성이 요구되는 정보시스템 분야의 업무수행에 대한 감리기능의 적정성을 확보하기 위한 데에 입법 취지가 있는 점, ② 감리종료 후 작성되는 감리보고서와 감리보고서에서 지적한 사항의 조치결과를 확인하는 확인보고서는 감리법인이 피감리인의 사업수행을 평가하여 발주청에 보고하는 문서로서 감리절차의 필수적 구성요소라는 점에서 본질적 차이가 없는 점, ③ '감리결과 조치내역 확인보고서'는 감리과정에서 밝혀진 문제점이 최종적으로 시정되었는지를 확인하고 사업의 완료 여부를 판단하는 기준이 되는 중요한 문서인 점, ④ '감리결과 조치내역 확인 보고서'의 허위 기재에 대하여 제재를 가할 수 없다면, 정보시스템법이 위와 같은 제재규정을 두어 감리기능의 적정성을 확보하고자 하는 입법 취지를 실현하기 어려운 점 등을 종합하여 보면, 정보시스템법 제13조 제2항에 따라 감리법인이 거짓으로 작성해서는 안 되는 감리보고서에는 '감리결과 조치내역 확인보고서'도 포함된다고 하였다. 이 판결에서 시사하듯이 정보시스템 감리를 수행하는 법인은 막중한 책임과 의무를 부담한다.

한편, 등록취소처분을 받은 감리법인은 그 처분 전에 체결한 계약에 따른 감리업무를 계속 수행할 수 있다(전자정부법 제63조).[72]

(타) 감리원의 자격 및 준수사항 등

전자정부법 제60조 제1항에 따라 감리원이 되려는 사람은 등급별 기술자격 등 대통령령으로 정하는 일정한 자격을 갖추어야 하며, 대통령령으로 정하는 바에 따라 [별표 4]와 같은 교육을 의무적으로 받아야 한다.

[별표 4] 감리원이 받아야 하는 교육 (전자정부법 시행령 제74조 제2항 관련)

종류	내용	교육을 받아야 하는 시기	시간
기본교육	감리업무 관련 규정·기준 및 지침의 이해 증진과 감리업무 수행능력의 배양을 위한 교육	감리원 등급을 인정받으려는 경우	40시간 이상
전문교육	감리 총괄업무의 수행, 감리원 지도 등 수석 감리원으로서 갖추어야 하는 소양과 전문기술능력의 향상을 위한 교육	수석 감리원 등급을 인정받으려는 경우	50시간 이상
계속교육	감리업무와 관련된 최신 지식의 지속적인 습득 및 기술능력 유지를 위한 교육	모든 등급의 감리원이 받아야 하는 교육으로서 행정안전부장관이 정하여 고시하는 사유가 발생한 경우	3년마다 40시간 이상

---

72) 제63조(등록취소처분 등을 받은 감리법인의 업무계속 등) ① 제62조 제1항에 따라 등록취소처분이나 업무정지처분을 받은 감리법인은 그 처분 전에 체결한 계약에 따른 감리 업무를 계속 수행할 수 있다. 이 경우 감리법인은 그 처분내용을 지체 없이 해당 감리발주자에게 알려야 한다. ② 정보시스템 감리발주자는 제1항에 따른 통지를 받거나 감리법인이 등록취소처분이나 업무정지 처분을 받은 사실을 알았을 때에는 특별한 사유가 있는 경우를 제외하고는 그 사실을 안 날부터 30일 이내에만 그 계약을 해지할 수 있다.

1. 인공지능이 알고리즘의 편향성이 미치는 영향은 심대할 수가 있다. 이를 방지하기 위한 방안이 무엇인지 설명하시오.

2. 인공지능 알고리즘의 규범적 측면에서 볼 때, 자동화된 의사결정시스템의 유해정보가 미치는 결과에 대하여 설명하시오

〈자동화된 의사결정시스템〉

3. 차량제조 회사는 자동차 시스템에 명백한 결함이 있을 때만 책임을 진다. 외부 해킹이나 책임 소재가 불분명한 경우 누가 책임을 져야 하는가에 대하여 설명하시오.

4. 2016년 플로리다에서 테슬라가 자율주행을 하다가 사고가 일어났다. 시스템 로고를 분석한 결과 운전하는 운전대를 놓고 있었다. 이때 누구의 책임인지 설명하시오.

〈테슬라의 자율주행 자동차〉

5. 인공지능 알고리즘의 개발자 개인의 철학, 신념 등이 객관적 윤리적 시스템개발에 큰 영향을 미치고 있다. 이를 방어 하기위한 수단을 설명하시오.

〈ADAS 주요 시스템〉

자동차용 ADAS에 적용되는 시스템은 차선이탈 경보시스템(LDWS), 적응형 순항 제어장치(ACC), 교통신호인식(TSR) 등을 비롯하여 많은 시스템 들이 적용 되고 있으며, 이들 각각의 시스템들에는 특정 애플리케이션을 지원하는 지능형 ADAS 센서를 기반으로 상호 네트워크로 연결되어 동작되고 있다.

풍랑을 헤치고

조 성 갑

2020.9.4.

폭풍우 견뎌 돌아 온 항구가
어머니 품 속 같이 포근하다
배는 안전이 최고의 가치다
그를 위하여 항구에 가두면
임무를 어기며 썩고 끝난다

이사벨라여왕과 콜럼부스가
풍랑의 두려움을 더 크게 보고
돛을 올리지 않고 그냥이라면
그것이 지금의 역사 안돼버린
아메리카는 어디에 있을까?

참고문헌

- 2018년 '가트너 심포지엄/IT엑스포'
- http://www.korea2050.net, 사단법인 유엔미래포럼
- 컴퓨터과학 인공지능연구소, Computer Science and Artificial Intelligence Laboratory
- https://www.cbinsights.com/, "AI 100: The Artificial Intelligence Startups Redefining Industries"
- Carlota Perez(2002), Technological Revolutions and Financial Capital: The Dynamics of Bubbles and Golden Ages; ESPAS(2019), Global Trends to 2030: Challenges and Choices for Europe; Michael Horowitz et al.(2018), Strategic Competition in an Era of Artificial Intelligence; ETRI (2019), 왜 '국가' 지능화인가?; ETRI(2018), 2018 글로벌 트렌드; 김은환(2019), 산업혁명의 숨은 주역들 등을 참고
- 리카이푸(2019), AI 슈퍼파워, 이콘출판.
- 센스타임 회장(湯曉鷗, Xiaoou TANG)(2019.2.14.), From AI to AI+ : the Future is Now, 국회 강연자료.
- 한국정보화진흥원 (2017.9.29.), 중국의 인공지능 전략: '차세대 인공지능 발전계획'을 중심으로.
- 이수진 외(2019.5.), 프랑스 정부, 디지털 기업 세금 부과에 앞장서다, 국토연구원, Planning and Policy
- 과학기술정책연구원(2018.12.21.), 유럽 개인정보보호법(GDPR)과 국내 데이터 제도 개선방안, STEPI Insight, Vol. 227.
- 김종렬(2016), 미국의 제3차 국방과학기술 상쇄전략에 대한 분석, 융합보안 논문지.
- Adrian Pecotic(2019.5.5.), Whoever Predicts the Future Will Win the AI Arms Race, Foreignpolicy.com
- Zdnet.com(2017.9.4.), 킬러로봇 현실화되나…러, '총쏘는 AI' 개발.
- Gartner(2018.10.31.), Augmented analytics is the future of data and analytics.
- Gartner(2019.10.21.)에서 발표한 2020년 10대 전략기술
- https://www.gartner.com/en/information-technology/glossary/dark-data
- Accenture(2018.9.7.), Value of data: Embracing dark data.
- Tom Coughlin(2017.6.24.), Analysis of dark data provides market advantages, Fobes.
- 세계은행(2018.1.), 2018년 세계경제전망(Global Economic Prospects).
- Robert D. Atkinson(2019.9.), Why Federal R&D Policy Needs to Prioritize Productivity to Drive Growth and Reduce the Debt-to-GDP Ratio, ITIF.
- MIT Technology Review(2019.2.15.), AI is reinventing the way we invent. http://blog.ted.com/the-future-of-work-and-innovation-robert-gordon-and-erik-brynjolfsson-debate-at-ted2013/
- Nicholas Bloom et al.(2017.9.20.), Ideas aren't running out, but they are getting more expensive to find. (published on VOX, CEPR Policy Portal, https://voxeu.org)
- Yann LeCun, Yoshua Bengio & Geoffrey Hinton(2015.5.28.), Deep learning, Nature, Vol.521.

- Cockburn et al.(2019), The Impact of Artificial Intelligence on Innovation: An Exploratory Analysis, Chap. 4 in The Economics of Artificial Intelligence, University of Chicago Press
- https://hellodd.com/?md=news&mt=view&pid=69488
- Markus Reichsein et al.(2019.2.14.), Deep learning and process understanding for data-driven Earth system science, Nature, Vol.566.
- Brant Robertson(2019), AI in Astrophysics: Applying Artificial Intelligence and Deep Learning to Astronomical Research, GTC 2019.
- Deepmind(2018.10.2.), AlphaFold: Using AI for scientific discovery.
- Deloitte Insights(2019), Intelligent drug discovery.
- 조선비즈(2018.8.17.), 이름·직업 입력했더니 소설이 '뚝딱'…KT, AI 소설 공모전 시상식 진행.
- 사이언스타임즈(2019.11.24.), AI, 스토리텔링을 시작하다.
- 조선일보(2018.6.14.), 창의성은 과연 인간의 전유물인가…'인공지능 콘텐츠 혁명'.
- https://x.company/projects/wing/
- enterprise.dji.com, "DJI and Microsoft partner to bring advanced drone technology to the enterprise"
- www.openai.com
- IITP(2018), 반도체 산업의 차세대 성장엔진, AI 반도체 동향과 시사점.
- 한국과학기술기획평가원(2019), 인공지능(반도체), KISTEP 기술동향브리프 2019-01호.
- 윤창희 수석(AI·미래전략센터, yunch@nia.or.kr).SPECIAL REPORT 2020-3 | 2020.03.06.
- 로드맵 초안은 2019. 1. 28 타운홀 회의에서 공개(5,000명 참석), 5. 13 배포
- 이형민 ㈜비전컴패니, "AI 기술을 적용한 '3가지' 사례" TECHNOLOGY & INNOVATION, 기술과 혁신, 2018년
- Fredric Jameson, 2007, p.114
- https://su.org/about/
- Graham Harman & Manuel DeLanda, 2017, p.57~58
- 좀비라는 것들: 신사물론 과 좀비 (안과밖 43, 2017) pp.44-48
- Ian Bogost, 2012, p.16
- European Parliament Committee on Legal Affairs, "Draft Report with Recommendations to the Commission on Civil Law Rules on Robotics" 2015/2103(INL) (2016. 5. 31.), 12.
- 이도국 (2017), "인공지능(AI)의 민사법적 지위와 책임에 관한 소고", 한양대학교 법학논 총 제34권 제4호, 15.
- 강환국 (2018), "글로벌 로봇산업 시장동향 및 진출방안", 코트라 Global Market Report 18-007, 5
- European Parliament resolution of 16 February 2017 with recommendations to the Commission on Civil Law Rules on Robotics 2015/2103 (INL), 59 f).
- 합뉴스, "박영선, 로봇에 '전자인격' 지위 부여 법안 발의", http://www.yonhapnews.co.kr/bulletin/2017/07/19/0200000000AKR20170719110900001.HTML?input=1105 m (2017. 7.

19. 14:22).

- Leon E. Wein (1992), "The Responsibility of Intelligent Artifacts : Toward an Automation Jurisprudence", Harvard Journal of Law & Technology Vol.6, 153. ; 오병철 (2017), "인공지능 로봇에 의한 손해의 불법행위책임", 연세대학교 법학연구 제27권 제4호, 11

- Steffen Wetting & Eberhard Zehendner (2013), "The Electronic Agent: A Legal Personality under German Law?", http://www.researchgate.net/publication/2289 78997_The_electronic_ agent_a_legal_personality_under_German_Law.

- 이중기 (2017), "지능정보기술에 의한 사고 발생시 법적 책임", 제4차 산업혁명과 지능 정보사회 법제도 이슈 연속토론회 제1차 지능정보기술의 안전한 활용을 위한 제도정비방 안 자료집, 53.

- 류화진 (2016), "지능형 로봇의 범죄주체성과 형사책임", 과학기술과 법 제7권 제2호, 230-235.

- 차수봉 (2016), "인공지능과 구별되는 〈인간〉의 규범적 분석-헌법상의 절대가치 〈존엄〉 규범의 해석론과 존엄보호를 위한 선행적 보장체계를 중심으로", 인문사회 21 제7권 제3호, 847

- 이중기 (2016), "인공지능을 가진 로봇의 법적 취급", 홍익법학 제17권 제3호, 20.

- 오병철 (2017), "인공지능 로봇에 의한 손해의 불법행위책임", 연세대학교 법학연구 제 27권 제4호, 15.

- 두산백과, "휴머 노이드", 네이버지식백과,https://terms.naver.com/entry.nhn?docId=1346273&cid=4 0942&categoryId=32335 (2018. 11. 19. 확인)

- 두산백과, "안드로이드", https://terms.naver.com/entry.nh n?docId=1348050&cid= 40942&categoryId=32848 (2018. 11. 19. 확인).

- 김진우 (2017), "지능형 로봇에 대한 사법적 규율 – 유럽연합의 입법 권고를 계기로 하여", 법조 통권 제723호, 4.

- 더불어민주당 홈페이지, "박영선 의원, 「로봇기본법」 제정안대표발의", http://blog.naver.com/PostView.nhn?blogId=dolphin6010&logNo=22105 4721619 (2017. 7. 19. 10:32).

- 김형배 (1985), "과실개념과 불법행위책임 개념", 민사법학 제4·5호, 268.

- 오병철 (2017), "인공지능 로봇에 의한 손해의 불법행위책임", 연세대학교 법학연구 제 27권 제4호, 22.

- 오병철 (2017), "인공지능과 법", 제76회 변호사연수회 자료집, 대한변호사협회, 216.

- Richard A. Posner (2007), Economic Analysis of Law(7th Ed), Wolter Kluwer, 192.

- 오병철 (2017), "인공지능 로봇에 의한 손해의 불법행위책임", 연세대학교 법학연 구 제27권 제4호, 22

- 김영희 (2011), "미국 불법행위법의 기본 구조에 관한 연구", 연세대학교 법학연구 제21권 제4호, 66.

- 대법원 1986. 12. 23. 선고 86다카556 판결.

- 대법원 1999. 5. 14. 선고 98다30667 판결 ; 대법원 2008. 9. 25. 선고 2008다42836 판결.

- 이창현 (2015), "전산장애로 인한 손해배상에 관한 연구", 법과 기업연구 제5권 제3호, 139.

- Peter Brautigam/Thomas Klindt (2015), "Industrie 4.0, das Internet der Dinge und das Recht", NJW, 128

- 주지홍 (2004), "소프트웨어의 하자로 인한 손해의 제조물 책임법리 적용여부", 민사법 학 제25호, 434

- 신유철 (2016), "대규모 피해와 손해배상", 민사법학 제75호, 421-430.

- Christopher Steiner (박지유 번역) (2016), 알고리즘으로 세상을 지배하라, 에이콘,

- OECD (2017), "Algorithms and Collusion: Competition Policy in the Digital Age", www.oecd.org/competition/algorithms-collusion -competition-p olicy-in-the-digital-age.htm, 11.

- Hickman, L., "How Algorithms Rule the World", The Guardian, https://www.th eguardian.com/science/2013/jul/01/how-algorithms-rule-world-nsa (2013. 7. 1. 18:32). ; O'Neal, C., "How Algorithms Rule our Working Live", The Guardian, https://www. theguardian.com/science/2016/sep/01/how-algorithms-rule-our-working-lives (2016. 9. 1. 6:00).

- 서완석 (2018), "인공지능에 의한 소비자권익 침해에 관한 유형과 법적과제", 상사법연 구 제37권 제1호, 5.

- Joshua A. Kroll et al. (2017), "Accountable Algorithm", 165 U. Pa. L. Rev. 633, 680.

- Ira Flatow et al., "Why Machines Discriminate – And How to Fix Them", Science Friday, http://www.sciencefriday.com/segments/why-machines-discrimi nate-and-how-to- fix-them (2015. 11. 20).

- Levendowski & Amanda (2018), "How Copyright Law Can Fix Artificial Intelligence's Implicit Bias Problem", 93 Wash. L. Rev. 579, 583.

- 헬로티(HelloT),: "딥러닝 · 워드임베딩 기술로 가짜 뉴스 걸러낸다", http://www.hellot.net/new_hellot/magazine/magazine_read.html?code=2 02&sub=004&idx=38382&list=thum (2017. 12. 11. 12:41).

- 뉴스비전e, "AI가 편견까지 학습한다면?… 로봇도 인종차별 할 수 있다", http://www .nvp.co.kr/news/articleView.html?idxno=121489 (2017. 9. 15. 13:34).

- Salon Barocas & Andrew D. Selbst (2016), "Big Data's Disparate Impact", 104 Calif. L. Rev. 671, 674.

- Tal Z. Zarsky (2013), "Transparent Predictions", U. Ill. L. Rev. 1503, 1506.

- Moritz Hardt, "How Big Data is Unfair", http://medium.com/@mrtz/how-big data-is-unfair-9aa544d739de (2014. 9. 26).

- James D Miller (황진호 번역) (2016), IBM 왓슨 애널리틱스와 인지컴퓨팅, 에이콘, 53.

- Kate Crawford, "The Hidden Bias in Big Data", Harvard Business Review, http://hbr.org/2013/04/the-hidden-biases-in-big-data (2013. 4. 1.).

- Omer Tene & Jules Polonetsky (2013), "Judged By Tim Man: Individual Rights In The Age of Big Data", 11 J. on Telecomm & High Tech. L. 351, 355.

- Latanya Sweeney (2013), "Discrimination in Online Ad Delivery", Magazine Queue, Vol.11 Issue3, p.13.

- 양종모 (2017), "인공지능 알고리즘의 편향성, 불투명성이 법적 의사결정에 미치는 영 향 및 규율방안", 법조 제66권 제3호, 21.

- Jenna Burrel (2016), "How the Machine 'Thinks': Understanding Opacity in Machine Learning Algorithms", Big Data & Society, 1.

- Meg Leta Jones (2015), "The Ironies of Automation Law: Tying Policy Knots with Fair Automation Practices Principles", Vand J. Ent. & Tech. Vol.18, 81.

- 양종모 (2018), "인공지능에 의한 판사의 대체 가능성 고찰", 홍익법학 제19권 제1호, 5.

- 유성민 (2016), "빅데이터가 인공지능에 미친 영향", 한국정보기술학회지 제14권 제1호, 31.

- 박종보,김휘홍 (2016), "인공지능기술의 발전과 법적 대응방향", 법학논총 제34집 제2호, 11.
- Executive Office of the President (2014), "Big Data : A Report on Algorithmic Systems, Opportunity and Civil Rights", The White House, 7-9.
- Federal Trade Commission (2016), "Big Data : A Tool for Inclusion or Exclusion?", 25-32.
- 에듀윌시사상식, "트롤리 딜레마", 다음 백과, http://100.daum.net/encyclopedia/view/201X XX1803052 (2018. 11. 19. 확인).
- Jeffrey K. Gurney (2016), "Crashing into the Unknown: An Examination of Crash- Oprimization Algorithms Through the Two Lanes Of Ethic and Law", 79 Alb. L. Rev. 183.
- 다음백과, "공리주의", http://100.daum.net/encyclo pedia/view/b02g0435b (2018. 11. 19. 확인).
- 이충훈 (2016), "자율주행차의 교통사고에 대한 민사법적 책임", 인하대학교 법학연구 제19집 제4호, 6-8.
- Cal. Vehicle Code § 38750(a)(1), (2)
- Cal. Vehicle Code § 38750(a)(4) "An 'Operator' of an autonomous vehicle is the person who is seated in the driver's seat, or, if there is no person in the driver's seat, causes the autonomous technology to engage."
- S.B. 620, 2015 Reg.Sess. (Or. 2015); D.C. Code § 50-2351(2) (2013); Nev. Rev. Stat. Ann. § 482A.100(3) (2012); S.B. 7879, 2015 Leg., 238th Reg. Sess. (N.Y. 2015); A.B. 31, 2015 Leg., 238th Reg. Sess(N.Y. 2015); H.B. 2932, 83rd Reg. Sess. (Tex. 2013).
- ADS란 모든 면에서 능동적 운전행위가 가능한 하드웨어 및 소프트웨어의 복합체를 말 한다. Mich. Comp. Laws §§ 257.2b (1).
- Mich. Comp. Laws §§ 257.665 (5) : "When engaged, an automated driving system allowing for operation without a human operator shall be considered the driver or operator of a vehicle for purposes of determining conformance to any applicable traffic of motor vehicle laws and shall be deemed to satisfy electronically all physical acts required by a driver or operator of the vehicle."
- Nev. Admin. Code § 482A.020 "person shall be deemed the operator of an autonomous vehicle which is operated in autonomous mode when the person causes the autonomous vehicle to engage, regardless of whether the person is physically present in the vehicle while it is engaged"
- 13 CCR § 227.00 ~ § 227.28 (Proposed Driverless Testing and Deployment Regulations.
- Cal. Veh. Code § 38750(b); D.C. Code § 50-2352(2015); Fla. Stat. Ann. § 316.86(1); §§ 257.663, 257.665(1); Nev. Rev. Stat. Ann. § 482A.080(2).
- 이중기/황창근 (2017), "자율주행차의 도입에 따른 운전자 지위의 확대와 운전자의 의 무 및 책임의 변화 – 미시간주와 독일 의 최근 입법동향과 시사점을 중심으로-", 홍익법 학, 제18권 제4호. ; 김진우 (2017), "자동주행에서의 민사책임에 관한 연 구 : 개정된 독 일 도로교통법과 우리 입법의 방향", 강원법학 제51권.
- 황창근/이중기 (2018), "자율주행차 운행을 위한 자동차관리법의 개정 방향", 중앙법학 제20집 제2호, 6-8.
- 배상균 (2017), "자율주행차 기술 발전에 따른 민·형사 책임에 관한 검토-일본에서의 논의를 중심으로-", 법조 제66권 제4 호, 5.

- 이충훈 (2016), "자율주행차의 교통사고에 대한 민사법적 책임", 인하대학교 법학연구 제19집 제4호, 9면.
- 노컷뉴스, "자율주행차 사고 38건 중 37건은 사람 과실" http://www.nocutnews.co. kr/news/5023954 (2018. 8. 30. 12:37).
- 한겨레, "자율주행차 걸림돌은 기술 아닌 사람", http://www.hani.co.kr/arti/econo my/car/820150.html (2017. 11. 22. 11:28).
- 경향신문, "애플 자율주행차 첫 사고 … 시험운행 중 후방 추돌당해", http://news.kha n.co.kr/kh_news/khan_art_view.html?art_id=201809021437001 (2018. 9. 2. 14:37).
- 시사IN, "자율주행차 사망 사고가 주는 진짜 교훈", https://www.sisain.co.kr/?mod =news&act=articleView&idxno=26487 (2016. 7. 19.).
- 머니투데이, "테슬라 자율주행차 첫 사망사고…영화보던 운전자는", http://news.mt.c o.kr/mtview.php?no=2016070111054815381 (2016. 7. 1. 15:36)
- 시사IN, "자율주행차 사망 사고가 주는 진짜 교훈" https://www.sisain.co.kr/?mod= news&act=articleView&idxno=26487 (2016. 7. 19.)
- 한겨레, ""결국 보행자 사망" 충격…자율차 교통사고 무엇이 다른가", http://www. hani.co.kr/arti/economy/it/838665.html#csidxf037be7a36c363f9b570217b3063893 (2018. 4. 2. 18:48).
- 블로터, "테슬라, '모델X' 사고에 "오토파일럿 모드였다" 인정", https://www.bloter. net/archives/306480 (2018. 4. 2.).
- 테슬라 홈페이지, "지난 주 사고에 대한 업데이트", https://www.tesla.com/ko_KR/ blog/ update-last-week%E2%80%99s-accident (2018. 3. 30.).
- 블로터, "테슬라, '모델X' 사고에 "오토파일럿 모드였다" 인정", https://www.bloter. net/archives/306480 (2018. 4. 2.).
- The Guardian, "Uber blames humans for self-driving car traffic offenses as California orders halt", https://www.theguardian.com/technology/2016/dec/14/ uber-self-driving- cars-run-red-lights-san-francisco (2016. 12. 15. 12:25).
- The Guardian, "Uber blames humans for self-driving car traffic offenses as California orders halt", https://www.theguardian.com/technology/2016/dec/14/ uber-self-driving -cars-run-red-lights-san-francisco (2016. 12. 15. 12:25).
- Uber Blog, "San Francisco, your Self-Driving Uber is arriving now", https://www.uber.com/blog/san-francisco/san-francisco-your-self-driving-uber-is-arri ving-now/ (2016. 12. 14.)
- 중앙일보, "우버 자율주행차, 교통사고…보행자 사망", https://news.joins.com/articl e/22456176 (2018. 3. 20. 07:04).
- 오토타임즈, "우버 자율주행 사고, 원인은 '인식 오류'", http://autotimes.hankyung. com/apps/news.sub_view?nkey=201805310802331 (2018. 5. 31. 08:05).
- 이종영/김정임 (2015), "자율주행차 운행의 법적문제", 중앙법학 제17권 제2호, 14. https://caselaw.findlaw.com/wi-supreme-court/1742124.html
- 유영무, "인공지능 분석에 근거한 형사재판의 문제점", 법률신문, https://www.lawtim es.co.kr/Legal-Opinion/Legal-Opinion-View?serial=119712 (2017. 7. 17. 14:19).

- Havard Law Review, "State v. Loomis", 130 Harv. L. Rev. 1530, https://harv ardlawreview.org/2017/03/state-v-loomis/ (2017. 3. 10.).
- 뷰티경제, "인공지능 미인대회 시대 활짝…로봇이 '미(美)'를 판단한다", http://www.t hebk.co.kr/news/articleView.html?idxno=179310 (2016. 1. 4.).
- 로봇신문, "로봇이 심사하는 미인대회 열린다", http://www.irobotnews.com/news/a rticleView.html?idxno=6517 (2016. 1. 6. 13:30).
- 로봇신문, "AI가 심사하는 미인대회 '인종 편향' 논란", http://www.irobotnews.com /news/articleView.html?idxno=8665 (2016. 9. 18. 10:13).
- Weird, "Beauty.AI's 'robot beauty contest' is back — and this time it promises not to be racist", https://www.wired.co.uk/article/robot-beauty-conte st-beauty-ai (2017. 3. 2.).
- The Guardian, "A beauty contest was judged by AI and the robots didn't like dark skin", https://www.theguardian.com/technology/2016/sep/08/artificial-inte lligence-beauty-contest-doesnt-like-black-people (2016. 9. 8.).
- Weird, "Beauty. AI's 'robot beauty contest' is back — and this time it promises not to be racist", https://www.wired.co.uk/article/robot-beauty-conte st-beauty-ai (2017. 3. 2.).
- 연합뉴스, "인공지능 세뇌의 위험…MS 채팅봇 '테이' 차별발언으로 운영중단", http:/ /www.yonhapnews.co.kr/bulletin/2016/03/25/0200000000AKR20160325010151091. HTML (2016. 3. 25. 08:19).
- Jeffrey Dastin, "Amazon scraps secret AI recruiting tool that showed bias against women", Reuters, https://www.reuters.com/article/us-amazon-com-job s-auto mation-insight/amazon-scraps-secret-ai-recruiting-tool-that-showed- bia s-against-women-idUSKCN1MK08G (2018. 10. 10. 12:12).
- 연합뉴스, "아마존 '인공지능 채용' 개발하다 여성차별 불거지자 폐기", http://www.y onhapnews.co.kr/bulletin/2018/10/11/0200000000AKR20181011001100075.HTML (2018. 10. 11. 01:01).
- BBC코리아, "성차별: 아마존, '여성차별' 논란 인공지능 채용 프로그램 폐기", https:/ /www.bbc.com/korean/news-45820560 (2018. 10. 11.).
- The Guardian, "A beauty contest was judged by AI and the robots didn't like dark skin", https://www.theguardian.com/technology/2016/sep/08/artificial-inte lligence-beauty -contest-doesnt-like-black-people (2016. 9. 8. 23:42).

개인정보보호법

- 헌법재판소 2005. 5. 26. 선고 99헌마513, 2004헌마190(병합)
- 서울중앙지법 2014. 11. 4. 선고 2013나49885 판결
- 대법원 2011. 11. 24. 선고 2009두19021 판결
- Supreme Court of the United States, "Syllabus of Carpenter v. United States", https://www.supremecourt.gov/opinions/17pdf/16-402_h315.pdf (2017. 10.).

- 전자통신프라이버시법(The Electronic Communications Privacy Act, ECPA)의 일부인 저장통신법(The Stored Communications Act, SCA)
- 미국 수정 헌법 :스미스 대 메릴랜드 판례 (Smith v. Maryland : 10 U.S. 286 (1810))
- 미국 대 존슨(United States v. Jones, 565 U.S. 400 (2012))
- Sabrina McCubbin, "Summary: The Supreme Court Rules in Carpenter v. United States", LawFare, https://www.lawfareblog.com/summary-supreme-court-rules-carpenter- v-united-states (2018. 6. 22. 14:05).
- 김정균, "휴대폰 위치정보기록에 관한 미국 연방법원의 최신 판례 (카펜터 대 미국)", 법률신문, https://www.lawtimes.co.kr/Legal-Opinion/Legal-Opinion-View?serial=1 45053 (2018. 7. 23. 14:08).
- EFF, "Victory! Supreme Court Says Fourth Amendment Applies to Cell Phone Tracking", https://www.eff.org/ko/deeplinks/2018/06/victory-supreme-court-says-fourth- amendment-applies-cell-phone-tracking (2018. 6. 22.).
- 보안뉴스, "소니 해킹 그 이후...반성은 커녕 '꼼수'만", https://www.boannews.com /media /view.asp?idx=29312 (2011. 12. 29. 09:40).
- 조선일보, "거대 IT기업 소니, 해커와 20일 전쟁 완패… 피해 보상금 165억달러", htt p://news.chosun.com/site/data/html_dir/2011/04/28/2011042800174.html (2011.4.28. 02:59).
- 매일경제, "소니 '답이 없는 해킹'…1억 계정 유출", http://news.mk.co.kr/newsRea d.php? year=2011&no=285012 (2011. 5. 4. 17:57).
- 보안뉴스, "소니 해킹 그 이후...반성은 커녕 '꼼수'만", https://www.boannews.com/media /view.asp?idx=29312 (2011. 12. 29. 09:40).
- 디지넷코리아, "소니, 개인정보 유출 보상금 150억에 합의", http://www.zdnet.co.kr/news/ news_view.asp?artice_id=20140725094101&type=xml (2014. 7. 25. 09:54).
- ICO, "Data Protection Rights: What the Public Want and What the Public Want from Data Protection Authorities", https://ico.org.uk/media/1431717/data-protection-rights-what-the-public-want-and-what-the-public-want-from-data-protection- authorities.pdf, European Conference of Data Protection Authorities (2015), 12.
- ICO, "Civil Monetary Penalties in Csv Format", https://ico.org.uk/action-wev e-taken/ (2018. 11. 26. 확인).
- 대구지방법원 2014. 2. 13 선고 2012나9865 판결 사실관계 요약.
- 서울중앙지방법원 2012. 11. 23. 선고 2011가합90267 판결
- 이용재 (2016), "싸이월드 개인정보 유출사건에 관한 판결에 나타난 쟁점에 대한 검토", 판례평석, 268-269.
- 대법원 2018. 1. 25. 선고 2015다24904 판결.
- 曽我部真裕 (박용숙 번역) (2018), "일본의 정보통신분야의 개인정보보호", 전남대학교 법학연구소 법학논총 제38권 제2호, 319-320.
- 대법원 2017. 4. 7. 선고 2016도13263 판결.
- 법률신문, "'깨알 고지 응모권' 개인정보 판매 홈플러스… 항소심도 배상책임 인정", h ttps://www.lawtimes.co.kr/Case-Curation/view?serial=146163&page=2 (2018. 8. 31. 16:10).

- 대법원 2017. 4. 7. 선고 2016도13263 판결.
- Forbes, "How Target Figured Out A Teen Girl Was Pregnant Before Her Father Did",
  https://www.forbes.com/sites/kashmirhill/2012/02/16/how-target-figured-out-a-teen-girl-was-pregnant-before-her-father- did/#284f784c6668 (2012. 2. 16. 11:02)
- 머니투데이, "카드사 개인정보 유출대란 '뒷이야기'",
  http://m.mt.co.kr/r enew/view.html?no=2014041817317043475 (2014. 4. 18. 17:54).
- 서울중앙지방법원 2016. 9. 27. 선고 2014가단5102053 판결.
- 창원지방법원 2014. 6. 20. 선고 2014고단64, 2014고단602(병합), 2014고단947(병합), 2014고단948(병합), 2014고단1097(병합) 판결의 사실관계 요약.
- 국회정무위원회 (2014), "개인정보 대량유출 관련 실태조사 및 재발방지를 위한 국정 조사결과보고서", 38
- 서울중앙지방법원 2016. 9. 27. 선고 2014가단5102053 판결.
- 법률신문, "'개인정보 대규모 유출 사태' 농협·국민·롯데카드, 1심서 유죄",
  https://www. lawtimes. co.kr/Case-Curation/view?serial=101945 (2016. 7. 15. 18:17).
- 여신전문금융업법/시행령/감독규정
- 금융감독원, "고객정보유출 3개 신용카드업자 업무정지 처분", 보도자료 (2014. 2. 16.), 1-2
- 더스쿠프, "카드3사 고객정보 유출사건 3년의 기록",
  http://www.thNH농협카드scoop.co. kr/nNH농협카드ws/artic롯데카드NH농협카드ViNH농협카드w.htm롯데카드?idxno=25228 (2017. 11. 15. 11:18).
- 전승재, 권헌영 (2018), "개인정보 유출로 인한 손해배상 제도에 관한 고찰", 경제규제와 법 제11권 제1호, 29.
- 2016. 1. 22. 선고 2014가합513860 판결,
- 2014가합 511970 판결
- 2015가합532332판결, 2014가합563384 판결.
- 법률신문, "2014년 카드사 정보유출 피해자, 1인당 10만원씩 배상받는다",
  https://www.lawti mes.co.kr/Legal-News/Legal -News-View?serial=98210 (2016. 1. 22. 14:41).
- 서울고등법원 2017. 11. 30. 선고 2016나2022484 판결
- 구 개인정보 보호법
- 서울중앙지방법원 2016. 6. 9. 선고 2014가합506442 판결.
- 서울중앙지방법원 2016. 9. 27. 선고 2014가단5102053 판결
- ITWorld, "인터파크 1,000만 고객 정보 유출 사건 분석…"완벽한 APT 공격 사례, 2차 피해로 확산될 듯"",
  http://www.itworld.co.kr/news/100473 (2016. 7. 26.).
- 보안뉴스, "인터파크 해킹, '역대급' 과징금 44억에 담긴 함의 3가지",
  https://www.b oannews.com/media/view.asp?idx=52632 (2016. 12. 7. 11:20).
- 전자신문, "야후 개인정보 유출 대가 '1100억원'…한국은?", http://www.etnews.com /2018102 6000204 (2018. 10. 26.).
- 디지넷코리아, "美 야후, 10억 명 개인정보 털렸다",

http://www.zdnet.co.kr/news/ news_view. asp?artice_id=20161215103643 (2016. 12. 15. 10:44).

- 전자신문, "야후 개인정보 유출 대가 '1100억원'…한국은?", http://www.etnews.com /20181026000204 (2018. 10. 26.).
- 보안뉴스, "최악의 유출? 야후 이메일 계정 도난 사고 되짚어보기", https://www.boa nnews. com/media/view.asp?idx=54861 (2017. 5. 22. 11:03).
- 이투데이, "미국 SEC, 야후에 벌금 3500만 달러 부과…2014년 5억 명 해킹 피해 책임 물어", http://www.etoday.co.kr/news/section/newsview.php?idxno=1617055 (2018. 4. 25. 10:34).
- 전자신문, "야후 개인정보 유출 대가 '1100억원'…한국은?", http://www.etnews.com /20181026 000204 (2018. 10. 26.).
- 지능형로봇법 법률 제9014호
- 지능형로봇법 법률 제13744호
- 지능형로봇법 법률 제15645호
- 손형섭 (2014), "개인정보의 보호와 그 이용에 관한 법적 연구", 법학연구 제54집, 22.
- 한정미 (2016), 미래산업 분야 법제 이슈에 관한 연구(IV) - 클라우드컴퓨팅 환경의 이 용자 보호에 관한 법제 연구-, 한국법제연구원, 13
- 두산백과, "클라우드컴퓨팅", 네이버지식백과, https://terms.naver.com/entry.nhn? docId=135 0825&cid=40942&categoryId=32828 (2018. 11. 19. 확인)
- 김광수 (2018), "인공지능 규제법 서설", 토지공법연구 제81집, 28.
- 한정미 (2016), 미래산업 분야 법제이슈에 관한 연구(IV) - 클라우드컴퓨팅 환경의 이용자 보호에 관한 법제 연구-, 한국법제연구원, 41.
- 손승우/김윤명(2016), "인공지능 기술 관련 국제적 논의와 법제 대응방안 연구", 한국 법제연구원, 43. ; 심우민(2016), "인공지능 기술발전과 입법정책적 대응방향", 이슈와 논점 제1138호, 1. ; 류지웅 (2017), "인공지능(AI)로봇의 법적 문제에 관한 연구", 토지 공법연구 제78집, 9.
- 손형섭 (2014), "개인정보의 보호와 그 이용에 관한 법적 연구", 법학연구 제54집, 24.
- 류지웅 (2017), "인공지능(AI)로봇의 법적 문제에 관한 연구", 토지공법연구 제78집, 16. www.robolaw.eu
- Gasson, M. N. & Koops, B. J., "Attracking Human Implants : A New Generation of Cybercrime", Law, Innovation and Technology 5(2) (2013), 248-277.
- 채은선, 이나리, 박선주 (2018), "인공지능 관련 법·정책에 대한 연구", 2018년 한국통신학회 하계종합학술발표회 논문집, 2.
- 윤지영,윤정숙,임석순,김대식,김영환,오영근 (2015), "법과학을 적용한 형사사법의 선진화 방안(VI)", 한국형사정책연구원 연구총서 15-B-16, 117-129.
- Federal Aviation Administration, Operation and Certification of Small Unmanned Aircraft System, 14 C.F.F. Parts 21, 43, 61 (2016).

일본 항공법

- 김성천 (2016), "신기술과 소비자법 연구 Ⅰ : 자율주행차", 한국소비자원 정책연구보고서 제16권 제8호, 89-91.
- 윤지영/윤정숙/임석순/김대식/김영환/오영근 (2015), "법과학을 적용한 형사사법의 선진화 방안(Ⅵ)", 한국형사정책연구원 연구총서 15-B-16, 144.
- 양천수 (2017), "인공지능과 법체계의 변화 – 형사사법을 예로 하여", 법철학연구 제20권 제2호, 65.
- 윤지영/김한균/김동근/김성돈 (2017), 법과학을 적용한 형사사법의 선진화 방안(Ⅷ), 서울형사정책연구원, 229-300.
- 민윤영 (2017), "인간, 동물, 로봇 그리고 바이오필리아(biophilia)의 법 – 에리히 프롬 (Erich Fromm)의 사상을 중심으로", 법철학연구 제20권 제1호, 319.
- 매일일보, "정부 "개 물림 사고시 주인 처벌규정 마련"", http://www.m-i.kr/news/a rticleView. html?idxno=354440 (2017. 10. 30. 12:11).
- 이원상 (2018), "인공지능 대응에 있어 형사법 이론의 한계", 형사법의 신동향 통권 제59호, 16.
- 이홍민 (2016), "법인의 본질", 제주대학교 법과 정책 제22권 제3호, 274.
- 윤지영, 윤정숙, 임석순, 김대식, 김영환, 오영근 (2015), "법과학을 적용한 형사사법의 선진 화 방안(Ⅵ)", 한국형사정책연구원 연구총서 15-B-16, 315-316.
- 임석순 (2016), "형법상 인공지능의 책임귀속", 형사정책연구 제27권 제4호, 78.
- 계승균 (2017), "법규범에서 인공지능의 주체성 여부", 법조 제66권 제4호, 172.
- 임석순 (2016), "형법상 인공지능의 책임귀속", 형사정책연구 제27권 제4호, 76-77.
- 배종대 (2017), 형법총론(제13판), 홍문사, 83-88.
- 이원상 (2018), "인공지능 대응에 있어 형사법 이론의 한계", 형사법의 신동향 통권 제 59호, 19.
- 윤지영, 김한균, 김동근, 김성돈 (2017), 법과학을 적용한 형사사법의 선진화 방안(Ⅷ), 서울형사정책연구원, 245.
- 김성돈 (2015), 형법총론(제4판), SKKUP, 165-166. ; 박상기 (2012), 형법총론(제9판), 박영사, 71. ; 배종대 (2017), 형법총론(제13판), 홍문사, 50. ; 대법원 1984. 10. 10. 선고 82도2595 전원합의체 판결.
- 김일수, 서보학 (2014), 형법총론(제12판), 박영사, 137. ; 정성근/박광민 (2015), 형법 총론(제2판), SKKUP, 91.
- 임웅 (2015), 형법총론(제7판), 법문사, 77. ; 유기천 (1983), 형법학(총론강의 개정24 판), 일조각, 98.
- 배종대 (2017), 형법총론(제13판), 홍문사, 50.
- 김자회, 주성구, 장신 (2017), "지능형 자율로봇에 대한 전자적 인격 부여", 법조 통권 제724권 제4호, 127-128.
- 윤지영, 윤정숙, 임석순, 김대식, 김영환, 오영근 (2015), "법과학을 적용한 형사사법의 선진화 방안(Ⅵ)", 한국형사정책연구원 연구총서 15-B-16, 21.
- 이원상 (2018), "인공지능 대응에 있어 형사법 이론의 한계", 형사법의 신동향 통권 제 59호, 23.
- 오병철 (2017), "인공지능 로봇에 의한 손해의 불법행위책임", 연세대학교 법학연구 제 27권 제4호, 29.
- 리스 테이트먼트", https://ko.wikipedia.org/wiki/%EB%A6%AC%EC%8A%A4%ED%85% 8C %EC%9D%B4%ED%8A% B 8 % EB %A8 %BC%ED %8A%B8 (2018. 11. 19. 확인).
- 오병철 (2017), "인공지능 로봇에 의한 손해의 불법행위책임", 연세대학교 법학연구 제 27권 제4호, 30.
- Restatement of Torts §307 Comment b.

- Dostie v. Crushed Stone Co, 136 Me. 284 (1939).
- Yorkshire Worsted Mills v. National Transit Co., 28 Del. Co. 402 (1938).
- Restatement of Torts §308 Comment a.
- Ugo Pagallo (2013), The Law of Robots – Crimes, Contracts, and Torts, Springer, 117.
- 권상로, 한도율 (2013), "제조물책임법의 문제점과 개선방안에 관한 연구", 법학연구 제51집, 188.
- 김민중 (2003), "컴퓨터바이러스에 따른 손해에 대한 법적 책임", 인터넷 법률 통권 제18호, 97.
- 신봉근 (2005), "컴퓨터소프트웨어와 제조물책임", 인터넷 법률 통권 제27호, 126.
- 박동진 (2003), "제조물책임법상 제조물의 개념", 비교사법 제10권 4호, 284.
- 박동진 (2012), "제조물책임법 개정방안 연구", 2012년도 법무부/공정거래위 원회 연구용역과제보고서, 72.
- 소재선 (2007), "제조물책임법상 설계상 결함 – 대법원 2003. 9. 5. 선고 2002다17333 판결-", JURIST plus 제412호, 166.
- 손영화 (2016), "인공지능(AI)시대의 법적과제", 법과 정책연구 제16집 제4호, 10.
- 김상태 (2016), "자율주행차에 관한 법적 문제", 경제규제와 법 제9권 제2호, 185.
- 김진우 (2017), "자동주행에서의 민사책임에 관한 연구 : 개정된 독일 도로교통법과 우리 입법의 방향", 강원법학 제51권, 44.
- 이충훈 (2016), "자율주행차의 교통사고에 대한 민사법적 책임", 법학연구 제19집 제4호, 158.
- 권영준, 이소은 (2016), "자율주행차 사고와 민사책임" 민사법학 제75호, 473.
- 대법원 2000. 2. 25. 선고 98다15934 판결
- 박해선 (2016), "스마트사회와 민사책임", 법학논총 제23집 제2호, 276.
- 김진우 (2017), "지능형 로봇에 대한 사법적 규율 – 유럽연합의 입법 권고를 계기로 하여", 법조 통권 제723호, 35.
- 포스코경영연구원, "스마트빌딩, 어디까지 왔니?", POSRI비주얼리포트,
  https://www. posri.re. kr/ko/board/content/14007 (2016. 1. 11.).
- 권영준, 이소은 (2016), "자율주행차 사고와 민사책임" 민사법학 제75호, 459.
- 이종영, 김정임 (2015), "자율주행차 운행의 법적 문제", 중앙법학 제17집 제2호, 164-165.
- 소재선 (2007), "제조물책임법상 설계상 결함 – 대법원 2003. 9. 5. 선고 2002다17333 판결-", JURIST plus 제412호, 166.
- 손영화 (2016), "인공지능(AI)시대의 법적과제", 법과 정책연구 제16집 제4호, 10.
- 김상태 (2016), "자율주행차에 관한 법적 문제", 경제규제와 법 제9권 제2호, 185. ; 김진우 (2017), "자동주행에서의 민사책임에 관한 연구 : 개정된 독일 도로교통법과 우리 입법의 방향", 강원법학 제51권, 44.
- 대법원 2000. 2. 25. 선고 98다15934 판결
- 박해선 (2016), "스마트사회와 민사책임", 법학논총 제23집 제2호, 276.
- 김진우 (2017), "지능형 로봇에 대한 사법적 규율 – 유럽연합의 입법 권고를 계기로 하여", 법조 통권 제723호, 35.
- 포스코경영연구원, "스마트빌딩, 어디까지 왔니?", POSRI비주얼리포트,
  https://www. posri.re .kr/ko/board/content/14007 (2016. 1. 11.).
- 권영준, 이소은 (2016), "자율주행차 사고와 민사책임" 민사법학 제75호, 459.
- 김상중 (2011), "한국의 위험책임 현황과 입법 논의 : 유럽의 논의와 경험을 바탕으로", 민사법학 제57호, 164.
- 김형배, 김규완, 김명숙 (2011), 민법학강의, 법문사, 1665.

- 문상혁 (2014), "불법행위법상 위험책임 일반규정의 입법화에 관한 연구", 원광법학 제30권 제2호, 117-118.
- Susanne Horner & Markus Kaulartz (2016), "Haftung 4.0 Verschiebung des Sorgfaltsma β stabs bei Herstellung und Nutzung autonomer Systeme", Computer und Recht Vol.32 Issue.1, 8.
- 대법원 1999. 10. 12. 선고 98다62671 판결.
- Peter Brautigam/Thomas Klindt (2015), "Industrie 4.0, das Internet der Dinge und das Recht", NJW, 1130.
- Malte Grützmacher (2016), "Die deliktische Haftung für autonome Systeme – Industrie 4.0 als Herausforderung für das bestehende Recht?", Computer und Recht Vol.32 Issue10, 698.
- 김진우 (2017), "지능형 로봇에 대한 사법적 규율 – 유럽연합의 입법 권고를 계기로 하여", 법조 통권 제723호, 34
- 서광민 (2002), "과학기술의 발달과 불법행위법의 대응", 민사법학 제21호, 132.
- 김영희 (2011), "미국 불법행위법의 기본 구조에 관한 연구" 법학연구 제21권 제4호, 69.
- 김진우(2017), "지능형 로봇에 대한 사법적 규율 – 유럽연합의 입법 권고를 계기로 하여", 법조 통권 제723호, 37.
- 대법원 1985. 8. 13. 선고 84다카979 판결.
- 김형석 (2012), "사용자책임의 입법주의 구", 서울대학교 법학 제53권 제3호, 468-469.
- 대법원 1981. 8. 11. 선고 81다298 판결.
- 박동진 (2002), "불법행위법에서의 주의의무", 비교사법 제9권 제2호, 178.
- 이창현, 김상중 (2011), "위험책임에 관한 연구", 법무부 연구용역 과제보고서, 94.
- 신유철 (2016), "대규모 피해와 손해배상", 민사법학 제75호, 437-438.
- 권영준, 이소은 (2016), "자율주행차 사고와 민사책임" 민사법학 제75호, 458-459.
- 김진우 (2017), "자동주행에서의 민사책임에 관한 연구 : 개정된 독일 도로교통법과 우리 입법의 방향", 강원법학 제51권, 45.
- 이종영, 김정임 (2015), "자율주행차 운행의 법적 문제", 중앙법학 제17집 제2호, 164.
- 윤석찬 (2007), "위험책임에 관한 시론", 민사법의 현대적 과제와 전망 : 남강 서광민 교수 정년기념논문집, 두성사, 208.
- 권영준, 이소은 (2016), "자율주행차 사고와 민사책임", 민사법학 제75호, 472.
- 대법원 2010. 8. 25.자 2008마1541 결정.
- 이중기 (2016), "인공지능을 가진 로봇의 법적 취급", 홍익법학 제17권 제3호, 19.
- 한정미 (2016), 미래산업 분야 법제이슈에 관한 연구(IV) - 클라우드컴퓨팅 환경의 이 용자 보호에 관한 법제 연구-, 한국법제연구원, 13.
- 두산백과, "클라우드컴퓨팅", 네이버지식백과, https://terms.naver.com/entry.nhn? docId=1350 825&cid=40942&categoryId=32828 (2018. 11. 19. 확인).
- 김광수 (2018), "인공지능 규제법 서설", 토지공법연구 제81집, 28.
- 한정미 (2016), 미래산업 분야 법제이슈에 관한 연구(IV) - 클라우드컴퓨팅 환경의 이용자 보호에 관한 법제 연구-, 한국법제연구원, 41.
- 손승우, 김윤명 (2016), "인공지능 기술 관련 국제적 논의와 법제 대응방안 연구", 한국 법제연구원, 43.
- 심우민 (2016), "인공지능 기술발전과 입법정책적 대응방향", 이슈와 논점 제1138호, 1.
- 류지웅 (2017), "인공지능(AI)로봇의 법적 문제에 관한 연구", 토지 공법연구 제78집, 9.

- Gasson, M. N. & Koops, B. J. "Attracking Human Implants : A New Generation of Cybercrime", Law, Innovation and Technology 5(2) (2013), 248-277.
- 채은선, 이나리, 박선주 (2018), "인공지능 관련 법·정책에 대한 연구", 2018년 한국통신 학회 하계종합학술발표회 논문집, 2.
- 윤지영, 윤정숙, 임석순, 김대식, 김영환, 오영근 (2015), "법과학을 적용한 형사사법의 선진화 방안(VI)", 한국형사정책연구원 연구총서 15-B-16, 117-129.
- Federal Aviation Administration, Operation and Certification of Small Unmanned Aircraft System, 14 C.F.F. Parts 21, 43, 61 (2016).
- 지영, 윤정숙, 임석순, 김대식, 김영환, 오영근 (2015), "법과학을 적용한 형사사법의 선진화 방안(VI)", 한국형사정책연구원 연구총서 15-B-16, 128-129.
- Ryan Calo (2014), "The Case for a Federal Robotics Commission", Brookings Institution Center for Technology Innovation, 4.
- 김성천 (2016), "신기술과 소비자법 연구 I : 자율주행차", 한국소비자원 정책연구보고 서 제16권 제8호, 89-91.
- 윤지영, 윤정숙, 임석순, 김대식, 김영환, 오영근 (2015), "법과학을 적용한 형사사법의 선진화 방안(VI)", 한국형사정책연구원 연구총서 15-B-16, 144.
- 보안뉴스, "IT 전문가들과 보안 전문가들, 로봇에 집중하기 시작하였다", https://www.boannews.com/media/view.asp?idx=56542 (2017. 8. 23. 16:48).
- 사이언스타임즈, "로봇, 해킹에 취약하다", https://www.sciencetimes.co.kr/?news=%EB%A1%9C%EB%B4%87-%ED%95%B4%ED%82%B9%EC%97%90-%EC%B7%A8%EC %95%BD%ED%95% 98%EB%8B%A4 (2017. 12. 12.).
- Peter Griffin, "Killer robots: The question of how to control lethal autonomous weapons", Noted, https://www.noted.co.nz/tech/killer-robots-scien tists-unite-to-control- lethal-autonomous-weapons/ (2018. 7. 20.).
- Andrew Tutt (2017), "An FDA for Algorithms", 69 Admin. L. Rev. 83, 108.
- 김광수 (2018), "인공지능 규제법 서설", 토지공법연구 제81집, 16.
- 福田雅樹 (2017), "AI ネットワーク化" およびそびそのガバナンス, 福田雅樹/林 秀弥/ 成原 慧 編著, AIがつなげる社會, 弘文堂, 5.
- 大塚 直 (2007), "環境法のおける豫防原則, 渡辺 浩", 江頭憲治朗/城山英明/西川洋一 編, 法の再構築 [III] 科學技術の發展と法, 東京大學出版會, 126.
- 成原 慧 (2017), "AIの研究開發に關する原則・指針", 福田雅樹/林 秀弥/成原 慧 編著, AIがつなげる社會, 弘文堂, 91.
- 김대식 (2017), "인간 vs 기계", 동아시아, 240.
- 김광수 (2018), "인공지능 규제법 서설", 토지공법연구 제81집, 22
- Michael J. Casey & Paul Vigna (유현재/김지연 번역) (2017), 비트코인 현상, 블록체인 2.0, 미래의 창, 23.
- Don Tapscott & Alex Tapscott (박지훈 번역) (2016), 블록체인 혁명, 을유문화사, 69.
- Jerry Kaplan (신동숙 번역) (2015), 인간은 필요 없다, 한스미디어, 86.
- 양종모 (2017), "인공지능 알고리즘의 편향성, 불투명성이 법적 의사결정에 미치는 영향 및 규율방안", 법조 제66권 제3호, 24.

- Gordana Dodig Crnkovic & Baran Çürüklü (2012), "Robots: Ethical by Design", Ethics and Information Technology 14(1), 61. ; 양종모 (2017), "인공지능 알고리즘의 편향성, 불투명성이 법적 의사결정에 미치는 영향 및 규율방안", 법조 제66권 제3호, 28에서 재인용
- Nick Belay (2016), "Robot Ethics and Self-Driving Cars: How Ethical Determinations In Software Will Require A New Legal Framework", 40 J. Legal Prof. 119, 122.
- Bryce W. Goodman (2016), "A Step Towards Accoutable Algorithms?: Algorithmic Discrimination and The European Union General Data Protection", 29th Conference on NIPS, 4.
- Isabelle Guyon & André Elisseeff, "An Introduction to Variable and Feature Selection", Journal of Machine Learning Research 3 (2003), 1166.
- Joshua A. Kroll et al. "Accountable Algorithm", 165 U. Pa. L. Rev. 633 (2017), 643.
- 위키백과, "하트블리드", https://ko.wikipedia.org/wiki/%ED%95%9 8%ED%8A%B8%EB%B8%94%EB%A6%AC%EB%93%9 C(2018. 11. 19. 확인).
- Joshua A. Kroll et al. (2017), "Accountable Algorithm", 165 U. Pa. L. Rev. 633, 647.
- 카카오정책지원팀 (2017), "로봇윤리의 변천사", 카카오 AI리포트 1호, 24-33.
- IT 용어사전, "로봇 3원칙", 네이버지식백과, https://terms.naver.com/entry.nhn?d ocId=359 87&id=42346&categoryId=42346 (2018. 11. 19. 확인).
- Clarke, R. (1993), "Asimov's laws of robotics : implications for information technology-Part 1", Computer Vol.26 Issue.12, 53-61.
- 이원형, 박정우, 김우현, 이희승, 정명진 (2014), "사람과 로봇의 사회적 상호작용을 위한 로봇의 가치효용성 기반 동기 - 감정 생성 모델", 제어로봇시스템학회 논문지 제20권 제 5호, 503-512
- Nick Bostrom (2007), "Ethical Principles in the Creation of Artificial Minds", Linguistic and Philosophical Investigations, 6, 183-184.
- 보안뉴스, "'지능정보사회 윤리헌장' 발표가 갖는 의미", https://www.boannews.com /media /view.asp?idx=70075 (2018. 6. 4. 18:35).
- 위키피디아, "아마존 알렉사", https://ko.wikipedia.org/wiki/%EC%95%84%EB%A7%8 8%EC%A1%B4_%EC%95%8C%EB%A0%89%EC%82%AC (2018. 12. 13. 확인).
- Ljaf Reserch summary, "Developing A National Model For Pretial Risk Assessment", http://www.arnoldfoundation.org/wp-content/uploads/2014/02/LJ AF-research-summary_ PSA-Court_4_1.pdf (2018. 11. 19. 확인), 2.
- 이병만, 임재규, 권형진, 권미수, 권영일 (2011), "정보시스템 감리 개념 확립과 감리산업 활성화를 위한 방향", 한국IT서비스학회 2011춘계학술대회, 5.
- 한국전산원(2000), "정보시스템감리 제도발전과 품질향상을 위한 핵심성공요인과 개선 방안 연구", 정보통신부 연구개발결과 보고서, 2.

- Weber, R (1988), EDP Auditing Conceptual Foundations and Practice (2nd. ed.), McGraw-Hill.
- 한국정보화진흥원 (2016), "정보시스템 감리 발주관리 가이드", 1.
- 최영진, 나종회, 신동익, 임재규 (2009), "정보시스템감리사 자격제도 개선방안에 관한 연구", 정보기술과학지 제6권 제2호, 3.
- 일본정보처리개발협회 (1994), "일본 시스템 감사기준 해설서", 일본정보처리개발협회.
- 행정안전부/한국정보화진흥원 (2011), "정보시스템 감리제도 소개 및 감리 발주·관리 요령", 9.
- 안진호, 김소연 (2016), "대국민 정보시스템의 UI/UX 분야 감리방안 연구", 한국HCI학회 학술대회, 425.
- 한국정보화진흥원 (2016), "정보시스템 감리 발주·관리 가이드",
- 한국정보화진흥원 (2013), "2013년 국가정보화사업 감리실태조사 결과보고서".
- 정찬기, 오길협, (2008), "능력기반의 상호운용성 분석 프로세스에 관한 연구", 정보과학 아키텍처 학술지 제5권 제2호, 31-43.
- 심우민 (2017), "지능정보사회 입법 동향과 과제", 연세 공공거버넌스와 법 제8권 제1호, 76. ; 양종모 (2016), "인공지능의 위험과 법적 규제방안", 홍익법학 제17권 제4호, 홍익대학교 법학연구소, 548.
- 이시직 (2017), "4차 산업혁명 시대, 지능정보기술의 사회적 영향과 법적 과제", 연세 공공거버넌스와 법 제8권 제1호, 60.
- 지능정보사회기본법안(의안번호 : 2005749). 기본법의 제정 필요성에 대해서는 심우민 (2017), "지능정보사회 입법 동향과 과제", 연세 공공거버넌스와 법 제8권 제1호, 80.
- 황의관 (2017), "로봇기본법(안)의 발의에 따른 소비자 이슈", 소비자정책동향 제82권, 15.
- 이중기 (2016), "인공지능을 가진 로봇의 법적 취급", 홍익법학 제17권 제3호, 16-18.
- 심준식, 우재현 (2020). "빅데이터, 인공지능을 만나다". 한국금융연수원.
- http://w-ww.mar-ketforintelligence.com/, (2016).
- Liu X, Faes L, Kale AU, Wagner SK, Fu DJ, Bruynseels A, Mahendiran T, Moraes G, Shamdas M, Kern C, Led-sam JR, Schmid MK, Balaskas K, Topol EJ, Bachmann LM, Keane PA, Denniston AK, A comparison of deep learning performance against health-care professionals in detecting diseases from medical imaging: a sys-tematic review and meta-analysis. Lancet Digital Health. 1: e271-97, (2019).
- Hinton G, On Radiology. Conference of Machine Learning and the Market for Intelligence.
- Nording L, A fairer way forward for AI in health care: Without careful implementation, artificial intelligence could widen health-care inequality. https://www.nature.com/articles/d41586-019-02872-2, (2019).
- Forbes, 'How Is AI Used In Healthcare - 5 Powerful Real-World Examples That Show The Latest Advances', (2018).
- Tom E Mitchell, Machine Learning. McGraw-Hill Science/Engineering/Math, (1997).
- HACKERNOON, 'Deep Learning vs. Machine Learning: A simple explanation' (https://hackernoon.com /deep-learning-vs-machine-learning-a-simple-explanation-47405b3eef08), (2019).
- LG 경제연구원, 'Artificial Intelligent: 최근 인공지능 개발 트렌드와 미래의 진화 방향', (2017).
- 한국보건산업진흥원, 'KhIDI 브리프: 인공지능(AI) 기반 의료기기 현황 및 이슈(1)', (2018).
- 디지털타임스, '대형병원 "빅 5" 의료 AI 왓슨 도입 꺼리는 이유', (2018).
- 과학기술정보통신부, '한국형 AI 정밀의료 서비스, '닥터 앤서' 개발 Start!' (보도자료), (2018.04.30).

- Linkedin, 'From virtual nurses to drug discovery: Artificial Intelligence startups in healthcare' (https://www.linkedin.com/pulse/from-virtual-nurses-drug-discovery-artificial-intelligence-pv), (2017).
- 한국보건산업진흥원, 'KhIDI 브리프: 인공지능(AI) 기반 의료기기 현황 및 이슈(2)', (2018).
- 대한영상의학회지, '의료인공지능: 인공지능 초심자를 위한 길라잡이', (2018).
- Krizhevsky A, Sutskever I, Hinton GE, ImageNet Classification with Deep Convolutional Neural Networks. Advances in Neural Information Proceeding System, (2012).
- Zeiler MD, Fergus R, Visualizing and understanding convolutional networks. European conference on com- puter vision, (2014).
- Razzak MI, Naz S, Zaib A, Deep Learning for Medical Image Processing: Overview, Challenges and Future. arXiv.org, (2017).
- Liu X, Faes L, Kale AU, Wagner SK, Fu DJ, Bruynseels A, Mahendiran T, Moraes G, Shamdas M, Kern C, Led- sam JR, Schmid MK, Balaskas K, Topol EJ, Bachmann LM, Keane PA, Denniston AK, A comparison of deep learning performance against health-care professionals in detecting diseases from medical imaging: a sys- tematic review and meta-analysis. Lancet Digital Health. 1: e271-97, (2019).
- Hinton G, On Radiology. Conference of Machine Learning and the Market for Intelligence.
- Nording L, A fairer way forward for AI in health care: Without careful implementation, artificial intelligence could widen health-care inequality. https://www.nature.com/articles/d41586-019-02872-2, (2019).
- Forbes, 'How Is AI Used In Healthcare - 5 Powerful Real-World Examples That Show The Latest Advances', (2018).
- Tom E Mitchell, Machine Learning. McGraw-Hill Science/Engineering/Math, (1997).
- HACKERNOON, 'Deep Learning vs. Machine Learning: A simple explanation' (https://hackernoon.com /deep-learning-vs-machine-learning-a-simple-explanation-47405b3eef08), (2019).
- LG 경제연구원, 'Artificial Intelligent: 최근 인공지능 개발 트렌드와 미래의 진화 방향', (2017).
- 한국보건산업진흥원, 'KhIDI 브리프: 인공지능(AI) 기반 의료기기 현황 및 이슈(1)', (2018).
- 디지털타임스, '대형병원 "빅 5" 의료 AI 왓슨 도입 꺼리는 이유', (2018).
- 과학기술정보통신부, '한국형 AI 정밀의료 서비스, '닥터 앤서' 개발 Start!' (보도자료), (2018.04.30.).
- Linkedin, 'From virtual nurses to drug discovery: Artificial Intelligence startups in healthcare' (https://www.linkedin.com/pulse/from-virtual-nurses-drug-discovery-artificial-intelligence-pv), (2017).
- 한국보건산업진흥원, 'KhIDI 브리프: 인공지능(AI) 기반 의료기기 현황 및 이슈(2)', (2018).
- 대한영상의학회지, '의료인공지능: 인공지능 초심자를 위한 길라잡이', (2018).
- Krizhevsky A, Sutskever I, Hinton GE, ImageNet Classification with Deep Convolutional Neural Networks. Advances in Neural Information Proceeding System, (2012).
- Zeiler MD, Fergus R, Visualizing and understanding convolutional networks. European conference on com- puter vision, (2014).
- Razzak MI, Naz S, Zaib A, Deep Learning for Medical Image Processing: Overview, Challenges and Future. arXiv.org,

(2017).

- Ronneberger O, Fischer P, Brox T, U-net: Convolutional networks for biomedical image segmentation. Int. Conf. Med. Image Comput. Comput.-Assisted Intervention. 234–241, (2015).

- Milletari F, Navab N, Ahmadi SA, V-net: Fully convolutional neural networks for volumetric medical image segmentation. 4th Int. Conf. 3D Vis. 565–571, (2016).

- Maninis KK, Pont-Tuset J, Arbel'aez P, Van Gool L, Deep retinal image understanding," Int. Conf. Med. Im- age Comput. Comput.-Assisted Intervention. 140–148, (2016).

- Graves A, Jaitly N, Towards end-to-end speech recognition with recurrent neural networks. 31st Interna- tional Conference on International Conference on Machine Learning. 32: II-1764-72, (2014).

- Graves A, Supervised sequence labelling with recurrent neural networks. Springer Berlin Heidelberg: 5–13, (2012).

- Chakravarty A, Sivaswamy J, RACE-Net: A Recurrent Neural Network for Biomedical Image Segmentation. IEEE Journal of Biomedical and Health Informatics. 23(3): 1151-1162 (2019).

- Lee H, Shin S, Seo M, Nam G, Joo S, Prediction of ventricular Tachycardia One hour before occurrence us- ing artificial neural network. Science Report. 6, 32390 (2016) doi:10.1038/srep32390, (2016).

- Xiao C, Choi E, Sun J, Opportunities and challenges in developing deep learning models using electronic health records data: a systematic review. J Am Med Inform Assoc. 25(10): 1419-1428, (2018).

- Langkvist M, Karlsson L, Loutf A, A review of unsupervised feature learning and deep learning for time- series modeling. Pattern Recognit Lett. 42(1): 11–24, (2014).

- Shin HC, Lu L, Summers RM, Natural language processing for large-scale medical image analysis using deep learning. Deep learning for medical image analysis. 405-421, (2017).

- 전종홍, 이강찬, 의료 인공지능 표준화 동향. 한국전자통신연구원. 34(5): 113-126, (2019).

- 조선비즈, '[헬스케어포럼 2019] ICT 의료 기술 융합, 신헬스케어 시대 열렸다', (2019).

- IBM, 'Forward thinking: Experts reveal what's next for AI', (2016).

- Chen D, Bai Y, Zhao W, Ament S, Gregoire JM, Gomes CP, Deep reasoning networks: Thinking fast and slow. arXiv.org, (2019).

- Borji A, Cheng MM, Jiang H, Li J, Salient object detection: A benchmark. IEEE Trans. Image Process. 24(12): 5706-5723, (2015).

- Li Z, Lang C, Chen Y, Liew J, Feng J, Deep reasoning with multi-scale context for salient object detection. arXiv.org, (2019).

- Baur C, Wiestler B, Albarqouni S, Navab N, Fusing unsupervised and supervised deep learning for white matter lesion segmentation. Proceed. Machine Learning Res. 102: 63-72, (2019).

- Xu J, Xue K, Zhang K, Current status and future trends of clinical diagnoses via image-based deep learn- ing. Theranostics. 9(25): 7556-7565, (2019).

- Altaf F, Islam SMS, Akhtar N, Janjua NK, Going deep in medical image analysis: concepts, methods, chal- lenges and future directions. arXiv.org, (2019).

- ITFIND, '인공지능 플랫폼의 개념과 도입 전략', (2018).

- Labuda N, Lepa T, Labuda M, Kozak K, Medical 4.0: Medical Data Ready for Deep and Machine Learning. Journal of Bioanalysis and Biomedicine. 9(6): 283-287, (2017).

- 한현욱, '4 차 산업혁명 시대: 이것이 헬스케어 빅데이터이다', 클라우드나인, (2019).

- 김규태(2020). 질병진단 인공지능 개발 동향. BRIC View 2020-T06

- Available from https://www.ibric.org/myboard/read.php?Board=report&id=3425 (Jan 28, 2020)
  Email: member@ibric.org

상 고 대

조 성 갑
2020.1.2.

있어도 앉지 못해 가지지도 못해
품지도 못해 보낼 수도 없는 너
고산 삭풍에 하늘에서 내려온 삭풍
하루도 아니고 이틀도 아닌 모진날
해와 별과 달과 사귀며 만들어 낸 너

나무 가지에 걸터앉은 널 찾아오는 이
눈길 사이로 겨우 눈에 눈맞춤을 해주고
아무 말도 안하고 흔들리는 그 모습이
이제는 고단하니 눈보라로 인사하고
고생 했네만 전하는 거룩한 너가 좋다

12간지 다돌아서

조 성 갑
2020.7.4.

한강수 옆에 놓고 모래 같은 지난 날 잘도 왔소
황금으로 녹이고 보상받지 못하는 그 날도 고맙소
흘러간 시간을 와인 한잔에 녹이고 부딪치면서

흑강 타고온 실바람 싱그러운 꽃다발에 운치 살리고
향기를 더하여 Happy birthday 촛롱 박자를 맞추고
잘 살아온 그대 인생길에 축배를 보내고 박수를 보낸다

저자소개

　　저자 조성갑은 성균관대학교 경제학사, 연세대학교 경제학 석사, 중앙대학교 국제경제학 박사학위를 취득하였으며 컴퓨터와의 인연은 IBM에 입사하면서 시작되었으며 국내외에 걸친 심화교육과 실전 프로젝트를 통하여 Flow Chart를 통한 Assembler에서부터 IT에 관련 된 산지식을 습득하였다.

　　(재)인천정보산업진흥원장, 한국정보통신수출진흥원장, 현대정보기술 부사장, 한국전자통신연구원 초빙 연구원. (사)한국IT전문가협회 회장, (사)한국정보처리학회 회장 (사)한국인터넷윤리진흥협회 회장 (사)한국정보기술학술단체총연합회 회장을 하면서 우리나라 초.중.고등학교에 소프트웨어 정규 교과목화를 할 수 있도록 하였다. 숭실대학교, 고려대학교, 단국대학교 인공지능학과 교수로 강의와 연구를 하였으며 현재는 세한대학교 부총장으로 재직하고 있다.

　　주요저서로는 인프라정보경영론, 세계최고 CIO되기, 미래정보기술 플랫폼, ICT 기술발전과 미래 인터넷 화폐에 대한 정책 연구, 우리가 남겨놓은 10년과 앞으로의 100년, 날마다 새롭게가 있으며 IBC(International Biography Center)선정 2500인의 세계 지식인에 선정되고 2019, 2020년도 후즈후 세계 인명사전 3% 미만에 이름을 올렸으며 대통령상, 산업훈장, 국민훈장목련장을 수훈하였다.

인공지능 기술과 미래

1판 1쇄 인쇄 2020년 12월 10일
1판 1쇄 발행 2020년 12월 15일
저   자 조성갑
발 행 인 이범만
발 행 처 **21세기사** (제406-00015호)
경기도 파주시 산남로 72-16 (10882)
Tel. 031-942-7861   Fax. 031-942-7864
E-mail : 21cbook@naver.com
Home-page : www.21cbook.co.kr
ISBN 978-89-8468-899-5

정가 30,000원